절취선

실전 완벽 대비, 2주면 충분하다!

2주 완성 플래너

목표일	공부 범위	페이지		완료	복습
1일	[특별부록] 주관식 집중공략집	부록		☐	☐
2일	객관식 I. 어휘와 문장 01 글 구상과 표현의 기초	P. 18	____월 ____일	☐	☐
	02 어휘	P. 26	____월 ____일	☐	☐
3일	03 문장 기본 이론	P. 56	____월 ____일	☐	☐
4일	II. 직무 글쓰기와 공학·기술 글쓰기 01 문서 일반 및 공문서	P. 80	____월 ____일	☐	☐
	02 입사 문서	P. 92	____월 ____일	☐	☐
5일	03 기안서·품의서·사내 제안서	P. 103	____월 ____일	☐	☐
	04 보고서·기획서·프레젠테이션	P. 112	____월 ____일	☐	☐
	05 홍보·광고문	P. 122	____월 ____일	☐	☐
6일	06 거래 관련 문서	P. 128	____월 ____일	☐	☐
	07 기사문 · 보도 자료	P. 138	____월 ____일	☐	☐
	08 특허 명세서	P. 150	____월 ____일	☐	☐
7일	III. 화법과 독해 01 화법과 글쓰기	P. 162	____월 ____일	☐	☐
8일	02 독해와 글쓰기	P. 180	____월 ____일	☐	☐
	IV. 직업 윤리와 글쓰기 윤리 01 직업 윤리와 글쓰기 윤리	P. 200	____월 ____일	☐	☐
9일	주관식 I. 문장 쓰기 01 어휘·어법에 맞게 쓰기	P. 212	____월 ____일	☐	☐
	02 문구 완성형	P. 220	____월 ____일	☐	☐
	03 핵심 내용 쓰기	P. 224	____월 ____일	☐	☐
10일	04 제목 완성형	P. 232	____월 ____일	☐	☐
	05 공통점 및 차이점 찾기	P. 239	____월 ____일	☐	☐
11일	II. 단락 쓰기 01 요약하기	P. 246	____월 ____일	☐	☐
12일	02 도표 분석	P. 252	____월 ____일	☐	☐
13일	III. 실용문 쓰기 01 종합 자료 해석형	P. 260	____월 ____일	☐	☐
14일	실전동형 모의고사	모의고사 P. 2	____월 ____일	☐	☐

더 이상 미룰 수 없다!

1주 완성 플래너

목표일	공부 범위	페이지	공부한 날	완료	복습
1일	[특별부록] 주관식 집중공략집	부록 P. 3	____월 ____일	☐	☐
	객관식 I. 어휘와 문장 01 글 구상과 표현의 기초	P. 18	____월 ____일	☐	☐
	02 어휘	P. 26	____월 ____일	☐	☐
2일	03 문장 기본 이론	P. 56	____월 ____일	☐	☐
	II. 직무 글쓰기와 공학·기술 글쓰기 01 문서 일반 및 공문서	P. 80	____월 ____일	☐	☐
	02 입사 문서	P. 92	____월 ____일	☐	☐
	03 기안서·품의서·사내 제안서	P. 103	____월 ____일	☐	☐
3일	04 보고서·기획서·프레젠테이션	P. 112	____월 ____일	☐	☐
	05 홍보·광고문	P. 122	____월 ____일	☐	☐
	06 거래 관련 문서	P. 128	____월 ____일	☐	☐
	07 기사문·보도 자료	P. 138	____월 ____일	☐	☐
	08 특허 명세서	P. 150	____월 ____일	☐	☐
4일	III. 화법과 독해 01 화법과 글쓰기	P. 162	____월 ____일	☐	☐
	02 독해와 글쓰기	P. 180	____월 ____일	☐	☐
	IV. 직업 윤리와 글쓰기 윤리 01 직업 윤리와 글쓰기 윤리	P. 200	____월 ____일	☐	☐
5일	주관식 I. 문장 쓰기 01 어휘·어법에 맞게 쓰기	P. 212	____월 ____일	☐	☐
	02 문구 완성형	P. 220	____월 ____일	☐	☐
	03 핵심 내용 쓰기	P. 224	____월 ____일	☐	☐
	04 제목 완성형	P. 232	____월 ____일	☐	☐
	05 공통점 및 차이점 찾기	P. 239	____월 ____일	☐	☐
6일	II. 단락 쓰기 01 요약하기	P. 246	____월 ____일	☐	☐
	02 도표 분석	P. 252	____월 ____일	☐	☐
	III. 실용문 쓰기 01 종합 자료 해석형	P. 260	____월 ____일	☐	☐
7일	실전동형 모의고사	모의고사 P. 2	____월 ____일	☐	☐

절취선

1분만 투자해서
편의점 기프티콘 받기

에듀윌 한국실용글쓰기 교재,
직접 공부해 보니 어떠셨나요?
여러분의 소중한 의견을 들려주세요!

출간기념 설문조사 이벤트

교재에 대한 의견을 보내 주신 분 중 매월 다섯 분에게 GS25 모바일 상품권을 선물로 드립니다.

참여 방법	QR코드 스캔 ▶ 설문조사 참여
의견 수집 기간	2023년 1월 1일~2023년 12월 31일
당첨자 선정	매월 5명 선정 후 당첨자 개별 연락
경품	GS25 편의점 모바일 상품권 5천 원권

설문조사 참여

※ 경품은 내부 사정에 따라 사전 고지 없이 동등한 가치를 지닌 다른 상품으로 대체될 수 있으며, 해당 이벤트는 내부 사정에 따라 사전 고지 없이 변경 혹은 종료될 수 있음

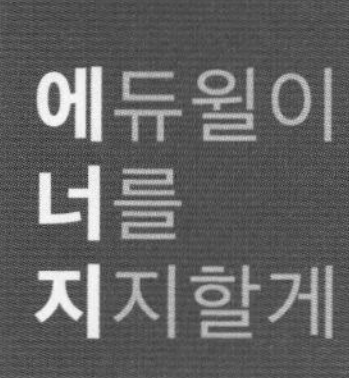

ENERGY

세상을 움직이려면

먼저 나 자신을 움직여야 한다.

– 소크라테스(Socrates)

에듀윌 한국실용글쓰기

2주끝장

머리말

한국실용글쓰기,
어떻게 합격할 것인가?

한국실용글쓰기검정(이하 실용글쓰기)은 국가 공인을 받은 대한민국 유일의 글쓰기 시험입니다.

수험생들은 대부분 '글쓰기'라고 하면 학창 시절에 억지로 써야 했던 '글짓기'나 대입 전형의 하나인 '논술'을 떠올립니다. 실용글쓰기는 글짓기나 논술과는 확연하게 다른 장르입니다. 글짓기나 논술은 학술적이지만 실용글쓰기는 이름 그대로 실용적입니다. 글짓기나 논술은 특정한 답보다는 답을 풀어가는 서술 방식이나 논리를 중요시하지만 실용글쓰기는 답을 중요하게 여깁니다. 즉, 실용글쓰기는 답안을 쓰는 시험입니다.

실용글쓰기 시험에 대비하기 위해 강의를 20강 이상 듣거나 400페이지가 넘는 두꺼운 수험서를 보지 않기를 바랍니다. 글쓰기 첨삭을 해본 경험이 있는 강사라면 20강 이상 수업하지 않습니다. 군더더기 이론과 질 낮은 문제를 짜깁기해서 교재 양을 늘려봐야 책만 무거울 뿐입니다. 실용글쓰기 시험을 고시 준비하듯이 해서는 안 됩니다. 보름에서, 길게는 한 달 사이에 끝내야 하는 시험입니다.

좋은 글을 쓰기는 정말 어렵지만 객관적인 답을 찾는 것은 어렵지 않습니다. 글을 잘 쓰는 데는 오랜 시간이 걸리지만, 답안을 쓰는 시간은 몇 분이면 충분합니다.

단, 답안을 글로 작성하는 것 자체가 익숙하지 않아서 처음에는 조금 부담스러울 수 있습니다. 그것을 극복하기 위해 여러분은 강의도 듣고 수험서도 보는 것입니다. 실용글쓰기 시험은 친절해서, 실제 문제에서 답을 위한 힌트를 많이 주고 있습니다. 시험을 위한 준비는 본 수험서를 통해 차분하게 해 나가면 됩니다.

시험장에 가기 전에 수험생 여러분들에게 당부하고 싶은 말은 '반드시 직접 써보라.' 입니다. 정답은 '머리'로 찾더라도 쓰는 것은 '손'으로 하기 때문에 반드시 연습을 해야 합니다. 머리에 답안이 있더라도 손을 통해 발현되지 않으면 답을 잊어버리거나 왜곡할 수도 있습니다. 글을 썼다가 지울지언정 반드시 손으로 써야 우리 머리는 더욱 정답에 가까운 사고를 합니다. 본 교재에 나온 문제는 모두 직접 작성해야 합니다. 그렇게만 한다면 단언컨대 여러분들이 시험장에 가서도 당황할 일은 없을 것입니다. 딱, 2주만 고생합시다.

개정판이 나올 수 있게 고생하신 모든 분들에게 감사 인사 올립니다. 한영재단 성기록 실장에게 항상 고맙고, 특히 불철주야 고생하시는 에듀윌 출판사업본부 직원들에게 정말 감사하다고 전하고 싶습니다.

정문

STRUCTURE

구성과 특징

"출제기준과 기출분석에 따른 실전 최적화 구성"

1 단기에 최적화된 커리큘럼!

대표유형

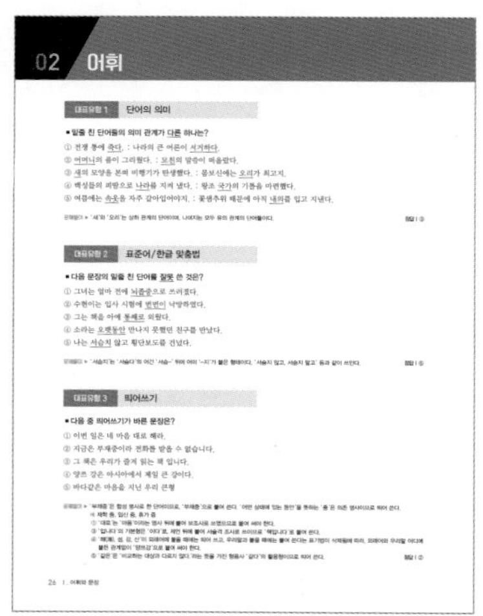

- 영역별 대표유형 제시
- 필수개념 학습 전 유형 익히기

시험에 나온! 나올! 필수개념

- 시험에 나온! 나올! 필수개념만 수록
- 압축된 이론으로 단기간 학습 가능

2 주관식 영역 집중공략!

주관식 집중공략집

- 글쓰기의 핵심을 짚는 주관식 작성 SPECIAL 특강! 감점되지 않는 포인트를 확인한다!
- 에듀윌 도서몰(book.eduwill.net), 유튜브에서 무료강의도 볼 수 있다!

- 원고지 작성법! 단 1점의 감점도 허용하지 않는다!
- 실전에서의 원고지 작성에 대비한다!

유형 싱크로율 100%!
기출변형 문제

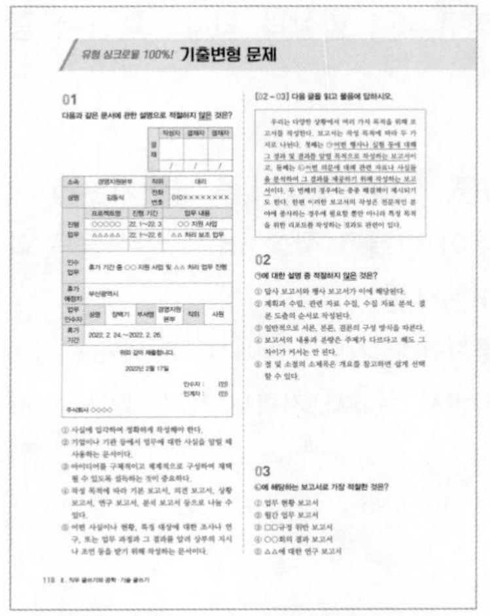

- 시험 유형과 동일한 기출변형 문제를 통한 실전 완벽 대비

최종점검!
실전동형 모의고사

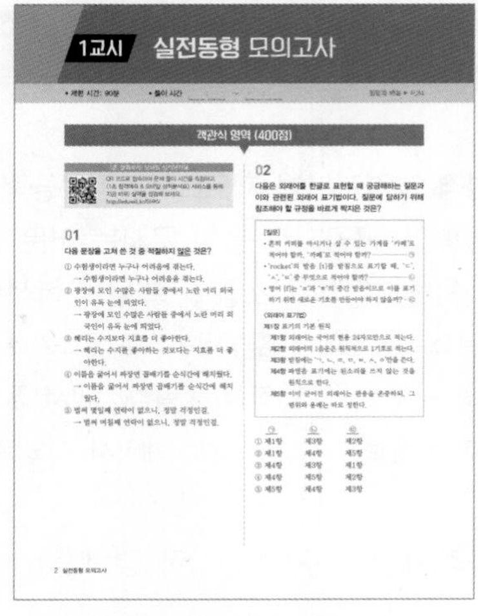

- 기출을 완벽 재현한 동형 모의고사
- 모의 답안지로 실전처럼 연습 가능

플래너와 함께라면 단기 합격이 더 가깝다!

주관식 영역 특별 구성

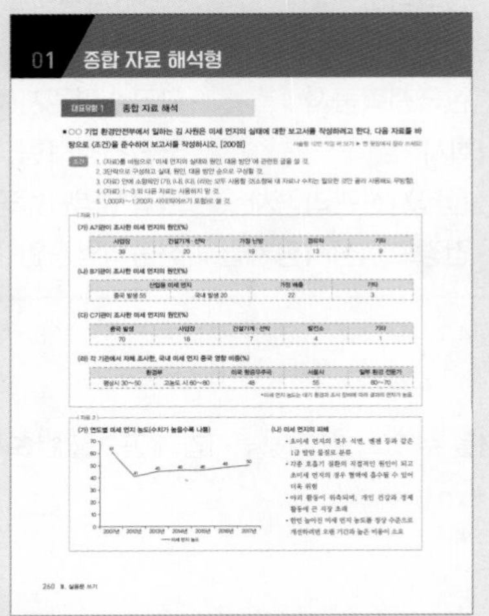

- 객관식과 주관식은 다르다!
- 주관식 유형 파악에 최적화된 구성

감점 없이 잘 쓰는 법! **주관식 공략 포인트**

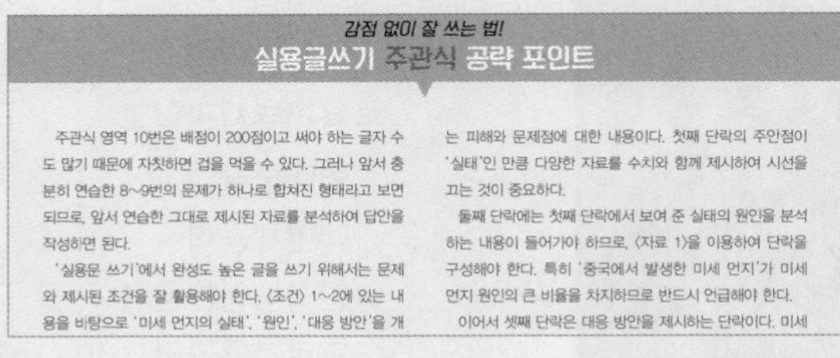
감점 없이 잘 쓰는 법!
실용글쓰기 주관식 공략 포인트

주관식 영역 10번은 배점이 200점이고 써야 하는 글자 수도 많기 때문에 자칫하면 겁을 먹을 수 있다. 그러나 앞서 충분히 연습한 8~9번의 문제가 하나로 합쳐진 형태라고 보면 되므로, 앞서 연습한 그대로 제시된 자료를 분석하여 답안을 작성하면 된다.

'실용문 쓰기'에서 완성도 높은 글을 쓰기 위해서는 문제와 제시된 조건을 잘 활용해야 한다. 〈조건〉 1~2에 있는 내용을 바탕으로 '미세 먼지의 실태', '원인', '대응 방안'을 개는 피해와 문제점에 대한 내용이다. 첫째 단락의 주안점이 '실태'인 만큼 다양한 자료를 수치와 함께 제시하여 시선을 끄는 것이 중요하다.

둘째 단락에는 첫째 단락에서 보여 준 실태의 원인을 분석하는 내용이 들어가야 하므로, 〈자료 1〉을 이용하여 단락을 구성해야 한다. 특히 '중국에서 발생한 미세 먼지'가 미세 먼지 원인의 큰 비율을 차지하므로 반드시 언급해야 한다.

이어서 셋째 단락은 대응 방안을 제시하는 단락이다. 미세

- 대표유형을 통해 감점 없이 잘 쓰는 법을 낱낱이 알려준다!

주관식 채점의 기준! **감점기준표**

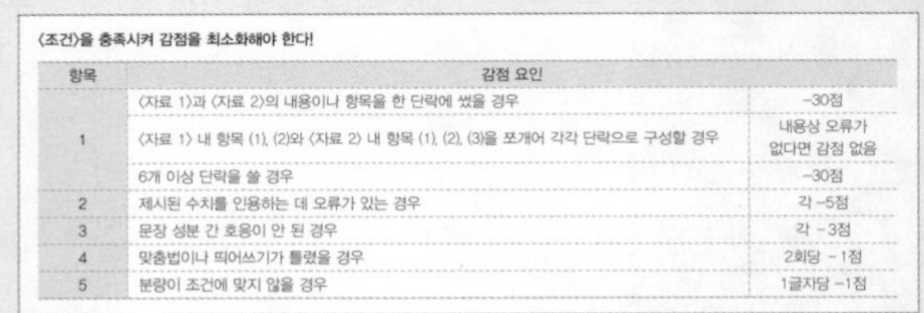
〈조건〉을 충족시켜 감점을 최소화해야 한다!

항목	감점 요인	
1	〈자료 1〉과 〈자료 2〉의 내용이나 항목을 한 단락에 썼을 경우	−30점
	〈자료 1〉 내 항목 (1), (2)와 〈자료 2〉 내 항목 (1), (2), (3)을 쪼개어 각각 단락으로 구성할 경우	내용상 오류가 없다면 감점 없음
	6개 이상 단락을 쓸 경우	−30점
2	제시된 수치를 인용하는 데 오류가 있는 경우	각 −5점
3	문장 성분 간 호응이 안 된 경우	각 −3점
4	맞춤법이나 띄어쓰기가 틀렸을 경우	2회당 −1점
5	분량이 조건에 맞지 않을 경우	1글자당 −1점

- 감점기준표를 통해 나의 주관식 답안을 정확히 채점해 본다!

국가 공인 한국실용글쓰기 시험 소개

✔ 시행 기관 (사)한국국어능력평가협회(https://www.klata.or.kr/)

✔ 검정 목적 국어 사용 능력을 바탕으로 한 전 국민의 '직무 능력' 향상과 '의사소통 능력' 증진을 목적으로 함

✔ 검정 성격 자격기본법 제5조(국가직무능력표준)에 따른 '직업기초능력'을 국어기본법 제14조에 따라 '공공기관 등의 문서는 어문 규범에 맞추어 한글로 작성'하는 '직무 능력'과 '국어 사용 능력', '의사소통 능력'을 종합적으로 평가하는 시험

※ 실용글쓰기 검정에서 평가하는 직무 글쓰기 실력이란, 공공기관 및 기업체 등에서 직무와 관련하여 작성하는 글쓰기(문서 작성) 능력임(기안서, 품의서, 사내 제안서, 보고서, 기획서, 사외 제안서, 프레젠테이션, 홍보 · 광고문, 거래 · 계약서, 기술문 등)

✔ 응시 자격 제한 없음(나이, 학력, 경력 등)

✔ 자격 유효 기간

- 2022년 1월 1일 이후 자격 취득자: 자격 유효 기간 2년
- 2021년 12월 31일 이전 자격 취득자: 자격 유효 기간 5년

※ 2022년 자격 취득자부터 자격 유효 기간이 5년에서 2년으로 변경됨(시행 2022.01.01.)

✔ 검정 채택 기관 및 자격 우대 사항

- [공사/공기업/사기업] 채용 및 승진 가산점

경찰청	해양경찰청	소방청	제주특별자치도
부산광역시	충청북도	전라남도	육군3사관학교
육군부사관학교	군사안보지원사령부	KT	POSCO
현대중공업	현대엔지니어링	한국전력공사	한국수력원자력(주)
대한체육회	한국체육산업개발주식회사		국민건강보험
한국농어촌공사	근로복지공단	한국자산관리공사	한국지역난방공사
도로교통공단	국민체육진흥공단	건강보험심사평가원	식품의약품안전처

- [고등학교] 생활기록부 기재
- [학점은행] 자격 학점 인정

※ 검정 채택 기관 및 자격 우대 사항은 수시로 변경될 수 있으므로 해당 기업의 공고를 반드시 확인하시기 바랍니다.

✔ 검정 과목과 영역별 문항 수

과목(분야)명	출제 문항 수		
	객관식	주관식	계
글쓰기 원리	14	2	16
글쓰기 실제	22	5	27
사고력	12	2	14
글쓰기 윤리	2	1	3
문항 합계	50	10	60
배점 합계	400점	600점	1,000점

✔ 공인 시험의 등급별 검정 기준과 합격 기준

- 공통 시험 문제 출제
- 총배점 1,000점(객관식 400점, 주관식(서술형) 600점) 중 취득 점수에 따라 급수 결정

등급	검정 기준	합격 기준
1급	•글쓰기 의사소통 전문가로 자신이 속한 어떠한 직무 상황에서도 직무 관련 글과 문서를 막힘없이 작성할 수 있다. •글쓰기 일반, 글쓰기 실제, 사고력, 글쓰기 윤리 등의 검정 과목을 막힘없이 수행할 수 있다.	870점 이상 득점
2급	•자신이 속한 직무에 글쓰기 의사소통 관련 책임자로 관련 문서를 능숙하게 작성할 수 있다. •글쓰기 실제, 사고력, 글쓰기 윤리 등의 검정 과목을 우수하게 수행할 수 있다.	790점 이상 득점
준2급	•사무 및 기술 계통의 실무 책임자로 직무 관련 문서를 규범에 맞게 작성할 수 있다. •글쓰기 실제, 사고력, 글쓰기 윤리 등의 검정 과목의 수행 방법을 설명할 수 있다.	710점 이상 득점
3급	•현장 실무자로 직무 수행에 필요한 글쓰기 능력을 갖추고 있어 직무 문서를 규정에 맞게 작성할 수 있다. •글쓰기 실제, 사고력, 글쓰기 윤리 등의 검정 과목의 수행 방법을 이해하고 있다.	630점 이상 득점
준3급	•현장 실무자에게 요구되는 기본적인 의사소통 능력을 갖추고 있어 직무상 요구하는 문서를 작성할 수 있다. •글쓰기 실제, 사고력, 글쓰기 윤리 등의 검정 과목의 수행 방법을 알고 있다.	550점 이상 득점

검정 과목별 출제 영역

검정 과목	평가 영역		출제 영역	
	대영역	중영역		
글쓰기 원리	글 구상과 표현 (어휘와 문장)	계획하기	•의사소통의 과정을 이해하고 있는가? •주제를 설정할 수 있는가? •자료를 수집 및 선택할 수 있는가? •구성 및 개요 작성을 할 수 있는가?	
		표현하기	•단어, 문장, 문단을 제대로 쓸 수 있는가? •구성 및 전개 방식을 활용하여 쓸 수 있는가? •표현 및 서술 방식을 활용하여 쓸 수 있는가?	
		글다듬기	•단어를 다듬을 수 있는가? •문장을 다듬을 수 있는가? •문단을 다듬을 수 있는가?	
글쓰기 실제	직무 글쓰기	문서 이해	•문서를 이해하고 있는가? •문서를 분류할 수 있는가?	
		공문서	•공문서를 이해하고 있는가? •공문서를 작성할 수 있는가?	
		입사 문서	•채용 공고문을 이해하고 있는가? •직무 능력 기술서를 작성할 수 있는가? •직무 중심 자기소개서를 작성할 수 있는가?	
		기안서, 품의서, 사내 제안서, 사외 제안서	•기안서를 이해하고 있는가? •기안서를 작성할 수 있는가?	
		보고서	•보고서를 이해하고 있는가?	•보고서를 작성할 수 있는가?
		기획서	•기획서를 이해하고 있는가?	•기획서를 작성할 수 있는가?
		프레젠테이션	•프레젠테이션을 이해하고 있는가? •프레젠테이션을 작성할 수 있는가?	
		홍보·광고	•홍보·광고문을 이해하고 있는가? •홍보·광고문을 작성할 수 있는가?	
		기사문, 보도문	•기사문, 보도문을 이해하고 있는가? •기사문, 보도문을 작성할 수 있는가?	
		거래 문서, 계약서	•거래 관련 문서를 이해하고 있는가? •계약서를 작성할 수 있는가?	
	공학·기술 글쓰기	공학·기술 설명서	•공학·기술 설명서	•공학·기술 설명서 작성
		공학·기술 조사 보고서	•공학·기술 보고서	•공학·기술 보고서 작성
		공학·기술 실험 보고서	•공학·기술 실험 보고서	•공학·기술 실험 보고서 작성
		특허 명세서	•특허 출원서	•명세서 작성
사고력	직업 기초 능력 (독해와 글쓰기, 화법과 글쓰기)	조직 이해	경영 이해, 업무 이해 등 조직 이해 관련 지문을 독해하고 관련 글을 쓰기 위해 사고할 수 있는가?	
		대인 관계	팀워크, 리더십, 코칭, 갈등 관리, 협상, 고객 서비스 등 대인 관계 관련 지문을 독해하고 관련 글을 쓰기 위해 사고할 수 있는가?	
		자원 관리	자원 관리, 시간 관리, 예산 관리, 물적 자원 관리, 인적 자원 관리 등 자원 관리 관련 지문을 독해하고 관련 글을 쓰기 위해 사고할 수 있는가?	
		수리·자료 활용	기초 연산, 통계 해석, 도표 해석 등 수리·자료 관련 지문을 독해하고 관련 글을 쓰기 위해 사고할 수 있는가?	
		문제 해결	문제 유형, 사고 전략, 문제 해결 과정 등 관련 지문을 독해하고 관련 글을 쓰기 위해 사고할 수 있는가?	
글쓰기 윤리	직업 윤리, 글쓰기 윤리	직업 윤리	•직업 윤리의 기본 원칙을 이해하고 있는가? •직업인의 기본자세를 이해하고 있는가?	
		글쓰기 윤리	저작권과 표절, 인용 및 출처 등 글쓰기 윤리를 이해하고 있는가?	

시험 응시 안내

✔ 연간 시험 일정

- 정기 시험은 연간 6회 보통 1, 3, 5, 7, 9, 11월의 셋째 주 토요일에 시행됨
- 시험 성적은 시험 이후 약 한 달 뒤에 발표됨

※ 시험 일정은 협회 사정에 따라 변경될 수 있으니 시험 전 반드시 홈페이지를 참고하시기 바랍니다.

구분	시험일(예정)	접수 기간(예정)	성적 발표(예정)
1회차 시험	1월 셋째 주 토요일	12월 중순~1월 초	2월 넷째 주 화요일
2회차 시험	3월 셋째 주 토요일	2월 중순~3월 초	4월 넷째 주 화요일
3회차 시험	5월 셋째 주 토요일	4월 중순~5월 초	6월 넷째 주 화요일
4회차 시험	7월 셋째 주 토요일	6월 중순~7월 초	8월 넷째 주 화요일
5회차 시험	9월 셋째 주 토요일	8월 중순~9월 초	10월 넷째 주 화요일
6회차 시험	11월 셋째 주 토요일	10월 중순~11월 초	12월 넷째 주 화요일

✔ 시험 시간 총 180분

시간	내용
09:00~09:30	수험자 입실
10:00~11:30(90분)	1교시 평가(객관식 50문항, 주관식 5문항)
11:30~11:50(20분)	쉬는 시간
11:50~13:20(90분)	2교시 평가(주관식 5문항)
13:20	시험 종료, 수험자 퇴실

✔ 원서 접수 방법

- 인터넷 접수(https://www.klata.or.kr/)
- 응시료: 55,000원
- 고사장: 전국 주요 도시

※ 회차별로 변동이 있으니 상세 내용은 홈페이지를 참고해 주시기 바랍니다.

✔ 준비물 신분증, 수험표, 컴퓨터용 사인펜, 검정색 볼펜, 수정 테이프

※ 연필로 쓴 답안은 채점 대상에서 제외되며, 수정 테이프는 빌려 쓸 수 없음

✔ 유의 사항

- 2022년부터 CBT 방식(컴퓨터를 활용해 시험의 진행, 채점, 성적 관리 등을 함) 도입 예정

※ 상세 내용은 시험 전 반드시 홈페이지를 참고해 주시기 바랍니다.

CONTENTS

차례 & 2주 플랜

주관식 영역

9일차
10일차
11일차
12일차
13일차
14일차
2주 완성!

QR코드 찍고, 영역별 학습 꿀팁 무료강의 바로 보기

▲객관식 영역 꿀팁

▲주관식 영역 꿀팁

객관식 영역

객관식 영역은 글쓰기 원리와 실용글쓰기에 대한 기본 지식을 평가하는 영역이다. 기본적인 국어의 어휘와 문장, 단락 쓰기의 원리, 글쓰기 계획과 관련된 주제 설정, 자료 수집, 구성 및 개요 작성, 그리고 글다듬기와 검토에 관한 문제가 출제된다. 아울러 자료 해석과 관련된 실용문 독해 심화 문제와 도표 분석 문제도 함께 출제되고 있다.

I. 어휘와 문장

II. 직무 글쓰기와 공학·기술 글쓰기

III. 화법과 독해

IV. 직업 윤리와 글쓰기 윤리

1,000점 만점에 400점!

I.

어휘와 문장

01 글 구상과 표현의 기초

02 어휘

03 문장 기본 이론

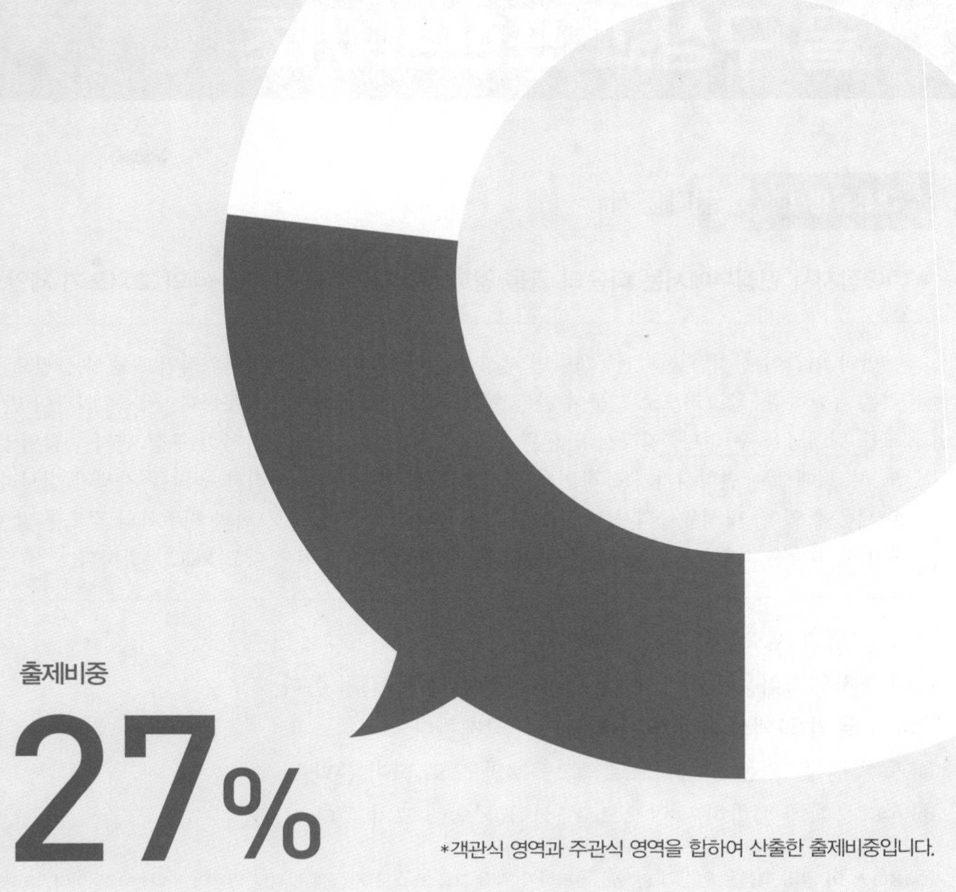

출제비중

27%

*객관식 영역과 주관식 영역을 합하여 산출한 출제비중입니다.

출제경향 & 학습전략

어휘와 문장 파트는 크게 '글 구상과 표현의 기초', '어휘', '문장 기본 이론'의 세 갈래로 나누어 볼 수 있다. '글 구상과 표현의 기초'에서는 글쓰기 전반에 걸친 과정을 얼마나 이해하는지, '어휘'에서는 표현하고자 하는 내용에 적합한 어휘를 선택할 수 있는지를 확인하는 것이 가장 큰 목표이다.

그리고 '문장 기본 이론'에서는 어법에 맞는 올바른 문장을 자유롭게 구사할 수 있는지를 확인하는 것이 가장 큰 목표이다. '문장의 호응 관계를 올바르게 이해하고 활용할 수 있는가?', '문장을 정확하게 효과적으로 표현할 수 있는가?', '문법적 오류가 있는 문장을 자연스러운 문장으로 수정할 수 있는가?' 등을 확인하는 문제들이 출제된다.

어휘와 문장 파트에서는 매 회차마다 평균적으로 16문제가 출제된다. 특히 한글 맞춤법, 띄어쓰기, 외래어 표기법에 관한 문제는 꾸준히 출제되고 있으므로, 이에 대한 이론은 반드시 정리할 필요가 있다.

01 글 구상과 표현의 기초

대표유형 1 글다듬기

■ ○○잡지사 편집부에서는 다음의 글을 검토 중이다. 밑줄 친 ㉠~㉤의 고쳐쓰기 제안으로 적절한 것은?

> 만약 인간이 신처럼 전지전능하다면 세상에는 ㉠법과 제도 같은 인위적인 규범이 불필요할 것이다. 하지만 인간의 능력은 유한하다. ㉡그러므로 그들이 만든 원칙과 규범도 완벽하지는 못하다. ㉢즉, 인간이 만든 규범이나 법칙 따위는 종교를 뛰어넘을 수 없다. 따라서 인간은 오랜 옛날부터 ㉣그들만의 사회 구성 원칙을 끊임없이 만들기도 하고 폐지하기도 하고 때로는 변형시키기도 하면서 역사를 발전시켜 왔다. 이러한 원칙을 자생적 질서라 한다. 그 원칙과 규범들을 ㉤세움에 있어, 구성원들의 참여도가 얼마나 높냐에 따라서 그 사회의 민주화의 정도를 알 수 있다. 구성원들의 자생적 기여도가 높은 사회는 그만큼 그 구성원 또한 민주주의 의식이 높다고 봐도 무방하다.

① ㉠: '법과 제도같은'으로 붙여 쓴다.
② ㉡: 자연스러운 문장 연결을 위하여 '그러나'로 고쳐 쓴다.
③ ㉢: 글의 문맥상 적절하지 않으므로 삭제한다.
④ ㉣: '만'은 의존 명사이므로, '그들∨만'으로 띄어 쓴다.
⑤ ㉤: 문맥에 적합하지 않으므로 '설립함'으로 고쳐 쓴다.

문제풀이 ▶ 이 글의 핵심은 인간의 한계를 극복하기 위해 그들 스스로 자생적 질서를 만들어 왔다는 내용이다. 그리고 그 자생적 질서와 민주주의의 상관 정도에 대한 이야기를 이어 나가고 있다. 글쓴이는 인간의 한계에 대해서는 인정하고 있지만, 이 글만으로는 인간이 만든 자생적 법칙과 전지전능한 신의 능력과의 우열을 가릴 수 없다. 종교 역시 인간이 만든 일종의 규범 혹은 생활 양식의 일환으로 신적인 전지전능함을 대리할 수 없다. 따라서 ㉢은 글 전체의 맥락과도 맞지 않으며 문장 자체의 맥락도 바르지 못하기 때문에 삭제하는 것이 적절하다.

① ㉠의 '같은'은 형용사 '같다'의 활용형이므로 앞말과 띄어 써야 한다.
② ㉡의 앞 내용은 ㉡의 근거가 되는 내용이므로, '그러므로'를 쓰는 것이 적절하다.
④ ㉣의 '만'은 다른 것으로부터 제한하여 어느 것을 한정함을 나타내는 보조사 '만'으로 쓰인 것이므로, '그들만'으로 붙여 써야 한다.
⑤ ㉤은 문맥상 적절하게 쓰였다. '설립하다'는 '기관이나 조직체 따위를 만들어 일으키다.'라는 의미로, '공장을 설립하다, 노조를 설립하다.' 등으로 쓰는 것이 적절하다.

정답 | ③

실용글쓰기 시험은 글을 어떻게 구상하고 표현하는가에 대한 기본 원리를 아는 것에서부터 출발한다. 따라서 글쓰기의 전반적인 과정을 이해하고, 이 과정에서 어휘가 올바르게 활용되고 있는지, 문장 표현이 매끄러운지를 아는 것이 중요하다. 특히, 객관식뿐 아니라 주관식 답안을 작성할 때에도 올바른 어휘 사용과 문장의 올바른 구사가 중요하므로, 글쓰기의 기초부터 적용까지 반드시 짚고 넘어가야 한다.

1 글쓰기의 과정

계획하기								
주제의 설정	⇨	자료의 수집과 선정	⇨	구성 및 개요 작성	⇨	표현하기: 쓰기	⇨	글다듬기: 고쳐쓰기(퇴고)

2 계획하기

계획하기는 글을 쓰기 위하여 주제를 설정하고 자료를 정리하며, 글감을 주제와 목적에 맞게 항목화하는 과정, 즉 '무엇을', '어떻게' 쓸지를 결정하는 단계를 말한다.

1. 주제의 설정

(1) 주제 설정의 요건

① 범위가 넓거나 추상적이지 않아야 하며, 구체적이어야 한다.

② 독자들이 공감할 수 있는 것이어야 한다.

③ 새롭고 독창적인 것이어야 한다.

④ 글쓴이의 의견이나 태도를 명확히 나타내야 하며, 관심을 가지고 있는 내용이어야 한다.

⑤ 단일 개념으로 명확하게 나타내야 한다.

(2) 주제문 작성 시 유의할 사항

① 주어와 서술어를 갖춘 완결성을 지닌 문장이어야 한다.

② 표현이 구체적이고 정확해야 한다.

③ 평서문이어야 한다.

④ 글쓴이의 관점이 드러나야 한다.

⑤ 참신하면서도 간결해야 하며, 맥락의 흐름이 자연스러워야 한다.

2. 자료의 수집과 선정

(1) 자료 수집

① 글쓴이의 견해나 주장을 표현하기 위해서는 이를 뒷받침해 줄 자료가 필요하다. 검증된 자료를 수집하여 글을 효과적으로 뒷받침할 수 있어야 한다.

② 참고 문헌, 경험, 관찰, 대화, 설문 조사 등을 통해 풍부하고 다양한 자료를 수집할 수 있다.

(2) 자료 선정

자료 선정은 수집한 자료들 중에서 글쓰기에 꼭 필요한 내용들을 뽑아내는 과정이다.

① 주제를 효과적으로 뒷받침할 수 있어야 한다.

② 독자의 관심과 흥미를 유발할 수 있는 것이어야 한다.

③ 근거나 출처가 확실하고 분명해야 한다.

④ 내용이 풍부하고 다양해야 한다.

3. 구성 및 개요 작성

주제를 효과적으로 표현하기 위해서는 수집한 자료를 알맞게 배열하여 글의 뼈대를 짤 수 있어야 한다.

(1) 구성과 개요

① **구성**: 글의 짜임과 주제가 드러나도록 제재에 질서를 부여하는 과정으로, 제재를 배치하여 줄거리를 짜는 것이다.

② **개요**: 글을 쓰기 전에 글의 주제와 목적에 맞게 글감, 중심 내용 등을 효과적으로 배치하거나 항목화한 것이다.

(2) 개요 작성의 필요성

① 글의 전체적인 흐름과 논지의 전개 과정을 정리할 수 있다.

② 글의 일관성을 유지하여 논점에서 벗어나는 것을 막을 수 있다.

③ 글의 앞뒤 순서를 지켜 논리적이고 질서 있는 글이 되게 한다.

④ 글의 전체와 부분, 그리고 부분 상호 간의 균형을 유지할 수 있다.

(3) 개요 작성의 과정

① 주제를 바탕으로 주제문을 작성한다.

② 글의 전개 방식을 선택한다.

③ 주제의 내용을 둘 이상의 주요 논점으로 나누어 항목을 정한다.

④ 각 상위 항목과 하위 항목에 일관성 있는 번호를 부여한다.

⑤ 하위 항목을 세부 항목으로 구분하면서 구체화하여 작성한다.

⑥ 가능한 한 범위를 좁혀 개요를 작성하되, 주제에서 벗어나지 않게 한다.

(4) 개요 작성 시 유의 사항

① 논리적 질서를 따라야 한다.

② 각 항목은 서로 명확하고 긴밀하게 연관되어야 한다.

③ 각 하위 항목은 상위 항목의 내용을 모두 다루어야 한다.

④ 어느 층위의 항목이 하나밖에 없을 때는, 그 층위를 설정하지 않는다.

(5) 개요의 종류

① **화제 개요**: 핵심 어구로 간단히 표현하는 개요를 말한다. 간결하여 작성하기가 쉬운 반면, 세부 내용을 파악하기 어렵다.

② **문장 개요**: 각 항목을 문장으로 나타낸 개요를 말한다. 구체적이기 때문에 내용을 분명히 알 수 있는 반면, 작성하기가 어렵고 작성하는 데 시간이 많이 걸린다.

③ 화제 개요와 문장 개요의 작성 사례

화제 개요	문장 개요
주제문: 광고의 영향에는 긍정적인 측면과 부정적인 측면이 있다. Ⅰ. 서론: 광고의 범람 Ⅱ. 본론 1. 광고의 긍정적 영향 가. 상품에 대한 정보 제공 나. 오락 제공 2. 광고의 부정적 영향 가. 과소비 조장 나. 약물 남용 조장 다. 청소년의 가치관 혼란(서구 지향적, 선정적) Ⅲ. 결론: 광고의 긍정적 영향과 부정적 영향에 대한 인식의 중요성	주제문: 광고의 영향에는 긍정적인 측면과 부정적인 측면이 있다. Ⅰ. 서론: 광고의 시대라고 할 정도로 광고가 홍수를 이루고 있다. Ⅱ. 본론 1. 광고는 긍정적 영향을 미친다. 가. 광고를 통해 상품이나 연주회 등의 정보를 얻는다. 나. 재미있는 광고는 스트레스를 해소해 준다. 2. 광고는 부정적 영향을 미친다. 가. 광고를 보고 불필요한 상품을 구매한다. 나. 조금만 아파도 제약 회사 광고를 떠올리며 약을 복용한다. 다. 선정적이거나 서구 지향적인 광고는 청소년의 가치관을 혼란스럽게 한다. Ⅲ. 결론: 광고의 긍정적 영향과 부정적 영향을 제대로 인식해야 한다.

3 표현하기

본격적인 글쓰기 단계에 해당한다. 글의 목적이나 성격에 맞는 어휘, 표현법 등을 활용하여 글을 효과적으로 표현해야 한다.

1. 내용 표현하기

내용을 효과적으로 표현해야 좋은 글이 되는데, 유의할 사항은 다음과 같다.

① **정확한 단어 표현**: 내용에 알맞은 단어로 정확하게 표현해야 한다.

② **명료한 문장 표현**: 어법에 맞는 간결한 문장으로 표현해야 한다.

③ **개성적인 표현**: 적절한 표현 기교 및 전개 방식을 사용하여 개성적으로 표현해야 한다.

좋은 글의 요건

- 글의 내용이 간결해야 한다.
- 적절한 표현 기교와 방법을 활용한다.
- 어문 규범에 맞아야 한다.
- 필요한 만큼의 말로 화제를 전개해야 한다.
- 다른 이의 어구, 착상, 이론을 정직하게 밝혀야 한다.
- 전달하고자 하는 바를 투명하게 표현해야 한다.
- 일관성을 지니도록 써야 한다.
- 글의 시작과 끝을 알 수 있도록 써야 한다.
- 새롭고 창의적인 글을 써야 한다.
- 형식, 문체, 어조 등의 타당성을 유지해야 한다.

2. 글의 전개 방식

① **정의**: 어휘의 뜻을 명확히 하여 개념의 내용을 한정하는 설명 방식이다.

② **분석**: 어떤 개념이나 대상을 나누고 쪼개어 그것의 특징을 밝히는 것으로, 큰 개념이나 대상을 작은 것으로 나누어 좀 더 자세하게 설명하는 방식이다.

③ **분류**: 대상이나 개념을 공통적인 특성에 근거하여 구분 짓는 것으로, 큰 범주를 일정한 기준에 맞추어 작은 범주로 나누는 설명 방식을 말한다.

④ **예시**: 예를 들어 설명하는 방식이다. 이는 개념을 구체화하는 방법으로, 보다 쉽게 개념을 이해할 수 있도록 설명을 돕기 위해서 사용한다.

⑤ **비교와 대조**: 비교는 둘 이상의 사물이나 개념을 그 사이의 공통점을 중심으로 설명하는 방식이고, 대조는 둘 사이의 차이점을 중심으로 설명하는 방식이다.

⑥ **유추**: 매우 생소한 개념이나 현상을 설명하려고 할 때 낯선 개념을 익숙한 대상에 비유하여 설명하는 방식이다. 비교나 대조가 같은 범주에 있는 사물들 간의 유사성과 차이점에 대한 설명이라면, 유추는 독자들에게 명확하게 설명하기 위해서 범주가 전혀 다른 대상과 비교할 때 사용된다.

3. 글의 서술 방식

① **묘사**: 어떤 대상을 눈에 보여 주듯이 글로써 그려 내는, 즉 대상의 감각적 인상을 재현하는 진술 방식이다. 묘사도 서사와 마찬가지로 정서 표현, 정보 전달을 목적으로 하는 글에 두루 쓰인다.

② **서사**: 사건이나 행동의 전개 과정을 시간의 경과에 따라 구체적으로 풀어 진술하는 방식이다. 이는 정서 표현을 목적으로 하는 글(소설 양식)과 정보 전달이 목적인 글에 두루 쓰인다.

③ **설명**: 어떤 사실이나 사물, 현상, 사건의 내용, 의의, 이유 등을 알기 쉽게 밝히는 진술 방식이다. 정보 전달이나 설득을 목적으로 하는 글에 주로 쓰인다.

④ **논증**: 어떤 주장에 대하여 옳고 그름의 이유를 밝히는 논리적 절차, 또는 이를 통해 상대방의 신념이나 태도를 변화시키는 것을 목적으로 하는 진술 방식으로, 설득이 목적인 글에 주로 쓰인다.

4 글다듬기 빈출

글을 완성한 후, 전체적으로 다시 검토하여 적절하지 않은 부분을 삭제하거나, 불충분한 내용을 보충하거나, 잘못 쓴 부분을 바로잡는 것을 말한다. 고쳐쓰기 또는 퇴고라고도 한다.

1. 퇴고의 원칙

① **부가의 원칙(보완의 원칙)**: 부족한 부분이나 빠뜨린 부분을 보충하면서 표현을 상세하게 하는 것이다.

② **삭제의 원칙**: 불필요한 부분, 조잡한 부분 등을 삭제하는 것이다.

③ **재구성의 원칙**: 글의 논리 전개에 따라 문단 배열이나 순서를 고치는 것이다.

2. 퇴고의 순서 및 고려 사항

일반적으로 글 전체에서 부분으로 나아가며 고쳐 쓴다.

(1) 글 전체 수준

글의 주제가 잘 드러나도록 글의 전개, 글의 구성 등을 고치는 것이다.

① 글에 나타난 주제가 글쓴이의 본래 의도와 일치하는가?

② 글 전체가 주제에 의해 통일되고 일관성이 있는가?

③ 글의 내용이 논리적으로 전개되는가?

(2) 단락(문단) 수준

단락 간의 연결성, 단락 구성 원리 등에 유의하면서 고치는 것이다.

① 각각의 단락이 단락 구성 원리에 맞게 이루어졌는가?

② 각 단락이 유기적으로 자연스럽게 연결되어 전개되었는가?

③ 각 단락이 글의 통일성과 일관성의 원리를 지키고 있는가?

④ 단락과 단락 간의 연결이 자연스러운가?

(3) 문장 수준

문장의 어법, 문장 성분 간의 호응, 단어 선택이 적절한지 검토하고 고치는 것이다.

① 각 문장이 어법에 맞도록 정확하게 표현되었는가?

② 하나의 문장에 하나의 내용이 명확하게 담겨 있는가?

③ 글의 내용과 관련된 알맞은 단어가 사용되었는가?

④ 주어와 서술어의 호응이 적절한가?

(4) 단어 수준

단어의 사용이 적절한지 검토하고 고치는 것이다.

① 단어 사용이 명료하고 정확한가?

② 맞춤법에 맞게 표기하였는가?

③ 모호하게 표현된 부분은 없는가?

유형 싱크로율 100%! 기출변형 문제

01

다음은 글쓰기 과정에 대한 자료이다. 각 과정에 대한 설명으로 옳지 않은 것은?

> 가. 계획하기
> - 글쓰기의 목적과 주제를 정한다.
> - 독자에게 관심과 흥미를 줄 수 있는 전략을 짠다.
> - 글의 종류와 길이를 정한다.
>
> 나. 정보 수집
> - 내용에 필요한 정보 자료를 파악한다.
> - 풍부하고 다양할수록 좋다.
>
> 다. 내용 선정
> - 수집한 정보를 바탕으로 글쓰기에 필요한 내용들을 추려 내는 것이다.
> - 글의 목적과 주제에 맞게 중심 내용을 선정한다.
> - 중심 내용을 뒷받침하는 세부 내용을 선정한다.
>
> 라. 내용 구성
> - 내용 구성은 글의 세부 설계도에 해당한다.
> - 처음, 중간, 끝의 구성이 일반적이며 글의 형식과 내용에 따라 구성이 변경되기도 한다.
> - 앞 과정의 군더더기 부분과 누락 부분을 확인할 수 있으며 구성에 따라 글의 짜임새와 완성도가 달라질 수 있다.
>
> 마. 내용 표현
> - 본격적인 글쓰기 단계에 해당한다.
> - 되도록 구성에 따라 문장을 채워 나간다.
> - 한 번에 완벽한 글을 쓰는 것은 쉽지 않을뿐더러 비효율적이다.
> - 마무리는 퇴고에서 한다고 생각하고 일단 글을 써 나가는 데 집중한다.
>
> 바. 고쳐쓰기
> - 글쓰기의 마무리 단계이다.
> - 내용상 틀린 부분이 없는지 확인한다.
> - 구성상 항목과 범위를 벗어난 부분이 없는지 확인한다.
> - 주제와 뒷받침 문장의 유기적 관계가 끈끈하고 탄탄하게 이루어졌는지 확인한다.
> - 독자에게 중심 내용이 쉬우면서도 분명하게 전달될 수 있는지 확인한다.

① 방송 보도 내용, 신문, 잡지, 논문 등 글에 쓰일 자료 등을 계획하고 선정하는 글쓰기 단계는 정보 수집 및 내용 선정과 관련이 있다.
② 독자층을 선정하는 것은 내용 선정 단계와 가장 밀접한 연관이 있다.
③ 글쓰기에서 가장 먼저 고려해야 할 것은 목적과 주제이다.
④ 주장하는 글에서는 주제와 근거의 논리적 관계가 중요하다.
⑤ 고쳐쓰기에서는 어휘, 문장, 접속어 등이 문법에 맞게 쓰였는지 확인한다.

02

글쓰기와 개요에 대한 설명으로 적절하지 않은 것은?

① 개요는 글의 뼈대와 같다.
② 좋은 개요일수록 글 전체의 윤곽이 뚜렷해진다.
③ 완성된 개요는 일관성을 위해 수정하지 않는 것이 좋다.
④ 글쓰기에 시간 제한이 있는 경우, 세부 개요 기술 과정을 생략하기도 한다.
⑤ 개요는 간략한 어휘로 작성하기도 하고, 완결된 문장으로 작성하기도 한다.

03

다음 글은 '청소년 IT 교육'에 대한 보고서를 쓰기 위한 개요이다. 글의 전체적인 흐름을 고려할 때 ㉠~㉤에 들어갈 내용으로 적절하지 않은 것은?

> **Ⅰ. 서론**
> IT 교육의 실태
>
> **Ⅱ. 본론**
> 1. IT 교육의 필요성
>   가. (㉠)
>   나. 신성장 동력으로서의 무한한 가능성 제고
> 2. 국내 IT 교육의 문제점
>   가. (㉡)
>   나. IT 관련 기업의 관심 부족
>   다. (㉢)
> 3. 국내 IT 교육의 개선 방안
>   가. 전문 인력 양성을 위한 교육 시설 확충
>   나. (㉣)
>   다. 정부 차원의 지속적인 재정 지원 마련
>
> **Ⅲ. 결론**
> (㉤)

① ㉠: IT 강국으로서 관련 기업의 인재 수요 증가
② ㉡: 전문 인력 양성을 위한 교육 기관 부족
③ ㉢: IT 교육에 대한 청소년의 관심 부족
④ ㉣: IT 관련 기업과 교육 기관이 협력하여 산학 시스템 구축을 통해 IT 관련 기업의 참여 유도
⑤ ㉤: IT 교육 개선을 위한 지속적인 노력과 지원 촉구

오답률 줄이는! 정답과 해설

01 ②

| 정답해설 | 독자층을 정하는 것은 글쓰기의 계획 단계와 가장 밀접한 관련이 있다.

02 ③

| 정답해설 | 글 전체의 완성도를 위해서 개요의 작성은 매우 중요하다. 그렇다고 해서 완성된 개요를 수정할 수 없는 것은 아니다. 작성 과정에서 실수가 발견되었다면 개요를 수정하는 것이 당연하다. 개요는 그 형태에 따라 간략하게 기술하는 '화제 개요'와 완결된 문장으로 기술하는 '문장 개요'가 있다. 글쓰기 시간의 제한이 있는 경우 세부 개요의 기술을 건너뛰기도 하지만, 그렇다고 해서 '개요 작성 과정' 자체를 생략하는 것은 아니다. 머릿속에서 이미 구성된 개요에 따라서 글쓰기를 진행해 나간다.

03 ③

| 정답해설 | '정부의 재정 지원 부족'과 같은 내용이 들어가야 한다. '3-다'를 보면, 정부 차원의 지속적인 재정 지원이 마련되어야 한다고 제시하고 있으므로, '정부의 재정 지원 부족'이 국내 IT 교육의 문제점으로 제시되고 있음을 알 수 있다.

정답 **01** ② **02** ③ **03** ③

02 어휘

대표유형 1 단어의 의미

■ 밑줄 친 단어들의 의미 관계가 다른 하나는?

① 전쟁 통에 죽다. : 나라의 큰 어른이 서거하다.
② 어머니의 품이 그리웠다. : 모친의 말씀이 떠올랐다.
③ 새의 모양을 본떠 비행기가 탄생했다. : 몸보신에는 오리가 최고지.
④ 백성들의 피땀으로 나라를 지켜 냈다. : 왕조 국가의 기틀을 마련했다.
⑤ 여름에는 속옷을 자주 갈아입어야지. : 꽃샘추위 때문에 아직 내의를 입고 지낸다.

문제풀이 ▶ '새'와 '오리'는 상하 관계의 단어이며, 나머지는 모두 유의 관계의 단어들이다. 정답 | ③

대표유형 2 표준어/한글 맞춤법

■ 다음 문장의 밑줄 친 단어를 잘못 쓴 것은?

① 그녀는 얼마 전에 뇌졸중으로 쓰러졌다.
② 수현이는 입사 시험에 번번이 낙방하였다.
③ 그는 책을 아예 통째로 외웠다.
④ 소라는 오랫동안 만나지 못했던 친구를 만났다.
⑤ 나는 서슴치 않고 횡단보도를 건넜다.

문제풀이 ▶ '서슴지'는 '서슴다'의 어간 '서슴-' 뒤에 어미 '-지'가 붙은 형태이다. '서슴지 않고, 서슴지 말고' 등과 같이 쓰인다. 정답 | ⑤

대표유형 3 띄어쓰기

■ 다음 중 띄어쓰기가 바른 문장은?

① 이번 일은 네 마음 대로 해라.
② 지금은 부재중이라 전화를 받을 수 없습니다.
③ 그 책은 우리가 즐겨 읽는 책 입니다.
④ 양쯔 강은 아시아에서 제일 큰 강이다.
⑤ 바다같은 마음을 지닌 우리 큰형

문제풀이 ▶ '부재중'은 합성 명사로 한 단어이므로, '부재중'으로 붙여 쓴다. '어떤 상태에 있는 동안'을 뜻하는 '중'은 의존 명사이므로 띄어 쓴다.
예 재학 중, 임신 중, 휴가 중
① '대로'는 '마음'이라는 명사 뒤에 붙어 보조사로 쓰였으므로 붙여 써야 한다.
③ '입니다'의 기본형은 '이다'로, 체언 뒤에 붙어 서술격 조사로 쓰이므로 '책입니다'로 붙여 쓴다.
④ '해(海), 섬, 강, 산'이 외래어에 붙을 때에는 띄어 쓰고, 우리말과 붙을 때에는 붙여 쓴다는 표기법이 삭제됨에 따라, 외래어와 우리말 어디에 붙든 관계없이 '양쯔강'으로 붙여 써야 한다.
⑤ '같은'은 '비교하는 대상과 다르지 않다.'라는 뜻을 가진 형용사 '같다'의 활용형이므로 띄어 쓴다. 정답 | ②

실용글쓰기 시험에서는 일상생활에서 자주 사용하는 어휘 가운데 그 뜻을 잘못 사용하는 빈도가 높은 어휘나 유의어와 반의어, 그리고 어휘의 사전적 의미와 문맥적 의미에 대한 지식을 요구하는 문제가 주로 출제된다. 단독 문제로 출제되기도 하고, 글 속에서 밑줄을 그어 출제되기도 한다.

1 단어의 의미

1. 사전적 의미와 문맥적 의미

사전적 의미	사전적 의미란 말 그대로 사전에 정의된 단어의 의미로, 누구나 공통적으로 인식하고 있는 단어의 가장 기본적인 의미이다. 예 철수가 밥을 먹는다. → 밥: 쌀, 보리 따위의 곡식을 씻어서 솥 따위의 용기에 넣고 물을 알맞게 부어, 낟알이 풀어지지 않고 물기가 잦아들게 끓여 익힌 음식
문맥적 의미	문맥적 의미란 문맥 속에서 중심적 의미와 관련하여 갖게 되는 주변적 의미이다. 예 제 밥 찾아 먹기도 힘든 마당에, 남 신경 쓸 겨를이 어디 있겠니? → 밥: 나누어 가질 물건 중 각각 갖게 되는 한 부분

2. 지시적 의미와 함축적 의미

지시적 의미	• 단어 원래의 뜻을 포함하고 있는 기본적인 의미이다. • 사전적 의미+문맥적 의미 → 지시적 의미 • 주로 비문학 작품인 실용문에서 많이 사용된다.
함축적 의미	• 지시적 의미에서 벗어나 추가적인 사고의 연상 과정을 통해 나오는 의미이다. • 정서적 의미+내포적 의미 → 함축적 의미 • 파생된 의미, 비유적 의미라고도 한다. • 주로 문학 작품에서 많이 사용되며 실용문에서는 홍보문이나 광고문에 쓰인다.

3. 동음이의어와 다의어

동음이의어(同音異義語)	• 소리는 같으나 뜻이 다른 단어이다. • 사전에 다른 단어로 각각 등재된다.
다의어(多義語)	• 한 단어가 두 가지 이상의 뜻을 가지는 단어이다. • 사전에 하나의 단어로 수록된다.

실전예시 펼쳐보기 ▼ 동음이의어와 다의어의 구분

배01 명사

① 〈생명〉 사람이나 동물의 몸에서 위장, 창자, 콩팥 따위의 내장이 들어 있는 곳으로 가슴과 엉덩이 사이의 부위
② 〈동물〉 절족동물, 특히 곤충에서 머리와 가슴이 아닌 부분. 여러 마디로 되어 있으며 숨구멍, 항문 따위가 있다.
③ 긴 물건 가운데의 볼록한 부분

배02 명사 사람이나 짐 따위를 싣고 물 위로 떠다니도록 나무나 쇠 따위로 만든 물건. 모양과 쓰임에 따라 보트, 나룻배, 기선(汽船), 군함(軍艦), 화물선, 여객선, 유조선 따위로 나눈다.

배04(杯) 의존 명사

① 술이나 음료를 담은 잔을 세는 단위

② (일부 명사 뒤에 쓰여) 운동 경기에서 우승한 팀이나 사람에게 주는 트로피

배08(倍)[배ː] 명사

① 어떤 수나 양을 두 번 합한 만큼

② (주로 고유어 수 뒤에 쓰여) 일정한 수나 양이 그 수만큼 거듭됨을 이르는 말

• 표준국어대사전에 수록된 '배'라는 단어의 경우, '배01, 배02, 배04, 배08' 등은 동음이의어이며, '배01'은 ①, ②, ③의 세 가지 뜻을 가진 다의어이다.

2 단어의 의미 관계 빈출

둘 이상의 단어가 서로 짝을 이루는 경우를 단어의 의미 관계라고 한다. 각 단어의 의미가 서로 어떠한 관계를 이루고 있다는 말이다. 유의 관계, 반의 관계, 상하 관계가 대표적이다.

1. 유의 관계

(1) 유의 관계의 유형

우리말에는 말소리는 다르지만 의미가 비슷한 유의어(類義語)가 많다. 언어의 다양성이라는 측면에서 바라볼 때, 유의어는 단어의 표현을 풍부하게 해 준다. 이러한 유의 관계는 다음 세 가지 유형으로 나뉜다.

중복 관계	지시 대상은 같으나 용법이 다른 유의 관계로, 가장 일반적이다. 예 어머니 : 엄마 : 모친
인접 관계	지시 대상도 다르고 쓰이는 용법도 다른 유의 관계이다. 동일한 위치에 있는 단어이지만 서로 성질이 다르다. 이 경우는 다른 말로 대체할 수 없다. 예 밥 : 진지, 꼬리 : 꽁지, 머리 : 대가리, 이 : 이빨
상하 관계	유개념과 종개념의 관계에 있는 유의어를 의미한다. 예 사람 : 아이 : 소년, 사람 : 노인 : 노파

(2) 유의 관계의 특징

• 유의 관계에 있는 단어들은 형태는 다르지만 그 뜻이 유사하기 때문에 동의어와 마찬가지로 일부 문맥에서 치환이 가능한 '불완전 동의어'라고 할 수 있다.

• 유의 관계에 있는 단어는 말하려는 상황에 적절한 말을 선택하여 쓸 수 있다는 점에서 표현의 효과를 높일 수 있다. 특히, 유의어를 사용하는 경우 같은 단어의 반복을 피할 수 있다는 점에서 효과적이다.

2. 반의 관계

반의 관계는 둘 이상의 단어가 서로 반대되는 의미를 지니는 것을 말한다. 동일한 의미 분야에 속하면서도 서로 반대되는 뜻을 지니고 있어야 한다.

(1) 반의 관계의 유형

모순 관계 (양분 관계)	두 개념 사이에 중간 개념이 존재하지 않는 배타적 대립 관계이다. 예 남자 : 여자, 있다 : 없다, 삶 : 죽음
반대 관계 (양극 관계)	두 개념 사이에 중간 개념이 존재하는 대립 관계이다. 예 길다 : 짧다, 검다 : 희다
관계 대립	어떤 특정한 관계로 성립되는 대립 관계이다. 예 남편 : 아내, 스승 : 제자
계층 대립	개념 사이에 층위가 존재하는 대립 관계이다. 예 귀족 : 노예, 양반 : 상민

(2) 반의 관계의 특징

- 반의 관계에 있는 단어는 어떤 형상을 대조적으로 두드러지게 하여 효과를 높이는 경우에 사용된다.
- 반의 관계에 있는 단어는 그 의미를 더욱 선명히 부각시키는 효과가 있다.
  예 물은 얕은 곳에서 깊은 곳으로 흐른다.
- 반의 관계는 속담이나 한자 성어 등에서 자주 쓰인다.

다의어에서 달라지는 '유의어'와 '반의어'

다의어의 경우, 그 의미에 따라 유의어와 반의어가 달라짐을 알고 있어야 한다.

다의어	유의어	반의어
빨래가 잘 마른다.	건조하다	젖다
몸이 매우 말랐다.	야위다	살찌다
돈이 마르다.	없다	있다

3. 상하 관계

한 단어의 의미가 다른 단어의 의미를 포함하고 있을 때 이 두 단어의 관계를 상하 관계 또는 하위 관계라 한다. 문맥에 따라 치환이 가능한 경우도 있고 그렇지 않은 경우도 있다.

상위어	상하 관계에서 상위 개념에 있는 어휘로, 하위어보다 보편적이고 일반적이다. 예 태양계 : 지구, 동북아시아 : 대한민국, 동물 : 포유류
하위어	상하 관계에서 하위 개념에 해당하는 어휘로, 상위어보다 구체성을 띠게 된다. 예 태양계 : 지구, 동북아시아 : 대한민국, 동물 : 포유류

3 띄어쓰기

국어 문법의 구성 항목을 따르자면, 띄어쓰기와 외래어 표기법은 어문 규정에 속하는 부분으로 따로 장을 만드는 것이 일반적이다. 그러나 어문 규정 전체를 다루기에는 실용글쓰기 시험에서 이 개념이 차지하는 비중이 적고, 시험에 실제 출제되는 부분도 제한적이기 때문에, '어휘' 부분에 함께 수록하였다.

띄어쓰기에 관한 문제는 매회 1문제 이상 출제되며, 조사와 의존 명사를 구분하는 문제가 자주 출제된다. 객관식 영역에서 큰 비중을 차지하는 편은 아니지만, 주관식 영역에서는 답안 작성의 기본 평가 요소로 작용하기 때문에 기본적으로 숙지해 두어야 할 중요한 부분이라고 할 수 있다.

본 교재에서는 어문 규정에 있는 한글 맞춤법 띄어쓰기 부분을 발췌하여 정리하였다. 각 원칙들을 잘 숙지하여 주관식 영역의 기본기를 다져 두자.

제41항 | 조사는 그 앞말에 붙여 쓴다.

예 꽃이 꽃마저 꽃밖에 꽃에서부터 꽃으로만 꽃이나마

해설 국어에서 조사는 독립된 단어로 다루지만 다음과 같은 이유 때문에 그 앞말에 붙여 쓴다. 조사는 그것이 결합되는 체언의 문법적 기능을 표시하므로, 그 앞의 단어에 붙여 쓰는 것이다. 조사가 둘 이상 겹쳐지거나 조사가 어미 뒤에 붙는 경우에도 붙여 쓴다.

조사 '밖에'와 명사 '밖'의 구분

'돈이 천 원밖에 없다.'의 '밖에'는 앞말에 붙여 쓰지만 '대문 밖에 누가 왔다.'의 '밖에'는 앞말과 띄어 쓴다. 즉, 조사인 '밖에'는 붙여서 쓰지만, 명사 '밖[外]'에 조사 '에'가 결합한 '밖에'는 앞말과 띄어 써야 한다.

제42항 | 의존 명사는 띄어 쓴다. 빈출

예 아는 것이 힘이다. 나도 할 수 있다. 먹을 만큼 먹어라.
아는 이를 만났다. 네가 뜻한 바를 알겠다. 그가 떠난 지가 오래다.

해설 의존 명사는 의미적 독립성은 없으나 다른 단어 뒤에 의존하여 명사적 기능을 담당하므로, 하나의 단어로 다루어진다. 독립성이 없기 때문에 앞 단어에 붙여 쓰느냐 띄어 쓰느냐 하는 문제가 논의의 대상이 되었지만, 문장의 각 단어는 띄어 쓴다는 원칙에 따라 띄어 쓰는 것이다.

동일한 형태가 경우에 따라 다르게 쓰이는 예를 들어 보면 다음과 같다.

(1) 들: '남자들, 학생들'처럼 하나의 단어에 결합하여 복수를 나타내는 경우는 접미사로 다루어 붙여 쓰지만, '쌀, 보리, 콩, 조, 기장 들을 오곡(五穀)이라 한다.'와 같이, 두 개 이상의 사물을 열거하는 구조에서 '그런 따위'란 뜻을 나타내는 경우는 의존 명사이므로 띄어 쓴다.

(2) 뿐: '남자뿐이다, 셋뿐이다'처럼 체언 뒤에 붙어서 한정의 뜻을 나타내는 경우는 접미사로 다루어 붙여 쓰지만, '웃을 뿐이다.'와 같이, 용언의 관형사형 뒤에서 '따름'이란 뜻을 나타내는 경우는 의존 명사이므로 띄어 쓴다.

(3) 대로: '법대로, 약속대로'처럼 체언 뒤에 붙어서 '그와 같이'라는 뜻을 나타내는 경우는 조사이므로 붙여 쓰지만, '아는 대로 말한다.', '약속한 대로 이행한다.'와 같이, 용언의 관형사형 뒤에서 '그와 같이'라는 뜻을 나타내는 경우는 의존 명사이므로 띄어 쓴다.

(4) 만큼: '여자도 남자만큼 일한다.', '키가 전봇대만큼 크다.'처럼 체언 뒤에 붙어서 '그런 정도로'라는 뜻을 나타내는 경우는 조사이므로 붙여 쓰지만, '볼 만큼 보았다.', '애쓴 만큼 얻는다.'와 같이 용언의 관형사형 뒤에서 '그런 정도로' 또는 '실컷'이라는 뜻을 나타내는 경우는 의존 명사이므로 띄어 쓴다.

(5) 만: '하나만 알고, 둘은 모른다.', '이것은 그것만 못하다.'처럼 체언에 붙어서 한정 또는 비교의 뜻을 나타내는 경우는 조사이므로 붙여 쓰지만, '떠난 지 사흘 만에 돌아왔다.', '온 지 1년 만에 떠나갔다.'와 같이 경과한 시간을 나타내는 경우는 의존 명사이므로 띄어 쓴다.

(6) 지: '집이 큰지 작은지 모르겠다.'처럼 쓰이는 '-지'는 어미의 일부이므로 붙여 쓰지만, '그가 떠난 지 보름이 지났다.', '그를 만난 지 한 달이 지났다.'와 같이, 용언의 관형사형 뒤에서 경과한 시간을 나타내는 경우는 의존 명사이므로 띄어 쓴다.

(7) 차(次): '연수차(研修次) 도미(渡美)한다.'처럼 명사 뒤에 붙어서 '~하려고'란 뜻을 나타내는 경우는 접미사로 다루어 붙여 쓰지만, '고향에 갔던 차에 선을 보았다.'와 같이, 용언의 관형사형 뒤에서 '어떤 기회에 겸해서'라는 뜻을 나타내는 경우는 의존 명사이므로 띄어 쓴다.

(8) 판: '노름판, 씨름판, 웃음판'처럼 쓰일 때는 합성어를 이루는 명사이므로 붙여 쓰지만, '딱 한 판만 두자.', '장기를 세 판이나 두었다.'와 같이, 수 관형사 뒤에서 승부를 겨루는 일의 수효를 나타내는 경우는 의존 명사이므로 띄어 쓴다.

제43항 | 단위를 나타내는 명사는 띄어 쓴다.

예 한 개 / 차 한 대 빈출 / 금 서 돈 / 소 한 마리 / 옷 한 벌 / 열 살
조기 한 손 / 연필 한 자루 / 버선 한 죽 빈출 / 집 한 채 빈출 / 신 두 켤레 / 북어 한 쾌

다만, 순서를 나타내는 경우나 숫자와 어울려 쓰이는 경우에는 붙여 쓸 수 있다.

예 두시 삼십분 오초 / 제일과 / 삼학년 / 육층
1446년 10월 9일 / 2대대 / 16동 502호 / 제1실습실
80원 / 10개 / 7미터

제44항 | 수를 적을 적에는 '만(萬)' 단위로 띄어 쓴다.

예 십이억 삼천사백오십육만 칠천팔백구십팔 / 12억 3456만 7898

다만, 금액을 적을 때는 변조(變造) 등의 사고를 방지하려는 뜻에서 붙여 쓰는 것이 관례로 되어 있다.

예 일금: 삼십일만오천육백칠십팔원정 / 돈: 일백칠십육만오천원

제45항 | 두 말을 이어 주거나 열거할 적에 쓰이는 다음의 말들은 띄어 쓴다.

예 국장 겸 과장 / 열 내지 스물 / 청군 대 백군 / 책상, 걸상 등이 있다
이사장 및 이사들 / 사과, 배, 귤 등등 / 사과, 배 등속 / 부산, 광주 등지

해설 (1) 겸(兼): 한 가지 일 외에 또 다른 일을 아울러 함을 뜻하는 한자어이다. '국장 겸 과장' 같은 경우, 한문 구조에서는 '겸'이 뒤의 '과장'을 목적어로 취하는 타동사로 설명되는 것이지만, 국어에서는 '뽕도 딸 겸 임도 볼 겸'처럼 관형어의 수식을 받는 구조로도 사용되므로, 의존 명사로 다루어지고 있다.

예 장관 겸 부총리 / 친구도 만날 겸 / 구경도 할 겸

(2) 대: '청군 대 백군'의 경우, 한문 구조에서는 '대(對)'가 뒤의 '백군'을 목적어로 취하는 타동사로 설명되지만, 예컨대 '윗마을 대 아랫마을, 다섯 대 셋'처럼 고유어 사이에서 '상대하는', 또는 '짝이 되는, 비교되는'과 같은 뜻을 나타내기도 하므로, 의존 명사로 다루어지고 있다.

예 한국 대 일본　　남자 대 여자　　5 대 3

그러나 '대(짝)를 이룬다.'처럼 쓰이는 경우는 자립 명사이며, 또 '대미(對美) 수출, 대일(對日) 무역'과 같이, '대'가 앞뒤 두 단어에 관계되지 않는 구조일 때는, 뒤의 형태소와 결합하여 하나의 단어를 형성하는 것으로 해석된다.

(3) 내지(乃至): 순서나 정도를 나타내는 말 사이에서 그 중간을 줄일 때 쓰는 말이라고 풀이되고 있으나, 흔히 '혹은, 또는' 같은 뜻을 나타내므로, 접속 부사로 다루어 띄어 쓴다.

예 하나 내지 넷　　열흘 내지 보름　　경주 내지 포항

(4) 및: '그리고, 그 밖에, 또'처럼 풀이되는 접속 부사이므로 띄어 쓰는 것이다.

예 위원장 및 위원들　　사과, 배 및 복숭아

(5) 등(等), 등등(等等), 등속(等屬), 등지(等地): 열거의 뜻을 나타내는 의존 명사이므로 띄어 쓴다.

예 ㄴ, ㄹ, ㅁ, ㅇ 등은 울림소리이다.　　과자, 과일, 식혜 등등 먹을 것이 많다.
사과, 배, 복숭아 등속을 사 왔다.　　충주, 청주, 대전 등지로 돌아다녔다.

제46항 | 단음절로 된 단어가 연이어 나타날 적에는 붙여 쓸 수 있다.

예 좀더 큰 것　　이말 저말　　한잎 두잎

→ 제46항의 규정은, 객관식 영역에서는 출제되지 않지만 주관식 영역에서의 효율적인 글쓰기를 위해서 반드시 알고 넘어가야 하는 내용이다.

해설 앞에서 말한 바와 같이, 글을 띄어 쓰는 것은 그 의미를 쉽게 파악할 수 있도록 하려는 데 목적이 있다. 그런데 한 음절로 이루어진 단어가 여럿 이어지는 경우, '좀 더 큰 이 새 차'처럼 띄어 쓰면 기록하기에도 불편할 뿐 아니라, 시각적 부담을 가중시켜 독서 능률이 떨어질 염려가 있는 것이다. 그리하여 '좀더 큰 이 새차'처럼 붙여 쓸 수 있도록 한 것이다.

예 내 것 네 것(원칙) → 내것 네것(허용)
이 집 저 집(원칙) → 이집 저집(허용)
물 한 병(원칙) → 물 한병(허용)

그러나 이 허용 규정은 단음절어인 관형사와 명사, 부사와 부사가 연결되는 경우와 같이 자연스럽게 의미적으로 한 덩이를 이룰 수 있는 구조에 적용되는 것이므로, 아래의 예처럼 한 개 음절로 된 단어는 무조건 붙여 쓸 수 있는 것이 아니다.

예 훨씬 더 큰 새 차 → 훨씬 더큰 새차(×)
더 큰 이 새 책상 → 더큰 이새 책상(×)

단음절어이면서 관형어나 부사인 경우라도 관형어와 관형어, 부사와 관형어는 원칙적으로 띄어 쓰며, 또 부사와 부사가 연결되는 경우에도 의미적 유형이 다른 단어끼리는 붙여 쓰지 않는 게 원칙이다.

예 더 못 간다. → 더못 간다.(×)
잘 안 온다. → 잘안 온다.(×)
늘 더 먹는다. → 늘더 먹는다.(×)

제47항 | 보조 용언은 띄어 씀을 원칙으로 하되, 경우에 따라 붙여 씀도 허용한다.(ㄱ을 원칙으로 하고, ㄴ을 허용함.)

ㄱ	ㄴ
불이 꺼져 간다.	불이 꺼져간다.
내 힘으로 막아 낸다.	내 힘으로 막아낸다.
그릇을 깨뜨려 버렸다.	그릇을 깨뜨려버렸다.
비가 올 듯하다.	비가 올듯하다.
그 일은 할 만하다.	그 일은 할만하다.
일이 될 법하다.	일이 될법하다.
비가 올 성싶다.	비가 올성싶다.
잘 아는 척한다.	잘 아는척한다.

→ 위 허용 조항(ㄴ)은 객관식 시험에는 출제되지 않지만, 글쓰기의 관점에서 볼 때 활용하면 좋은 조항이다.

다만, 앞말에 조사가 붙거나 앞말이 합성 용언인 경우, 그리고 중간에 조사가 들어가는 경우에는 그 뒤에 오는 보조 용언을 띄어 쓴다. 빈출

예 잘도 놀아만 나는구나! 책을 읽어도 보고……. 네가 덤벼들어 보아라.
이런 기회는 다시없을 듯하다. 그가 올 듯도 하다. 잘난 체를 한다.

해설 여기서 말하는 보조 용언은, '-아/-어' 뒤에 연결되는 보조 용언과, 의존 명사에 '-하다'나 '-싶다'가 붙어서 된 보조 용언을 일컫는다. '-아/-어' 뒤에 붙는 보조 용언을 붙여 쓰자는 의견이 많았으나, 각 단어는 띄어 쓴다는 일관성 있는 표기 체계를 유지하려는 차원에서 띄어 쓰는 것을 원칙으로 하되, 붙여 쓰는 것도 허용하게 된 것이다.

보조 용언	원칙	허용
가다(진행)	늙어 간다, 되어 간다	늙어간다, 되어간다
가지다(보유)	알아 가지고 간다	알아가지고 간다
나다(종결)	겪어 났다, 견뎌 났다	겪어났다, 견뎌났다
내다(종결)	이겨 낸다, 참아 냈다	이겨낸다, 참아냈다
놓다(보유)	열어 놓다, 적어 놓다	열어놓다, 적어놓다
대다(강세)	떠들어 댄다	떠들어댄다
두다(보유)	알아 둔다, 기억해 둔다	알아둔다, 기억해둔다
드리다(봉사)	읽어 드린다	읽어드린다
버리다(종결)	놓쳐 버렸다	놓쳐버렸다
보다(시행)	뛰어 본다, 써 본다	뛰어본다, 써본다
쌓다(강세)	울어 쌓는다	울어쌓는다
오다(진행)	아파 온다	아파온다

그러나 '-아/-어' 뒤에 '서'가 줄어진 형식에서는 뒤의 단어가 보조 용언이 아니므로 붙여 쓰는 것이 허용되지 않는다.

예 (시험 삼아) 고기를 잡아 본다. → 잡아본다. 고기를 잡아(서) 본다.(○) → 잡아본다.(×)
(그분의) 사과를 깎아 드린다. → 깎아드린다. 사과를 깎아(서) 드린다.(○) → 깎아드린다.(×)

의존 명사 '양, 척, 체, 만, 법, 듯' 등에 '-하다'나 '-싶다'가 결합하여 된 보조 용언의 경우도 앞말에 붙여 쓸 수 있다.

보조 용언	원칙	허용
양하다	학자인 양한다.	학자인양한다.
체하다	모르는 체한다.	모르는체한다.
듯싶다	올 듯싶다.	올듯싶다.
뻔하다	놓칠 뻔하였다.	놓칠뻔하였다.

다만, 의존 명사 뒤에 조사가 붙거나 앞 단어가 합성 용언인 경우는 (보조 용언을) 붙여 쓰지 않는다. 조사가 개입되는 경우는 두 단어(본용언과 의존 명사) 사이의 의미적, 기능적 구분이 분명하게 드러날 뿐 아니라, 제42항 규정과도 연관되므로 붙여 쓰지 않도록 한 것이다. 또, 본용언이 합성어인 경우는 '덤벼들어보아라, 떠내려가버렸다'처럼 말이 길어지는 것을 피하기 위하여 띄어 쓰도록 한 것이다.

예 아는 체를 한다.(○) → 아는체를한다.(×)
올 듯도 하다.(○) → 올듯도하다.(×)
물어만 보고(○) → 물어만보고(×)
믿을 만은 하다.(○) → 믿을만은하다.(×)
밀어내 버렸다.(○) → 밀어내버렸다.(×)
잡아매 둔다.(○) → 잡아매둔다.(×)
매달아 놓는다.(○) → 매달아놓는다.(×)
집어넣어 둔다.(○) → 집어넣어둔다.(×)
물고늘어져 본다.(○) → 물고늘어져본다.(×)
파고들어 본다.(○) → 파고들어본다.(×)

그런데 합성 용언 뒤에 연결되는 보조 용언을 붙여 쓰지 않도록 한 것은, 그 표기 단위가 길어지는 것을 피하려는 것이므로, 단음절로 된 어휘 형태소가 결합한 합성어 뒤에 연결되는 보조 용언을 붙여 쓸 수 있다.

예 나-가 버렸다. → 나가버렸다.
빛-나 보인다. → 빛나보인다.
손-대 본다. → 손대본다.
잡-매 준다. → 잡매준다.

보조 용언이 거듭되는 경우는 앞의 보조 용언만을 붙여 쓸 수 있다.

예 기억해 둘 만하다. → 기억해둘 만하다.
읽어 볼 만하다. → 읽어볼 만하다.
되어 가는 듯하다. → 되어가는 듯하다.

제48항 | 성과 이름, 성과 호 등은 붙여 쓰고, 이에 덧붙는 호칭어, 관직명 등은 띄어 쓴다.

예 김양수(金良洙)　서화담(徐花潭)　채영신 씨
최치원 선생　박동식 박사　충무공 이순신 장군

다만, 성과 이름, 성과 호를 분명히 구분할 필요가 있을 경우에는 띄어 쓸 수 있다.

예 남궁억 / 남궁 억　독고준 / 독고 준　황보지봉(皇甫芝峰) / 황보 지봉

제49항 | 성명 이외의 고유 명사는 단어별로 띄어 씀을 원칙으로 하되, 단위별로 띄어 쓸 수 있다.(ㄱ을 원칙으로 하고, ㄴ을 허용함.)

ㄱ	ㄴ
대한 중학교	대한중학교
한국 대학교 사범 대학	한국대학교 사범대학

해설 예컨대, '한국 정신 문화 연구원'처럼 단어별로 띄어 쓰면, '한국, 정신, 문화, 연구원'의 네 개 단어가 각각 지니고 있는 뜻은 분명하게 이해되지만, 그것이 하나의 대상으로 파악되지 않는다는 단점이 있다. 그리하여 둘 이상의 단어가 결합하여 이루어진 고유 명사는 단어별로 띄어 쓰는 것을 원칙으로 하되, 단위별로 붙여 쓸 수 있도록 한 것이다.

여기서 말하는 '단위'란, 그 고유 명사로 일컬어지는 대상물의 구성 단위를 뜻하는 것으로 설명된다. 다시 말하면, 어떤 체계를 가지는 구조물에 있어서 각각 하나의 독립적인 지시 대상물로서 파악되는 것을 이른다.

예컨대 '서울 대학교 인문 대학 국어 국문학과'는 '서울 대학교/인문 대학/국어 국문학과'의 세 개 단위로 나누어지고, '한국 상업 은행 재동 지점 대부계'는 '한국 상업 은행/재동 지점/대부계'의 세 개 단위로 나누어진다.

예 서울 대공원 관리 사무소 관리부 동물 관리과 → 서울대공원 관리사무소 관리부 동물관리과
한국 방송 공사 경영 기획 본부 경영 평가실 경영 평가 분석부 → 한국방송공사 경영기획본부 경영평가실 경영평가분석부

'부설(附設), 부속(附屬), 직속(直屬), 산하(傘下)' 따위는 고유 명사로 일컬어지는 대상물이 아니라, 그 대상물의 존재 관계(형식)를 나타내는 말이므로, 원칙적으로 앞뒤의 말과 띄어 쓴다.

예 학술원 부설 국어 연구소 → 학술원 부설 국어연구소
대통령 직속 국가 안전 보장 회의 → 대통령 직속 국가안전보장회의

다만, '부속 학교, 부속 중학교, 부속 고등학교' 등은 교육학 연구나 교원 양성을 위하여 교육 대학이나 사범 대학에 부속시켜 설치한 학교를 이르므로, 하나의 단위로 다루어 붙여 쓸 수 있는 것이다.

예 서울 대학교 사범 대학 부속 고등 학교 → 서울대학교 사범대학 부속고등학교

의학 연구나 의사 양성을 위하여 의과 대학에 부속시켜 설치한 병원의 경우도 이에 준한다.

예 한국 대학교 의과 대학 부속 병원 → 한국대학교 의과대학 부속병원

4 외래어 표기법

우리의 언어생활에는 우리말 못지않게 갈고닦아야 할 몇 가지 말들이 있다. 그중 하나가 외래어이다. 최근, 원지음(原地音)에 충실하게 쓴다는 이유로 우리글에서는 표기할 수 없는 형태로 외래어를 표기하여 혼란을 초래하는 경우가 있다. 'orange'를 '어륀쥐'로 쓴다거나, 'good'을 '궅'으로 쓰는 경우가 이에 해당한다. 하지만 이러한 표기는 외래어 표기 규칙에 맞지도 않을뿐더러 그 근거도 부족하다.

실용글쓰기 시험에서의 외래어 표기법 문제는 표기법의 핵심적인 기준을 이해하고, 실용문에서 부득이하게 외래어를 사용할 경우 그것을 정확하게 표기할 수 있는가를 평가하는 것이 주된 목적이다.

1. 표기의 원칙

제1항 ㅣ 외래어는 국어의 현용 24자모만으로 적는다.

해설 수많은 외래어에 나타나는 모든 음운을 한글에 반영하기 위하여 일일이 새로운 글자나 기호를 만들다 보면, 외래어를 표기하는 데 필요한 글자의 수가 한없이 늘어날 수 있다. 따라서 외래어를 표기할 때에는 현재 쓰이고 있는 한글의 자모 24자만으로 적는다.

제2항 ㅣ 외래어의 1음운은 원칙적으로 1기호로 적는다.

해설 표음 문자인 한글은 응당 우리말의 1음운을 1글자로만 적도록 되어 있다. 이러한 한글 표기의 원칙을 외래어 표기에도 그대로 적용하여 외래어의 1음운을 1기호로 적는다는 것이다.

제3항 ㅣ 받침에는 'ㄱ, ㄴ, ㄹ, ㅁ, ㅂ, ㅅ, ㅇ'만을 쓴다.

해설 우리말의 음절 구조상 받침으로 쓸 수 있는 소리는 'ㄱ, ㄴ, ㄹ, ㅁ, ㅂ, ㅅ, ㅇ'의 7개 자음뿐이다. 이 7개 자음 이외의 것을 받침으로 가진 형태소가 실현될 때는 이 7개의 소리 중 하나로 바뀌게 된다. 이러한 음절 구조에도 불구하고 '한글 맞춤법'에서는 어원을 밝혀 적는다는 또 다른 규칙을 인정하여, 우리말의 받침을 적는 데에 모든 자음을 다 쓸 수 있도록 하였다.
하지만 외래어 표기에서도 이 법칙이 그대로 통용되는 것은 아니다. 예를 들어 외래어의 끝음절의 받침소리 [k]는 [ㄱ]으로, [p]는 [ㅂ]으로 적어야 하므로, 'book, shop'은 '북'과 '숍'으로 표기해야 한다.

제4항 ㅣ 파열음 표기에는 된소리를 쓰지 않는 것을 원칙으로 한다.

해설 외래어의 파열음을 적을 때는 예사소리인 [ㄱ, ㄷ, ㅂ]과 거센소리인 [ㅋ, ㅌ, ㅍ]만을 사용하고, 된소리를 쓰지 않기로 하는 규정이다. 따라서, 'bus, dollar, gang' 등은 '버스, 달러, 갱'으로 표기하며 '뻐스, 딸러, 깽'으로 적지 않는다. 단 '빵, 껌, 빨치산' 등은 예외로 한다.

제5항 ㅣ 이미 굳어진 외래어는 관용을 존중하되, 그 범위와 용례는 따로 정한다.

해설 어떤 외래어가 일단 우리말에 들어와 그 형태가 이미 굳어져서 널리 쓰이는 경우에는, 비록 그 어형이 규정에 어긋나더라도, 관용을 존중하여 널리 쓰이는 형태를 인정한다는 것이다. 예를 들어, 영어 'radio, piano, vitamin'은 외래어 표기법에 의하면 '레이디오, 피애노, 바이터민'으로 적어야 한다. 하지만 이 외래어들은 오래전부터 '라디오, 피아노, 비타민'으로 굳어졌다. 따라서 이러한 말은 관용을 존중하여, 이전부터 적어오던 방식대로 적는다.

2. 표기 세칙(영어 표기)

제1항 | 무성 파열음([p], [t], [k])

① 짧은 모음 다음의 어말 무성 파열음([p], [t], [k])은 받침으로 적는다.

gap[gæp] 갭 cat[kæt] 캣 book[buk] 북

② 짧은 모음과 유음·비음([l], [r], [m], [n]) 이외의 자음 사이에 오는 무성 파열음([p], [t], [k])은 받침으로 적는다.

apt[æpt] 앱트 setback[setbæk] 셋백 act[ækt] 액트

③ 위 경우 이외의 어말과 자음 앞의 [p], [t], [k]는 '으'를 붙여 적는다.

stamp[stæmp] 스탬프 cape[keip] 케이프 nest[nest] 네스트
part[pɑːt] 파트 desk[desk] 데스크 make[meik] 메이크
apple[æpl] 애플 mattress[mætris] 매트리스 chipmunk[tʃipmʌŋk] 치프멍크
sickness[siknis] 시크니스

제2항 | 유성 파열음([b], [d], [g])

어말과 모든 자음 앞에 오는 유성 파열음은 '으'를 붙여 적는다.

bulb[bʌlb] 벌브 land[lænd] 랜드 zigzag[zigzæg] 지그재그
lobster[lɔbstə] 로브스터 kidnap[kidnæp] 키드냅 signal[signəl] 시그널

제3항 | 마찰음([s], [z], [f], [v], [θ], [ð], [ʃ], [ʒ])

① 어말 또는 자음 앞의 [s], [z], [f], [v], [θ], [ð]는 '으'를 붙여 적는다.

mask[mɑːsk] 마스크 jazz[ʤæz] 재즈 graph[græf] 그래프
olive[ɔliv] 올리브 thrill[θril] 스릴 bathe[beið] 베이드

② 어말의 [ʃ]는 '시'로 적고, 자음 앞의 [ʃ]는 '슈'로, 모음 앞의 [ʃ]는 뒤따르는 모음에 따라 '샤', '섀', '셔', '셰', '쇼', '슈', '시'로 적는다.

flash[flæʃ] 플래시 shrub[ʃrʌb] 슈러브 shark[ʃɑːk] 샤크
shank[ʃæŋk] 섕크 fashion[fæʃən] 패션 sheriff[ʃerif] 셰리프
shopping[ʃɔpiŋ] 쇼핑 shoe[ʃuː] 슈 shim[ʃim] 심

③ 어말 또는 자음 앞의 [ʒ]는 '지'로 적고, 모음 앞의 [ʒ]는 'ㅈ'으로 적는다.

mirage[mirɑːʒ] 미라지 vision[viʒən] 비전

제4항 | 파찰음([ts], [dz], [tʃ], [ʤ])

① 어말 또는 자음 앞의 [ts], [dz]는 '츠', '즈'로 적고, [tʃ], [ʤ]는 '치', '지'로 적는다.

Keats[kiːts] 키츠 odds[ɔdz] 오즈 switch[switʃ] 스위치
bridge[briʤ] 브리지 Pittsburgh[pitsbəːg] 피츠버그 hitchhike[hitʃhaik] 히치하이크

② 모음 앞의 [tʃ], [ʤ]는 'ㅊ', 'ㅈ'으로 적는다.

chart[tʃɑːt] 차트　virgin[vəːʤin] 버진

제5항 | 비음([m], [n], [ŋ])

① 어말 또는 자음 앞의 비음은 모두 받침으로 적는다.

steam[stiːm] 스팀　corn[kɔːn] 콘　ring[riŋ] 링
lamp[læmp] 램프　hint[hint] 힌트　ink[iŋk] 잉크

② 모음과 모음 사이의 [ŋ]은 앞 음절의 받침 'ㅇ'으로 적는다.

hanging[hæŋiŋ] 행잉　longing[lɔŋiŋ] 롱잉

제6항 | 유음([l])

① 어말 또는 자음 앞의 [l]은 받침으로 적는다.

hotel[houtel] 호텔　pulp[pʌlp] 펄프

② 어중의 [l]이 모음 앞에 오거나, 모음이 따르지 않는 비음([m], [n]) 앞에 올 때에는 'ㄹㄹ'로 적는다. 다만, 비음([m], [n]) 뒤의 [l]은 모음 앞에 오더라도 'ㄹ'로 적는다.

slide[slaid] 슬라이드　film[film] 필름　helm[helm] 헬름
swoln[swouln] 스월른　Hamlet[hæmlit] 햄릿　Henley[henli] 헨리

제7항 | 장모음

장모음의 장음은 따로 표기하지 않는다.

team[tiːm] 팀　route[ruːt] 루트

제8항 | 중모음([ai], [au], [ei], [ɔi], [ou], [auə])

중모음은 각 단모음의 음가를 살려서 적되, [ou]는 '오'로, [auə]는 '아워'로 적는다.

time[taim] 타임　house[haus] 하우스　skate[skeit] 스케이트
oil[ɔil] 오일　boat[bout] 보트　tower[tauə] 타워

제9항 | 반모음([w], [j])

① [w]는 뒤따르는 모음에 따라 [wə], [wɔ], [wou]는 '워', [wɑ]는 '와', [wæ]는 '왜', [we]는 '웨', [wi]는 '위', [wu]는 '우'로 적는다.

word[wəːd] 워드　want[wɔnt] 원트　woe[wou] 워
wander[wɑndə] 완더　wag[wæg] 왜그　west[west] 웨스트
witch[witʃ] 위치　wool[wul] 울

② 자음 뒤에 [w]가 올 때에는 두 음절로 갈라 적되, [gw], [hw], [kw]는 한 음절로 붙여 적는다.

swing[swiŋ] 스윙 twist[twist] 트위스트 penguin[peŋgwin] 펭귄
whistle[hwisl] 휘슬 quarter[kwɔːtə] 쿼터

③ 반모음 [j]는 뒤따르는 모음과 합쳐 '야', '얘', '여', '예', '요', '유', '이'로 적는다. 다만, [d], [l], [n] 다음에 [jə]가 올 때에는 각각 '디어', '리어', '니어'로 적는다.

yard[jɑːd] 야드 yank[jæŋk] 얭크 yearn[jəːn] 연
yellow[jelou] 옐로 yawn[jɔːn] 욘 you[juː] 유
year[jiə] 이어 Indian[indjən] 인디언 battalion[bətæljən] 버탤리언
union[juːnjən] 유니언

제10항 | 복합어

① 따로 설 수 있는 말의 합성으로 이루어진 복합어는 그것을 구성하고 있는 말이 단독으로 쓰일 때의 표기대로 적는다.

cuplike[kʌplaik] 컵라이크 bookend[bukend] 북엔드 headlight[hedlait] 헤드라이트
topknot[tɔpnɔt] 톱놋 sit-in[sitin] 싯인 bookmaker[bukmeikə] 북메이커
flashgun[flæʃgʌn] 플래시건 touchwood[tʌtʃwud] 터치우드

② 원어에서 띄어 쓴 말은 띄어 쓴 대로 한글 표기를 하되, 붙여 쓸 수도 있다.

Los Alamos[lɔsæləmous] 로스 앨러모스 / 로스앨러모스
top class[tɔpklæs] 톱 클래스 / 톱클래스

3. 인명, 지명 표기의 원칙

① 표기 원칙

제1항 | 외국의 인명, 지명의 표기는 제1장, 제2장, 제3장의 규정을 따르는 것을 원칙으로 한다.
제2항 | 제3장에 포함되어 있지 않은 언어권의 인명, 지명은 원지음을 따르는 것을 원칙으로 한다.

Ankara 앙카라 Gandhi 간디

제3항 | 원지음이 아닌 제3국의 발음으로 통용되고 있는 것은 관용을 따른다.

Hague 헤이그 Caesar 시저

제4항 | 고유 명사의 번역명이 통용되는 경우 관용을 따른다.

Pacific Ocean 태평양 Black Sea 흑해

② 동양의 인명, 지명 표기

제1항 ㅣ 중국 인명은 과거인과 현대인을 구분하여 과거인은 종전의 한자음대로 표기하고, 현대인은 원칙적으로 중국어 표기법에 따라 표기하되, 필요한 경우 한자를 병기한다.
제2항 ㅣ 중국의 역사 지명으로서 현재 쓰이지 않는 것은 우리 한자음대로 하고, 현재 지명과 동일한 것은 중국어 표기법에 따라 표기하되, 필요한 경우 한자를 병기한다.
제3항 ㅣ 일본의 인명과 지명은 과거와 현대의 구분 없이 일본어 표기법에 따라 표기하는 것을 원칙으로 하되, 필요한 경우 한자를 병기한다.
제4항 ㅣ 중국 및 일본의 지명 가운데 한국 한자음으로 읽는 관용이 있는 것은 이를 허용한다.

東京 도쿄, 동경　　京都 교토, 경도　　上海 상하이, 상해
臺灣 타이완, 대만　　黃河 황허, 황하

③ 바다, 섬, 강, 산 등의 표기 세칙

제1항 ㅣ 바다는 '해(海)'로 통일한다.

홍해　　발트해　　아라비아해

제2항 ㅣ 우리나라를 제외하고 섬은 모두 '섬'으로 통일한다.

타이완섬　　코르시카섬　　(우리나라: 제주도, 울릉도)

제3항 ㅣ 한자 사용 지역(일본, 중국)의 지명이 하나의 한자로 되어 있을 경우, '강', '산', '호', '섬' 등은 겹쳐 적는다.

온타케산(御岳)　　주장강(珠江)　　도시마섬(利島)
하야카와강(早川)　　위산산(玉山)

제4항 ㅣ 지명이 산맥, 산, 강 등의 뜻이 들어 있는 것은 '산맥', '산', '강' 등을 겹쳐 적는다.

Rio Grande 리오그란데강　　Monte Rosa 몬테로사산
Mont Blanc 몽블랑산　　Sierra Madre 시에라마드레산맥

5 표준어/문장 부호

본 교재에서는 최근 시행된 추가 표준어 목록과 개정 문장 부호를 발췌하여 정리하였다. 각 규정들은 특히 잘 숙지하여 객관식 및 주관식 영역의 기본기를 잘 다져 두어야 한다.

1. 표준어

급변하는 언어 환경에 대응하고 국민 언어생활의 편의를 높이고자, 어문 규범의 큰 틀은 유지하면서 한글 맞춤법 등의 어문 규정을 현실화하기 위해 복수 표준어가 지속적으로 추가되고 있다. 최근 추가된 표준어 목록은 다음과 같다.

(1) 별도 표준어

현재 표준어와 뜻이나 어감이 달라 이를 별도의 표준어로 인정한 것이다.

추가 표준어	현재 표준어	뜻 차이
걸판지다	거방지다	• 걸판지다: 매우 푸지다. 동작이나 모양이 크고 어수선하다. • 거방지다: 몸집이 크다. 하는 짓이 점잖고 무게가 있다. 예 술상이 걸판지다. 싸움판은 자못 걸판져서 구경거리였다.
겉울음	건울음	• 겉울음: 드러내 놓고 우는 울음. 마음에도 없이 겉으로만 우는 울음. • 건울음: 눈물 없이 우는 울음. 또는 억지로 우는 울음. 예 꾹꾹 참고만 있다 보면 간혹 속울음이 겉울음으로 터질 때가 있다. 눈물도 안 나면서 슬픈 척 겉울음 울지 마.
까탈스럽다	까다롭다	• 까탈스럽다: 조건, 규정 따위가 복잡하고 엄격하여 적응하거나 적용하기에 어려운 데가 있다. 성미나 취향 따위가 원만하지 않고 별스러워 맞춰 주기에 어려운 데가 있다. • 까다롭다: 조건 따위가 복잡하거나 엄격하여 다루기에 순탄하지 않다. 성미나 취향 따위가 원만하지 않고 별스럽게 까탈이 많다. 예 까탈스러운 공정을 거치다. 딸아이는 사 준 옷이 맘에 안 든다고 까탈스럽게 굴었다.
실뭉치	실몽당이	• 실뭉치: 실을 한데 뭉치거나 감은 덩이. • 실몽당이: 실을 풀기 좋게 공 모양으로 감은 뭉치. 예 뒤엉킨 실뭉치. 실뭉치를 풀다.

(2) 복수 표준형

비표준적인 것으로 다루어 왔던 표현 형식을 표준형으로 인정한 것이다.

추가 표준어	현재 표준어	비고
엘랑	에는	• 표준어 규정 제25항에서 '에는'의 비표준형으로 규정해 온 '엘랑'을 표준형으로 인정함. • '엘랑' 외에도 'ㄹ랑'에 조사 또는 어미가 결합한 '에설랑, 설랑, -고설랑, -어설랑, -질랑'도 표준형으로 인정함. 예 서울엘랑 가지를 마오. 나를 앞에 앉혀 놓고설랑 자기 아들 자랑만 하더라.
주책이다	주책없다	• 표준어 규정 제25항에 따라 '주책없다'의 비표준형으로 규정해 온 '주책이다'를 표준형으로 인정함. • '주책이다'는 '일정한 줏대가 없이 되는대로 하는 짓'을 뜻하는 '주책'에 서술격 조사 '이다'가 붙은 말로 봄. • '주책이다'는 단순한 명사 + 조사 결합형이므로 사전 표제어로는 다루지 않음. 예 이제 와서 오래전에 헤어진 그녀를 떠올리는 나 자신을 보며 '나도 참 주책이군.' 하는 생각이 들었다.
꺼림직하다	꺼림칙하다	마음에 걸려서 언짢고 싫은 느낌이 있다.

께름직하다	께름칙하다	마음에 걸려서 언짢고 싫은 느낌이 꽤 있다.
추켜올리다	추어올리다	'실제보다 과장되게 칭찬하다'의 의미로 쓰이는 '추켜올리다'를 표준어로 인정함.
추켜세우다	치켜세우다	'정도 이상으로 크게 칭찬하다'의 의미로 쓰이는 '추켜세우다'를 표준어로 인정함.
치켜올리다	추어올리다 추켜올리다	① 옷이나 물건, 신체 일부 따위를 위로 가뜬하게 올리다. ② 실제보다 과장되게 칭찬하다.

2. 문장 부호

문장 부호는 글에서 문장의 구조를 드러내거나 글쓴이의 의도를 전달하기 위하여 사용하는 부호이다. 문장 부호의 이름과 사용법은 다음과 같이 정한다.

(1) 마침표(.)

① 서술, 명령, 청유 등을 나타내는 문장의 끝에 쓴다.

예 젊은이는 나라의 기둥입니다. 제 손을 꼭 잡으세요.
집으로 돌아갑시다. 가는 말이 고와야 오는 말이 곱다.

[붙임 1] 직접 인용한 문장의 끝에는 쓰는 것을 원칙으로 하되, 쓰지 않는 것을 허용한다.(ㄱ을 원칙으로 하고, ㄴ을 허용함.)

예 ㄱ. 그는 "지금 바로 떠나자."라고 말하며 서둘러 짐을 챙겼다.
ㄴ. 그는 "지금 바로 떠나자"라고 말하며 서둘러 짐을 챙겼다.

[붙임 2] 용언의 명사형이나 명사로 끝나는 문장에는 쓰는 것을 원칙으로 하되, 쓰지 않는 것을 허용한다.(ㄱ을 원칙으로 하고, ㄴ을 허용함.)

예 ㄱ. 목적을 이루기 위하여 몸과 마음을 다하여 애를 씀.
ㄴ. 목적을 이루기 위하여 몸과 마음을 다하여 애를 씀
ㄱ. 결과에 연연하지 않고 끝까지 최선을 다하기.
ㄴ. 결과에 연연하지 않고 끝까지 최선을 다하기
ㄱ. 신입 사원 모집을 위한 기업 설명회 개최.
ㄴ. 신입 사원 모집을 위한 기업 설명회 개최
ㄱ. 내일 오전까지 보고서를 제출할 것.
ㄴ. 내일 오전까지 보고서를 제출할 것

다만, 제목이나 표어에는 쓰지 않음을 원칙으로 한다.

예 압록강은 흐른다 꺼진 불도 다시 보자
건강한 몸 만들기

② 아라비아 숫자만으로 연월일을 표시할 때 쓴다.

예 1919. 3. 1. 10. 1.~10. 12.

③ 특정한 의미가 있는 날을 표시할 때 월과 일을 나타내는 아라비아 숫자 사이에 쓴다.

예 3. 1 운동 8. 15 광복

[붙임] 이때는 마침표 대신 가운뎃점을 쓸 수 있다.

예 3·1 운동 예 8·15 광복

④ 장, 절, 항 등을 표시하는 문자나 숫자 다음에 쓴다.

예 가. 인명 ㄱ. 머리말
Ⅰ. 서론 1. 연구 목적

[붙임] '마침표' 대신 '온점'이라는 용어를 쓸 수 있다.

(2) 물음표(?)

① 의문문이나 의문을 나타내는 어구의 끝에 쓴다.

예 점심 먹었어?　　이번에 가시면 언제 돌아오세요?
제가 부모님 말씀을 따르지 않을 리가 있겠습니까?
남북이 통일되면 얼마나 좋을까?
다섯 살짜리 꼬마가 이 멀고 험한 곳까지 혼자 왔다?
지금?　　뭐라고?
네?

[붙임 1] 한 문장 안에 몇 개의 선택적인 물음이 이어질 때는 맨 끝의 물음에만 쓰고, 각 물음이 독립적일 때는 각 물음의 뒤에 쓴다.

예 너는 중학생이냐, 고등학생이냐?
너는 여기에 언제 왔니? 어디서 왔니? 무엇 하러 왔니?

[붙임 2] 의문의 정도가 약할 때는 물음표 대신 마침표를 쓸 수 있다.

예 도대체 이 일을 어쩐단 말이냐.
이것이 과연 내가 찾던 행복일까.

다만, 제목이나 표어에는 쓰지 않음을 원칙으로 한다.

예 역사란 무엇인가　　아직도 담배를 피우십니까

② 특정한 어구의 내용에 대하여 의심, 빈정거림 등을 표시할 때, 또는 적절한 말을 쓰기 어려울 때 소괄호 안에 쓴다.

예 우리와 의견을 같이할 사람은 최 선생(?) 정도인 것 같다.
30점이라, 거참 훌륭한(?) 성적이군.
우리 집 강아지가 가출(?)을 했어요.

③ 모르거나 불확실한 내용임을 나타낼 때 쓴다.

예 최치원(857~?)은 통일 신라 말기에 이름을 떨쳤던 학자이자 문장가이다.
조선 시대의 시인 강백(1690?~1777?)의 자는 자청이고, 호는 우곡이다.

(3) 느낌표(!)

① 감탄문이나 감탄사의 끝에 쓴다.

예 이거 정말 큰일이 났구나!　　어머!

[붙임] 감탄의 정도가 약할 때는 느낌표 대신 쉼표나 마침표를 쓸 수 있다.

예 어, 벌써 끝났네.　　날씨가 참 좋군.

② 특별히 강한 느낌을 나타내는 어구, 평서문, 명령문, 청유문에 쓴다.

예 청춘! 이는 듣기만 하여도 가슴이 설레는 말이다.
이야, 정말 재밌다!
지금 즉시 대답해!
앞만 보고 달리자!

③ 물음의 말로 놀람이나 항의의 뜻을 나타내는 경우에 쓴다.

예 이게 누구야!　　내가 왜 나빠!

④ 감정을 넣어 대답하거나 다른 사람을 부를 때 쓴다.

예 네!　　네, 선생님!
흥부야!　　언니!

(4) 쉼표(,)

① 같은 자격의 어구를 열거할 때 그 사이에 쓴다.

예 근면, 검소, 협동은 우리 겨레의 미덕이다.
충청도의 계룡산, 전라도의 내장산, 강원도의 설악산은 모두 국립 공원이다.
집을 보러 가면 그 집이 내가 원하는 조건에 맞는지, 살기에 편한지, 망가진 곳은 없는지 확인해야 한다.
5보다 작은 자연수는 1, 2, 3, 4이다.

다만, 쉼표 없이도 열거되는 사항임이 쉽게 드러날 때는 쓰지 않을 수 있다.

예 아버지 어머니께서 함께 오셨어요.
네 돈 내 돈 다 합쳐 보아야 만 원도 안 되겠다.

열거할 어구들을 생략할 때 사용하는 줄임표 앞에는 쉼표를 쓰지 않는다.

예 광역시: 광주, 대구, 대전……

② 짝을 지어 구별할 때 쓴다.

예 닭과 지네, 개와 고양이는 상극이다.

③ 이웃하는 수를 개략적으로 나타낼 때 쓴다.

예 5, 6세기 6, 7, 8개

④ 열거의 순서를 나타내는 어구 다음에 쓴다.

예 첫째, 몸이 튼튼해야 한다.
마지막으로, 무엇보다 마음이 편해야 한다.

⑤ 문장의 연결 관계를 분명히 하고자 할 때 절과 절 사이에 쓴다.

예 콩 심은 데 콩 나고, 팥 심은 데 팥 난다.
저는 신뢰와 정직을 생명과 같이 여기고 살아온바, 이번 비리 사건과는 무관하다는 점을 분명히 밝힙니다.
떡국은 설날의 대표적인 음식인데, 이걸 먹어야 비로소 나이도 한 살 더 먹는다고 한다.

⑥ 같은 말이 되풀이되는 것을 피하기 위하여 일정한 부분을 줄여서 열거할 때 쓴다.

예 여름에는 바다에서, 겨울에는 산에서 휴가를 즐겼다.

⑦ 부르거나 대답하는 말 뒤에 쓴다.

예 지은아, 이리 좀 와 봐. 네, 지금 가겠습니다.

⑧ 한 문장 안에서 앞말을 '곧', '다시 말해' 등과 같은 어구로 다시 설명할 때 앞말 다음에 쓴다.

예 책의 서문, 곧 머리말에는 책을 지은 목적이 드러나 있다.
원만한 인간관계는 말과 관련한 예의, 즉 언어 예절을 갖추는 것에서 시작된다.
호준이 어머니, 다시 말해 나의 누님은 올해로 결혼한 지 20년이 된다.
나에게도 작은 소망, 이를테면 나만의 정원을 가졌으면 하는 소망이 있어.

⑨ 문장 앞부분에서 조사 없이 쓰인 제시어나 주제어의 뒤에 쓴다.

예 돈, 돈이 인생의 전부이더냐?
열정, 이것이야말로 젊은이의 가장 소중한 자산이다.
지금 네가 여기 있다는 것, 그것만으로도 나는 충분히 행복해.
저 친구, 저러다가 큰일 한번 내겠어.
그 사실, 넌 알고 있었지?

⑩ 한 문장에 같은 의미의 어구가 반복될 때 앞에 오는 어구 다음에 쓴다.

예 그의 애국심, 몸을 사리지 않고 국가를 위해 헌신한 정신을 우리는 본받아야 한다.

⑪ 도치문에서 도치된 어구들 사이에 쓴다.

예 이리 오세요, 어머님.
다시 보자, 한강수야.

⑫ 바로 다음 말과 직접적인 관계에 있지 않음을 나타낼 때 쓴다.

예 갑돌이는, 울면서 떠나는 갑순이를 배웅했다.

철원과, 대관령을 중심으로 한 강원도 산간 지대에 예년보다 일찍 첫눈이 내렸습니다.

⑬ 문장 중간에 끼어든 어구의 앞뒤에 쓴다.

예 나는, 솔직히 말하면, 그 말이 별로 탐탁지 않아.

영호는 미소를 띠고, 속으로는 화가 치밀어 올라 잠시라도 견딜 수 없을 만큼 괴로웠지만, 그들을 맞았다.

[붙임 1] 이때는 쉼표 대신 줄표를 쓸 수 있다.

예 나는 — 솔직히 말하면 — 그 말이 별로 탐탁지 않아.

영호는 미소를 띠고 — 속으로는 화가 치밀어 올라 잠시라도 견딜 수 없을 만큼 괴로웠지만 — 그들을 맞았다.

[붙임 2] 끼어든 어구 안에 다른 쉼표가 들어 있을 때는 쉼표 대신 줄표를 쓴다.

예 이건 내 것이니까 — 아니, 내가 처음 발견한 것이니까 — 절대로 양보할 수 없다.

⑭ 특별한 효과를 위해 끊어 읽는 곳을 나타낼 때 쓴다.

예 내가, 정말 그 일을 오늘 안에 해낼 수 있을까?

이 전투는 바로 우리가, 우리만이, 승리로 이끌 수 있다.

⑮ 짧게 더듬는 말을 표시할 때 쓴다.

예 선생님, 부, 부정행위라니요? 그런 건 새, 생각조차 하지 않았습니다.

[붙임] '쉼표' 대신 '반점'이라는 용어를 쓸 수 있다.

(5) 가운뎃점(·)

① 열거할 어구들을 일정한 기준으로 묶어서 나타낼 때 쓴다.

예 민수 · 영희, 선미 · 준호가 서로 짝이 되어 윷놀이를 하였다.

지금의 경상남도 · 경상북도, 전라남도 · 전라북도, 충청남도 · 충청북도 지역을 예부터 삼남이라 일러 왔다.

② 짝을 이루는 어구들 사이에 쓴다.

예 한(韓) · 이(伊) 양국 간의 무역량이 늘고 있다.

우리는 그 일의 참 · 거짓을 따질 겨를도 없었다.

하천 수질의 조사 · 분석

빨강 · 초록 · 파랑이 빛의 삼원색이다.

다만, 이때는 가운뎃점을 쓰지 않거나 쉼표를 쓸 수도 있다.

예 한(韓) 이(伊) 양국 간의 무역량이 늘고 있다.

우리는 그 일의 참 거짓을 따질 겨를도 없었다.

하천 수질의 조사, 분석

빨강, 초록, 파랑이 빛의 삼원색이다.

③ 공통 성분을 줄여서 하나의 어구로 묶을 때 쓴다.

예 상 · 중 · 하위권

금 · 은 · 동메달

통권 제54 · 55 · 56호

[붙임] 이때는 가운뎃점 대신 쉼표를 쓸 수 있다.

예 상, 중, 하위권

금, 은, 동메달

통권 제54, 55, 56호

(6) 쌍점(:)

① 표제 다음에 해당 항목을 들거나 설명을 붙일 때 쓴다.

예 문방사우: 종이, 붓, 먹, 벼루

일시: 2014년 10월 9일 10시

흔하지 않지만 두 자로 된 성씨도 있다.(예: 남궁, 선우, 황보)

올림표(#): 음의 높이를 반음 올릴 것을 지시한다.

② 희곡 등에서 대화 내용을 제시할 때 말하는 이와 말한 내용 사이에 쓴다.

예 김 과장: 난 못 참겠다.

아들: 아버지, 제발 제 말씀 좀 들어 보세요.

③ 시와 분, 장과 절 등을 구별할 때 쓴다.

예 오전 10:20(오전 10시 20분)

두시언해 6:15(두시언해 제6권 제15장)

④ 의존명사 '대'가 쓰일 자리에 쓴다.

예 65:60(65 대 60) 청군:백군(청군 대 백군)

[붙임] 쌍점의 앞은 붙여 쓰고 뒤는 띄어 쓴다. 다만, ③과 ④에서는 쌍점의 앞뒤를 붙여 쓴다.

(7) 빗금(/)

① 대비되는 두 개 이상의 어구를 묶어 나타낼 때 그 사이에 쓴다.

예 먹이다/먹히다 남반구/북반구

금메달/은메달/동메달

( )이/가 우리나라의 보물 제1호이다.

② 기준 단위당 수량을 표시할 때 해당 수량과 기준 단위 사이에 쓴다.

예 100미터/초 1,000원/개

③ 시의 행이 바뀌는 부분임을 나타낼 때 쓴다.

예 산에 / 산에 / 피는 꽃은 / 저만치 혼자서 피어 있네

다만, 연이 바뀜을 나타낼 때는 두 번 겹쳐 쓴다.

예 산에는 꽃 피네 / 꽃이 피네 / 갈 봄 여름 없이 / 꽃이 피네 // 산에 / 산에 / 피는 꽃은 / 저만치 혼자서 피어 있네

[붙임] 빗금의 앞뒤는 ①과 ②에서는 붙여 쓰며, ③에서는 띄어 쓰는 것을 원칙으로 하되 붙여 쓰는 것을 허용한다. 단, ①에서 대비되는 어구가 두 어절 이상인 경우에는 빗금의 앞뒤를 띄어 쓸 수 있다.

(8) 큰따옴표(" ")

① 글 가운데에서 직접 대화를 표시할 때 쓴다.

예 "어머니, 제가 가겠어요."

"아니다. 내가 다녀오마."

② 말이나 글을 직접 인용할 때 쓴다.

예 나는 "어, 광훈이 아니냐?" 하는 소리에 깜짝 놀랐다.

밤하늘에 반짝이는 별들을 보면서 "나는 아무 걱정도 없이 가을 속의 별들을 다 헬 듯합니다."라는 시구를 떠올렸다.

편지의 끝머리에는 이렇게 적혀 있었다.

"할머니, 편지에 사진을 동봉했다고 하셨지만 봉투 안에는 아무것도 없었어요."

(9) 작은따옴표(' ')

① 인용한 말 안에 있는 인용한 말을 나타낼 때 쓴다.

예 그는 "여러분! '시작이 반이다.'라는 말 들어 보셨죠?"라고 말하며 강연을 시작했다.

② 마음속으로 한 말을 적을 때 쓴다.

예 나는 '일이 다 틀렸나 보군.' 하고 생각하였다.

'이번에는 꼭 이기고야 말겠어.' 호연이는 마음속으로 몇 번이나 그렇게 다짐하며 주먹을 불끈 쥐었다.

(10) 소괄호(( ))

① 주석이나 보충적인 내용을 덧붙일 때 쓴다.

예 니체(독일의 철학자)의 말을 빌리면 다음과 같다.
2014. 12. 19.(금)
문인화의 대표적인 소재인 사군자(매화, 난초, 국화, 대나무)는 고결한 선비 정신을 상징한다.

② 우리말 표기와 원어 표기를 아울러 보일 때 쓴다.

예 기호(嗜好), 자세(姿勢)　　커피(coffee), 에티켓(étiquette)

③ 생략할 수 있는 요소임을 나타낼 때 쓴다.

예 학교에서 동료 교사를 부를 때는 이름 뒤에 '선생(님)'이라는 말을 덧붙인다.
광개토(대)왕은 고구려의 전성기를 이끌었던 임금이다.

④ 희곡 등 대화를 적은 글에서 동작이나 분위기, 상태를 드러낼 때 쓴다.

예 현우: (가쁜 숨을 내쉬며) 왜 이렇게 빨리 뛰어?
"관찰한 것을 쓰는 것이 습관이 되었죠. 그러다 보니, 상상력이 생겼나 봐요." (웃음)

⑤ 내용이 들어갈 자리임을 나타낼 때 쓴다.

예 우리나라의 수도는 (　)이다.
다음 빈칸에 알맞은 조사를 쓰시오.
민수가 할아버지(　) 꽃을 드렸다.

⑥ 항목의 순서나 종류를 나타내는 숫자나 문자 등에 쓴다.

예 사람의 인격은 (1) 용모, (2) 언어, (3) 행동, (4) 덕성 등으로 표현된다.
(가) 동해, (나) 서해, (다) 남해

(11) 중괄호({ })

① 같은 범주에 속하는 여러 요소를 세로로 묶어서 보일 때 쓴다.

예 주격 조사 {이 / 가}

국가의 성립 요소 {영토 / 국민 / 주권}

② 열거된 항목 중 어느 하나가 자유롭게 선택될 수 있음을 보일 때 쓴다.

예 아이들이 모두 학교{에, 로, 까지} 갔어요.

(12) 대괄호([ ])

① 괄호 안에 또 괄호를 쓸 필요가 있을 때 바깥쪽의 괄호로 쓴다.

예 어린이날이 새로 제정되었을 당시에는 어린이들에게 경어를 쓰라고 하였다.[윤석중 전집(1988), 70쪽 참조]
이번 회의에는 두 명[이혜정(실장), 박철용(과장)]만 빼고 모두 참석했습니다.

② 고유어에 대응하는 한자어를 함께 보일 때 쓴다.

예 나이[年歲]　　낱말[單語]
손발[手足]

③ 원문에 대한 이해를 돕기 위해 설명이나 논평 등을 덧붙일 때 쓴다.

예 그것[한글]은 이처럼 정보화 시대에 알맞은 과학적인 문자이다.
신경준의 ≪여암전서≫에 "삼각산은 산이 모두 돌 봉우리인데, 그 으뜸 봉우리를 구름 위에 솟아 있다고 백운(白雲)이라 하며 [이하 생략]"
그런 일은 결코 있을 수 없다.[원문에는 '업다'임.]

(13) 겹낫표(『 』)와 겹화살괄호(≪ ≫)

책의 제목이나 신문 이름 등을 나타낼 때 쓴다.

예 우리나라 최초의 민간 신문은 1896년에 창간된 『독립신문』이다.

「훈민정음」은 1997년에 유네스코 세계 기록 유산으로 지정되었다.
≪한성순보≫는 우리나라 최초의 근대 신문이다.
윤동주의 유고 시집인 ≪하늘과 바람과 별과 시≫에는 31편의 시가 실려 있다.

[붙임] 겹낫표나 겹화살괄호 대신 큰따옴표를 쓸 수 있다.

예 우리나라 최초의 민간 신문은 1896년에 창간된 "독립신문"이다.
윤동주의 유고 시집인 "하늘과 바람과 별과 시"에는 31편의 시가 실려 있다.

(14) 홑낫표(「 」)와 홑화살괄호(〈 〉)

소제목, 그림이나 노래와 같은 예술 작품의 제목, 상호, 법률, 규정 등을 나타낼 때 쓴다.

예 「국어 기본법 시행령」은 「국어 기본법」에서 위임된 사항과 그 시행에 필요한 사항을 규정함을 목적으로 한다.
이 곡은 베르디가 작곡한 「축배의 노래」이다.
사무실 밖에 「해와 달」이라고 쓴 간판을 달았다.
〈한강〉은 사진집 ≪아름다운 땅≫에 실린 작품이다.
백남준은 2005년에 〈엄마〉라는 작품을 선보였다.

[붙임] 홑낫표나 홑화살괄호 대신 작은따옴표를 쓸 수 있다.

예 사무실 밖에 '해와 달'이라고 쓴 간판을 달았다.
'한강'은 사진집 "아름다운 땅"에 실린 작품이다.

(15) 줄표(—)

제목 다음에 표시하는 부제의 앞뒤에 쓴다.

예 이번 토론회의 제목은 '역사 바로잡기 — 근대의 설정 —'이다.
'환경 보호 — 숲 가꾸기 —'라는 제목으로 글짓기를 했다.

다만, 뒤에 오는 줄표는 생략할 수 있다.

예 이번 토론회의 제목은 '역사 바로잡기 — 근대의 설정'이다.
'환경 보호 — 숲 가꾸기'라는 제목으로 글짓기를 했다.

[붙임] 줄표의 앞뒤는 띄어 쓰는 것을 원칙으로 하되, 붙여 쓰는 것을 허용한다.

(16) 붙임표(-)

① 차례대로 이어지는 내용을 하나로 묶어 열거할 때 각 어구 사이에 쓴다.

예 멀리뛰기는 도움닫기-도약-공중 자세-착지의 순서로 이루어진다.
김 과장은 기획-실무-홍보까지 직접 발로 뛰었다.

② 두 개 이상의 어구가 밀접한 관련이 있음을 나타내고자 할 때 쓴다.

예 드디어 서울-북경의 항로가 열렸다.
원-달러 환율　　남한-북한-일본 삼자 관계

(17) 물결표(~)

기간이나 거리 또는 범위를 나타낼 때 쓴다.

예 9월 15일~9월 25일　　김정희(1786~1856)
서울~천안 정도는 출퇴근이 가능하다.
이번 시험의 범위는 3~78쪽입니다.

[붙임] 물결표 대신 붙임표를 쓸 수 있다.

예 9월 15일-9월 25일　　김정희(1786-1856)
서울-천안 정도는 출퇴근이 가능하다.
이번 시험의 범위는 3-78쪽입니다.

(18) 드러냄표(˙)와 밑줄(___)

문장 내용 중에서 주의가 미쳐야 할 곳이나 중요한 부분을 특별히 드러내 보일 때 쓴다.

예 한글의 본디 이름은 훈민정음이다.

중요한 것은 왜 사느냐가 아니라 어떻게 사느냐이다.

지금 필요한 것은 지식이 아니라 실천입니다.

다음 보기에서 명사가 아닌 것은?

[붙임] 드러냄표나 밑줄 대신 작은따옴표를 쓸 수 있다.

예 한글의 본디 이름은 '훈민정음'이다.

중요한 것은 '왜 사느냐'가 아니라 '어떻게 사느냐'이다.

지금 필요한 것은 '지식'이 아니라 '실천'입니다.

다음 보기에서 명사가 '아닌' 것은?

(19) 숨김표(○, ×)

① 금기어나 공공연히 쓰기 어려운 비속어임을 나타낼 때, 그 글자의 수효만큼 쓴다.

예 배운 사람 입에서 어찌 ○○란 말이 나올 수 있느냐?

그 말을 듣는 순간 ×××란 말이 목구멍까지 치밀었다.

② 비밀을 유지해야 하거나 밝힐 수 없는 사항임을 나타낼 때 쓴다.

예 1차 시험 합격자는 김○영, 이○준, 박○순 등 모두 3명이다.

육군 ○○ 부대 ○○명이 작전에 참가하였다.

그 모임의 참석자는 김×× 씨, 정×× 씨 등 5명이었다.

(20) 빠짐표(□)

① 옛 비문이나 문헌 등에서 글자가 분명하지 않을 때 그 글자의 수효만큼 쓴다.

예 大師爲法主□□賴之大□薦

② 글자가 들어가야 할 자리를 나타낼 때 쓴다.

예 훈민정음의 초성 중에서 아음(牙音)은 □□□의 석 자다.

(21) 줄임표(……)

① 할 말을 줄였을 때 쓴다.

예 "어디 나하고 한번……." 하고 민수가 나섰다.

② 말이 없음을 나타낼 때 쓴다.

예 "빨리 말해!"

"……."

③ 문장이나 글의 일부를 생략할 때 쓴다.

예 '고유'라는 말은 문자 그대로 본디부터 있었다는 뜻은 아닙니다. …… 같은 역사적 환경에서 공동의 집단생활을 영위해 오는 동안 공동으로 발견된, 사물에 대한 공동의 사고방식을 우리는 한국의 고유 사상이라 부를 수 있다는 것입니다.

④ 머뭇거림을 보일 때 쓴다.

예 "우리는 모두…… 그러니까…… 예외 없이 눈물만…… 흘렸다."

[붙임 1] 점은 가운데에 찍는 대신 아래쪽에 찍을 수도 있다.

예 "어디 나하고 한번......" 하고 민수가 나섰다.

"실은...... 저 사람...... 우리 아저씨일지 몰라."

[붙임 2] 점은 여섯 점을 찍는 대신 세 점을 찍을 수도 있다.

예 "어디 나하고 한번…." 하고 민수가 나섰다.

"실은... 저 사람... 우리 아저씨일지 몰라."

[붙임 3] 줄임표는 앞말에 붙여 쓴다. 다만, ③에서는 줄임표의 앞뒤를 띄어 쓴다.

3. 변경된 문장 부호 규정

종전 규정은 원고지 중심의 전통적인 글쓰기 환경에 맞추어 제정되었다. 그러나 최근 글쓰기 환경이 컴퓨터와 인터넷 중심으로 급격히 변화하면서, 실제 언어생활에서 널리 쓰이고 있는 부호와 용법을 반영한 새로운 규정이 개정 · 시행되었다.

문장 부호의 허용 범주가 넓어진 것이 특징이며, 종전 규정을 따른다고 해서 틀린 것은 아니다. 주관식 영역에서 답안지를 작성할 때를 대비하여 문장 부호의 달라진 규정에 대해 알아보자.

(1) 문장 부호의 허용 범주

종전 규정	새 규정
12월 10일~12월 30일(○) 12월 10일–12월 30일(×)	12월 10일~12월 30일(원칙) 12월 10일–12월 30일(허용)
3 · 1 운동(○) 3.1 운동(×)	3.1 운동(원칙) 3 · 1 운동(허용)
나폴레옹은 “내 사전에 불가능은 없다.”라고 말했다.(○) 나폴레옹은 “내 사전에 불가능은 없다”라고 말했다.(×)	나폴레옹은 “내 사전에 불가능은 없다.”라고 말했다.(원칙) 나폴레옹은 “내 사전에 불가능은 없다”라고 말했다.(허용)

(2) 바뀐 문장 부호의 이름

부호	종전 규정	새 규정
.	온점	마침표(원칙) 온점(허용)
,	반점	쉼표(원칙) 반점(허용)
〈 〉	–	홑화살괄호
《 》	–	겹화살괄호

(3) 문장 부호의 띄어쓰기

새 규정에서 문장 부호의 띄어쓰기를 명확히 하기 위해 새롭게 등장한 내용이다.

부호	용법	띄어쓰기
쌍점	때: 2018년 4월 21일	앞말에는 붙이고 뒷말과는 띄어 쓴다.
	2:0으로 이기다.	앞뒤를 붙여 쓴다.
빗금	남반구/북반구	앞뒤를 붙여 쓰는 것이 원칙이다.
	산에 / 산에 / 피는 꽃은	앞뒤를 띄어 쓰는 것이 원칙이다.
줄표	이번 토론회의 제목은 ‘역사 바로잡기 — 근대의 설정 —’이다.	앞뒤를 띄어 쓰는 것이 원칙이다.
물결표	5월 21일~5월 31일	앞뒤를 붙여 쓴다.
줄임표	어디 나하고 한번…….	앞말에 붙여 쓴다.
	글의 일부를 통째로 생략할 때	앞뒤를 띄어 쓴다.

(4) 문장 부호의 주요 변경 사항

주요 변경 사항	종전 규정	설명
가로쓰기로 통합(24종)	세로쓰기용 부호 별도 규정 (가로쓰기 20종, 세로쓰기 4종)	• 세로쓰기 부호인 '고리점(｡)'과 '모점(､)'은 개정안에서 제외함. • '낫표(「 」, 『 』)'는 가로쓰기용 부호로 용법을 수정하여 유지하고 '화살괄호(〈 〉, 《 》)'를 추가함.
문장 부호 명칭 정리	• '.'는 '온점'이라고 함. • ','는 '반점'이라고 함.	부호 '.'와 ','를 각각 '마침표'와 '쉼표'라 하고 기존의 '온점'과 '반점'이라는 용어도 쓸 수 있도록 함.
	'〈 〉', '《 》'의 명칭 및 용법 불분명함.	부호 '〈 〉, 《 》'를 각각 '홑화살괄호, 겹화살괄호'로 명명하고 각각의 용법을 규정함.
부호 선택의 폭 확대	줄임표는 '……'만 허용함.	아래에 여섯 점(......)을 찍거나 세 점(…, ...)만 찍는 것도 가능하도록 함.
	가운뎃점, 낫표, 화살괄호 사용 불편함.	• 가운뎃점 대신 마침표(.)나 쉼표(,)도 쓸 수 있는 경우를 확대함. • 낫표(「 」, 『 』)나 화살괄호(〈 〉, 《 》) 대신 따옴표(' ', " ")도 쓸 수 있도록 함.
조항 수 증가 (66개 → 94개)	조항 수 66개	소괄호 관련 조항은 3개 → 6개, 줄임표 관련 조항은 2개 → 7개로 늘어나는 등 전체적으로 이전 규정에 비해 28개 증가함.

유형 싱크로율 100%! 기출변형 문제

01

다음 밑줄 친 단어의 문맥적 의미와 가장 가까운 것은?

> 촉·오 연합군의 책략에 빠져 적벽에 수몰된 위나라 병사들의 숫자는 무려 50만이 넘었다.

① 한국이 일본에 3:2로 역전패하자 사무실 직원들의 기운이 빠졌다.
② 한국의 자동차 기술은 이제 독일이나 일본에 비교해도 빠지지 않는다.
③ 어제 미술 전시회에 조카의 작품만 빠져 친지들이 아쉬워했다.
④ 아마존에는 허리까지 푹푹 빠지는 진흙 구덩이가 많으므로 주의가 필요하다.
⑤ 타짜들의 꼬임에 빠진 심 씨(53세)는 사흘 동안 무려 1억 원이 넘는 돈을 사기도박에 탕진했다.

02

다음 중 ㉠의 문맥적 의미와 가장 유사한 것은?

> 영화 〈소셜포비아〉의 시나리오를 쓰고 연출을 맡은 홍석재 감독은 "2008년 베이징 올림픽 당시 발생한 실제 사건에서 아이디어를 ㉠얻어서 영화를 만들었다."라고 말했다. 올림픽 경기 결승에서 아쉽게 졌던 선수가 있었는데, 그의 미니 홈페이지에 악플을 달았던 한 누리꾼 여성의 신상 정보를 다른 누리꾼들이 캐냈던 것이다. 그중 흥분한 누리꾼들이 모여 그 여성 누리꾼의 집 근처 PC방을 찾아가 위협을 가하기까지 했다고 한다.

① 쿠폰을 얻을 곳이 또 어디 없을까?
② 책에서 얻은 지혜로 성공할 수 있었다.
③ 환절기에 얻은 병이 아직도 낫지 않았다.
④ 반론권을 먼저 얻고 나서 말씀해 주십시오.
⑤ 아버지가 며느리를 얻더니 웃음이 끊이지 않는다.

03

다음 〈보기〉 속에 밑줄 친 두 단어를 문맥에 따라 해석할 때, ㉠:㉡의 형태와 유사한 관계로 짝지어진 것은?

> 보기
>
> '그림 이론'에서 명제에 대응하는 ㉠사태는 ㉡사실이 아니라 사실이 될 수 있는 논리적 가능성을 의미한다. 따라서 언어를 구성하는 명제들은 사실적 그림이 아니라 논리적 그림이다.

① 남자 : 여자
② 부모 : 자식
③ 서점 : 책방
④ 검정색 : 흰색
⑤ 조류 : 까마귀

04

다음 ㉠을 문맥에 따라 해석했을 때, 그 의미가 가장 유사한 것은?

> "토론에서는 충분한 자료 검토에서 ㉠나온 비판만이 제대로 인정받을 수 있어요."

① 화장실에서 볼일 보고 나올 때, 물 내리는 것을 잊지 말거라.
② 김연아 선수는 백 년에 한 번 나올 선수지.
③ 사람의 이기적인 행동은 자신의 욕심에서 나오는 것이다.
④ 마이클 잭슨이 기자 회견장으로 걸어 나올 때의 모습을 아직도 생생하게 기억하고 있다.
⑤ 밖은 위험하니까, 절대로 침대 밑에서 나오지 말거라.

오답률 줄이는! 정답과 해설

01 ⑤

| 정답해설 | '그럴듯한 말이나 꾐에 속아 넘어가다.'라는 뜻으로 쓰였다.
| 오답해설 | ① '정신이나 기운이 줄거나 없어지다.'라는 뜻으로 쓰였다.
② '남이나 다른 것에 비해 뒤떨어지거나 모자라다.'라는 뜻으로 쓰였다.
③ '차례를 거르거나 일정하게 들어 있어야 할 곳에 들어 있지 아니하다.'라는 뜻으로 쓰였다.
④ '물이나 구덩이 따위 속으로 떨어져 잠기거나 잠겨 들어가다.'라는 뜻으로 쓰였다.

02 ②

| 정답해설 | ㉠의 앞뒤를 살펴보면, ㉠은 '구하거나 찾아서 가지다.'라는 의미로 쓰인 것이다. 이와 같은 의미로 사용된 것은 ②의 '얻다'이다.
| 오답해설 | ① '거저 주는 것을 받아 가지다.'의 의미이다.
③ '병을 앓게 되다.'의 의미이다.
④ '권리나 결과, 재산 따위를 차지하거나 획득하다.'의 의미이다.
⑤ '사위, 며느리, 자식, 남편, 아내 등을 맞다.'의 의미로 사용되었다.
| 지문출처 | 경향신문, 「소설포비아 실제 있던 현피 사건 토대로 만들었다」, 2015. 2. 27.

03 ⑤

| 정답해설 | ㉠:㉡의 관계는 얼핏 유의 관계로 보이지만, 〈보기〉의 맥락에서 해석하면 모든 '사태'는 '사실'이 될 수 없지만, '사실'은 적어도 '사태'이다. 즉, '사태'의 개념이 '사실'보다 보편적이고 넓게 쓰인 것을 알 수 있다. 따라서 두 단어의 의미 관계는 상하 관계이고 ㉠:㉡의 배열은 '상의어:하의어'이므로 정답은 ⑤이다.

04 ③

| 정답해설 | ㉠과 ③의 '나오다'는 '어떠한 근원에서 발생하다.'라는 의미로 쓰였다.
| 오답해설 | ①, ⑤ 사전적인 의미인 '안에서 밖으로 오다.'라는 의미로 쓰였다.
② '상품이나 인물 따위가 산출되다.'라는 의미로 쓰였다.
④ '어떠한 곳에 모습이 나타나다.'라는 의미로 쓰였다.

정답 01 ⑤ 02 ② 03 ⑤ 04 ③

05

다음 〈보기〉는 '표준국어대사전'의 내용을 일부 발췌한 것이다. 이에 대한 설명으로 바르지 못한 것은?

보기

같이[가치]

1 부사

「1」 둘 이상의 사람이나 사물이 함께.
예 친구와 같이 사업을 하다.

「2」 어떤 상황이나 행동 따위와 다름이 없이.
예 예상한 바와 같이 주가가 크게 떨어졌다.

2 조사

「1」 '앞말이 보이는 전형적인 어떤 특징처럼'의 뜻을 나타내는 격 조사.
예 얼음장같이 차가운 방바닥.

「2」 앞말이 나타내는 그때를 강조하는 격 조사.
예 새벽같이 떠나다.

같이-하다[가치-] {(…과)…을}

동사

「1」 경험이나 생활 따위를 얼마 동안 더불어 하다. ≒함께하다「1」.
예 친구와 침식을 같이하다./평생을 같이한 부부.

「2」 어떤 뜻이나 행동 또는 때 따위를 서로 동일하게 취하다. ≒함께하다「2」.
예 그와 의견을 같이하다./친구와 행동을 같이 하다.

① '같이'라는 어휘는 상황에 따라 여러 품사로 쓰인다.
② '같이'가 조사로 쓰일 때는 체언 뒤에 붙여 쓴다.
③ '같이'가 부사로 쓰일 때는 품사의 특성에 따라 문장 내 어떤 위치에 오더라도 문장이 성립된다.
④ '같이하다'는 '~하다' 앞에 '같이'가 결합된 복합어이다.
⑤ '평생을 같이한 부부'는 '평생을 함께한 부부'로 바꾸어 써도 일맥상통한다.

06

다음 〈보기〉에서 설명한 사례와 가장 거리가 먼 것은?

보기

구조주의 언어학에서는 대등한 자격의 어휘가 결합할 때 일정한 결합 법칙이 있다고 바라보고 있다. 인종과 종교, 지역 등에 상관없이 사람들이 지니는 보편적인 사고방식이 그것에 작용한 결과로 인식한다. 합성어의 결합 패턴과 관련이 깊은 사고방식은 아래와 같다.

㉠ 긍정적인 요인을 부정적인 요인보다 선호하는 경향
㉡ 작은 수에서부터 큰 수의 순서로 파악하려는 경향
㉢ 한 시점을 기준으로 뒤에 오는 시간보다 앞선 시간을 먼저 파악하려는 경향
㉣ 짧은(가까운) 거리를 긴(먼) 거리보다 먼저 파악하려는 경향

① 승합차에서 건장한 청년 대여섯 명이 내려 빌딩 안으로 들어갔다.
② 신도시에 입주가 시작되더니, 이곳저곳 편의점이 들어서기 시작했다.
③ 선거가 끝난 뒤에 시시비비를 가려 봐야, 아무 소용없습니다.
④ 밤새 천둥 번개가 치고, 아침에는 까막까치가 울어대니, 길조인지 흉조인지 알 수가 없어.
⑤ 오늘내일 중으로 마무리해서 보고드리겠습니다.

07

다음 밑줄 친 부분의 띄어쓰기가 적절하지 않은 것은?

① 그 일은 할 만하다.
② 게임 박람회는 보름 간 열린다.
③ 고 김대중 대통령의 생가를 다녀왔다.
④ 당 열차는 1분 후에 부산역에 도착하겠습니다.
⑤ 본 교육원의 목표는 창조적인 인재를 양성하는 데 있습니다.

08

다음 외래어 표기법 규정이 적용된 사례로 적절하지 않은 것은?

제5항 | 이미 굳어진 외래어는 관용을 존중하되, 그 범위와 용례는 따로 정한다.

① 라디오 ② 비타민
③ 피아노 ④ 마스크
⑤ 바나나

오답률 줄이는! 정답과 해설

05 ③

| 정답해설 | '같이'는 부사로 쓰이기도 하지만, 문장 내 순서가 바뀔 경우 그 뜻이 전달이 되지 않으면 문장이 성립되지 않는다.

| 오답해설 | ① 〈보기〉에서도 알 수 있듯이 부사와 조사로 쓰인다.
② 조사는 독립해서 혼자 쓸 수 없으므로 반드시 체언 뒤에 붙여 쓴다.
④ '-하다'는 접미사로 쓰이므로 동사 '하다'와는 구분해야 한다. '같이하다'는 복합어다.
⑤ '같이하다'가 '경험이나 생활 따위를 얼마 동안 더불어 하다.'라는 의미로 쓰였을 때, '함께하다'로 교체하여 써도 그 뜻이 상통한다.

06 ④

| 정답해설 | 까막까치는 '까마귀와 까치를 아울러 이르는 말'로, 대등한 단어가 만나 합성어가 된 경우에 해당한다.

| 오답해설 | ① 대여섯은 ⓒ, ② 이곳저곳은 ⓓ, ③ 시시비비는 ㉠, ⑤ 오늘내일은 ⓔ에 해당한다.

07 ②

| 정답해설 | '간'은 기간을 나타내며 일부 명사 뒤에 붙어 '동안'의 뜻을 더하는 접미사이므로 앞말에 붙여 쓴다.

08 ④

| 정답해설 | 마스크는 이 규정에 해당되는 외래어가 아니다. 마스크는 "어말 또는 자음 앞의 [s], [z], [f], [v], [θ], [ð]는 '으'를 붙여 적는다."라는 표기 세칙과 관련된 외래어이다.

정답 05 ③ 06 ④ 07 ② 08 ④

03 문장 기본 이론

대표유형 1 문장 성분의 호응

■ 다음 중 올바른 문장은?

① 솔이는 아이들을 가르치면서 느낀다.
② 그녀는 배가 고파 빵과 커피를 마셨다.
③ 지하철에서 책과 음악을 들으며 출근하였다.
④ 외투와 신발을 모두 신고 친구들을 만나러 갔다.
⑤ 나는 국가의 안녕을 보장하는 경찰관으로서 최선을 다할 것이다.

문제풀이 ▶ ① '느낀다'의 목적어가 생략되었으므로, '행복감을' 등의 목적어를 써 주어야 한다.
② '빵을 먹고 커피를 마셨다.'로 고쳐야 한다.
③ '책을 읽고 음악을 들으며'로 고쳐야 한다.
④ '외투를 입고 신발을 신고'로 고쳐야 한다.

정답 | ⑤

대표유형 2 문장의 표현

■ 문맥상 밑줄 친 단어의 쓰임이 적절하지 않은 것은?

① 계단을 내려가다가 발목을 다쳤다.
② 둘은 전부터 알음이 있는 사이였다.
③ 난도가 높은 문제들까지 모두 맞혔다.
④ 계약서상에 여러 가지 조건을 더 붙였다.
⑤ 일이 더 이상 겉잡을 수 없는 상태가 되었다.

문제풀이 ▶ '겉으로 보고 대강 짐작하여 헤아리다.'는 뜻의 '겉잡다' 대신 '한 방향으로 치우쳐 흘러가는 형세 따위를 붙들어 잡다.'의 의미인 '걷잡다'로 써야 문맥상 적절하다.

정답 | ⑤

시험에 나온! 나올! 필수개념

문장과 관련된 객관식 문제를 푸는 것 외에도, 주관식 글쓰기를 대비하기 위해서는 문장의 표현에 대한 정확한 문법적 지식이 필요하다. 반드시 시험 전에 정리해 둘 필요가 있다.

1 문장과 문법 단위

1. 문장

사람의 생각이나 감정을 말과 글로 표현할 때 완결된 내용을 나타내는 최소의 언어 형식이다. 따라서 문장을 만들 때에는 주어, 서술어와 같이 반드시 갖추어야 하는 성분들을 충족시켜야 한다. 문장은 내용상으로는 완결되어야 하며, 형식상으로는 문장이 끝났다는 것을 가리키는 표지가 있어야 한다.

2. 문법 단위

(1) 어절

① 개념: 문장 구성의 기본이 되는 문법 단위이다.

② 특징: 보통 띄어쓰기 단위와 일치하며, 문법적 기능을 하는 조사, 어미와 같은 요소들은 앞의 말에 붙어 하나의 어절을 구성한다.

(2) 구

① 개념: 둘 이상의 단어가 모여 절이나 문장의 일부분을 이루어 하나의 단어와 동등한 기능을 하는 문법 단위이다.

② 특징: 구 내에서는 주어와 서술어의 관계가 형성되지 못한다.

예

이 사과는 매우 맛있다				문장*
이 사과는		매우 맛있다		구
이	사과는	매우	맛있다	어절

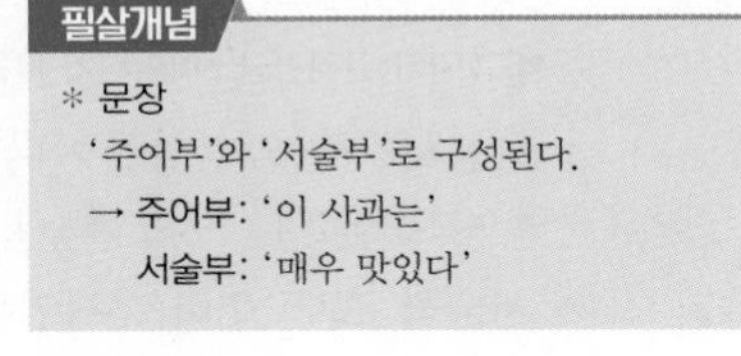

구와 절의 구별

구분	구	절
공통점	두 개 이상의 어절이 모여 하나의 문법 단위를 이루어 의미를 갖는다.	
차이점	주어와 서술어를 가지지 못한다.	주어와 서술어를 가진다.
	절보다 더 작은 단위로 나뉜다.	구보다 더 큰 문장 속에 들어 있다.
예문	둘째 동생이 많이 늦었다. 구 구	엄마는 동생이 늦을 것임을 예감하셨다. '동생이'(주어)+'늦을'(서술어)

2 문장 성분의 종류

1. 문장 성분

문장 성분은 문장 속에서 어떠한 문법적 역할을 하며 하나의 문장을 이루어 내는 각 부분을 말한다.

2. 문장 성분의 종류

성분	정의	종류
주성분	문장의 골격을 이루는 필수적인 성분	주어, 서술어, 목적어, 보어
부속 성분	문장에서 주성분을 수식하는 문장 성분	관형어, 부사어
독립 성분	다른 문장 성분과는 직접적으로 관련을 맺지 않는 문장 성분	독립어

(1) 주어

① 개념: 문장에서 서술어가 나타내는 동작이나 상태의 주체가 되는 말이다.

② 형태: '무엇이 어찌한다', '무엇이 어떠하다', '무엇이 무엇이다' 중 '무엇이'에 해당한다.

예 수지가 과자를 먹는다./너 점심 먹었니?/유선이가 필기를 한다.

예 그 학생이 가방을 놓고 갔다./낮과 밤이 바뀐 것이 가장 큰 문제이다./우리 가족 중 할아버지께서만 6·25를 겪으셨지.

(2) 서술어

① 개념: 문장에서 주어의 움직임, 상태, 성질을 설명하는 말이다.

② 형태: '무엇이 어찌한다', '무엇이 어떠하다', '무엇이 무엇이다' 중 '어찌한다, 어떠하다, 무엇이다'에 해당한다.

③ 종류

- 동사: 사물의 동작이나 작용을 나타내는 품사이다.
  예 그녀가 달려간다./어머니가 물을 마신다.
- 형용사: 사물의 성질이나 상태를 나타내는 품사이다.
  예 아기가 귀엽다./수지는 예쁘다.
- 서술격 조사 '이다': 체언 뒤에 붙어 주어가 지시하는 대상의 속성이나 부류를 지정하는 뜻을 나타낸다.
  예 그는 군인이다./내 동생은 초등학생이다.

④ 서술어 쓰임의 제약

선택 제약	어떠한 용언이 특정 체언만을 요구하는 성질을 가지는 경우 예 보경이는 눈을 감았다.(○) / 보경이는 입을 다물었다.(○) 보경이는 입을 감았다.(×) / 보경이는 눈을 다물었다.(×) 예 준수가 환하게 웃는다.(○) / 가방이 환하게 웃는다.(×)
높임 표현 제약	동일한 의미의 서술어가 주체의 신분에 따라 사용에 제약을 가지는 경우 예 동생이 낮에 잔다.(○) / 어머니께서 낮에 주무신다.(○)

서술어의 성격에 따라 결정되는 서술어의 자릿수

서술어의 자릿수	필요 성분	서술어의 성격	적용 예시
한 자리 서술어	주어	자동사	벚꽃이 (활짝) 피었다.
	주어	형용사	벚꽃이 (매우) 예쁘다.
두 자리 서술어	주어+목적어	타동사	지희는 (많은) 책을 샀다.
	주어+보어	'되다', '아니다'	지희는 (좋은) 엄마가 되었다.
	주어+필수적 부사어	자동사	지영이는 (빨리) 독서실로 달려갔다.
세 자리 서술어	주어+목적어+부사어	수여 동사, '삼다'	나는 (순한) 아이를 딸로 삼았다.

(3) 목적어

① 개념: 타동사가 쓰인 문장에서 동작의 대상이 되는 말이다.

② 목적어의 실현 방법

- 체언+목적격 조사 '을/를'
  예 나는 컴퓨터를 샀다.
- 명사 상당 어구
  예 나는 엄마가 더 건강하기를 바란다. / 그녀는 그 캐릭터를 매우 좋아한다.
- 목적격 조사 '을/를' 생략
  예 나는 그 과자 아직 못 먹었어.
- 보조사 결합(목적격 조사 '을/를' 대체)
  예 동생은 과자만 먹어. / 언니는 빵도 먹어.

(4) 보어 빈출

서술어 '되다, 아니다'를 필요로 하는 문장 성분을 말한다.

예 엄마는 만학도가 되었다.
그녀는 선생님이 아니다.

(5) 관형어

① 개념: 체언을 수식하는 문장 부속 성분이다.

② 특징

- 반드시 체언 앞에 위치한다.
- 체언 없이 단독으로 쓰일 수 없다.
- 관형어가 여럿이 함께 쓰이는 경우, '지시 관형어 → 수 관형어 → 성상 관형어'의 순서를 취한다.
  예 저 세 예쁜 아이를 보아라.

③ 관형어의 실현 방법

- 관형사를 그대로 관형어로 사용(기본 방법)
  예 17집 가수가 새 앨범을 발매했다.
- 체언+관형격 조사 '의'
  예 그녀는 돈가스의 소스를 좋아한다.
- 관형격 조사 '의' 생략
  예 그녀는 돈가스 소스를 좋아한다.

(6) 부사어

① 개념: 용언을 수식하는 문장 부속 성분이다.

② 종류

구분	성분 부사어	문장 부사어
기능	문장 속 특정 성분을 수식	문장 전체를 수식
종류	지시 부사, 성상 부사, 부정 부사	양태 부사, 접속 부사
예문	엄마가 나에게 목걸이를 주셨다.	틀림없이 그 사람은 돌아올 것이다.

③ 부사어의 특징

- 단독 사용이 가능하다.
- 보조사와의 결합이 자유롭다.
- 자리 옮김이 자유롭다.

(7) 독립어

① 개념: 문장의 어느 성분과도 직접적으로 관련을 맺지 않는 문장 성분이다.

② 독립어의 실현 방법

- 감탄사

  예 우아! 내가 학수고대하던 앨범이 드디어 발매되었어.

- 체언+호격 조사

  예 신이시여. / 민우야.

3 올바른 문장 사용 능력

올바른 문장 사용 능력의 기본은 '어법'이라고 할 수 있다. 실용글쓰기 시험의 출제 구성을 살펴보면 '어법'이라는 영역이 따로 존재하지는 않는다. 하지만 '어휘와 문장' 파트의 세부 구성 항목을 살펴보거나, 어법과 관련하여 출제되는 문제의 빈도수를 따져 보면 이는 실용글쓰기 시험 대비에 반드시 필요한 부분이다.

'어법'은 바르고 경제적인 문장을 구사할 수 있는 능력을 중심으로, 국어 문법을 얼마나 활용할 수 있는지를 평가하는 파트이다. 특히 문장 성분 호응의 오류에 관한 문제는 매회 꼭 출제되기 때문에 매우 중요한 영역이다. 아울러 고쳐쓰기와 관련한 문제, 단어의 중복과 관련된 문제들도 자주 출제된다.

1. 생략의 오류

문장에서 요구되는 각 성분들이 생략되면서 생기는 오류이다. 글쓰기 과정 중에는 주어, 목적어, 서술어 등의 문장 성분들을 생략하는 경우가 빈번하다. 문장 성분 중 하나가 생략되었다고 해서 그 문장들을 모두 비문으로 보는 것은 아니지만, 문장의 종류에 따라 필수적으로 포함되어야 하는 성분들이 있기 때문에 생략이 문제가 되는 경우가 있다.

(1) 주어의 생략

문장의 주체인 주어가 생략되면 움직임·상태·성질의 주체가 무엇인지 가늠할 수 없는 문장이 된다. 문장의 행동 주체가 나타나 있지 않으면 주어 하나가 생략되었을 뿐인데도 완성도가 떨어지는 문장이 된다.

예 현대 사회의 물질화를 부추기며 사회 구성원들을 혼란스럽게 만들었다.(×)

→ 산업화는 현대 사회의 물질화를 부추기며 사회 구성원들을 혼란스럽게 만들었다.(○)

(2) 목적어의 생략

목적어는 서술어뿐만 아니라 주어에도 영향을 미치기 때문에 필요한 자리에서 적절한 역할을 할 수 있도록 위치해야 한다. 특히 목적어를 반드시 필요로 하는 타동사가 문장의 서술어로 작용하는 문장에서는 목적어가 절대로 생략되어서는 안 된다. 또한, 문장의 서술어가 타동사가 아닌 자동사인 경우에도 문맥으로 목적어 유추가 불가능하다면 목적어를 생략해서는 안 된다.

예 그녀는 친구에게 주었다.(×)

→ 그녀는 친구에게 선물을 주었다.(○)

예 ○○모바일은 △△게임즈와 손을 잡고 정식으로 내놓았다.(×)

→ ○○모바일은 △△게임즈와 손을 잡고 온라인 PC 게임을 정식으로 내놓았다.(○)

(3) 서술어의 생략

서술어는 문장을 마무리하는 역할을 함과 동시에 문장에서 가장 핵심적인 정보를 담당한다. 특히나 실용문 같은 경우 서술어가 생략되면 그 문장이 어떤 의미로 쓰인 것인지 전혀 파악할 수 없게 된다. 이렇게 서술어가 생략되어 문장 전체의 의미 파악이 모호해지면 정보 전달의 효과도 함께 떨어지게 된다.

예 보미는 혜리를 만나러 커피숍에 같은 과 동기를 만났다.(×)

→ 보미는 혜리를 만나러 커피숍에 도착해서 같은 과 동기를 만났다.(○)

(4) 부사어의 생략

부사어는 문장의 필수 성분이 아니기 때문에 어느 상황에서나 자유롭게 생략을 해도 문장의 의미 전달에 큰 영향을 미치지 않을 것이라고 생각하기 쉽다. 본래 부사어와 관형어는 문장 내용에 살을 붙이고 의미를 더욱 풍부하게 만드는 역할을 담당하지만, 부사어가 반드시 필요한 경우들이 있다. 따라서 무조건 자유롭게 생략하면 문장의 뜻이 모호해지므로 유의해야 한다.

예 은주는 매우 닮았다.(×)

→ 은주는 아버지와 매우 닮았다.(○)

실전예시 펼쳐보기 ▼ 부사어 생략이 불가능한 경우

인간은 자연을 지배하기도 하고 때로는 순응하기도 하면서 산다.

→ 인간은 자연을 지배하기도 하고 때로는 자연에 순응하기도 하면서 산다.

→ 위 문장은 '인간은 자연을 지배하며 산다.'와 '때로는 인간은 자연에 순응하면서 산다.'라는 두 개의 문장이 결합된 문장이다. 이때, '지배하다'라는 서술어는 사동의 의미를 가지고 있으므로 '자연을'과의 연결이 자연스럽지만, '순응하다'라는 서술어는 피동의 의미를 지니기 때문에 부사어 '자연에'와의 연결이 더 자연스럽다. '자연을'과 '순응하다' 간의 연결이 부자연스럽기 때문에 부사어를 생략해서는 안 되는 문장인 것이다. 이 문장이 의미상 완결성을 갖추기 위해서는 '자연에'라는 부사어가 필수적으로 추가되어야 한다.

2. 중복의 오류 빈출

중복의 오류 역시 생략의 오류처럼 문장의 성분과 관련된 오류이다. '생략의 오류'가 문장에서 반드시 필요로 하는 성분이 생략되어 부자연스러운 문장이 되는 것을 의미한다면, '중복의 오류'는 불필요한 성분이 문장에 들어 있어 부자연스러워지는 오류이다. 이처럼 불필요한 성분들이 문장 속에 들어 있어 오류가 생기는 경우는 대개 성분의 중복이 문제가 되는 것으로, 중복 성분을 제거하면 보다 경제적인 문장이 완성된다.

단어 표현 및 의미 중복의 예	
①	이대로 가 버리면, 불법 절도가 돼! → 절도 자체가 이미 불법이므로 앞에 '불법'이라는 단어를 써넣을 이유가 없다.
②	사람의 잘못은 미리 예단(豫斷)해서는 안 된다. → '미리'와 한자어 '예'가 중복되므로 '미리 판단'이나 '예단'으로 고쳐야 한다.
③	악플 없는 인터넷 문화 구현을 이룩하기 위해서는 부모들의 역할이 크다. → '구현'에 이미 '이룩하다'라는 뜻이 포함되어 있으므로 두 단어 중 하나를 삭제해야 한다.
④	이 작가의 내면세계가 세상으로 나와 표출(表出)된 것이 바로 이 동상 작품이다. → '세상으로 나와'와 '표출'은 같은 뜻이므로 둘 중 하나를 삭제해야 한다.

3. 호응의 오류 빈출

(1) 문장 성분의 호응

① 개념: 한 문장 안에서 특정 문장 성분이 필요로 하는 문장 성분들의 형태가 잘 구현되는 것을 말한다.

② 실현의 예: '기필코'+'~하고 말 것이다'

③ 특징: 각 문장 성분마다 필요로 하는 문장 성분의 형태가 정해져 있기 때문에 앞서 위치한 문장 성분이 뒤의 문장 성분의 형태를 한정한다.

(2) 주성분 간의 호응

① 주어와 서술어 간의 호응

> 서울 전역에 바람과 천둥이 칠 예정이니 이에 대비하시기 바랍니다.

바람은 '부는' 것이고, 천둥은 '치는' 것이기 때문에 바람과 호응이 될 수 있는 서술어 '불다'를 활용하여 추가해야 한다.

→ 서울 전역에 바람이 불고 천둥이 칠 예정이니 이에 대비하시기 바랍니다.

> 주목할 것은 이번 사건이 처음이 아니다.

앞 문장의 주어가 '주목할 것은', '눈여겨볼 것은'과 같이 '~인 것은'의 형태라면 뒤 문장에서도 역시 '~라는 것이다'의 형태로 호응이 이루어져야 한다.

→ 주목할 것은 이번 사건이 처음이 아니라는 것이다.

② 목적어와 서술어 간의 호응

> 그녀는 아침에 일어나 운동이나 책을 읽는다.

이 문장의 서술어 '읽는다'는 '책을'과 호응이 되지만 '운동'과는 호응이 되지 않는다. 따라서 '운동'에 걸맞은 서술어를 추가해야 한다.

→ 그녀는 아침에 일어나 운동을 하거나 책을 읽는다.

(3) 수식어와 피수식어의 호응

한 문장 속에서 각 문장 성분들은 서로 수식하기도 하고, 수식을 받기도 하면서 문장의 의미를 보다 명확하게 만든다. 이러한 상호 수식 관계의 호응에 오류가 생기면 수식을 하는 것과 수식을 받는 것 간에 의미의 혼동이 일어나 의미를 효과적으로 전달할 수 없게 된다.

- 새 아파트로 이사 가는 날
- 푸른 밤바다에 배가 지나간다.
- 지은이가 가져온 모자를 봤니?
- 교육은 나라의 미래다.

위의 밑줄 친 단어들은 모두 체언인 '집, 밤바다, 모자, 미래'를 꾸미는 관형어들이다. 이 중에서 '새'는 관형사가 그대로 관형어 기능을 하는 경우인 데 반해, '푸른'과 '가져온'은 용언의 관형사형이다.

- 동해 앞바다는 매우 아름답다.
- 학생들이 운동장에서 뛴다.
- 봄비가 보슬보슬 내린다.

위의 밑줄 친 단어들은 모두 용언인 '아름답다', '뛴다', '내린다'를 꾸미는 부사어들이다. 국어 문장에서 수식어는 피수식어의 앞에 위치하는 것이 일반적이다.

(4) 부사어와 서술어의 호응

부사어는 다른 문장 성분들에 비해 특정 성분과의 결합 관계가 강하다. 특정 어구와만 결합하여 호응을 이루어 의미를 전달하기 때문에 부사어와 서술어 간의 호응이 제대로 이루어지지 않으면 각 성분들 간의 의미 관계를 파악할 수 없다.

비록 성적이 낮으면 나는 포기하지 않을 것이다.

→ '비록'은 '–라도, –ㄹ지라도, –지만' 등의 어구와 호응했을 때 문장의 의미가 명확해지므로 '낮더라도', '낮을지라도', '낮지만' 등으로 고쳐야 한다.

예 비록 성적이 낮더라도 나는 포기하지 않을 것이다.

그는 결코 성공할 거야.

→ '결코'는 '없다', '못하다', '아니다' 등의 부정 어구와 호응한다. 그러므로 이 문장에서는 '성공하지 못할 거야.'라고 고쳐야 한다.

예 그는 결코 성공하지 못할 거야.

쌀 살 돈도 없는데 하물며 옷 살 돈이 있다.

→ '하물며'는 '–랴?, –ㄴ가?' 등의 어구와 호응하므로 '있겠는가?'로 고쳐야 한다.

예 쌀 살 돈도 없는데 하물며 옷 살 돈이 있겠는가?

4. 중의적 표현 빈출

(1) 중의적 표현

① 개념: 하나의 문장이 두 가지 이상의 의미로 모호하게 해석되는 것(중의문)이다.

② 특징: 중의적 표현을 지닌 문장은 읽는 이가 문장의 의도를 정확히 파악하는 데 제약이 생기므로 의도적 표현이 아닌 이상 피하는 것이 좋다.

(2) 어휘적 중의성

문장 속에서 사용된 어휘의 의미가 중의적으로 사용되어 문장 전체의 의미가 모호하게 된 표현을 말한다.

> 저 눈을 보세요.

→ '눈'이라는 어휘가 동음이의어이기 때문에 생겨나는 중의성으로, 문장 전체의 의미가 모호해졌다.

(3) 구조적 중의성

문장 속에서 문장 성분을 어떻게 파악하느냐에 따라 문장이 두 가지 이상의 의미로 해석되는 현상이다.

> 나는 솔지와 혜미를 만났다.

→ 위 문장은 주어를 누구로 보느냐에 따라 중의성이 생긴다. 주어가 '나'인 경우, 주어가 '나와 솔지'인 경우에 따라 상황이 달라진다. 이러한 구조적 중의성은 쉼표를 사용해서 의미를 명확히 할 수 있다. 쉼표의 사용으로 주어와 목적어가 한정되어 구분이 쉬워지기 때문이다.

예 나는, 솔지와 혜미를 만났다. / 나는 솔지와, 혜미를 만났다.

(4) 기타 중의성

수식어와 피수식어가 둘 이상이 될 경우에도 중의성이 생길 수 있다. 이 경우에도 쉼표를 사용하거나 문장의 구조를 바꾸면 중의성을 제거할 수 있다.

> 단발머리를 한 민아의 동생이 왔다.

→ 위 문장은 단발머리를 한 것이 민아인지, 민아의 동생인지가 모호하기 때문에 쉼표를 넣어 의미를 명확히 해 줄 수 있다.

예 단발머리를 한, 민아의 동생이 왔다. / 단발머리를 한 민아의, 동생이 왔다.

> 나도 모르게 새똥을 맞았던 일이 생각나서 웃음이 나왔다.

→ 위 문장은 '나도 모르게'라는 부사절의 수식을 받는 용언이 세 개나 되기 때문에 중의성이 생긴 경우이다. 이러한 경우, 부사절이 각각의 용언 앞에 들어가도 문장의 뜻이 모두 유지되므로 위 문장의 중의성은 세 가지 상황이 된다. 중의성을 제거하기 위해서는 마지막 용언인 '나왔다' 앞으로 부사절을 이동하면 된다.

예 새똥을 맞았던 일이 생각나서 나도 모르게 웃음이 나왔다.

4 문장 표현

1. 주동과 사동

문장의 주체가 동작이나 행위를 직접 하는 것인지, 다른 이로 하여금 행위를 하도록 시키는 것인지에 따라 주동문과 사동문으로 구분된다. 이때, 문장의 주체가 동작이나 행위를 직접하는 것은 주동(主動)이며, 주체가 다른 이로 하여금 어떠한 행위를 하도록 시키는 것은 사동(使動)이다.

(1) 주동사와 사동사

① 국어의 주동사에는 사동사가 없는 경우가 많다.

② 파생 접미사 '-이-, -히-, -리-, -기-, -우-, -구-, -추-'에 의해 만들어진 사동사는 하나의 단어로 인정되어 모두 사전에 등재된다.

③ 일부 자동사는 '-이우-'를 활용하여 사동사를 만든다.

예 서다 → 세우다, 타다 → 태우다

(2) 사동법

① **파생적 사동법**: 동사, 형용사 어근에 사동 접미사(-이-, -히-, -리-, -기-, -우-, -구-, -추-)가 결합된 파생어를 이용하여 사동문을 만드는 방법이다.

예 낚시꾼이 얼음을 녹인다.(녹- + -이- + -ㄴ다)

결정적 Tip!

사동 접미사를 활용한 동사의 예

사동 접미사	활용		
	자동사 → 사동사	타동사 → 사동사	형용사 → 사동사
-이-	녹이다, 죽이다, 속이다, 줄이다	보이다	높이다
-히-	앉히다, 익히다	입히다, 잡히다, 읽히다, 업히다	좁히다, 밝히다, 넓히다
-리-	날리다, 살리다, 돌리다, 울리다, 얼리다	들리다, 물리다, 들리다(聞)	배를 불리다.
-기-	웃기다, 남기다, 숨기다	안기다, 뜯기다, 벗기다, 맡기다, 감기다	
-우-	비우다, 깨우다, 세우다, 재우다	지우다, 채우다	
-구-	솟구치다		
-추-	맞추다		늦추다, 낮추다
-시키다		차를 정지시키다.	

② **통사적* 사동법**: 접사를 이용한 파생적 사동법 외에 '-게 하다'를 사용하여 사동문을 만드는 방법을 말한다.

예 낚시꾼이 얼음을 녹게 한다.

필살개념

* **통사적**: 우리말의 구의 배열을 의미한다.

③ **사동문 만들기**: 사동문을 만들 때에는 반드시 새로운 '사동 주어'가 필요하다.

주동사의 성격	변형 형태	예
형용사, 자동사	주동문의 주어 → 사동문의 목적어	• 얼음이 녹는다. → 철희가 얼음을 녹인다. • 문이 내려간다. → 주인이 문을 내렸다.
타동사	• 주동문의 주어 → 사동문의 부사어 • 주동문의 목적어 → 사동문의 목적어	혜리가(주) 산 낙지를(목) 먹는다. → 미란이가 산 낙지를(목) 혜리에게(부) 먹인다.

(3) 사동문의 의미

> 어머니께서 동생에게 옷을 입히셨다.
> → 어머니가 직접 옷을 입힌 경우
> → 동생 스스로 옷을 입도록 한 경우

위 문장에서 볼 수 있듯이 사동문은 문장 주체가 직접적으로 어떠한 행위를 하는 것을 의미하기도 하고, 주체가 다른 누군가에게 행위를 하도록 시키는 것을 의미하기도 한다.

2. 능동과 피동

문장은 하나의 행위를 누가 하느냐에 따라 능동문과 피동문으로 나뉜다. 문장의 주어가 스스로 어떤 행위나 동작을 하는 것은 능동(能動), 주어가 다른 주체에 의해 동작을 당하는 것을 피동(被動)이라고 한다.

(1) 능동문과 피동문

능동	엄마가 동생을 업는다.
피동	동생이 엄마에게 업힌다.

(2) 피동법

① 파생적 피동문(단형 피동)

- 개념: 파생적 피동법에 의해 만들어진 피동문이다.
- 실현: 타동사의 어근 + 피동 접미사 '-이-, -히-, -리-, -기-, -되다'
- 형성: 본 문장의 주어를 피동문의 부사어로, 본 문장의 목적어를 피동문의 주어로 변형하고, 능동사에 피동 접미사를 붙이면 피동사가 된다.
  예 그가 달팽이를 잡았다. → 달팽이가 그에게 잡혔다.
- 피동문의 부사어: '-에게, -에' 외에도 '-에 의해(서)'가 사용될 수 있다.
  예 그가 달팽이를 잡았다. → 달팽이가 그에 의해 잡혔다.

② 통사적 피동문(장형 피동)

- 개념: '-어지다, -게 되다'에 의해 형성된 피동문
  예 그 사실로 인해 그는 떠나게 되었다. / 새로운 말이 만들어지다.

3. 부정 표현

(1) '안' 부정문(의지 부정)

① 개념: 문장 주체의 의지에 의한 행동 부정을 표현한다.

② 종류: 긴 부정문, 짧은 부정문

긴 부정문	용언의 어간 + '-지' + '아니하다'
짧은 부정문	'안(아니)' + 용언(동사 · 형용사)

③ 특징

- 주어가 유정 명사일 때에는 주어의 의지를 나타내지만, 주어가 무정 명사이거나 서술어가 형용사이면 주어의 의지는 암시되지 않는다.
- 초점에 의한 중의성: '안'이 부정하는 초점의 위치에 따라 문장의 의미가 달라진다.

예 나는 그를 안 만났다./나는 그를 만나지 않았다.

→ 그는 다른 사람이 만났다./그가 아닌 다른 사람을 만났다.

• **부사어에 의한 중의성**: 부사어 '다, 모두, 많이, 조금' 등으로 인해 문장이 중의적으로 해석된다.

> 친구들이 다 오지 않았다.
> → 친구들이 한 명도 오지 않았다.: 전체 부정
> → 친구들 중 몇 명은 오고, 몇 명은 오지 않았다.: 부분 부정

④ 제약

• 긴 음절의 형용사에는 긴 부정문이 더 자연스럽다.

예 사랑스럽다 → 사랑스럽지 않다 아름답다 → 아름답지 않다

울퉁불퉁하다 → 울퉁불퉁하지 않다 출렁거리다 → 출렁거리지 않다

• 서술어가 합성어이거나 파생어이면 긴 부정문이 더 자연스럽다.

예 안 뛰놀다. → 뛰놀지 않다.

안 오가다. → 오가지 않다.

안 숙녀답다. → 숙녀답지 않다.

• 명령문, 청유문에서는 사용할 수 없다.

예 일찍 안 자라.(×)

• '명사+하다'로 된 동사의 짧은 부정문은 '명사+안+하다'의 형태로 쓰인다.

예 반납하다. → 반납 안 하다.

• '-지 않-'이 활용되었어도 부정의 의미를 나타내지 않는 경우가 있다.

예 수지 정말 예쁘지 않니?(반어 의문문, 긍정)

너 감기 걸리지 않았니?(확인 의문문, 긍정)

(2) '못' 부정문(능력 부정)

① 개념: 문장 주체의 의지가 개입되지 않고 주체의 능력이나 다른 요인으로 어떠한 행위가 불가능함을 표현하는 방법이다.

② 종류: 긴 부정문, 짧은 부정문

긴 부정문	동사의 어간+'-지'+'못하다'
짧은 부정문	'못'+동사(서술어)

③ 특징

• 중의적 해석의 가능성이 높다.

예 나는 그를 못 만났다./나는 그를 만나지 못했다.

→ 내가 못 만난 사람은 그이다./그를 만나지 못한 것은 나이다.

• **긴 부정문의 '-지'+보조사**: 서술어만 부정한다.

예 나는 그를 만나지는 못했다.

• **부사어에 의한 중의성**: '다, 모두, 많이, 조금' 등으로 인해 문장이 중의적으로 해석된다.

> 임원 회의에 다 못 왔다.
> → 이사들이 한 명도 오지 못했다.: 전체 부정
> → 이사들 몇 명은 오고, 몇 명은 오지 못했다.: 부분 부정

④ 제약

- 형용사에 쓰일 때에는 '기대에 미치지 못함'을 의미하며 긴 부정문이 더 자연스럽다.
  예 음식의 양이 넉넉하지 못하다. / 생각했던 것만큼 우수하지 못하다.
- 형용사에는 쓰지 않는 것을 원칙으로 한다.
  예 못 예쁘다.(×)
- 의도나 목적을 의미하는 '-려고', '-러' 등의 어미와는 함께 쓰일 수 없다.
  예 못 보려고(×)
- 명령문, 청유문에서는 사용할 수 없다.
  예 일찍 못 자라.(×)
- '명사+하다'로 된 동사는 '명사+못+하다'의 형태로 쓰인다.
  예 생각 못 했다.

실전예시 펼쳐보기 ▼ **'못' 부정문과 '안' 부정문 의미 차이**

① 그녀는 며칠째 운동도 못 가고 친구들도 못 만났다.
그녀는 며칠째 운동도 안 가고 친구들도 안 만났다.
② 나는 할머니가 오셔서 출근하지 못했다.
나는 할머니가 오셔서 출근하지 않았다.

→ '못' 부정문은 능력 부정이며, '안' 부정문은 의지 부정이다.
①의 첫째 문장은 일이 너무 바쁘거나 시간이 나지 않아서 운동도 가지 못하고, 친구들도 만나지 못했다는 의미이다. 둘째 문장은 문장의 주체인 '그녀'의 의지로 운동도 가지 않고, 친구들도 일부러 만나지 않았다는 의미로 해석할 수 있다. ②의 두 문장에서도 '못' 부정문과 '안' 부정문의 의미 차이를 확인할 수 있다. ①과 ②의 문장을 비교했을 때, 긴 부정문보다 짧은 부정문에서 부정의 의미 차이가 더 잘 드러난다는 것을 알 수 있다.

4. 문장 종결 표현

종결 표현은 문장 전체의 의미를 확정하는 중요 요소로서, 종결 어미에 의해 실현된다.

(1) 평서문

① 개념: 화자가 사건의 내용을 객관적으로 진술하는 문장이다.

② 실현: 평서형 어미로 실현된다.

격식체				비격식체	
해라체	하게체	하오체	하십시오체	해체	해요체
-다	-네	-오	-ㅂ니다/-습니다	-아/-어	-아요/-어요

③ 특징

- 평서형 어미를 활용한 상대 높임의 단계(해라체/하게체/하오체/하십시오체)를 가진다.
- 종결 어미 '-다'로 문장을 끝맺는 것이 일반적이다.

(2) 의문문

① 개념: 화자가 청자에게 질문을 하여 그 해답을 요구하는 문장이다.

② 실현: 의문형 어미로 실현된다.

격식체				비격식체	
해라체	하게체	하오체	하십시오체	해체	해요체
–냐/–니	–ㄴ가/–나	–오	–ㅂ니까/–습니까	–아/–어	–아요/–어요

③ 종류

설명 의문문	의문사를 활용하여 대상으로부터 설명을 요구하는 의문문이다. 예 오늘 공부 어디에서 할 거니?
판정 의문문	대상으로부터 긍정 혹은 부정의 대답만을 요구하는 의문문이다. 예 네가 이 집 딸이니?
반어 의문문	부정의 어구를 사용하지만 뜻은 반대가 되는 의문문으로, 강한 긍정을 내포한다. 예 내가 너한테 밥 한 끼 못 사 줄까.(→ 사 줄 수 있다는 의미)
명령 의문문	명령 · 금지의 뜻을 내포하는 의문문이다. 예 빨리 먹지 못하겠니?(→ 빨리 먹으라는 의미)
감탄 의문문	감탄의 뜻을 내포하는 의문문이다. 예 합격만 된다면 얼마나 좋을까!

(3) 명령문

① 개념: 화자가 청자에게 무엇을 시키거나 행동을 요구하는 문장이다.

② 실현: 명령형 어미로 실현된다.

격식체				비격식체	
해라체	하게체	하오체	하십시오체	해체	해요체
–아라/–어라	–게	–오	–십시오	–아/–어	–아요/–어요

③ 종류

직접 명령문	대상에게 직접적으로 행동을 지시하는 명령문으로, '–아라/–어라'와 결합하여 실현된다. 예 빨리 그 상자를 들고 와라.
간접 명령문 빈출	매체를 통해 간접적으로 대중이나 단체에게 어떠한 행동을 요구하는 명령문이다. 예 정부는 정책 변화 방안을 정확히 명시하라.
경계 명령문	대상에게 경계의 뜻을 보이는 명령문이다. 예 다칠라./쓰러질라.
허락 명령문	대상에게 허락의 뜻을 보이는 명령문이다. 예 편히 쉬렴./먹어 보려무나.

(4) 청유문

① 개념: 화자가 청자에게 같이 행동할 것을 요청하는 문장이다.

② 실현: 청유형 어미로 실현된다.

격식체				비격식체	
해라체	하게체	하오체	하십시오체	해체	해요체
–자	–세	–ㅂ시다	–십시다	–아/–어	–아요/–어요

③ 의미

• 화자와 청자가 함께 어떠한 행동을 할 것을 제안한다.
예 우리 함께 공부하자.

- 청자에게 어떠한 행동을 할 것을 제안한다.
  예 빨리 준비하고 나가자.

(5) 감탄문

① 개념: 화자가 청자를 별로 의식하지 않거나 거의 독백 상태에서 자기의 느낌을 표현하는 문장이다.

② 실현: 감탄형 어미로 실현된다.

격식체				비격식체	
해라체	하게체	하오체	하십시오체	해체	해요체
-구나, -어라	-구먼	-구려	-	-아/-어	-아요/-어요

③ 특징: 간접 인용절로 다른 문장에 안긴문장으로 작용할 때에는 종결 어미가 '-다'로 바뀐다.
예 수지는 예쁜데 노래까지 잘 부르는구나! → 나는 수지가 예쁜데 노래까지 잘 부른다고 말했다.

5 시간 표현

시제란 어떤 사건이나 사실이 일어난 시간 선상의 위치를 표시하는 문법 범주로, 과거 · 현재 · 미래가 있다. 시제에는 발화시*를 기준으로 한 절대 시제와 사건시*를 기준으로 한 상대 시제가 있으며, 시간 부사어, 관형사형 어미, 시제 선어말 어미 등의 작용으로 시간 표현이 실현된다.

필살개념
* 발화시
  말하는 이가 말을 시작하는 때
* 사건시
  문장이 나타내는 사건이 일어나는 시점

1. 시제의 일반성

(1) 절대 시제와 상대 시제

유형	개념	실현	예시
절대 시제	발화시를 기준으로 한 시제	종결형	나는 어제 엄마에게 편지를 썼다.
상대 시제	사건시를 기준으로 한 시제	관형사형, 연결형	나는 어제 운동하시는 어머니의 곁을 지켰다.

(2) 시제의 성격

① 시제를 통해 의미를 분명히 하기 위해서는 사건시를 나타내는 부사와의 호응 관계가 매끄러워야 한다.
예 선생님이 지금 채점을 하신다.(현재)
나는 어제 피자를 먹었다.(과거)
내일이면 벚꽃이 만개하겠다.(미래)

② 명령형과 청유형은 시제를 활용하여 표현하는 데 제약이 있다.

③ 종결형, 관형사형, 연결형을 통해 시제를 표시할 수 있다.
예 오늘 점심에 양호실에 가서 잠을 잤다.(종결형 - 과거)
맛있게 먹는 동생의 모습에 반찬을 더 만들었다.(관형사형-과거 시점에서의 현재)
나는 이어폰을 꽂고 기차에 올라탔다.(연결형 - 과거)

실전예시 펼쳐보기 ▼ 다양한 문장을 통한 절대 시제와 상대 시제 구분 연습

예시 문장	절대 시제	상대 시제
내가 가진 인형으로 침대를 꾸미겠다.	미래	현재
그렇게 착한 사람은 처음 본다.	현재	현재
문방구는 준비물을 사려는 아이들로 붐볐다.	과거	현재

2. 시제의 종류

(1) 과거 시제

① 개념: 사건시가 발화시보다 앞선 시제이다.

② 실현

실현 방법	예시
과거 시제 선어말 어미 '–았–/–었–'	나는 어제 아침에 새 신발을 신었다.
관형사형의 활용 (관형사형의 시제는 발화시의 시제와 불일치)	그 시계를 준 사람은 우리 옆집에 살았었다.
회상 선어말 어미 '–더–'를 활용	민우는 어제 컴퓨터로 게임을 했더라. 그것은 내가 샀던 가방이다.

(2) 현재 시제

① 개념: 발화시와 사건시가 일치하는 시제이다.

② 실현

실현 방법	예시
종결형의 활용	나는 지금 친구를 기다린다.
관형사형의 활용	정수기 앞에는 물을 뜨는 학생들이 가득하다.

(3) 미래 시제

① 개념: 발화시가 사건시보다 앞선 시제이다.

② 실현

실현 방법	예시
미래 시제 선어말 어미 '–겠–'	나는 내일도 먼저 밥을 먹겠다.
관형사형의 활용	나는 공책을 살 것이다.

유형 싱크로율 100%! 기출변형 문제

01

다음 〈보기〉의 밑줄 친 부분에 대한 설명으로 적절하지 않은 것은?

보기

가. 강원도에는 눈이 많이 왔겠다. / 지금 항구 쪽에는 비가 오겠지.
나. 동생이 시장에 갔다. / 서른이 넘었으니 좋은 시절은 다 갔다.
다. 퇴근 후 직장을 나설 때 비가 올 것이다. / 직장을 나설 때 비가 왔다.
라. 그는 지금 직장에 간다. / 옆집 형은 내년에 진학한다고 한다.
마. 오늘 가까이에서 보니 그녀는 예쁘다. / 어젯밤에 그녀는 예뻤다.

① '가'를 보니, 선어말 어미 '-겠-'이 미래의 사건을 추측하는 데에 쓰이고 있군.
② '나'를 보니, 선어말 어미 '-았-'이 과거 시제를 나타내는 것만은 아니군.
③ '다'를 보니, 관형사형 어미 '-ㄹ'은 미래의 사건만을 나타내는 것은 아니군.
④ '라'를 보니, 현재 시제 선어말 어미 '-는-'은 미래의 사건을 나타내기도 하는군.
⑤ '마'를 보니, 형용사는 현재 시제를 나타낼 때 기본형으로 나타나기도 하는군.

02

다음 중 어법에 맞고 자연스러운 문장은?

① 성인들이 귀찮게 할 만큼 아이들의 질문이 많았다.
② 쓰나미로 인해 후쿠시마 전역에 비상사태를 선포되었다.
③ 정부는 내년의 수출 목표액을 올해보다 6% 늘려 잡기로 했다.
④ 사생팬들이 소리를 지르면서 도망가는 아이돌 가수의 뒤를 쫓기 시작했다.
⑤ 화재로 불타 버린 건물을 다시 복원하려면 많은 비용과 노력, 긴 시간이 걸린다.

03

다음 〈보기〉는 예시문을 통해 부사어에 대해 설명하고 있다. (가)~(마) 중 적절하지 않은 것은?

보기
*는 비문임을 나타냄. (가) 호수가 눈이 부시게 반짝거린다. → '눈이 부시게'가 부사어로 쓰이고 있다. (나) 장대비가 하늘에서 펑펑 쏟아지고 있다. → 부사격 조사가 결합한 '하늘에서'와 부사 '펑펑'이 부사어로 쓰였군. (다) ㉠ 세영이는 아빠와 닮았다. / *세영이는 닮았다. ㉡ 세영이는 취미로 책을 읽는다. / 세영이는 책을 읽는다. → ㉠의 '아빠와', ㉡의 '취미로'는 둘 다 부사어인데, ㉠의 '아빠와'는 '취미로'와는 다르게 필수 성분이군. (라) 옆집 아저씨는 너무 헌 차를 한 대 샀다. → 부사어 '너무'가 서술어 '샀다'를 수식하는군. (마) ㉠ 모든 것이 재로 되었다. / *모든 것이 되었다. ㉡ 모든 것이 재가 되었다. / *모든 것이 되었다. → ㉠의 '재로'는 부사어이고, ㉡의 '재가'는 보어로서 문장 성분은 서로 다르지만 서술어를 반드시 필요로 하는 성분들이군.

① (가)　② (나)　③ (다)
④ (라)　⑤ (마)

04

중복의 오류 없이 자연스러운 문장은?

① 혁이는 뒤로 후진하여 주차를 하였다.
② 글을 간추려 요약하는 연습을 해야 한다.
③ 처음 시작하는 일이라서 그런지 더욱 기쁘고 기대된다.
④ 다영이는 프랑스로 떠나기 위해 비행기표를 예매했다.
⑤ 기념품의 여분이 많이 남아서 다른 사람들에게도 좀 나눠 주기로 하였다.

오답률 줄이는! 정답과 해설

01 ①

| 정답해설 | '가'의 첫째 문장은 과거의 사건을 추측하는 데 쓰이고 있다. 둘째 문장 역시 현재의 상황을 추측하는 데 쓰이고 있다. 선어말 어미 '-겠-'이 추측의 의미로 사용될 때는 과거, 현재, 미래가 모두 표현이 가능하지만, 제시된 〈보기〉에서는 미래 사건을 추측하고 있지 않다.

02 ③

| 정답해설 | 주어 '정부는', 서술어 '늘려 잡기로 했다', 목적어 '목표액을'이 모두 잘 호응되어 쓰였다. 또한 비교의 의미를 나타내는 '보다'라는 조사가 정확하게 쓰였다.

| 오답해설 | ① 성인들이 → 성인들을
② 선포되었다 → 선포했다
④ 소리를 지르면서 → 소리를 지르면서,
⑤ 많은 비용과 노력, 긴 시간이 걸린다. → 많은 비용과 노력이 필요하고, 긴 시간이 걸린다.

03 ④

| 정답해설 | 부사어 '너무'는 '헌'이라는 관형어 혹은 '헌 차를'이라는 목적어를 수식한다.

04 ④

| 오답해설 | ① '뒤'와 '후진'이 서로 중복되는 표현이다.
② '간추려'와 '요약'의 의미가 중복된다.
③ '시작'에 이미 '처음'이라는 의미가 담겨 있다.
⑤ '여분'은 '나머지'의 의미이므로, '남다'는 잉여적 표현이다.

정답　**01** ①　**02** ③　**03** ④　**04** ④

05

○○학교 김 선생은 학생들의 답안을 첨삭하는 중이다. 다음 중 어색한 문장을 수정한 내용이 적절하지 않은 것은?

① 아동 학대 피해자들에 대하여 관심을 기울여야 한다.
→ '피해자들에 대하여'는 번역 투의 문장이므로, '피해자들에게'로 수정한다.

② 행사를 통해 모금된 수익금은 아프리카의 물 지원 사업에 쓰여집니다.
→ '쓰여집니다'는 지나친 피동 표현이므로, '쓰입니다'로 수정한다.

③ 수연이는 춤을 추고, 재선이는 키가 크다.
→ 상호 연관성이 부족한 문장을 대등하게 연결시켜 어색하므로, 앞 문장의 내용을 고려하여 뒤 문장을 '재선이는 노래를 부른다.'로 수정한다.

④ 명심해야 할 것은 매사에 열정적인 태도로 임해야 한다.
→ '명심해야 할 것'이라는 주어와 '임해야 한다'라는 서술어의 호응이 적절하지 않으므로, '임해야 한다는 점이다.'로 수정한다.

⑤ 이번 주말이면 벚꽃이 만개할 것 같다.
→ 객관적인 자연 현상에 대해 말하면서 '~같다'는 추측성 표현을 사용하는 것은 어색하므로 '만개할 예정이다.'로 수정한다.

06

다음 〈보기〉에서 자연스러운 문장을 모두 고른 것은?

보기
㉠ 하노라고 한 것이 이 정도이다. ㉡ 평생 국어 국문학 연구에 몸을 바쳤다. ㉢ 이사를 가면서, 새 옷장으로 가름하였다. ㉣ 회의에 붙이는 안건들을 일목요연하게 정리하였다.

① ㉠, ㉡　　② ㉠, ㉢　　③ ㉡, ㉢
④ ㉢, ㉣　　⑤ ㉡, ㉢, ㉣

07

중의적 표현이 없는 문장은?

① 어젯밤, 할아버지께서 돌아가셨다.
② 은지는 성격이 여우 같아서 인기가 많다.
③ 학과 사무실에 가서 교수님의 책을 보았다.
④ 언니는 나보다 공부하는 것을 더 좋아한다.
⑤ 부지런한 진호와 선나는 일요일에 아침 일찍 교회를 간다.

08

의미가 분명하고 문법에 맞는 문장은?

① 단오를 맞이하여 시민 운동장에서 다양한 민속놀이 행사를 갖는다.
② 이세돌과 알파고의 대국은 인간과 인공 지능의 대결이라는 상징적인 의미도 내포하고 있다.
③ 아름다운 새들의 노랫소리가 들려온다.
④ 인간은 자연을 지배하기도 하고 복종하기도 한다.
⑤ 역전(驛前) 앞에 새로 생긴 국숫집에서 점심을 먹기로 하였다.

09

다음 중 문장을 잘못 고친 것은?

① 말씀하신 그 제품은 품절이십니다.
→ 말씀하신 그 제품은 품절입니다.

② 내가 공연장에 들어갔을 때 가수는 노래와 춤을 추고 있었다.
→ 내가 공연장에 들어갔을 때 가수는 노래를 부르며 춤을 추고 있었다.

③ 이때 한 용감한 시민이 소리를 지르면서 도망가는 범인을 뒤쫓기 시작했다.
→ 이때 한 용감한 시민이 소리를 지르면서 범인을 뒤쫓기 시작했다.

④ 누나가 대학에 합격했다는 소식을 동생으로부터 들었다.
→ 누나가 대학에 합격했다는 소식을 동생에게 들었다.

⑤ 이들은 비단 조선 시대의 화풍에 반기를 들고, 풍속화를 대담하게 그렸다.
→ 이들은 비단 조선 시대의 화풍에 반기를 들었을 뿐이고 풍속화는 대담하게 그렸다.

오답률 줄이는! 정답과 해설

05 ⑤

| 정답해설 | '주말이면 벚꽃이 만개할 것'이라는 언급은 불확실한 미래에 대한 추측이므로 '~같다'를 사용하는 것이 적절하다.

06 ①

| 정답해설 | ㉠ '-노라고'는 자기 나름대로 꽤 노력했음을 나타낸다.
| 오답해설 | ㉢ '가름'은 '쪼개거나 나누어 따로따로 되게 하는 일'이라는 뜻이므로, 제시된 문장에서는 '다른 것으로 바꾸어 대신한다.'라는 뜻인 '갈음'을 써야 한다.
㉣ 문맥상 '어떤 문제를 다른 곳이나 다른 기회로 넘기어 맡기다.'라는 뜻이므로 '부치다'로 수정해야 한다.

07 ②

| 오답해설 | ① '돌아가시다'가 '원래의 있던 곳으로 다시 가거나 다시 그 상태가 되다.'의 의미인지, '죽다'의 높임 표현인지 그 의미가 모호하다.
③ 조사 '의'로 인해 중의적 표현이 되었다. '교수님의 책'이 교수님께서 집필한 책인지, 교수님 소유의 책인지 그 의미가 명확하지 않다.
④ '나/공부하는 것'을 비교하고자 하는 것인지, '내가 공부를 좋아하는 정도/언니가 공부를 좋아하는 정도'를 비교하는 것인지 그 의미가 모호하다.
⑤ '부지런한'이 '진호'를 꾸미는 것인지 '진호와 선나'를 꾸미는 것인지 알 수 없다.

08 ②

| 오답해설 | ① '갖는다'의 주어가 불분명하므로 행사를 개최하는 주최를 명시하거나 '행사가 열린다.'로 바꾸어 준다.
③ '아름다운'의 수식 대상이 '새'인지 '노랫소리'인지 불분명하다.
④ '인간은 자연을 지배하기도 하고, 자연에 복종하기도 한다.'로 바꿔야 한다.
⑤ '역전(驛前)'과 '앞'은 중복된 표현이다.

09 ⑤

| 정답해설 | '이들은 비단 조선 시대의 화풍에 반기를 들었을 뿐만 아니라 풍속화를 대담하게 그렸다.'로 고치는 것이 알맞다.
| 오답해설 | ④ '~로부터'는 영어 'from'의 번역 투이므로 '~에게'로 바꾸어 쓰는 것이 자연스럽다.

정답	05 ⑤ 06 ① 07 ② 08 ② 09 ⑤

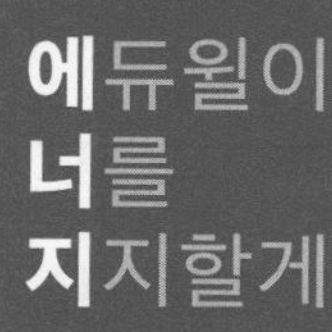
에듀윌이
너를
지지할게
ENERGY

어둡다고 불평하는 것보다
촛불을 켜는 것이 더 낫다.
고민하는 대신
거기 언제나 무엇인가
할 수 있는 일이 있다.

– 아잔 브라흐마(Ajan Brahma), 『술취한 코끼리 길들이기』

II.

직무 글쓰기와 공학·기술 글쓰기

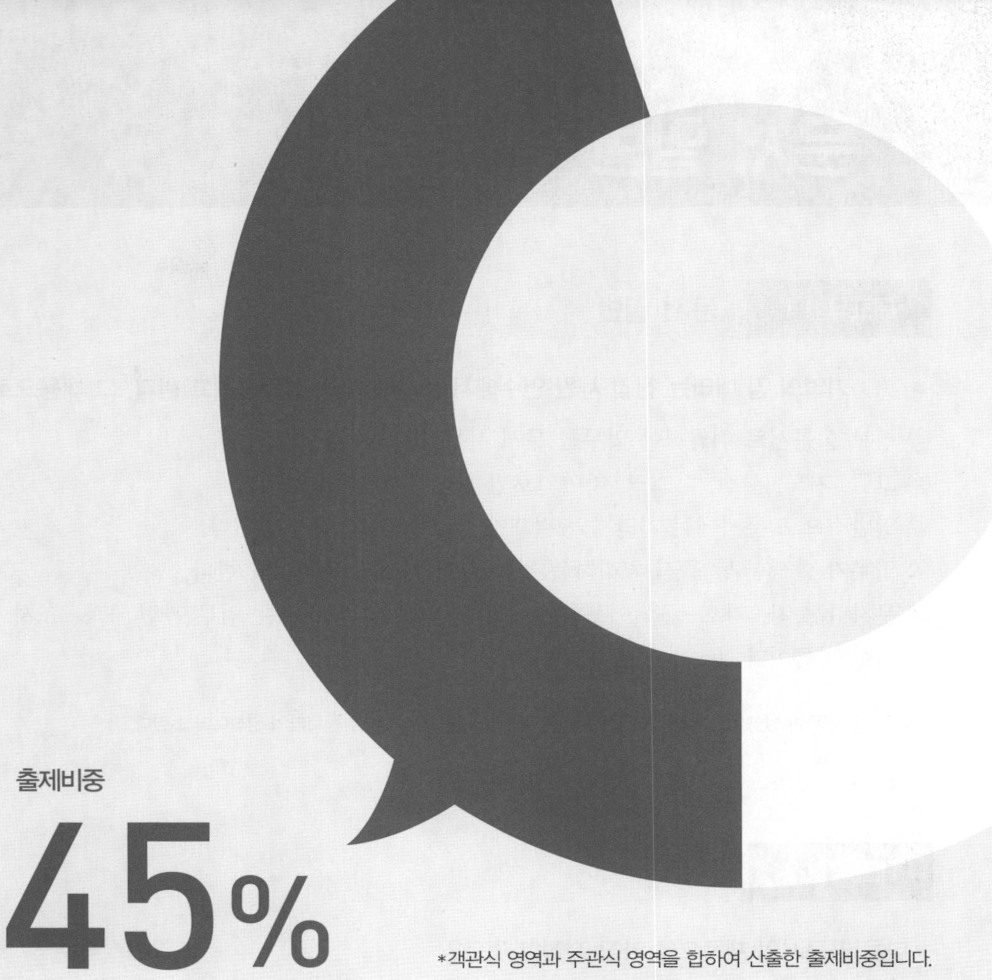

출제비중

45%

*객관식 영역과 주관식 영역을 합하여 산출한 출제비중입니다.

출제경향 & 학습전략

직무 글쓰기와 공학·기술 글쓰기 파트에서는 여러 실용문의 특성을 이해하며 각종 문서의 성립과 효력 발생, 문서 구성, 문체 등을 이해한다. 작성된 문서의 목적에 맞는 주제나 정보, 필수 구성 사항 등을 파악해야 한다. 직무 글쓰기는 실용글쓰기 시험의 성격을 보여 주는 가장 기본적인 유형이다. 업무 일선에서 빈번하게 사용하게 되는 각종 문서들의 '실용적인' 이론들을 토대로 그 쓰임을 묻는 문제들이 출제되고 있다. 또한, 객관식 영역의 절반을 차지하고 있는 영역이기 때문에 문서를 유형별로 나누어 각각의 특징들을 암기해 두어야 한다. 성격이 비슷한 종류의 문서들은 평소에 서로 연관 지어 학습하면 실제 시험에서 문제 풀이에 보다 쉽게 접근할 수 있다. 이를 바탕으로 본 교재에서도 서로 성격이 비슷한 종류의 문서들을 함께 묶어 제시하였다.

01 문서 일반 및 공문서

대표유형 1 문서 일반

■ ○○ 기업의 김 대리는 신입 사원 연수에서 문서에 대해 설명하려고 한다. 그 내용으로 적절하지 않은 것은?

① 정보를 문서로 취급하는 업무를 문서 사무라고 한다.
② 그림, 지도, 사진, 디스크, 마이크로필름도 문서가 될 수 있다.
③ 일반적으로 문서에는 기안자와 결재자, 작성자와 수령자가 있다.
④ 업무가 발생한 날 즉시 처리하는 것을 책임 처리의 원칙이라 한다.
⑤ 문자나 숫자, 기호 등을 이용하여 일정한 의사나 관념 또는 업무 관련 내용, 조사 현황 등을 지면과 서식에 표시한 기록이다.

문제풀이 ▶ 업무가 발생한 날 즉시 처리하는 것은 문서 처리의 원칙 중 신속 처리의 원칙이라고 한다.

정답 | ④

대표유형 2 공문서

■ 다음 공문서의 제목으로 가장 적절한 것은?

제목: (가)

1. 귀사의 무궁한 발전을 기원합니다.
2. 우리 위원회는 게임 내의 유료 재화를 이용한 거래 시스템이 존재하는 경우 게임산업진흥에 관한 법률 제21조 및 등급분류규정 제7조 제4호에 따라 청소년이용불가로 등급분류 결정하고 있습니다. 이에 위원회는 기존 유통되고 있는 게임물에 대해 모니터링을 실시하여 관련 조치를 진행하고 있습니다.
3. 향후 새로이 등록되는 게임물의 등급분류 시 해당 콘텐츠가 포함된 경우, 청소년이용불가로 등급분류 결정될 수 있도록 관련 기준을 엄격 준수하여 주시기 바랍니다.
4. 아울러 청소년이용불가 게임물을 부적정하게 등급분류하여 일반에 제공할 경우 관련 법률에 따라 조치될 수 있음을 유의하여 주시기 바랍니다. 거래소 관련 이용등급기준에 대한 자세한 내용은 위원회 홈페이지(2017. 5. 19.)에 공지한 바 있으니 참고하시기 바랍니다. 끝.

① 거래소 관련 이용등급기준 안내
② 자체 등급분류 시 유의 사항 안내
③ 청소년이용불가 등급분류 시행 안내
④ 게임산업진흥에 관한 법률 개정 안내
⑤ 게임 내 유료 재화를 이용한 거래 시스템 안내

문제풀이 ▶ 게임물의 등급분류 시, 게임 내의 유료 재화를 이용한 거래 시스템이 존재하는 경우에는 청소년이용불가로 등급분류 결정되도록 기준을 엄격히 준수하라고 안내하는 공문서이다.

정답 | ②

직무 글쓰기와 공학 · 기술 글쓰기 파트에서는 여러 실용문의 특성을 이해하며 각종 문서의 성립과 효력 발생, 문서 구성, 문체 등을 파악한다. 작성된 문서의 목적에 맞는 주제나 정보 필수 구성 사항 등을 파악하여 실용글쓰기 시험에 대비해야 한다.

1 문서 일반

문서는 기안자와 결재자, 작성자와 수령자, 발신자와 수신자를 연결하여 인간관계 및 업무 관계를 형성시켜 업무 과정과 그 결과를 확정하는 의사소통의 도구로, 일정 기간 개인 또는 조직의 업무 전반을 기록 · 보존한다. 또한 기업과 행정기관에서 이루어지는 대부분의 정보 전달이 문서를 매개로 하고 있는데, 이처럼 정보를 문서로 취급하는 업무를 문서 사무라고 한다. 이를 적극적으로 해석하면 모든 사무는 문서로 시작하여 문서로 끝난다고 할 수 있을 정도로, 사무는 문서를 매개로 이루어진다.

일반적으로 문서란 문자나 숫자, 기호 등을 이용하여 일정한 의사나 관념 또는 사업 관계 및 업무 관련 내용, 조사 현황 등을 지면과 서식에 표시한 기록이다. 넓은 의미로 문서는 지면에 한정된 것이 아니라 그림, 지도, 사진, 디스크, 마이크로필름, 도면, 슬라이드, 전자 문서, 음성 녹음, 영상 파일 등과 같이 계속해서 보존할 수 있는 멀티미디어 매체까지 포함한다. 이와 달리 문안은 아직 문서로 정리되지 않은 문장이나 문서의 초안을 말한다.

1. 문서의 필요성

① 사무 처리의 형식 또는 업무 체제를 갖추어야 할 경우, 책임 소재를 분명히 할 때
② 내용이 복잡하여 단순한 구두 보고나 지시로는 처리하기 곤란할 때
③ 대화를 통한 의사소통이 불충분하거나 불가능할 때
④ 업무와 관련된 보고를 신속히 할 때
⑤ 사무 처리 결과를 일정 기간 보존할 때
⑥ 사무 처리 결과를 증빙하기 위해

2. 문서의 기능

① 의사 전달 기능
② 제안 · 설득 기능
③ 기록 · 보존 기능
④ 정보 제공 기능
⑤ 협조 기능

3. 문서의 처리 원칙

① **신속 처리의 원칙**: 문서는 내용이나 성질에 따라 처리 기간이 다를 수 있다. 일반적인 경우 업무가 발생한 날 즉시 처리하는 것이 원칙이다.
② **책임 처리의 원칙**: 문서는 정해진 사무 분장과 각자의 직무 범위 내에서 관계 규정에 따라 책임을 가지고 신속 · 정확하게 처리해야 한다.

③ **법령 적합의 원칙**: 권한이 없는 사람이 작성하거나 관계 법규에 적합하지 않은 문서는 문서로서의 가치가 상실된다. 따라서 문서는 반드시 해당 법규에 적합하도록 작성하고 처리해야 한다.

④ **전자 처리의 원칙**: 문서의 모든 처리 절차는 전자 문서 시스템에 의해 전자적으로 처리되어야 한다. 기안, 검토, 협조, 결재, 등록, 시행 등 모든 절차는 전자 처리가 원칙이다.

2 문서의 분류

1. 작성 주체에 따른 구분

(1) 공문서

① **법률상 공문서**

형법에서 지칭하는 공문서는 공무소 또는 그 소속 공무원의 명의로 권한 범위 내에서 소정의 형식에 따라 작성한 문서를 말한다.

② **행정상 공문서**

- 사무 관리 규정에서 말하는 공문서의 대부분을 말한다.
- 사무 관리 규정에서 정하고 있는 행정기관 내부 또는 공공기관 상호 간이나, 공무상 대외적으로 작성하거나 시행하는 문서(도면, 사진, 디스크, 테이프, 필름, 슬라이드, 전자 문서 등의 특수 매체 기록을 포함) 및 행정기관이 접수한 모든 문서를 말한다.
- 법률상 공문서에 비하여 범위가 더 넓다.

(2) 사문서

개인이 사적 목적으로 작성한 권리 · 의무 또는 사실 증명에 관한 문서를 말한다.

① **법률상 사문서**: 공문서 이외의 문서로 공무원이 아닌 개인이 작성한 모든 문서

② **종류**: 각종 추천장, 안내장, 소개장, 초청장, 기업의 각종 업무 문서, 상거래 문서, 기업 활동에 필요한 기획서, 보고서 등

③ **특징**

- 공무원이 아닌 개인이 사문서 작성 시, 그 문서를 행정기관이 접수할 경우 공문서화된다.
- 행정상의 사문서가 법률상의 사문서에 비해 그 범위가 더 좁다.

2. 수신 대상에 따른 구분

(1) 대내 문서

행정기관 또는 기업체 중에서 내부적으로 업무 계획을 수립하거나 처리 방침을 보고 또는 검토하기 위하여 결재를 받는 문서를 말한다.

① **특징**: 내부적으로 결재를 받는 문서이기 때문에 외부로 발신하지 않는다.

② **종류**

품의서	어떠한 일의 집행을 하기 전에 특정한 사안에 관해 상사에게 결재를 얻는 문서
보고서	상사의 지시나 요구 사항에 관해 관련된 사안을 알리기 위해 작성하는 문서
지시서	상사가 부하 직원에게 업무 운영 방침 및 계획을 목적으로 작성하는 문서

협조전	특정 업무에 대하여 의사 결정권자가 결재하고 지정한 사항에 대해 거래처나 상대방에게 협조를 요청할 때 쓰는 문서
업무 연구서	중요 시책의 입안을 위해 개인 또는 연구팀이 연구 결과를 알리는 문서
전언 통신문	업무상 담당 부서나 담당 직원에게 전달할 내용을 기록한 문서
명령서	당직이나 출장 등 업무상의 지시 내용을 적은 문서

(2) 대외 문서

조직 외부, 즉 상급 기관이나 하급 기관 등 다른 기관이나 국민을 대상으로 수발하는 문서를 말한다.

① 특징: 대내 문서에 비하여 대외적으로 영향을 미치는 문서로서, 형식이나 절차가 까다롭고 엄격하다.

② 종류

의례 문서	인사장, 안내장, 초대장
거래 문서	견적서, 주문서, 청구서, 송품장, 검수증, 영수증, 신청서, 통지서, 공고문, 대외 제안서 등

(3) 수신자와 발신자 명의가 같은 문서

합의제 행정기관 또는 행정기관의 장이 당해 행정기관 또는 행정기관의 장에게 자신의 명의로 발송하고 자신의 명의로 수신하는 문서를 말한다.

3. 성질에 따른 구분

법규 문서	헌법·법률·대통령령·총리령·부령·조례 및 규칙 등에 관한 기록
지시 문서	행정기관이 그 하급 기관 또는 소속 공무원에 대해 일정한 사항을 지시하는 기록
공고 문서	행정기관이 일정한 사항을 일반인에게 알리기 위해 고시(일단 고시된 사항은 개정이나 폐지가 없는 한 지속되는 효력)·공고(단기적이거나 일시적인 효력) 등을 하는 문서
비치 문서	행정기관에서 일정 사항을 기록·비치하여 업무에 활용하는 문서
민원 문서	민원인이 행정기관에 대해 허가, 인가, 기타 처분 등 특정 행위를 요구하는 문서 및 그에 대한 처리 문서
일반 문서	위의 문서에 속하지 않는 문서로 회보, 보고서 등

3 공문서 빈출

공문서는 행정기관 내부 또는 공공기관 상호 간에 공무상 대외적으로 작성 또는 시행하는 문서 및 행정기관이 접수한 모든 문서를 의미한다.

1. 공문서의 성립

공문서는 당해 문서에 대한 결재권(행정기관의 장, 결정권을 위임받은 자, 결재권자의 직무를 대리하는 자)의 결재가 있음으로써 성립한다. 전자 서명에 의한 결재도 포함된다.

2. 공문서 구성

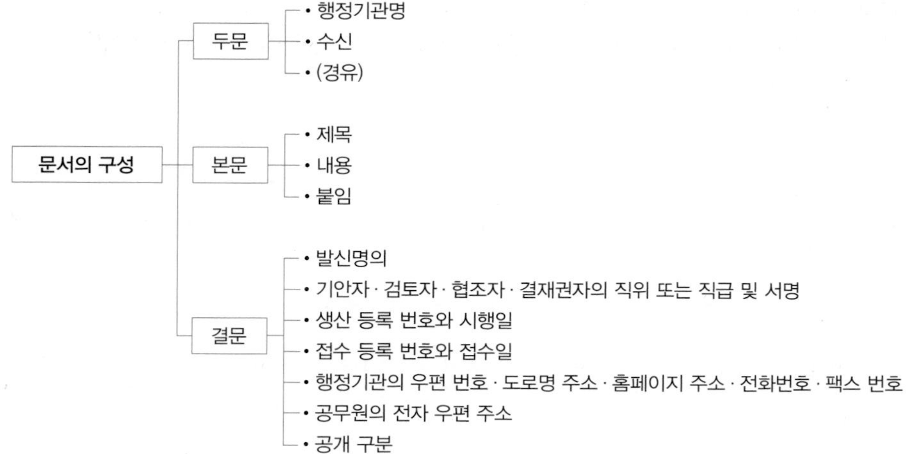

(1) 두문

① 행정기관명의 표시

문서를 기안한 부서가 속한 행정기관 명칭을 표시하되, 다른 행정기관과 명칭이 동일한 경우에는 바로 위 상급 기관 명칭을 함께 표시할 수 있다.

예 동구 ⇒ 인천광역시 동구, 광주광역시 동구 등

② 수신자의 표시

㉠ 수신자가 없는 내부 결재 문서의 수신란에는 "내부 결재"로 표시한다.

예 **수신** 내부 결재

㉡ 수신자가 많아 본문의 내용을 기재할 난이 줄어들어 본문의 내용을 첫 장에서 파악하기 곤란한 경우에는 두문의 수신란에 "수신자 참조"라고 쓰고, 결문의 발신명의 다음 줄의 왼쪽 기본선에 맞추어 수신자란을 따로 설치하여 수신자명을 표시한다.

예 (두문) **수　신** 수신자 참조(문서 관리 업무 담당 과장)
(결문) **수신자** 기획재정부 장관, 교육부 장관……

③ 경유의 표시

㉠ 경유기관이 없는 경우: 아무것도 적지 않고 빈칸으로 둔다.

㉡ 경유기관이 하나인 경우: (경유)란에 "이 문서의 경유기관의 장은 ○○○이고 최종 수신기관의 장은 ○○○입니다."로 표시한다.

㉢ 경유기관이 둘 이상인 경우: (경유)란에 "이 문서의 제1차 경유기관의 장은 ○○○이고, 제2차 경유기관의 장은 ○○○ …… 최종 수신기관의 장은 ○○○입니다."로 표시한다.

④ 로고 · 상징 등 표시

기안문 및 시행문에는 가능하면 행정기관의 로고 · 상징 · 마크 · 홍보 문구 등을 표시하여 행정기관의 이미지를 높일 수 있도록 하여야 한다. 로고 · 상징은 문서 상단의 '행정기관명' 표시 줄의 왼쪽 끝에 2㎝ × 2㎝ 범위 내에서 표시하고, 홍보 문구는 행정기관명 바로 위에 표시한다.

(2) 본문

① 제목

문서의 내용을 쉽게 알 수 있도록 간단하고 명확하게 기재한다.

② 첨부물의 표시

문서에 서식 · 유가 증권 · 참고 서류, 그 밖의 문서나 물품이 첨부되는 때에는 본문이 끝난 줄 다음에 "붙임"의 표시를 하고 첨부물의 명칭과 수량을 쓰되, 첨부물이 두 가지 이상인 때에는 항목을 구분하여 표시한다.

〈예시 1〉

(본문)······································ 주시기 바랍니다.

붙임∨∨○○○계획서 1부.∨∨끝.

〈예시 2〉

(본문)······································ 주시기 바랍니다.

붙임∨∨1.∨○○○계획서 1부.

2.∨○○○서류 1부.∨∨끝.

※ 개정된 「사무관리규정」에서는 〈예시 2〉처럼 본문과 붙임 사이 여백을 조정할 수 있도록 하였다.

③ 문서의 "끝" 표시

㉠ 본문 내용의 마지막 글자에서 한 글자(2타) 띄우고 "끝" 표시를 한다.

예 ······ 주시기 바랍니다.∨∨끝.

㉡ 첨부물이 있으면 붙임 표시문 다음에 한 글자(2타) 띄우고 "끝" 표시를 한다.

예 붙임 1. 서식 승인 목록 1부. 2. 승인 서식 2부.∨∨끝.

㉢ 본문 또는 붙임 표시문이 오른쪽 한계선에서 끝났을 경우에는 그다음 줄의 왼쪽 기본선에서 한 글자(2타) 띄우고 "끝" 표시를 한다.

예 (본문 내용) ······································ 주시기 바랍니다.

∨∨끝.

㉣ 본문이 표로 끝나는 경우

• 표의 마지막 칸까지 작성되는 경우: 표 아래 왼쪽 기본선에서 한 글자(2타) 띄우고 "끝" 표시

응시 번호	성명	생년월일	주소
10	김○○	1980. 3. 8.	서울시 종로구 ○○로 12
21	박○○	1982. 5. 1.	부산시 서구 ○○로 5

∨∨끝.

• 표의 중간에서 기재 사항이 끝나는 경우: "끝" 표시를 하지 않고 마지막으로 작성된 칸의 다음 칸에 "이하 빈칸" 표시

응시 번호	성명	생년월일	주소
10	김○○	1980. 3. 8.	서울시 종로구 ○○로 12
이하 빈칸			

※ 위 예시처럼 표 중간에서 본문(기재 사항)이 끝나는 경우 '이하 빈칸'의 의미는 '이하는 더 이상 들어갈 본문 내용이 없으니 빈칸으로 둡니다.'의 뜻으로 해석한다.

(3) 결문

① 발신명의의 표시

㉠ 행정기관의 장의 권한인 경우에는 해당 행정기관의 장의 명의로 발신한다.

예 ○○○○부 장관, ○○시장, ○○ 군수, ○○위원회 위원장 등

㉡ 합의제 기관의 권한에 속하는 사항은 그 합의제 기관 명의로 발신한다.

예 ○○위원회

㉢ 발신할 필요가 없는 내부 결재 문서에는 발신명의를 표시하지 아니한다.

② 권한 대행 또는 직무 대리의 표시

㉠ 행정기관의 장의 권한을 대행하거나 직무를 대리하는 사람이 발신명의와 함께 본인의 성명을 적는 경우에는 다음 예시와 같이 그 직위를 적고 "권한 대행" 또는 "직무 대리"의 표시를 하여야 한다.

예 보건복지부장관 직무 대리
차　　　　관　　○○○　　　　부산광역시장 권한 대행
행 정 부 시 장　　○○○

㉡ 보조기관이나 보좌기관의 직무를 대리하는 사람이 발신명의에 서명(전자 이미지 서명, 전자 문자 서명 포함)을 하는 경우에는 서명 앞에 "직무 대리"의 표시를 하여야 한다.

예 정보공개정책과장 직무 대리 ○○○

③ 기안자, 검토자, 협조자, 결재권자의 직위 또는 직급과 서명

㉠ 기안자는 기안문의 기안자란에, 검토 또는 협조자는 검토자 또는 협조자란에, 결재권자는 결재자란에 직위 또는 직급을 쓰고 서명란에 서명한다. 이 경우 기안자 및 검토자 및 결재권자의 용어는 표시하지 않는다.

㉡ 서명은 기안자, 검토자, 협조자, 결재권자가 자기의 성명을 다른 사람이 알아볼 수 있도록 한글로 쓰거나 전자 이미지 서명 또는 전자 문자 서명을 전자적으로 표시한다.

④ 생산 등록 번호(시행일) 및 접수 등록 번호(접수일)

㉠ 「공공기록물 관리에 관한 법률」 시행령 제20조에 따른 생산 등록 번호 또는 접수 등록 번호를 업무 관리 시스템이나 전자 문서 시스템에 의하여 전자적으로 표시한다.

㉡ 문서에 생산 또는 접수 등록 번호를 표시하는 때에는 같은 법률 시행규칙 제5조 제3항에 따라 처리과명과 연도별 일련번호를 붙임표(-)로 이어 쓰되, 처리과가 없는 행정기관의 경우에는 처리과명을 대신하여 행정기관명 또는 10자 이내의 행정기관명 약칭을 쓴다.

㉢ 민원 문서로서 필요한 경우에는 시행일과 접수일란에 시 · 분까지 기재한다.

⑤ 우편 번호, 주소, 홈페이지 주소, 전화번호, 팩스 번호, 공문서 담당자의 전자 우편 주소와 공개 구분

㉠ 우 도로명 주소: 우편 번호를 기재한 다음, 행정기관이 위치한 도로명 및 건물 번호 등을 기재하고 괄호 안에 건물 명칭과 사무실이 위치한 층수와 호수를 기재한다.

예 우03171 서울특별시 종로구 세종대로 209 (세종로)

㉡ 전자 우편 주소: 행정기관이 담당자에게 부여한 전자 우편 주소를 쓴다.

㉢ 공개 구분: 공개, 부분 공개, 비공개로 구분하여 표시하되, 부분 공개 또는 비공개인 경우에는 「공공기록물 관리에 관한 법률」 시행규칙 제18조에 따라 '부분 공개( )' 또는 '비공개( )'로 표시하고, 「공공기관의 정보공개에 관한 법률」 제9조 제1항 각 호의 해당 호수를 괄호 안에 표시한다.

3. 공문서의 규격과 표기

(1) 용지의 크기: A4(210mm×297mm)

(2) 여백: 위쪽 여백 30mm, 아래쪽 여백 15mm, 왼쪽 여백 20mm, 오른쪽 여백 15mm

(3) 용어 표기: 가로쓰기, 표준어 한글 사용, 숫자 표기 시 아라비아 숫자 사용

표기 사항	표기 내용	표기 예시
날짜 표기	숫자로 표기, 연·월·일 글자 생략	2022. 2. 28.
시각 표기	24시각제로 표기, 시·분 글자 생략	19:35
금액 표기	아라비아 숫자와 한글로 표기	금399,800원(금삼십구만구천팔백원)

공문서 작성 시 금액 표기의 띄어쓰기

한글 맞춤법 제44항	행정업무운영 편람
수를 적을 때는 '만(萬)' 단위로 띄어 쓰는 것이 원칙이다. 다만, 금액을 적을 때는 변조(變造) 등의 사고를 방지하려는 뜻에서 붙여 쓰는 것이 관례로 되어 있다.	금액을 표시할 때는 아라비아 숫자로 쓰되, 숫자 다음에 괄호를 하고 한글로 기재한다(규칙 제2조 제2항). 예 금113,560원(금일십일만삼천오백육십원)

공문서에서 금액을 표기할 때는, 한글 맞춤법 제44항의 단서 조항과 행정업무운영 편람의 '문서의 작성 기준'에 따라 위조나 변조 등의 사고 방지를 위해 '만(萬)' 단위이더라도 띄어 쓰지 않고 붙여 쓴다. 문서에서 돈을 이르는 말인 '금'과 화폐 단위 '원' 또한 이에 따라 붙여 쓴다. 본 교재에서 제시된 각종 문서의 금액은 이에 따라 표기하였다.

(4) 첨부물 표시

본문이 끝난 다음 줄에 표시하고, 두 가지 이상일 때에는 항목을 구분하여 표시한다.

(5) 공문서 표시

문서 아래 중앙에 표시한다.

예 3장 단면과 2장의 첨부물: 3–1, 3–2, 3–3, 1, 2

(6) 결재 표시

해당 사안에 대해 기관의 의사를 결정할 권한이 있는 자를 표기한다.

전결	기관의 장으로부터 사전에 결재권을 위임받은 자가 시행하는 결재
대결	결재권자가 출장, 휴가, 기타의 사유로 상당 기간 부재중일 때, 그 직무를 대행할 수 있는 자가 시행하는 결재
후결	대결한 문서 내용이 매우 중요할 때, 결재란 내 우측 여백에 '후결' 표시를 하여 결재권자의 확인 내지는 재결재를 얻도록 하는 결재

(7) 공문서 작성 후 확인 사항

① 결재 구분이나 회람 부서 등에 착오는 없는가?
② 서식, 체제에 부족한 점이나 잘못된 점은 없는가?
③ 기한, 조건, 효력 등에 착오가 없는가?
④ 시행에 필요한 전제 조건이 조성되어 있는가?
⑤ 발신, 수신자의 이름은 정확한가?
⑥ 법령에 위반되는 것은 없는가?
⑦ 그 밖에 표어, 용어, 문체는 알맞은가?

(8) 공문서의 수정

① 삭제·수정할 글자의 중앙에 두 선을 긋고 서명 또는 날인을 한다.

② 중요한 내용의 경우에는 여백에 삭제 또는 수정한 자수를 표기한 후 서명 또는 날인을 한다.
③ 시행문의 경우에는 문서의 여백에 정정한 글자 수를 표기한 후 관인을 찍는다.

4. 공문서의 예시

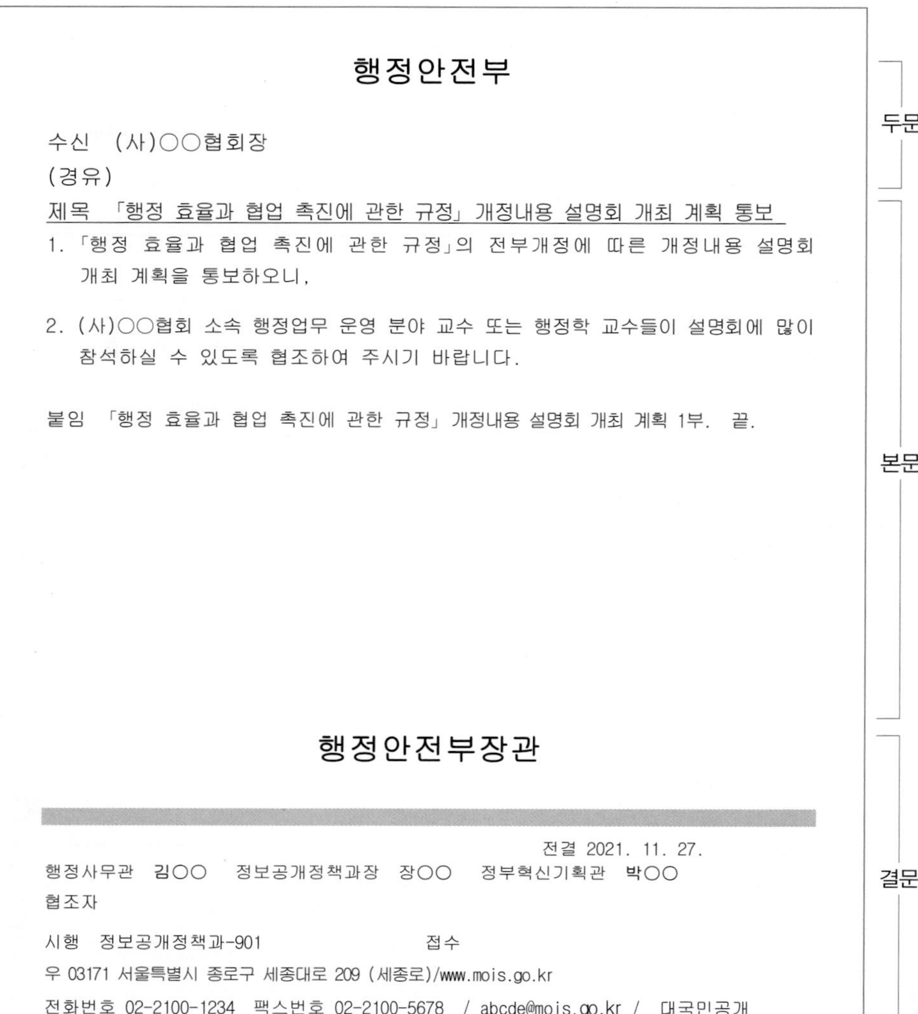

행정안전부

수신 (사)○○협회장
(경유)
제목 「행정 효율과 협업 촉진에 관한 규정」 개정내용 설명회 개최 계획 통보

1. 「행정 효율과 협업 촉진에 관한 규정」의 전부개정에 따른 개정내용 설명회 개최 계획을 통보하오니,

2. (사)○○협회 소속 행정업무 운영 분야 교수 또는 행정학 교수들이 설명회에 많이 참석하실 수 있도록 협조하여 주시기 바랍니다.

붙임 「행정 효율과 협업 촉진에 관한 규정」 개정내용 설명회 개최 계획 1부. 끝.

행정안전부장관

전결 2021. 11. 27.
행정사무관 김○○ 정보공개정책과장 장○○ 정부혁신기획관 박○○
협조자
시행 정보공개정책과-901 접수
우 03171 서울특별시 종로구 세종대로 209 (세종로)/www.mois.go.kr
전화번호 02-2100-1234 팩스번호 02-2100-5678 / abcde@mois.go.kr / 대국민공개

5. 공문서의 문체와 문장

(1) 문체

① 어렵고 현학적인 표현 대신 일상적인 문어체를 사용한다.
② 경어체 '-합니다', '-입니다', '-습니다'를 사용한다.
③ 실용문에 적합한 용어, 핵심을 전달하는 구체적 사실 위주의 문장을 사용한다.
④ 전달력 높은 공적인 언어를 사용한다.
⑤ 일상적 용어의 중의적 해석을 방지하기 위해 때에 따라 한자를 병기하여 사용한다.

(2) 문장

① 두괄식으로 서술한다.
② 중요한 내용을 맨 먼저 기술한다.
③ 여러 내용을 말할 때는 가지치기로 벌여 시각적으로 구성한다.
④ 한 문장은 가급적 50자를 넘지 않게 한다.
⑤ 문장의 주어부와 서술부를 명확하게 한다.
⑥ 긴 꾸밈말은 가급적 피한다.
⑦ 학술 용어나 전문 용어를 가급적 피하고 쉬운 일상 용어를 사용한다.
⑧ 생소한 외국어나 외래어를 남용하지 않고 우리말로 순화하여 사용한다.
⑨ 논리적이며 이해하기 쉬운 문장과 형식으로 작성하며 서식에 맞게 간결하게 기술한다.

4 문서의 이해

1. 문서 이해의 필요성

문서 이해는 직무 수행을 위해 문서를 빠르고 정확하게 파악하여 문서의 목적과 작성 배경, 주제 및 정보와 현안 문제 등을 분석한 다음 자신이 수행해야 할 업무와 행동을 판단하는 일련의 과정이다. 문서를 구체적으로 이해하기 위해서는 문서 이해 과정을 알고, 다양한 문서를 접하면서 이해 능력을 키우는 연습을 해야 한다. 이처럼 문서를 분석하고 내용을 요약, 메모하는 것은 업무 처리의 효율성과 명료성을 높일 수 있으며, 자신이 필요한 문서를 작성할 때도 큰 도움이 된다.

2. 문서 이해 과정

① **문서 목적 이해**: 일반적으로 문서의 목적은 제목을 통해 파악되지만, 문서 전체의 내용을 파악하고 문서 목적을 이해하는 것이 바람직한 방법이다. 내용을 면밀히 살핀 후 제목과 본문 내용을 파악하여 첨부 자료들을 꼼꼼히 살피고 문서 목적을 파악하는 것이 바람직하다.
② **문서 작성 배경과 주제 파악**: 문서 목적을 파악한 후, 발신기관이 현재 어떤 상황에서 당해 문서를 작성하였는가를 파악한다.
③ **문서에 담긴 정보와 현안 문제 파악**: 문서에 담긴 정보는 본문과 첨부 자료를 통해 파악한다.
④ **상대방 의도 및 요구 내용(행동) 파악**: 문서에 담긴 정보와 현안 문제를 파악한 후, 이를 문서 요약표에 기재하면서 문서 작성 배경을 참고로 문서 작성자의 관점, 가치관, 문제 인식 정도를 정리한다. 일반적으로 문서 작성자의 의도를 문제 발견 방식에 따라 점검해 보면 특정 정보를 제공함으로써 문제에 대한 정확한 인식을 촉구하는 경우가 많다.
⑤ **자신이 해야 할 행동 결정**: 상대방의 의도 및 요구가 파악되고 자신이 해야 할 행동에 대한 정리가 끝나면, 이를 종합하여 자신이 해야 할 행동을 결정한다. 이를 위해서는 상대방과의 이해득실 및 조직의 이익, 개인의 발전 가능성 등을 종합적으로 고려한다.
⑥ **상대방의 의도 요약정리**: 위의 과정을 통해 문서를 분석 · 이해한 내용을 도표나 그림 등으로 간단명료하게 요약정리한다.

유형 싱크로율 100%! 기출변형 문제

01

문서에 관한 설명으로 적절하지 않은 것은?

① 문서의 성립을 위해서는 반드시 결재가 필요하다.
② 문서는 일반적으로 수신자에게 발송하는 시점에 효력이 발생한다.
③ 문서는 성질에 따라 법규 문서, 지시 문서, 공고 문서 등으로 분류할 수 있다.
④ 일정한 사항을 기록하여 내부에 비치하면서 업무에 활용하는 문서를 비치 문서라고 한다.
⑤ 문서의 발송은 처리 기관이 하는 것이 원칙이지만 필요에 따라 상위 혹은 하위 기관이 발송하기도 한다.

02

다음은 문서에 관한 설명이다. 적절하지 않은 것은?

> 문서란 문자나 기호 등으로 인간의 의사 또는 사물의 상태, 관계 또는 현상 등을 지면을 이용해 표시한 기록을 말한다. 그러나 광의로 보면, 지면에 한하지 않고 계속해서 보존할 수 있는 물체 즉, 목판, 석재 등도 문서의 대상이 되며, 문자뿐 아니라 그림이나 암호, 지도, 도면, 사진, 디스크, 테이프, 필름, 슬라이드, 전자 문서 등의 특수 매체 기록물 등도 이에 포함된다.

① 좁은 의미의 문서는 지면을 이용해 기록한 것을 의미한다.
② USB에 담긴 사진도 문서의 범주에 속한다.
③ 인간의 음성을 통해 전달되는 정보도 문서의 범주에 포함된다.
④ 팔만대장경은 전통적인 문서 범주에 속한다.
⑤ 특정 과정을 거쳐야 정보를 확인할 수 있는 것도 문서의 범주에 속한다.

03

공문서의 구성 중 두문에 해당하는 항목과 거리가 먼 것은?

① 문서의 제목
② 수신자
③ 경유의 표시
④ 로고 및 상징 표시
⑤ 행정기관명

04

다음 문서 관리 원칙에 관한 설명 중 적절하지 않은 것은?

① **표준화의 원칙:** 표준화란 사무 처리의 여러 방법들 중에서 가장 합리적이고 타당하며 신속·정확한 것을 기준으로 정하는 것이다. 문서 사무는 표준화에 의해 통일성과 객관성을 유지할 수 있게 되며, 같은 내용의 문서 사무는 누가, 언제 처리하더라도 같은 방법이 적용되게 된다.
② **간소화의 원칙:** 간소화란 문서 사무를 처리하는 과정에서 중복되는 것이나 불필요한 것을 없애고 꼭 필요한 절차나 방법만을 채택하여 시행함으로써 문서 처리 시간을 단축시키는 것을 말한다.
③ **전문화의 원칙:** 전문화란 문서 관리 업무를 담당하는 전문 인력을 배치함으로써 숙련도의 향상과 더불어 문서 사무의 능률을 증대시키는 것을 말한다.
④ **기계화·자동화의 원칙:** 사무 자동화의 발전으로 문서 사무를 기계화·자동화함으로써 많은 양의 사무를 보다 정확하고 신속하게 처리할 수 있게 되었다.
⑤ **경제성의 원칙:** 문서 관리에서 경제성의 원칙이란 전문적인 경제 분야 인력을 바탕으로 조직의 자산, 부채, 순이익 등을 관리·기록하는 것을 말한다.

05

다음 공고문에 대한 수정 의견으로 가장 적절하지 <u>않은</u> 것은?

> **2022년 어린이보호구역**
> **방범용 CCTV 설치 행정예고**
>
> 서울특별시 ○○구 어린이보호구역 내에 CCTV를 설치함에 있어 공고 내용에 대한 의견이 있으신 분은 공고 기간 내에 ○○구청 교통행정과로 의견서를 제출하여 주시기 바랍니다.
>
> 1. **사업명**: 2022년 어린이 안전영상정보(CCTV) 인프라 구축 사업
> 2. **설치 목적**: 어린이보호구역 내 교통사고 및 과속 방지, 범죄 차량의 도주로 차단 및 신속한 검거
> 3. **설치 장소**: ○○구 관내 어린이보호구역 내 7개소 7개 지점
> 4. **운영 방법**: 24시간 운영 및 촬영
>
> 2022. 1. 29.
>
> ○ ○ 구 청 장

① 공고 기간에 대한 사항을 추가해야 한다.
② 의견서 제출 방법을 별도로 기재해 주어야 한다.
③ 문의할 수 있는 담당자의 연락처를 함께 제시해 주어야 한다.
④ 설치 목적은 상단 제목 부분에서 알 수 있으므로 본문에서는 생략해도 된다.
⑤ 날짜를 '2022년 1월 29일' 대신 '2022. 1. 29.'로 표기한 부분은 수정하지 않아도 된다.

오답률 줄이는! 정답과 해설

01 ②
| 정답해설 | 행정상 문서의 효력 발생 시기는 수신자에게 도달됨으로써 그 효력이 발생한다.

02 ③
| 정답해설 | 인간의 음성은 일시적이므로 보존이 불가능하다. 따라서 문서의 범주에 속하지 않는다. 단, 음성의 녹음이나 기록은 문서에 속한다.

03 ①
| 정답해설 | 문서의 제목은 본문에 들어간다. 통상적인 글쓰기에서 두문에 제목이 들어가는 경우가 많으므로 반드시 주의해야 한다.

04 ⑤
| 정답해설 | 문서 사무는 행정 활동을 촉진시키는 보조 역할을 하는 것이 취지이다. 문서 관리 원칙 중 경제성의 원칙이란 최소의 사무 비용으로 최대의 사무 능률을 올리는 것을 말한다.

05 ④
| 정답해설 | 제시된 공고문의 제목을 통해 CCTV 설치 목적을 예상할 수 있다고 하더라도, 문서의 본문에서 설치 목적을 명시해 주어야 독자들이 내용에 대해서 더욱 명확하게 이해할 수 있다.

정답 01 ② 02 ③ 03 ① 04 ⑤ 05 ④

02 입사 문서

대표유형 1 입사 문서

■ 다음 입사 문서에 대한 평가로 적절하지 <u>않은</u> 것은?

이력서

- 이름: 신민용
- 나이: 33세(1988년 12월 15일생)
- 성별: 남성
- 최종 학력: 한국대학교 경제학과

– 중략 –

- 자격증: 제1종 보통 운전면허, 한국 공인회계사 시험(1차 준비 중)
- 수상 경력: 한국문화재단 환경 가꾸기 포스터 공모 대회 동상
지역 경제 살리기 홍보 영상 공모전 우수상
- 어학 능력: TOEIC 970점, TOEIC Speaking Level 7

– 하략 –

① 솔지: 어학 능력에서 취득 점수를 명확하게 기재한 것은 좋아.
② 초롱: 이력 사항과 더불어서 첨부해야 할 증명 서류도 필요해 보이네.
③ 나나: 전공을 살려서 공인회계사 시험을 준비 중이라는 점을 잘 강조했어.
④ 효성: 최종 학력에 '재학 중'인지 '졸업'인지 학적 상태를 정확하게 표시할 필요가 있어.
⑤ 보미: 일반적인 나이와 만(滿) 나이가 헷갈리지 않게, 나이 옆에 생년월일을 정확하게 명시한 것은 잘한 것 같아.

문제풀이 ▶ 획득하지도 않은 자격을 이력서에 기재하면 자칫 진실성이 떨어지는 사람으로 보일 수 있다. 다만 시험에 합격을 했지만 자격증이 나오지 않은 경우나, 여러 차에 걸쳐 시행되는 난도가 높은 시험(사회적 통념상, 각종 고시 등)의 경우 증명할 수 있는 단계까지 합격한 때에는 경우에 따라 이력서에 기재해도 된다. 제시된 이력서의 경우, 1차 시험을 준비하는 상황이므로 이에 해당하지 않는다.

정답 | ③

대표유형 2 NCS 기반 자기소개서

■ 다음의 직무능력 소개서를 작성하려고 한다. ㉠, ㉡에 쓸 내용을 정확하게 파악하지 못한 사람은?

직무능력 소개서

1. 경험 기술서
• 입사 지원서에 기술한 직무 관련 기타 활동에 대해 상세히 기술해 주시기 바랍니다.
• 구체적으로 본인이 수행한 활동 내용, 소속 조직이나 활동에서의 역할, 활동 결과에 대해 작성해 주시기 바랍니다.

2. 경력 기술서
• 입사 지원서에 기술한 경력 사항에 대해 상세히 기술해 주시기 바랍니다.
• 구체적으로 직무 영역, 활동/경험/수행 내용, 본인의 역할 및 구체적 행동, 주요 성과에 대해 작성해 주시기 바랍니다.

① 민주: ㉠에 대학교 때 광고 동아리 회장을 맡아서 광고 디자인 공모전에 참가하여 1위로 이끌었던 경험을 쓰려고 해.

② 희영: 대학교 4학년 때 조별 과제를 수행할 때마다 조장을 맡아서 리더로서 풍부한 경험을 했던 것을 ㉠에 쓰려고 해.

③ 정수: 내가 지원하는 기업의 핵심 가치는 봉사 정신과 헌신이기 때문에, ㉠에는 얼마 전에 지하철에서 쓰러진 중년 여성을 심폐 소생술로 살려 낸 적이 있었던 경험을 쓰려고 해.

④ 민지: ㉡에 1년 전에 ○○기업에서 회계 업무를 맡아 월말 결산 업무를 통해 오차 범위를 줄이고, 회계처리능력을 배양했다는 것을 쓰려고 해.

⑤ 성민: 주말마다 사내 로봇동아리 활동을 했었어. 그때 회장을 맡아 1위로 이끎으로써 1,000만 원이라는 상금을 받았던 경험을 ㉡에 쓰려고 해.

문제풀이 ▶ 경력 기술서에는 실제 급여를 받고 일한 경력에 따른 내용을 기술해야 한다. 회사 내의 동아리 활동을 통해 1위로 이끈 경험은 업무 외 활동에 해당하므로 경험 기술서에 쓰는 것이 적절하다.

정답 | ⑤

1 입사 지원 절차

많은 기업들은 회사에서 필요로 하는 훌륭한 인재를 모집하고 채용하기 위해 그 내용에 맞도록 채용 공고문을 작성하고, 기업이 마련한 입사 지원서 서식을 통해 서류 전형을 실시한 후, 필기 시험과 직무능력검사, 면접 등을 실시하고 있다.

1. 채용 공고문

채용 공고문이란 회사에서 필요로 하는 인재를 모집하고 채용하기 위해 작성한 문서를 말한다. 회사에서 원하는 조건을 정하고 그 조건에 해당하는 인재를 채용할 수 있도록 하는 것이 중요하다.

① 회사의 채용에 지원하려는 지원자들에게 정확한 내용을 전달할 수 있도록 상세히 기재하도록 한다.
② 채용의 내용과는 상관없는 불필요한 내용을 작성하지 않도록 한다.
③ 회사가 원하는 응시 자격에 대하여 정확히 기재할 수 있도록 하여야 한다.
④ 지원자들이 지원할 때 필요한 서류들을 정확히 기재할 수 있도록 한다.

2. 입사 지원서

입사 지원서는 입사를 희망하는 지원자를 포괄적으로 이해하기 위한 기초 자료이다. 또한 면접을 위한 서류 전형에 가장 중요한 평가 자료가 된다. 기업은 입사 지원서를 통해 지원자에 대한 아래와 같은 능력을 평가한다.

① 가족 관계와 성장 배경, 조직과 사회에 대한 적응력 등을 평가한다.
② 자기소개서를 통해 지원자의 인성, 비전, 역량 등을 평가한다.
③ 지원 동기, 경력, 지원 직무 등을 통해 지원자의 장래성을 평가한다.
④ 입사 지원서, 자기소개서 등을 통해 지원자의 사고능력과 의사소통능력을 평가한다.

2 입사 지원서의 작성

입사 지원서는 지원자의 용모(사진), 학력, 가족 관계, 상벌 관계, 특기 등을 포함해 지원자의 개인 역사를 적은 글인 동시에 지원자의 직무 적성, 직무 능력 등에 관한 정보를 제공하는 문서이다.

입사 지원서는 기업 특성에 맞게 기업이 양식과 작성법을 제시하는 경우가 많다. 따라서 지원 조건, 신입 사원과 경력 사원의 구분, 작성 안내문과 절차 및 방법 등을 정확히 파악하고 이를 숙지해야 한다.

1. 입사 지원서 작성 시 유의 사항

① 거짓이나 과장 없이 솔직하게 작성한다.
② 간단명료하고 구체적으로 작성한다.
③ 오탈자가 없도록 여러 번 검토한다.
④ 자필 이력서의 경우 정자로 쓴다. 잘못 쓴 경우 재작성한다.
⑤ 일정한 서식에 따라 줄을 맞추어 작성한다.
⑥ 중요 사항을 위주로 연대기적으로 기록한다.

2. 입사 지원서 작성법

① 사진: 단정하고 밝은 복장으로 촬영한 최근 3개월 이내의 사진이 좋다.

② 학력 사항: 일반적으로 고등학교 때부터의 사항을 연대기적으로 기술한다.

③ 경력 사항: 신입 사원의 경우 지원하는 업무와 관련된 동아리나 아르바이트 경험 등을 기술하고, 경력 사원의 경우 근무처 및 부서, 근무 기간, 담당 업무 등을 자세히 기재한다.

④ 자격 사항: 자격증이나 면허증은 취득일 순서대로 적고, 업무와 관련된 자격증부터 기재한다.

⑤ 어학 능력: 표준이 되는 시험을 먼저 기록하고, 다른 시험도 부가한다. 취득 점수는 필히 함께 기재한다. 회화에 대한 내용도 표기한다.

⑥ 수상 경력: 지원 분야와 연관된 수상 경력은 사소한 것이라도 모두 기재한다.

⑦ 특기 사항: 업무 관련 교육과정 수료나 어학 연수, 취미 모임, 동아리 활동, 사회봉사 활동 등을 기재한다.

⑧ 사실 증명: 입사 지원서 마지막에는 '상기 기재 사항은 사실임을 확인'이라는 문구를 쓰고 작성자의 이름을 쓴 뒤 서명을 하거나 도장을 찍는다. 인터넷 접수 시 생략 가능하다.

3 자기소개서 작성 원칙과 작성 과정

1. 자기소개서 작성 원칙

자기소개서는 일반적인 이력서에 담기 어려운 지원자의 정보를 보다 심층적으로 파악하기 위한 문서이다.

간결성	이해하기 쉬운 표현과 간결한 문장을 통해 중심 내용을 전달한다.
솔직성	인사 담당자에게 신뢰를 받을 수 있도록 솔직하게 쓴다.
참신성	판에 박힌 표현이나 상투적인 표현보다는 개성이 드러나게 쓴다.
구체성	사건이나 생각을 모호하지 않은 명확한 어휘로 표현한다.
명료성	중의적인 표현, 중복된 내용을 피한다.
타당성	이치에 맞는 주장으로 설득력 있는 내용을 쓴다.
일관성	문체나 어법, 경어, 호칭 등에서 일관성이 있어야 한다.
객관성	타인과의 의사소통에 무리 없는 소재나 단어로 거부감 없게 표현한다.
통일성	주제를 설정한 후 그에 맞추어 내용을 통일되게 유지한다.

2. 자기소개서 작성 과정

(1) 기관, 기업에 대한 정보 수집

기업이나 기관은 자신들이 필요로 하는 업무에 적임자를 찾고자 한다. 따라서 지원자는 자신의 능력과 적성, 미래 가능성을 실현할 수 있는 기관이나 기업체를 선택하여 인재상, 해당 기관이나 기업의 이념, 주력 사업 등의 정보를 수집한다.

(2) 자기소개서 양식 확인

각 기관이나 기업체는 우수한 인재를 선발하기 위해 입사 지원서, 자기소개서 등의 양식을 지정해 놓은 경우가 많다. 따라서 자신이 지원하고자 하는 기관이나 기업체가 어떤 요소를 중점으로 인재를 선발하고, 이를 위해 어떤 형식의 자기소개서 작성을 요구하는지 확인한다.

(3) 자기소개서 구성 항목 확인

자기소개서의 구성 항목을 파악한 후, 항목별 마인드맵을 작성한다. 그리고 자신의 생각과 이를 뒷받침할 수 있는 자료를 수집하고, 그 적절성을 확인한다.

(4) 주제 정하기

① 구성 항목에 대한 생각을 정리하고, 이를 바탕으로 해당 항목에 적합한 주제를 설정한다.

② 기업이 필요로 하는 성향에 맞추어 실제 자신의 경험을 바탕으로 도전, 화합, 창조, 협력, 신의, 성실, 책임감 등의 주제를 드러내는 것이 좋다.

(5) 내용 구상과 정리

정해진 주제를 바탕으로 그것에 부합하면서 통일성을 유지하고 직무 적합성을 강화하는 내용으로 구상하고 정리한다.

(6) 초고 작성과 글다듬기

자기소개서 초고가 완성되면 글다듬기를 한다. 내용의 흐름이 자연스러운지, 어휘 선택과 문장의 호응이 어색하지 않은지, 주제가 선명하게 드러나는지 등을 중심으로 글을 다듬는다.

4 NCS 기반 입사 관련 문서 빈출

국가직무능력표준(NCS, National Competency Standards)은 산업 현장에서 직무를 수행하기 위하여 요구되는 지식 · 기술 · 소양 등의 내용을 국가가 체계화한 것을 말한다. 2015년부터 공공기관 채용 시 활용되기 시작하였으며, 이와 연관된 교육과정도 생겨나고 있다. 실용글쓰기 시험에서는 NCS에 기반을 둔 자기소개서 문제가 출제되고 있는데, 내용을 살펴보면 본문 · 지문만 잘 독해해도 충분히 풀 수 있는 수준에서 출제되고 있다.

1. 직무능력 소개서

직무능력 소개서는 입사 지원서에 작성한 경력 및 경험 사항에 대해 당시의 역할과 주요 수행 업무, 성과 등에 대해 자세히 기술하도록 하는 것으로, 경험 기술서와 경력 기술서로 나눌 수 있다.

경험 기술서	• 직무를 수행하는 데 필요하다고 생각하는 다양한 경험 기술 • 구체적으로 본인이 수행한 활동 내용, 소속 조직이나 활동에서의 역할, 활동 결과 등에 대한 기술
경력 기술서	실제 급여를 받고 일한 경력에 따른 구체적인 직무 영역, 활동/수행 내용, 본인의 역할과 주요 성과에 대한 기술

2. 직업기초능력

기존의 일반적인 자기소개서에 비해 NCS를 적용한 자기소개서는 경험과 경력 중심의 항목으로 변화되었다. 해당 직업의 직무를 수행하는 데 기초가 되는 총체적 능력을 직업기초능력이라고 하는데, 이에 대한 각각의 구체적 사례를 중심으로 기술하도록 되어 있다. 해당 능력은 다음과 같이 분류된다.

① **의사소통능력**: 업무를 수행함에 있어 글과 말을 읽고 들음으로써 다른 사람이 뜻한 바를 파악하고, 자기가 뜻한 바를 글과 말을 통해 정확하게 쓰거나 말하는 능력이다.

문서이해능력	업무를 수행함에 있어 다른 사람이 작성한 글을 읽고 그 내용을 이해하는 능력
문서작성능력	업무를 수행함에 있어 자기가 뜻한 바를 글로 나타내는 능력
경청능력	업무를 수행함에 있어 다른 사람의 말을 듣고 그 내용을 이해하는 능력

의사표현능력	업무를 수행함에 있어 자기가 뜻한 바를 말로 나타내는 능력
기초외국어능력	업무를 수행함에 있어 외국어로 의사소통할 수 있는 능력

② 수리능력: 업무를 수행함에 있어 사칙연산, 통계, 확률의 의미를 정확하게 이해하고, 이를 업무에 적용하는 능력이다.

기초연산능력	업무를 수행함에 있어 기초적인 사칙연산과 계산을 하는 능력
기초통계능력	업무를 수행함에 있어 필요한 기초 수준의 백분율, 평균, 확률과 같은 통계 능력
도표분석능력	업무를 수행함에 있어 도표(그림, 표, 그래프 등)가 갖는 의미를 해석하는 능력
도표작성능력	업무를 수행함에 있어 도표(그림, 표, 그래프 등)를 작성하는 능력

③ 문제해결능력: 업무를 수행함에 있어 문제 상황이 발생하였을 경우, 창조적이고 논리적인 사고를 통하여 이를 올바르게 인식하고 적절히 해결하는 능력이다.

사고력	업무와 관련된 문제를 인식하고 해결함에 있어 창조적, 논리적, 비판적으로 생각하는 능력
문제처리능력	업무와 관련된 문제의 특성을 파악하고, 대안을 제시, 적용하고 그 결과를 평가하여 피드백하는 능력

④ 자기개발능력: 업무를 추진하는 데 있어 자신의 역량을 스스로 관리하고 개발하는 능력이다.

자아인식능력	자신의 흥미, 적성, 특성 등을 이해하고, 이를 바탕으로 자신에게 필요한 것을 이해하는 능력
자기관리능력	업무에 필요한 자질을 지닐 수 있도록 스스로를 관리하는 능력
경력개발능력	끊임없는 자기개발을 위해서 동기를 갖고 학습하는 능력

⑤ 자원관리능력: 업무를 수행하는 데 시간, 자본, 재료 및 시설, 인적자원 등의 자원 가운데 무엇이 얼마나 필요한지를 확인하고, 이용 가능한 자원을 최대한 수집하여 실제 업무에 어떻게 활용할 것인지를 계획하고, 계획대로 업무 수행에 이를 할당하는 능력이다.

시간관리능력	업무 수행에 시간자원이 얼마나 필요한지를 확인하고, 이용 가능한 시간자원을 최대한 수집하여 실제 업무에 어떻게 활용할 것인지를 계획하고 할당하는 능력
예산관리능력	업무 수행에 자본자원이 얼마나 필요한지를 확인하고, 이용 가능한 자본자원을 최대한 수집하여 실제 업무에 어떻게 활용할 것인지를 계획하고 할당하는 능력
물적자원관리능력	업무 수행에 재료 및 시설자원이 얼마나 필요한지를 확인하고, 이용 가능한 재료 및 시설자원을 최대한 수집하여 실제 업무에 어떻게 활용할 것인지를 계획하고 할당하는 능력
인적자원관리능력	업무 수행에 인적자원이 얼마나 필요한지를 확인하고, 이용 가능한 인적자원을 최대한 수집하여 실제 업무에 어떻게 활용할 것인지를 계획하고 할당하는 능력

⑥ 대인관계능력: 업무를 수행함에 있어 접촉하게 되는 사람들과 문제를 일으키지 않고 원만하게 지내는 능력이다.

팀워크능력	다양한 배경을 가진 사람들과 함께 업무를 수행하는 능력
리더십능력	업무를 수행함에 있어 다른 사람을 이끄는 능력
갈등관리능력	업무를 수행함에 있어 관련된 사람들 사이에 갈등이 발생하였을 경우 이를 원만히 조절하는 능력
협상능력	업무를 수행함에 있어 다른 사람과 협상하는 능력
고객서비스능력	고객의 요구를 만족시키는 자세로 업무를 수행하는 능력

⑦ 정보능력: 업무와 관련된 정보를 수집하고, 이를 분석하여 의미 있는 정보를 찾아내며, 의미 있는 정보를 업무 수행에 적절하도록 조직하고, 조직된 정보를 관리하며, 업무 수행에 이러한 정보를 활용하고, 이러한 제 과정에 컴퓨터를 사용하는 능력이다.

컴퓨터활용능력	업무와 관련된 정보를 수집, 분석, 조직, 관리, 활용하는 데 있어 컴퓨터를 사용하는 능력
정보처리능력	업무와 관련된 정보를 수집하고, 이를 분석하여 의미 있는 정보를 찾아내며, 의미 있는 정보를 업무 수행에 적절하도록 조직하고, 조직된 정보를 관리하며, 업무 수행에 이러한 정보를 활용하는 능력

⑧ 기술능력: 업무를 수행함에 있어 도구, 장치 등을 포함하여 필요한 기술에는 어떠한 것들이 있는지 이해하고, 실제로 업무를 수행함에 있어 적절한 기술을 선택하여 적용하는 능력이다.

기술이해능력	업무 수행에 필요한 기술적 원리를 올바르게 이해하는 능력
기술선택능력	도구, 장치를 포함하여 업무 수행에 필요한 기술을 선택하는 능력
기술적용능력	업무 수행에 필요한 기술을 업무 수행에 실제로 적용하는 능력

⑨ 조직이해능력: 업무를 원활하게 수행하기 위해 국제적인 추세를 포함하여 조직의 체제와 경영에 대해 이해하는 능력이다.

국제 감각	주어진 업무에 관한 국제적인 추세를 이해하는 능력
조직체제이해능력	업무 수행과 관련하여 조직의 체제를 올바르게 이해하는 능력
경영이해능력	사업이나 조직의 경영에 대해 이해하는 능력
업무이해능력	조직의 업무를 이해하는 능력

⑩ 직업 윤리: 업무를 수행함에 있어 원만한 직업 생활을 위해 필요한 태도, 매너, 올바른 직업관이다.

근로 윤리	업무에 대한 존중을 바탕으로 근면하고 성실하고 정직하게 업무에 임하는 자세
공동체 윤리	인간 존중을 바탕으로 봉사하며, 책임 있고, 규칙을 준수하며 예의 바른 태도로 업무에 임하는 자세

3. NCS 기반 채용 공고 예시

<table>
<tr><td rowspan="4">채용 분야</td><td rowspan="4">행정</td><td rowspan="4">분류 체계</td><td>대분류</td><td colspan="2">02. 경영 · 회계 · 사무</td></tr>
<tr><td>중분류</td><td>01. 기획 · 사무</td><td>02. 총무인사</td></tr>
<tr><td>소분류</td><td>01. 경영기획</td><td>03. 일반사무</td></tr>
<tr><td>세분류</td><td>01. 경영기획
02. 경영평가</td><td>02. 사무행정</td></tr>
<tr><td>직무 수행 내용</td><td colspan="5">• 경영 목표를 효과적으로 달성하기 위한 전략 수립
• 조직의 지속적 성장을 위한 경영 목표에 따른 평가 기준 마련
• 문서관리, 문서작성, 데이터관리, 사무자동화 관리운용 등 조직 내부와 외부에서 요청하거나 필요한 업무를 지원하고 관리</td></tr>
<tr><td>전형 방법</td><td colspan="5">직무능력평가 → 직무능력면접 → 인턴 선발 → 인턴 근무 기간 평가 → 최종 정규직 전환</td></tr>
<tr><td>일반 요건</td><td>연령</td><td colspan="2">무관</td><td>성별</td><td>무관</td></tr>
<tr><td>교육 요건</td><td>학력</td><td colspan="2">무관</td><td>전공</td><td>무관</td></tr>
<tr><td>직무 수행 태도</td><td colspan="5">• 사업기획 및 보고서 작성 기술, 문제 예측 및 대응 방안 능력 등
• 데이터베이스 관리능력, 문서분류 및 관리능력 등</td></tr>
<tr><td>필요 자격</td><td colspan="5">경영 및 행정 관련 전문 지식 및 경험 보유자</td></tr>
<tr><td>직업기초능력</td><td colspan="5">의사소통능력, 조직이해능력, 수리능력, 문제해결능력, 자기개발능력, 자원관리능력, 정보능력, 대인관계능력, 기술능력, 직업 윤리</td></tr>
<tr><td>참고 사이트</td><td colspan="5">www.ncs.go.kr</td></tr>
</table>

유형 싱크로율 100%! 기출변형 문제

01

다음과 같은 문서를 작성할 때의 주의 사항으로 가장 적절하지 않은 것은?

입사 지원서				
1. 기초 정보				
사진	성명	김진	지원 부문	마케팅 부문
	생년월일	1998. 9. 6.	연락처	010-****-****
	주소	서울시 실용구 행복동		

2. 학력 사항		
졸업 연도	학교명	소재지
2017. 2	한국고등학교 졸업	서울
2022. 2	한국대학교 경영학과 졸업	서울

3. 사회 활동 및 봉사 활동		
기관명	활동 기간	활동 내용
한국기업	2021. 1 ~2021. 6	마케팅부에서 6개월간 인턴 사원으로 근무

① 오자나 탈자가 없도록 한다.

② 간단명료하고 구체적으로 작성한다.

③ 거짓이나 과장 없이 솔직하게 작성한다.

④ 자필 이력서의 경우 정자로 써야 하며, 잘못 쓴 경우 다시 작성한다.

⑤ 창의적 사고를 원하는 회사의 경우, 회사의 양식을 따르는 것보다 개성을 드러낼 수 있는 자신만의 양식을 만들어 사용하는 것이 효과적이다.

오답률 줄이는! 정답과 해설

01 ⑤

| 정답해설 | 제시된 문서는 이력서로, 입사 문서에 해당한다. 기업에 따라서는 일반적인 이력서 양식을 사용하는 경우도 있으나, 회사 고유의 양식이 있다면 그 양식에 맞추는 것이 일반적이다.

정답 **01 ⑤**

02

다음 입사 지원서의 작성 요령을 바르게 파악하지 못한 사람은?

> (1) 명확한 목표와 일관성
> (2) 과장됨 없는 솔직함
> (3) 올바른 맞춤법으로 깔끔하게 작성
> (4) 지원 분야와 관련된 실무 능력을 위주로 작성
> (5) 시간적 여유를 두고 신중히 작성
> (6) 연락처 및 응시 부분 표기

① **예린:** 지원하는 목적이 분명해야 하고 이력서의 흐름이 일관성을 가지고 있어야 해. 장점이 돋보일 수 있게 수상 경력이나 대내외 활동 등을 기술해서 호감을 얻을 수 있게 보여야 해.

② **수정:** 내가 만약 사장이라면 직원을 한 명 쓰더라도 거짓이 없는 솔직한 사람을 원할 것 같아. 면접자의 호감을 사기 위해 내용을 부풀리거나 허위로 기재하면 추후에 입사가 취소될 수도 있다고 알고 있어.

③ **초롱:** 자격증은 국가 공인이나 국제 공인 자격증을 중심으로 기술하는 것이 좋겠지? 특히 지원 분야와 밀접하게 연관된 자격증이나 연수 활동 등은 필히 기재하는 것이 좋을 것 같아.

④ **보미:** 오탈자는 반드시 확인해야 해. 그리고 요즘 젊은 사람들이 한자(漢字)를 잘 모른다고 하잖아? 간단한 자기소개는 한문(漢文)으로 작성해서 면접관에게 어필하는 것은 어떨까?

⑤ **은하:** 지원서를 아무리 잘 써도 직접 연락 가능한 전화번호나 이메일 주소가 빠지면 안 되겠지? 지원 전에 본인이 지원한 분야와 연락처는 꼭 다시 한번 확인할 필요가 있겠어.

03

입사 지원 문서에 대한 설명으로 적절하지 않은 것은?

① 성장 환경을 통해 조직과 사회에 대한 적응력 등을 평가한다.

② 지원 동기, 자격 면허, 경력, 희망 직무 등을 통해 장래성을 평가한다.

③ 입사 지원서는 입사를 희망하는 지원자를 포괄적으로 이해하기 위한 기초 자료이다.

④ 입사 지원서, 자기소개서 등을 통해 지원자의 사고 능력과 의사소통능력을 평가한다.

⑤ 직무 적성에 따라 분류할 때 고정관념이나 경직된 사고 대신 자유롭고 창의적인 사고를 하는 특성이 강한 지원자는 생산 파트에 가장 어울린다.

[04 ~ 05] NCS 직업기초능력에 바탕을 두고 작성된 다음의 자기소개서를 보고 물음에 답하시오.

자기소개서
[㉠] 업무를 수행함에 있어 접촉하게 되는 사람들과 문제를 일으키지 않고 원만하게 지내는 능력이다. 질문 1: ______ 답변: ______
[조직이해능력] 업무를 원활하게 수행하기 위해 국제적인 추세를 포함하여 조직의 체제와 경영에 대해 이해하는 능력이다. 질문 2: ______ 답변: ______

04

㉠에 대한 설명으로 보았을 때 '질문 1'과 관련 없는 내용을 고르면?

① 오전 내내 안색이 안 좋은 동료에게 뭐라고 말하겠습니까?
② 팀장으로서 팀원들의 사기를 끌어올릴 수 있는 방법에는 어떤 것이 있을지 경험에 비추어 기술하기 바랍니다.
③ 상사의 비리를 알게 되었다면 어떻게 대처하겠습니까?
④ 사이가 좋지 않은 두 동료를 중재하여 화해시킨 경험이 있나요?
⑤ 바람직한 리더의 모습은 어떤 것이라고 생각하나요?

05

'질문 2'와 '답변'에 들어갈 내용으로 어울리지 않는 것은?

① 질문 2: 업무의 우선순위를 파악하기 위해 어떤 방법이 가장 빠르다고 생각하나요?
② 질문 2: A국과 FTA가 재개된다면 우리 회사에 어떤 영향을 줄까요?
③ 답변: 최근 3년 동안 상해에서 무역 관련 업무를 담당하여 세계 경제 동향 분석과 원자재 수요 및 가격 예측에 자신이 있습니다.
④ 답변: 조직의 구조와 업무상 절차가 중요하다고 생각합니다. 사내 조직 사이에서도 업무 관계가 상충되는 부분이 있을 수 있기 때문입니다.
⑤ 답변: 역지사지의 입장에서 친절하게 민원에 대처하겠습니다.

오답률 줄이는! 정답과 해설

02 ④

| 정답해설 | 과거와 달리 요즘 기업들은 국한문 혼용을 요구하는 경우가 드물다. 한자는 지원서에서 요구하는 부분에만 써야지 요구하지 않은 부분까지 한문으로 기재할 필요는 없다.

03 ⑤

| 정답해설 | 자유롭고 창의적인 사고를 하는 특성이 강한 지원자는 기획 파트에 어울린다.

04 ③

| 정답해설 | ㉠은 대인관계능력이므로, 이와 관련된 질문이 아닌 것을 고르면 된다. ③은 직업 윤리와 관련이 깊으므로 '질문 1'에는 어울리지 않는다.

05 ⑤

| 정답해설 | ⑤는 고객서비스능력으로, 대인관계능력에 해당한다.

정답 02 ④ 03 ⑤ 04 ③ 05 ⑤

06

다음은 NCS 직업기초능력에 기반을 둔 자기소개서의 질문 항목이다. ㉠에 들어가기에 가장 적절한 내용은?

자기소개서
[자기개발능력] 업무 추진과 관련한 역량을 스스로 관리하고 개발하는 능력이다. 질문 1: 최근 5년 동안에 귀하가 성취한 일 중에서 가장 자랑할 만한 것은 무엇입니까? 그것을 성취하기 위해 귀하는 어떤 일을 했습니까?
[대인관계능력] 직장 업무 수행 중 접촉하는 사람들과 마찰을 일으키지 않고 원만하게 지내는 능력이다. 질문 2: (㉠)
[직업 윤리] 업무를 수행함에 있어 원만한 직업 생활을 위해 필요한 태도, 매너, 올바른 직업관이다. 질문 3: 맡은 바 역할을 타인에게 전가하지 않고 적극적으로 수행했던 경험을 말씀해 주시기 바랍니다.

① 약속과 원칙을 지켜 신뢰를 형성하고 유지했던 경험에 관해 기술해 주십시오.
② 현재 자신의 위치에 오기 위해 수행해 온 노력과 지원한 직무 분야에서 성공을 위한 노력 및 계획을 기술해 주십시오.
③ 우리 공단에 입사 지원한 동기 및 입사 후 실천하고자 하는 목표를 다른 사람과 차별화된 본인의 역량과 결부시켜 작성해 주십시오.
④ 만약 당신이 회계 담당자일 때, 계산 착오로 비용처리에 문제가 발생하였다면 어떻게 문제를 해결할 것인지 그 방법과 이유를 설명하십시오.
⑤ K직원이 업무 관련으로 고객과 대화를 나누고 있습니다. 그런데 고객은 이해가 되지 않는다는 반문을 했습니다. 대화 중 무엇이 문제이고 어떻게 하면 해결할 수 있는지 설명하십시오.

오답률 줄이는! **정답과 해설**

06 ①

| 오답해설 | ② 자기개발능력, ③ 조직이해능력, ④ 문제해결능력, ⑤ 의사소통능력에 대한 질문에 해당한다.

정답 **06** ①

03 기안서 · 품의서 · 사내 제안서

대표유형 1 사내 제안서

■ 다음 제안서에 대한 설명으로 적절하지 않은 것은?

• 제안자: 영업 3팀 장그래 사원
• 제안 내용: 영업팀 휴게실에 에스프레소 커피 머신 비치
• 제안 목적: 양질의 커피를 마시기 위해 회사 밖까지 나가야 하는 불편함을 해소하기 위함.
• 제안 효과
  1. 업무 외 시간 단축으로 인한 업무 효율 상승
  2. 양질의 커피 제공으로 인한 사원들의 만족감 상승, 복지 증진
• 실행 비용
  1. 에스프레소 커피 머신 2대 – 3,000,000원(대당 1,500,000원)
  2. 원두 및 원두 캡슐 500개 – 500,000원(개당 1,000원, 한 달분)

– 하략 –

① 위와 같은 문서는 사내 제안서로 분류할 수 있다.
② 제안 내용과 목적, 효과 간의 인과 관계가 불분명하다.
③ 영업팀 전체와 관련이 있으므로 먼저 해당 부서장의 승인이 필요하다.
④ 위 제안을 1년 동안 실행할 경우 최소 9,000,000원의 예산이 필요하다.
⑤ 커피 머신과 원두 및 원두 캡슐의 개수를 산출한 근거 자료가 부족하므로 이를 보충할 필요가 있다.

문제풀이 ▶ '회사 밖까지 나가서 커피를 사 와야 하는 불편함'이 원인이라는 것을 제안 목적에서 잘 밝혔다. 이를 해소하기 위해 '사내 커피 머신을 비치하자'라는 제안은 충분한 인과 관계를 가지고 있다. 그리고 그에 따른 효과 역시 일반적으로 예측할 수 있는 상황이므로, ②의 설명은 적절하지 않다.

정답 | ②

1 기안서

기안이란 의사 결정을 위한 문서를 작성하여 결재를 올리는 것이다. 즉, 어떤 사실이나 문제를 해결하기 위한 방안을 문서로 작성하여 결재권자에게 의사 결정을 요청하는 문서이다. 따라서 해당 업무를 담당하는 사람은 직급 등에 관계없이 기안서를 작성할 수 있다.

기안서는 기업의 형태와 업무 내용에 따라 각기 다르지만, 일반적으로 상급자가 지시한 업무를 처리하기 위한 경우, 자신의 업무를 발안하는 경우, 업무와 관련된 각종 규정 등에 근거하여 기안이 필요한 경우, 접수한 문서를 처리하기 위한 과정 등에 주로 작성한다.

1. 기안서의 종류

종류	내용
대내 문서	기업 또는 단체 내부에서 어떤 일의 계획을 수립하거나 처리 방침을 보고 또는 검토하기 위해 결재가 필요한 경우, 상호 간 업무 협조를 하거나 보고·통지를 위해 작성한다.
대외 문서	• 내부에서 결정된 사항을 기업 또는 단체 간에 수발하기 위해 작성한다. • 일반적으로 공문서, 보고서, 제안서 등의 형태로 작성한다.

2. 기안서 작성 시 유의 사항

① **정확성**: 육하원칙에 따라 작성하고, 모호한 표현이나 지나친 수식어, 과장된 표현은 피한다.

② **신속성**: 가급적 간단명료한 문장으로 핵심 사항만을 요약한다. 결론을 앞서 제시하고 그다음에 그에 관한 설명을 기술한다.

③ **용이성**: 이해하기 쉬운 용어로 쓰고, 읽을 사람을 고려하여 한자나 어려운 전문 용어는 가급적 피한다. 필요한 경우 괄호를 사용하여 설명을 덧붙인다.

3. 기안서 작성 예시

㈜○○ 총무부에 근무하는 박초롱 씨는 창사 34회 기념 체육 대회를 기안하게 되었다.

① **관련 내용 정리**: 박 씨는 창사 30주년 기념 체육 대회 기안서를 참조하여, 체육 대회 프로그램으로 축구, 족구, 발야구, 이어달리기, 줄다리기 등을 실시하기로 했다. 또한 각 부서의 직원 현황을 조사하여 정리했다. 그리고 창사 30주년 기념 체육 대회를 참조하여 총무부 29명, 영업부 33명, 비서실 및 기획실 21명, 생산부 49명 등 임원을 제외하고 총 132명의 직원들을 열정, 전진, 화합, 도약 등 총 4개 팀으로 편성하기로 했다. 한편, 체육 대회는 창사 34주년 기념일(5월 25일)에 개최하기로 하고, 장소는 생산 공장이 있는 ○○시 늘푸른 근린 공원으로 정하고, 공원 측과 협의를 끝냈다. 아울러 체육 대회 소요 예산을 실시 프로그램과 기타 부수 비용 등으로 나누어 항목별로 꼼꼼히 산출하고 정리했다.

② 초안 작성 및 검토

- 기안 일자: 20××년 5월 15일
- 문서 번호: 총무 12 - 2345
- 기안자: 박초롱
- 수신: 내부 결재
- 제목: 창사 34주년 기념 체육 대회 실시의 건
- 두문: 당사 창사 34주년을 맞이하여 전 임직원의 화합과 단결의 장을 마련하고자 체육 대회 실시에 관한 내용을 기안합니다.
- 내용(본문)
  1. 체육 대회 일자: 20××년 5월 25일 금요일
  2. 체육 대회 장소: 늘푸른 근린 공원
  3. 팀 구성 내역
  4. 경기 종목
  5. 체육 대회 소요 예상 비용
  6. 기타 사항
     - 통근 버스 2대 운행(아침 집결 시만 운행)
     - 운영 위원을 선발하여 일정에 맞게 경기의 시작과 종료 시간 조정

※ 별첨: 체육 대회 일정표(1부)
체육 대회 운영 위원 명단(1부)
소요 예상 비용(1부)

– 끝 –

③ 기안서 작성

④ 검토 확인: 기안의 주요 내용을 명확히 하고 간결한 문장으로 작성했는가와 주요 사항의 누락이 없는지 등을 확인하고 검토한다.

2 품의서

품의서는 특정 사안에 대해 결재권자의 승인을 요청하는 문서이다. 일반적으로 기안자가 안건을 발의하여 상사 혹은 관계 부서의 결재를 물은 다음, 이를 실행하기 위한 내용을 작성하여 결재권자 혹은 상사에게 제출하고 결재를 받는 일정한 서식이다. 결재를 받은 품의서는 기업 업무 규정에 따른 절차를 밟아 실행하게 된다.

일반적으로 품의서는 대부분 비용과 관련된 사안에 결재를 받기 위해 작성한다. 따라서 구매 물품, 수량, 비용, 구입 계획 등 내용을 구체적으로 기술하여 작성한다. 이 밖에도 인력 채용, 업무 제휴, 진급 상신, 기존 업무의 확대 또는 추가 등의 사안에 대해 의사 결정자 또는 상급자의 동의를 구하기 위해 작성한다.

1. 품의서의 목적

① 업무를 진행하기 위해 결재가 필요한 경우

② 접수한 문서를 처리하기 위한 경우

③ 상급자의 지시 사항을 처리하기 위한 경우
④ 법령이나 각종 규정 등의 근거에 의하여 필요한 경우

2. 품의서의 종류

(1) 구매 품의서

① 구매 품의서는 기업 경영 활동과 관련하여 필요한 물품 등을 구입하기 위해 품명, 규격, 수량, 단가, 금액 등을 기재하여 상급자에게 결재를 구하는 문서이다.
② 기업의 지출 내역은 그 원인 행위가 공문으로 남아야 하므로, 구매 품의서에 구매 내역과 적요를 기록하고 구매 절차에 따라 결재를 받는다.

(2) 제안 품의서

① 제안 품의서는 기존 업무에 대한 개선책 혹은 새로운 업무를 제안하는 문서이다. 따라서 결재를 원하는 사항, 목적, 이유, 쟁점 사항 등과 이에 대한 의견 및 기대 효과를 구체적으로 기술하여 작성한다.
② 제안 내용에 관한 자료를 첨부하는 것이 좋으며, 자료는 숫자, 도표, 사진 등으로 한눈에 들어오게 정리하여 제출한다.

(3) 행사 품의서

행사 품의서는 행사 준비와 진행, 실시 효과 등을 항목별로 보기 좋게 기술하고, 표나 그림 등으로 그 내용을 일목요연하게 작성하여 결재권자가 쉽게 의사 결정을 할 수 있도록 작성한다.

(4) 채용 품의서

① 직원 채용에 관한 상급자의 의사 결정을 요청하기 위해 제출하는 문서이다.
② 채용 품의서에는 담당자의 성명과 사번 등을 정확히 기재해야 한다.
③ 필요에 따라 전체적인 내용 파악을 위해 세밀한 부분이나 내용은 자료를 별첨한다.

3. 품의서 작성 시 유의 사항

작성 전
• 작성 목적 파악
• 관련 정보 수집
• 기안 목적에 맞게 검토
• 초안 작성 및 검토

➡

작성 시
• 논점을 명확하게 정리
• 주요 내용 구성
• 이해하기 쉬운 말로 간결하게 작성

➡

작성 후
• 쉽게 이해되는지 확인
• 목적과 일치 확인
• 잘못된 부분 수정

4. 품의서 작성 예시

㈜화성의 인사부에 근무하는 이구입 씨는 사용 중인 컴퓨터 프린터가 잦은 고장을 일으키자, 이를 새로 구입하라는 부장님의 지시로 20××년 9월 9일부로 품의서를 작성하게 되었다.

① **관련 정보 수집 및 선택:** 이구입 씨는 구입할 컴퓨터 프린터의 종류와 가격을 알아보고, ○○전자의 레이저 프린터와 △△전자의 레이저 프린터를 비교하여 △△전자의 프린터가 가격 대비 성능에서 괜찮다고 판단하여 품의서 초안을 작성하게 되었다.

② 초안 작성 및 검토

- 품의 일자: 20××년 9월 9일
- 기안 구분: 품의
- 문서 번호: 인사 20××-5
- 기안자: 이구입
- 보존 연한: 없음.
- 제목: 컴퓨터 프린터 구입의 건
- 두문: 상기의 건에 대하여 아래와 같은 이유로 컴퓨터 프린터 신규 구입을 품의하오니 결재하여 주시기 바랍니다.
- 내용(본문)

  1. 구입품명: △△레이저 프린터
  2. 구입처: △△전자 나나와 대리점
  3. 구입 금액: 금500,000원(금오십만원)
  4. 구입 이유

     가. 기존 프린터가 오래되어 자주 고장을 일으킴.

     나. 취급 조작이 간편하며, 네트워크 기능으로 여러 명이 동시에 이용 가능함.

※ 별첨: △△전자 프린터와 ○○전자 프린터 견적서(각각 1부씩)

– 끝 –

3 사내 제안서

사내 제안서는 회사에 관한 새로운 아이디어나 개선점 등을 상사에게 제시하는 문서이다. 제안 내용에 따라 도면이나 사진 등의 자료를 첨부할 수도 있다. 제안하는 아이디어를 구체적이고 체계적으로 구성해서 상사를 설득할 만한 콘텐츠를 생성하는 것이 중요하다.

회사 내에서 공모하는 사내 제안서의 경우 서식이 정해져 있는 경우도 있지만, 일반적으로는 형식이 정해져 있지 않은 경우가 많다. 따라서 제안명을 기재하고 제안 이유와 제안 내용, 실시 효과 등의 항목을 중심으로 하여 작성한다.

• **사내 제안서 작성 예시**

업무 개선 제안문

수신: ◇◇◇◇주식회사 대표이사
참조: 기획관리부장
제목: 중복 사무 개선을 통한 경비 절감 방안

간접 경비 절감의 일환으로 사무 개선의 방법에 대해 제안을 드립니다.

1. **제안 목적**: 사무 개선을 통한 경비 절감 가능성 탐색과 구체적인 방법 발견

2. **사무 경비 증가 내용**: 총무부 사무 경비 지출 자료에 의거, 사무 경비 증가 내용을 검토해 보았습니다. 그 결과, 현재 상황을 방치하면 앞으로 사무 경비가 10% 이상 더 증가될 것으로 확인되었습니다.

3. **향후 사무 경비 절감 예상액**: 지난번 사무 경비 절감 대책 회의를 바탕으로 각 위원이 부문별로 검토하고 자료를 모은 결과, 향후 사무 경비 증가 예상치를 포함, 총 20%를 절감할 수 있다는 결과를 확인하였습니다. 이에 따라 경비 항목에 따른 검토를 실시하였습니다.

4. **사무 경비 절감 요소**: 경비 항목에 대한 검토 결과, 중복된 사무 절차를 통합하고 합리화함으로써 일부 비용 발생을 줄일 수 있으며 일부 지출 항목의 폐지가 가능합니다. 또한 최근에는 복사만 하면 된다는 풍조가 팽배한데, 이를 일정한 기준으로 제한하면 일부 복사기의 사용을 중지할 수 있고 용지도 상당량을 절감할 수 있습니다.

5. **각 부서별 사무 경비 절감 목표 설정**: 이번 검토에서 분명하게 나타난 개선점에 대하여 개별적인 문제로 압축, 각 부서별 절감 목표를 설정하여 실천하는 것이 바람직합니다.

미흡한 부분이 많은 제안이지만 간접 경비를 절감할 수 있는 아이디어이니 적극 수렴해 주시기 바랍니다.

20××년 ××월 ××일
○○시 △△구 □□동
◇◇◇◇주식회사
기획관리부 직원 홍길동 배상

유형 싱크로율 100%! 기출변형 문제

01

다음과 같은 문서에 대한 설명으로 적절하지 않은 것은?

> 신규 브랜드 마케팅 진행에 따라 원활한 정산을 위한 운영 인력 채용 또는 내부 인력 배정을 받고자 하오니 검토 후 재가하여 주시기 바랍니다.
>
> – 아 래 –
>
> 1. **충원 목적:** 마케터 요청에 따른 파트너 실시간 업무 지원
> 2. **업무 내용**
>   (1) 파트너 실시간 정산 업무
>   (2) 서비스 운영 이슈 서포팅 및 마케팅 활동 지원
> 3. **충원 인력:** 2명
> 4. **충원 기간:** 2022. 2. 8.～2022. 3. 7.
> 5. **요구 사항**
>   (1) 오피스(엑셀) 프로그램 능숙자
>   (2) 웹/모바일 서비스 운영 경험자
> 6. **협조 사항:** 개인 노트북 지급(보안 이슈)

① 지나친 수식어나 과장된 표현은 피해야 한다.
② 읽는 이를 고려하여 이해하기 쉬운 용어를 사용해야 한다.
③ 직원 개인이 회사 내 자신의 업무를 발안하는 경우에도 작성할 수 있다.
④ 기업 내부에서 결정된 사항을 타 기업 또는 단체에 발신하기 위해 작성하는 경우도 있다.
⑤ 기업 내 의사 결정이 필요한 주요 사안에 대해 결재를 올리는 문서인 만큼 일정 직급 이상의 직원만이 작성할 수 있다.

오답률 줄이는! 정답과 해설

01 ⑤

| 정답해설 | 제시된 문서는 기안서이다. 기안서는 어떤 사실이나 문제를 해결하기 위한 방안을 문서로 작성하여 결재권자에게 의사 결정을 요청하는 문서이다. 따라서 해당 업무를 담당하는 사람이라면 직급과 관계없이 누구나 기안서를 작성할 수 있다.

정답 01 ⑤

02

다음 문서에 대한 설명으로 적절하지 않은 것은?

> 아래와 같이 품의하오니 검토 후 재가하여 주시기 바랍니다.
>
> – 아 래 –
>
> • 목적: 회사 홍보 영상 제작에 따른 용역업체 대금 지급
> • 결제 금액: 계약에 근거한 중도금 10,000,000원(금일천만원)
> • 지급 일자: 품의 완료일로부터 즉시
> • 첨부 자료
> 1. 홍보 영상 제작 용역 [㉠] 사본 1부
> 2. 홍보 영상 제작 용역 세부 견적 사본 1부
> 3. 계약에 따른 홍보 영상 결과물
>
> – 끝 –

① 일반적으로 사내 문서에 해당한다.
② 실질적인 효력을 발생시키는 문서이다.
③ 품의 내용에 근거하면 ㉠에 '계약서'가 들어갈 수 있다.
④ 홍보 영상 결과물이 최종 완성되었는지의 여부는 위 문서만으로는 판단하기 힘들다.
⑤ 결제 금액에서는 중도금 대신, 최종 결제 금액(총비용)만을 정확하게 명시해 주어야 한다.

03

다음은 어느 공기업의 제안 요청서이다. 제안 요청에 대해 잘못 파악하고 있는 사람은 누구인가?

대한 관광 공사 제안 요청 내용

1. 과업 개요

ㅁ 과업명: Leave for Korea! 관광 상품 개발 및 홍보
ㅁ 기간: 2022. 1. 1. ~ 2022. 12. 31.
ㅁ 예산: 금350,000,000원(금삼억오천만원정)
*부가세 포함
ㅁ 과업 내용
• 관광 홍보 영상 공모전 개최
• 관광 상품 개발
• 다채널 홍보

2. 과업별 주요 내용

과업	내용
소셜미디어 활용 한국 관광 홍보 영상 공모전 개최	• 중국, 베트남, 인도네시아, 태국, 홍콩, 싱가포르 등을 대상으로 제작 • 국가별 심사 및 수상 • 한 업체(팀)당 3개 국가까지 출품 가능
관광 상품 개발	• 수상 작품을 바탕으로 해당 국가에 맞는 여행 상품 개발 • 한류 콘텐츠를 적극 활용한 여행 상품 개발
다채널 홍보	• 소셜미디어를 활용한 홍보 • 실시간 SNS와 블로그를 활용한 홍보

① 지연: 과업의 주요 내용은 크게 세 부분으로 이루어져 있어. 따라서 제안서를 작성할 때도 그 부분에 주목해서 각 파트별 핵심 사항을 어필해야 할 것 같아.
② 찬미: 특히 대외 홍보와 밀접하게 관련되어 있으니, 나라별 언어에 능통한 인력을 갖춰야 되겠어. 공용어인 영어를 사용하는 것도 좋지만 그 나라의 언어만큼 친숙함을 주지는 못할 것 같아.
③ 세나: 최근 뉴스나 보도에서 보면 부실 한류 관광 상품 때문에 한국 관광의 만족도가 점점 떨어진다고 하잖아. 한류를 체험할 수 있는 새로운 콘텐츠를 발굴하는 데 주안점을 두려고 하는 것 같아.
④ 효린: 관광 코스에서 직접 SNS를 활용한 홍보를 펼쳐 보는 것도 좋을 것 같아. 현장감을 최대한 살려서 전달할 수 있는 기획과 전략이 필요할 것 같아.
⑤ 민아: 인도네시아, 태국은 어떤 문화권인지 파악을 한 다음, 같은 팀으로 출품할 것인지, 분리해서 출품할 것인지 조정이 필요할 것 같아. 하지만 중국과 홍콩, 싱가포르, 베트남은 한자(漢字) 문화권이니까 한 팀이 맡아서 출품해도 괜찮을 것 같아.

04

다음과 같은 문서에 대한 설명으로 적절한 것은?

소 속	마케팅팀	직 위	주임
성 명	이수연	제출일	2021년 12월 17일
제 목	타 부서 직원들과의 한 끼 식사로 친목을 돈독히		

1. 제안 동기
- 업무를 하다 보면 개개인의 일정 등으로 인해 타 부서 사람들과 실제로 만나 친분을 쌓을 기회가 없음.
- 같은 회사 직원인 만큼 서로 알아 가고 친분을 다질 수 있는 기회가 필요함.

2. 실행 순서
- 각기 다른 부서의 직원들을 직급에 상관없이 4인 1조로 구성함.
- 한 달에 한 번씩 조원들과 점심 식사 시간을 가짐.
- 점심 식사 시간에 조원들과 대화를 하면서 서로를 알아 가는 시간을 보냄.
- 매달 다른 인원으로 조를 구성하여 모든 직원들이 돌아가면서 함께 식사를 할 수 있도록 함.

3. 기대 효과
- 회사에서 일어나는 모든 업무는 개인이나 본인이 속한 팀만의 업무가 아니라 유기적으로 연결되어 있으므로 더 넓은 시각에서 업무를 파악할 수 있음.
- 직원들 간의 친분이 생김으로써 원활한 소통이 가능해져 업무력 향상 효과를 기대할 수 있음.
- 부서 간 업무를 요청할 때에도 더 수월해질 수 있음.

① 기존 업무에 대한 개선책을 제안하는 문서이다.
② 일반적으로 비용과 관련된 사안에 결재를 받기 위해 작성한다.
③ 실행하기 위한 내용을 작성하여 결재권자 혹은 상사에게 제출하고 결재를 받는 일정한 서식이다.
④ 회사에 관한 새로운 아이디어나 개선점 등을 제시하는 문서로, 특별한 형식이 없는 것이 일반적이다.
⑤ 인력 채용, 업무 제휴, 진급 상신, 기존 업무의 확대 또는 추가 등의 사안에 대해 의사 결정자 또는 상급자의 동의를 구하기 위해 작성한다.

오답률 줄이는! 정답과 해설

02 ⑤

| 정답해설 | 제시된 문서는 품의서에 해당한다. 품의서는 특정 사안에 대해 결재권자의 승인을 요청하는 문서이며, 여러 종류가 있지만 대부분 비용과 관련된 사안에 대해 결재를 받기 위한 문서이다. 그러므로 비용에 대한 내용도 최대한 구체적으로 작성해야 한다. 지급 항목이 여러 개가 있는 경우 각 항목별 수량이나 금액을 명시해 주는 것이 좋으며, 제시된 품의서와 같이 중도금이 있는 경우에는 이에 대해서도 명시하는 것이 좋다.

03 ⑤

| 정답해설 | 한 업체(팀)당 3개 국가까지 출품이 가능하다.

04 ④

| 정답해설 | 제시된 문서는 사내 제안서로, 특별한 형식이 없는 것이 일반적이다.
| 오답해설 | ① 제안 품의서에 대한 설명이다.
②, ③ 일반적인 품의서에 대한 설명이다.
⑤ 채용 품의서에 대한 설명이다.

정답 02 ⑤ 03 ⑤ 04 ④

04 보고서 · 기획서 · 프레젠테이션

대표유형 1 보고서

■ **신입 사원이 작성한 보고서를 평가하려고 한다. 다음 중 보고서에 대한 평가 요소의 연결이 적절하지 않은 것은?**

① 창의성: 다른 직원들이 제기하지 않았던 업무 내용을 작성하였는가?
② 정확성: 보고서의 내용이 올바르며, 잘못된 정보를 포함하고 있지는 않은가?
③ 논리성: 보고서를 기술해 나가는 방법이 논리적으로 명확한 근거를 따르고 있는가?
④ 객관성: 보고서를 작성하는 단계에서 신뢰할 수 있는 객관적 근거들을 충분히 갖추었는가?
⑤ 검증성: 보고서를 바탕으로 기존에 생각하지 못했던 새로운 결과를 도출하거나 제2의 연계 사업을 전개할 수 있는가?

문제풀이 ▶ 보고서를 바탕으로 기존에 생각하지 못했던 새로운 결과를 도출하여 제2의 활동을 전개하는 것은 '실용성'과 관련된 요소이다. 정답 | ⑤

대표유형 2 기획서

■ **○○부서의 김 팀장은 신입 사원이 작성한 다음 연구 기획서 구성 초안을 평가하려고 한다. 적절하지 않은 것은?**

연구 기획서 구성 초안

제목	모바일 운영 체제와 사회 계층
부제	개인 소득에 따른 모바일 운영 체제 사용 빈도의 차이와 특성
목표	특정 사회 계층에서 자주 사용하게 되는 모바일 경험을 토대로 새로운 운영 체제 개발을 위한 소스 제공
재정	총연구비 17억 원(직접비 12억 원, 간접비 5억 원)
연구 조건	1. 국내 반입이 안 된 특정 모바일 기기에 대한 방송통신위원회의 사전 전파 인증 2. 상시 연구실 1개 동과 전담 인력 7명
실행	2022년 5월 25일~2023년 4월 25일
서명	연구 책임 대표 홍길동 (인)

① 위 구성안은 간략하게 기술되었으며, 연구 내용과 규모, 진행 시기를 한눈에 파악할 수 있다.
② 이 연구의 실용성을 확인할 수 있는 목표 부분은 기획서 평가의 가장 중요한 척도가 된다.
③ 연구 조건에서는 본 연구를 진행하기 위한 인적 · 물적 자원에 대한 구체적인 정보도 담고 있어야 한다.
④ 아직 구성 초안임을 감안하여 실행 부분에서는 연구 일정만 소개되고 있다.
⑤ 첨부 자료를 추가하여 연구를 진행하는 데 있어 소요되는 재정의 자세한 항목을 밝혀야 한다.

문제풀이 ▶ 연구 목표를 통해서 연구 기획서의 실용성이 확인될 수 있다. 하지만 기획서에서는 목표뿐만 아니라 재정과 연구 조건, 실행 방안 등이 종합적으로 평가된다.
정답 | ②

1 보고서

보고서는 어떤 사실이나 업무 내용을 글로 작성하여 알리는 문서이다. 즉, 어떤 사실이나 현황, 특정 대상에 대한 조사나 연구, 또는 업무 과정과 그 결과를 알려 상부의 지시나 조언 등을 받기 위해 작성하는 문서이다. 보고서는 기업이나 기관 등에서 업무를 알릴 때, 또는 연구기관에서 연구 결과를 알릴 때, 교육기관 등에서 학습 활동을 알릴 때 주로 작성한다.

1. 보고서의 종류

종류	개념	예
기본 보고서	일반적인 업무에 대해 정기적으로 보고하는 보고서	일일 보고서, 주간 보고서, 출장 보고서, 회의 결과 보고서 등
의견 보고서	특정 사안에 대한 보고자의 의견이나 아이디어, 제안 사항을 제시하는 보고서	의견서, 제안서, 기획서 등
상황 보고서	어떤 사실이나 현상 혹은 현황, 문제 등에 관한 실태와 정보를 정리한 보고서	현황 보고서, 사고 보고서, 경위 보고서, 불량 보고서, 고객 만족 보고서, 클레임 발생과 처리 보고서, 규정 위반 보고서 등
분석 보고서	어떤 사실이나 특정 사안 혹은 발생한 문제나 선정된 주제 등에 관해 이를 연구 혹은 조사·분석한 보고서	○○ 사건 처리에 관한 보고서, ○○에 관한 연구 보고서 등

2. 보고서 작성 시 유의 사항

보고서는 목적과 주제, 내용 특성, 보고 대상의 중요도에 따라 형식이나 전개 방식이 달라질 수 있다. 그러나 모든 보고서는 사실에 입각하여 작성한 후 상대방에게 보고 내용을 정확하게 전달해야 한다.

① 보고서는 정보 수요자의 입장에서 작성해야 한다.
② 작성자의 이해관계 및 선입견을 배제하고 최대한 객관적인 입장에서 작성해야 한다.
③ 정보 수요자가 필요로 하는 시점에 보고해야 한다.
④ 표준화된 양식에 따라 간결하고 명료하게 작성해야 한다.
⑤ 보고서는 문서 그 자체로 완결성을 가져야 한다.

3. 보고서 작성 포인트

① 정보 수요자의 요구나 기대에 초점을 맞춰 작성한다.
② 결론을 먼저 제시하여 보고 내용을 명확히 알 수 있게 작성한다.
③ 사실과 의견을 명확히 구분한다.
④ 쉽게 이해할 수 있도록 간결하게 작성한다.
⑤ 장문의 경우 요약문을 붙인다.
⑥ 마지막에 보고자의 의견을 덧붙인다.

4. 보고서 작성 과정

(1) 목적 설정

① 보고서 작성의 목적과 이유, 기대 효과, 결재권자의 의도 및 지시 내용, 필요한 문서 등을 정확히 파악하고 제출하기까지의 진행 순서를 정한다.

② 적절성 검토를 위한 질문은 다음과 같다.

- 보고서를 받게 될 정보 수요자의 직책 및 업무 성향은 어떠한가?
- 무슨 이유와 목적으로 보고서를 작성하는가?
- 보고서를 통해 정보 수요자에게 결정을 바라는 것은 무엇인가?
- 시급성을 고려할 때 우선 검토해야 할 사항은 무엇인가?
- 해당 내용이 어떤 목표와 연계되어 있으며 어떤 의미가 있는가?

(2) 정보 수집 및 선택

기존 자료를 먼저 수집·정리하고, 관련 규정, 법령, 사례, 통계, 참고 문헌 등의 자료를 수집하거나 내용을 조사하고 연구한다. 이후 보고서 목적에 따라 필요한 정보만을 선택한다.

(3) 현재 상황 및 문제점 파악

① 수집·선택한 정보를 바탕으로 문제점을 파악하고 현재 상황을 객관적이고 사실적으로 기술한다.

② 통계나 현장 조사 결과 등을 바탕으로 문제를 입증할 수 있는 자료를 제시한다.

③ 문제 원인이나 이유, 과거부터 현재까지 추세, 변화 정도 등을 제시한다.

(4) 개선 및 제안(기대 효과)

① 보고서 핵심 내용을 명확히 기술하고, 정보 수요자(결정권자)가 보고 사안에 대한 개선 및 제안 사항 등을 쉽게 이해하고 판단할 수 있도록 작성한다.

② 해결 방안은 정보 수요자(결정권자)가 무엇을 어떻게 결정해 주기를 바라는지 명확히 서술한다.

③ 해결 방안을 시행할 경우 어떤 변화가 일어날 것이며, 이는 현재 상황과 얼마만큼 달라질 수 있는지, 긍정적인 면과 부정적인 면을 예측하여 결과를 기술한다.

(5) 최종 확인

보고서는 작성 후 반드시 검토하여 잘못된 부분이나 불필요한 부분이 없는지 꼼꼼히 확인한다.

5. 보고서 내용 전개 방식

구분	내용
제목	제목만으로 보고서의 성격, 전체 내용을 알 수 있도록 작성한다.
개요	전체적인 내용을 요약하고 보고서의 작성 배경, 목적, 경위 등을 서술한다.
본론	• 어떤 사안이나 현황 및 문제점, 과거 사례와 대안 분석, 전망 등 필요한 내용을 작성한다. • 보고서 내용은 중요도가 높은 사항을 먼저 기술한다.
결론	• 결론 및 대안 제시, 건의 사항, 향후 조치 사항 등을 기술하고 필요시 참고 자료를 첨부한다. • 어떤 사안이나 현황을 객관적이고 구체적으로 제시한다. • 합리적이고 실천 가능한 구체적인 방안을 제시하여 정보 수요자(결정권자)가 실질적으로 활용이나 판단을 할 수 있도록 내용을 구성한다. • 특히 정보 수요자의 입장에서 객관적이고 구체적이며 가장 적시에 필요한 내용으로 작성한다. • 어떤 사안에 대한 관련 부서 및 이해관계자의 다양한 의견과 과거 사례, 유사 사례 등을 종합적으로 정리한다. • 지침을 받아 작성하는 보고서의 경우, 지침에 충실하게 작성하고 이견이 있을 때에는 타당한 이유를 기술한다. • 공개 보고서가 아닌 경우에도 보고서 내용을 홍보와 관련된 자료로 활용할 수 있도록 보고서의 활용도를 생각해서 작성한다.
말미	보고서 작성 기관 및 담당자 연락처를 넣는다.

2 기획서

1. 기획서의 개념

① 기획이란 어떤 문제나 과제에 대해 현황을 분석하고, 문제의 원인을 찾아 이를 해결하기 위한 구체적인 계획을 세우는 과정이다. 지금까지 회사에 도입되지 않은 새로운 제도나 업무 개선을 위한 제안, 신상품의 개발 및 판매를 위한 마케팅 계획, 능률적인 인사나 총무 관리를 위한 제안 등 다양한 분야에 대한 기획서를 제출할 수 있다.

② 기획서는 제안에 대한 사항들을 개념적으로 제시하는 것에 그치지 않고 그 제안을 실행할 수 있는 구체적인 방안을 체계적으로 정리하여 문서화하는 것이다. 기획서 작성 시에는 격식에 맞춰 구성하며, 제안서보다는 좀 더 상세화된 사안을 기재하는 것이 효과적인 성과를 거둘 수 있다.

2. 기획서의 종류

사내 대상 기획서	• 회사의 업무나 자사의 판매 상품 등을 대상으로 기획 • 교육 기획서, 행사 기획서, 개발 기획서, 경영 계획서 등
사외 대상 기획서	• 관계 기관이나 거래처와의 업무를 대상으로 기획 • 광고 및 CF 계획서, 점포 개발 계획서 등

3. 기획서 작성 과정 빈출

(1) 구상 및 연상

① 새로운 콘텐츠를 개발하거나 특정한 문제를 해결하기 위해서 도움이 될 만한 아이디어와 정보를 찾는다.

② 아이디어와 정보는 각종 미디어를 통해서 혹은 일상적인 생활 속에서 찾을 수 있다. 평소에 경험하기 힘든 경험을 통해서도 좋은 아이디어를 얻을 수 있다.

(2) 아이디어 및 정보의 수집 · 정리

구상을 통해 얻은 아이디어는 메모나 사진, 각종 미디어 장비를 통해 저장한다. 필요할 때 쉽게 사용할 수 있도록 정리를 해 두면 업무 진행이 빨라진다.

(3) 기획

① 수집한 아이디어와 정보를 서술 형태의 설명으로 정리한다. 이후 콘텐츠 개발이나 문제 해결에 핵심이 되는 부분을 살려서 체계적으로 다시 정리한다.

② 기획서는 기획 단계가 무엇보다도 중요한데, 기획서만이 가지는 특징이나 장점이 바로 이 단계에서 생성되며, 부각되고 체계화된다.

(4) 기획서 초안 정리

초안을 정리할 때는 문서로 정리하는 것이 가장 좋다. 최종 완성된 기획서의 형태가 반드시 문서 형태라는 보장은 없다. 프레젠테이션 파일일 수도 있고, 한 편의 동영상일 수도 있다. 그러나, 일단 초안은 문서로 정리해 두고 최종본을 어떤 형태로 제작할지 고민한다.

① **기획의 배경**: 이 기획을 입안하게 된 연유는 무엇인가?

② **기획의 내용**: 이 기획을 통해 무엇을 하고자 하는가?

③ **기획의 대상**: 어떤 것을 대상으로 이 기획을 실시하는가?

④ **기획의 방법**: 어떤 수단으로 이 기획을 추진하려고 하는가?

⑤ **기획의 시기**: 언제부터 어떤 일정으로 이 기획을 추진하려고 하는가?
⑥ **지리적 요건**: 기획을 어디에서 진행하는가, 혹은 어느 지역과 밀접하게 관련되어 있는가?
⑦ **기획의 예산**: 기획의 비용과 이익은 어떠한가?

위의 ①~⑦은 일반적인 기획서 초안 정리의 순서이지만, 기획의 내용이나 의도에 따라 달라지기도 한다. 다만, 기획의 배경이나 목적은 반드시 초반에 제시해야 한다.

(5) 기획서 구성안

분석	대상, 상품, 소비자, 경쟁사
목적	해결하고자 하는 문제나 과제가 도달해야 하는 상태를 명확하게 제시
전략	문제 및 과제 해결 방법 제시
계획	가장 실효성 있는 수단과 실행 시기 제시
비용	목표에 도달하기 위한 필요 예산 제시
일정	기획 실행을 위한 단계적 시기와 시간 제시

4. 기획서의 예시

〈붙임〉 사업 계획서

– 창의적 인재가 곧 미래다 –

2022년 꿈청년지원사업 사업 계획서

[과제명] 참가신청서의 '과제명'과 동일하게 기재

2021년 12월

신청팀명(학교_대표학생) 기재
(예: 대한대_김철수팀)

목 차

〈사업 계획 요약서〉

1. 사업 계획 요약서

〈사업 계획서〉

1. 목적 및 필요성
2. 사업 목표
3. 사업 내용 및 추진 방법
4. 기대 효과
5. 과제 수행 계획서
6. 사업 발표회 계획
7. 사업 참여 연구원
8. 세부 과제별 예산 집행 계획
9. 참고 사항

5. 사업 계획서

(1) 사업 계획서의 정의

사업 계획서란 사업 아이디어를 실제 사업으로 구현하는 데 필요한 비즈니스 주체와 사업 대상, 목표 시장, 마케팅 계획, 자금 운영 계획, 조직 구성, 기회 및 위험 요소 등을 포함한 사항들을 어떠한 방법으로 실현할 것인지를 문서로 정리한 것을 의미한다.

(2) 사업 계획서의 요건

타당성	기획 중인 사업에 대한 구체적·객관적 근거를 제시하여 읽는 사람이 이해하고 받아들일 수 있도록 작성되어야 한다.
현실성	사업 아이디어가 실제 서비스로 구현되면 그 이익의 분배가 어떻게 될 것인지를 투자자들에게 현실적으로 보여 줄 수 있어야 한다.
완전성	사업 아이디어의 실현을 위한 모든 항목들을 체계적·유기적으로 작성하여 각 항목들 간의 유기성을 보여 줄 수 있어야 한다.

3 프레젠테이션

프레젠테이션은 파워포인트, 플래시 동영상(UCC), 디렉터, 실물 모형 등의 제작 도구에 따라 다양한 형태로 진행된다. 가장 기본이 되는 프레젠테이션 과정은 파워포인트를 이용한 것이다.

1. 프레젠테이션의 작성 과정

과정	내용	
내용 결정	① 프레젠테이션의 목적 및 전략 설정 ② 수신인에 대한 정보 수집 및 분석 ③ 프레젠테이션 주제 설정 ④ 프레젠테이션 스토리 설정 ⑤ 프레젠테이션 시간 설정 및 배분	
자료 작성	① 기초 자료 수집 ② 자료 분석 및 선택 ③ 스토리에 맞는 자료 재구성 ④ 주제 및 내용에 따라 자료 배치 ⑤ 내용 결정 및 작성 ⑥ 프레젠테이션 내용의 시각화, 한 화면에는 한 가지 내용만으로 구성 ⑦ 수치는 청중이 이해하기 쉽게 일상적인 것과 비교하여 제시 ⑧ 전문 용어나 약어 등의 사용 자제	
발표 준비	① 발표장 확인 ② 청중 친화적인 어조와 자세 연습 ③ 리허설	
프레젠테이션	서론	① 주의 유도, 분위기 조성, 동기 부여 ② 핵심 내용 소개 ③ 프레젠테이션 발표 과정 소개
	본론	① 주요 내용 제시 ② 신뢰감 있는 몸짓과 목소리로 발표에 집중 ③ 논리적 전개
	결론	① 주의 환기 ② 중요 내용 요약 및 강조 ③ 질의 응답

2. 프레젠테이션 시 유의 사항

① 청중을 일방적으로 설득하려는 태도 대신 소통하고자 하는 태도를 보인다.
② 중요 내용은 자주 반복한다.
③ 청중의 입장을 생각하며 설명한다.
④ 프레젠테이션 화면과 청중을 향한 시선은 50:50을 유지한다.
⑤ 당당하고 자신감 있는 발표 자세를 보인다.

유형 싱크로율 100%! 기출변형 문제

01

다음과 같은 문서에 관한 설명으로 적절하지 않은 것은?

결재	작성자	결재자	결재자
	/	/	/

소속	경영지원본부		직위	대리	
성명	김동식		전화번호	010×××××××××	
진행 업무	프로젝트명		진행 기간	업무 내용	
	○○○○○		22. 1~22. 3	○○ 지원 사업	
	△△△△△		22. 1~22. 6	△△ 처리 보조 업무	
인수 업무	휴가 기간 중 ○○ 지원 사업 및 △△ 처리 업무 진행				
휴가 예정지	부산광역시				
업무 인수자	성명	장백기	부서명	경영지원 본부	직위 / 사원
휴가 기간	2022. 2. 24.~2022. 2. 26.				

위와 같이 제출합니다.

2022년 2월 17일

인수자 : (인)
인계자 : (인)

주식회사 ◇◇◇◇

① 사실에 입각하여 정확하게 작성해야 한다.
② 기업이나 기관 등에서 업무에 대한 사실을 알릴 때 사용하는 문서이다.
③ 아이디어를 구체적이고 체계적으로 구성하여 채택될 수 있도록 설득하는 것이 중요하다.
④ 작성 목적에 따라 기본 보고서, 의견 보고서, 상황 보고서, 연구 보고서, 분석 보고서 등으로 나눌 수 있다.
⑤ 어떤 사실이나 현황, 특정 대상에 대한 조사나 연구, 또는 업무 과정과 그 결과를 알려 상부의 지시나 조언 등을 받기 위해 작성하는 문서이다.

[02~03] 다음 글을 읽고 물음에 답하시오.

우리는 다양한 상황에서 여러 가지 목적을 위해 보고서를 작성한다. 보고서는 작성 목적에 따라 두 가지로 나뉜다. 첫째는 ㉠어떤 행사나 실험 등에 대해 그 경과 및 결과를 알릴 목적으로 작성하는 보고서이고, 둘째는 ㉡어떤 의문에 대해 관련 자료나 사실들을 분석하여 그 결과를 제공하기 위해 작성하는 보고서이다. 두 번째의 경우에는 종종 해결책이 제시되기도 한다. 한편 이러한 보고서의 작성은 전문적인 분야에 종사하는 경우에 필요할 뿐만 아니라 특정 목적을 위한 리포트를 작성하는 것과도 관련이 있다.

02

㉠에 대한 설명 중 적절하지 않은 것은?

① 답사 보고서와 행사 보고서가 이에 해당된다.
② 계획과 수립, 관련 자료 수집, 수집 자료 분석, 결론 도출의 순서로 작성된다.
③ 일반적으로 서론, 본론, 결론의 구성 방식을 따른다.
④ 보고서의 내용과 분량은 주제가 다르다고 해도 그 차이가 커서는 안 된다.
⑤ 절 및 소절의 소제목은 개요를 참고하면 쉽게 선택할 수 있다.

03

㉡에 해당하는 보고서로 가장 적절한 것은?

① 업무 현황 보고서
② 월간 업무 보고서
③ □□규정 위반 보고서
④ ○○회의 결과 보고서
⑤ △△에 대한 연구 보고서

[04 ~ 05] 다음은 김한국 사원이 작성한 기획서 초안이다. 다음을 읽고 물음에 답하시오.

전통 시장 고객 유치를 위한 이벤트 기획서 초안

기획 배경	추석을 앞두고 전통 시장은 손님을 맞을 준비가 한창이다. 하지만 최근 늘어난 대형 마트의 영향으로 전통 시장은 좀처럼 활기를 찾지 못하고 있다. 이에 다양한 행사와 이벤트를 통해 전통 시장에 활기를 불어넣고 많은 고객을 유치하기 위한 기획을 구상하게 되었다.
기획 목적	전통 시장 활성화
사업 내용	• 이벤트명: 한가위 맞이 사은 대축제 • 실시 내용 – 1만 원 이상 구매 고객에게 주차권 증정 – 3만 원 이상 구매 고객에게 사은품 증정 – 현장 노래방과 민속놀이 이벤트 등 다양한 고객 참여형 이벤트
경비	• 총경비: 3,000만 원 – 홍보 경비: 500만 원(현수막, 전단, 포스터) – 사은품 구입비: 1,000만 원 – 행사 진행비: 1,500만 원(초대 가수, 이벤트 회사)
첨부 자료	지난 3년간 ○○ 전통 시장의 연간 매출 증감표

04

위 기획서 초안을 보고 상사가 쓴 평가로 적절하지 않은 것은?

① 기획 목적에 정확한 시장 명칭을 기재해야 합니다.
② 사업 내용 항목에 행사 장소와 일정을 추가해야 합니다.
③ 경비 항목에서는 세부 자료를 첨부해야 합니다.
④ 이 기획서의 목적이 추석이라는 특정 기간에만 해당하는 것인지, 아니면 지속적인 것인지 명확히 해야 합니다.
⑤ '지난 3년간의 연간 매출 증감표' 첨부 자료는 기간이 너무 길어서 의미가 없으므로 지난 1년간의 매출 증감표만 첨부해야 합니다.

오답률 줄이는! 정답과 해설

01 ③

| 정답해설 | 제시된 문서는 휴가 전 업무 보고서에 해당한다. 아이디어를 구체적이고 체계적으로 구성하여 채택될 수 있도록 설득하는 문서는 사내 제안서이다.

02 ④

| 정답해설 | 보고서의 내용과 분량은 보고서 주제에 따라서 얼마든지 달라질 수 있다.
| 지문출처 | 서울대학교 출판부, 『대학국어』, 「보고와 제안」

03 ⑤

| 정답해설 | 특정 사항과 관련된 자료나 사실들을 분석하여 그 결과를 제공하기 위해 작성하는 보고서로는 연구 보고서가 대표적이다. ①, ②, ③, ④에 제시된 보고서들은 모두 그 경과 및 결과를 알릴 목적으로 작성하는 것으로 ㉠에 해당한다고 볼 수 있다.

04 ⑤

| 정답해설 | 제시된 기획서에서는 기획 목적이 추석이라는 특정 기간에만 해당하는 것인지, 지속적인 것인지 뚜렷하지 않다. 추석에 고객을 유치하기 위한 것이라면 첨부 자료에는 '○○시장의 지난 3년간 추석 전후를 비교한 매출 증감표'가 첨부되어야 한다. 1년간의 매출 변화만 보여 주는 것은 일시적 현상으로 여겨질 수 있다.

정답 01 ③ 02 ④ 03 ⑤ 04 ⑤

05

위와 같은 문서에 대한 설명으로 적절하지 않은 것은?

① 기획서 구성안의 실시 계획에서는 가장 실효성 있는 수단과 실행 시기를 제시해야 한다.
② 기획서는 크게 사내 대상 기획서와 사외 대상 기획서로 나뉜다.
③ 기획서의 초안은 추후 변경될 수 있으니, 미리 문서화시키지 않아야 한다.
④ 사업 계획서의 요건으로는 타당성, 현실성, 완전성 등이 있다.
⑤ 사업 계획서란 사업 아이디어를 실제로 구현하는 데 필요한 모든 사항들을 어떻게 실현할 것인지를 문서로 정리한 문건을 말한다.

06

아래와 같은 종류의 문서를 작성하고 발표할 때 주의할 사항으로 가장 거리가 먼 것은?

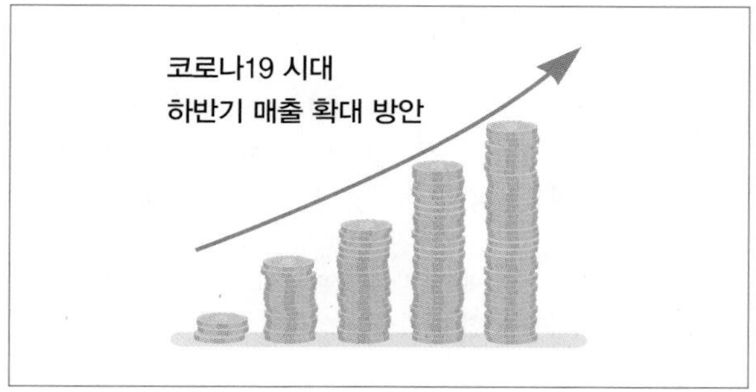

① 한 페이지에 많은 정보를 담는 것보다는 꼭 필요한 정보만 제시하는 것이 효율적이다.
② 강조해야 할 중요 키워드는 별도로 표시하여 청중의 기억 속에 남을 수 있게 한다.
③ 프레젠테이션 화면과 청중을 향한 시선은 70:30을 유지한다.
④ 청중을 가르친다는 생각을 버리고 조급하게 설득하려 하지 않는다.
⑤ 프레젠테이션의 내용을 통해 청중이 얻을 수 있는 이익을 부각시킨다.

07

다음 〈보기〉의 내용을 프레젠테이션 화면으로 구성하고자 한다. 가장 적절한 것은?

보기

〈보고서의 종류〉

- **기본 보고서:** 일반적인 업무에 대해 정기적으로 보고하는 보고서
- **의견 보고서:** 특정 사안에 대한 보고자의 아이디어를 제시하는 보고서
- **상황 보고서:** 어떤 사실이나 현상, 문제 등에 관한 실태와 정보를 정리한 보고서
- **분석 보고서:** 어떤 사실이나 특정 사안 혹은 발생한 문제나 선정된 주제 등에 관해 조사·분석한 보고서

①
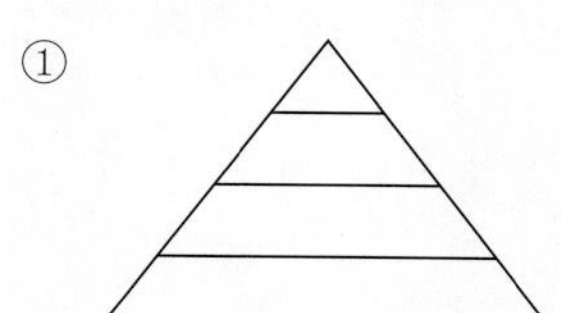

②
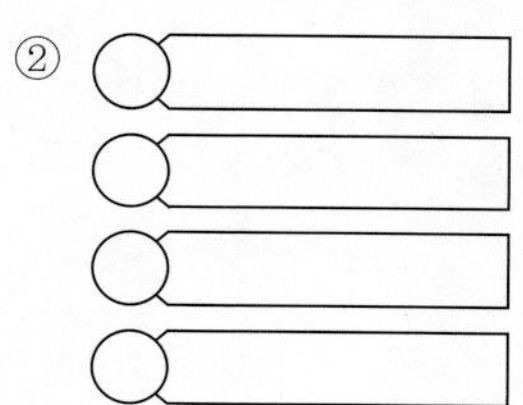

③
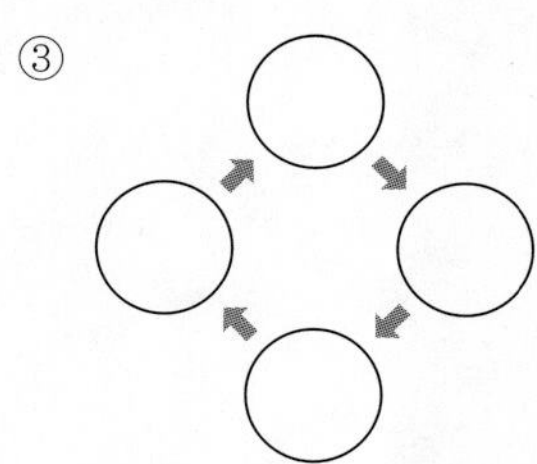

④
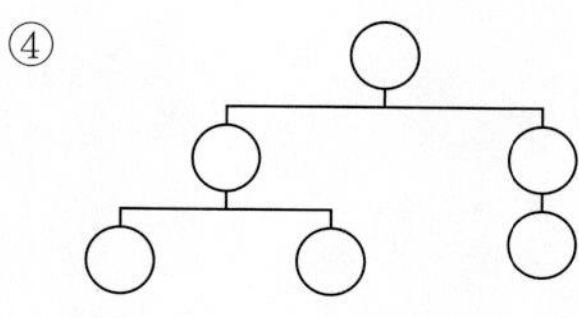

⑤
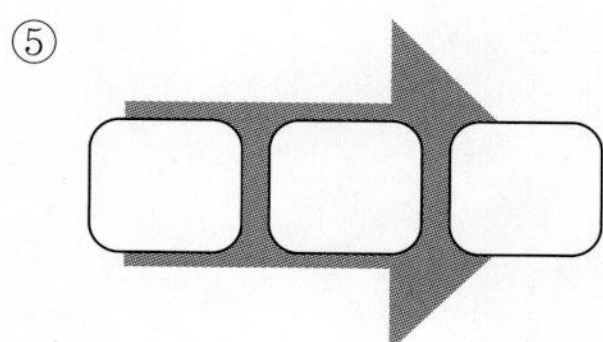

오답률 줄이는! 정답과 해설

05 ③

| **정답해설** | 기획서의 초안을 정리할 때는 문서로 작성해 두는 것이 가장 좋다. 최종 기획서의 형태는 문서가 아니더라도 초안은 문서로 정리해야 한다.

06 ③

| **정답해설** | 프레젠테이션 화면과 청중을 향한 시선은 50:50을 유지해야 한다.

07 ②

| **정답해설** | 〈보기〉는 보고서의 종류에 대해 나열하고 있다. 따라서 ②와 같이 목록 나열 형태로 화면 구성을 하는 것이 가장 적절하다.

정답 05 ③ 06 ③ 07 ②

05 홍보 · 광고문

대표유형 1 홍보 일반

■ **홍보에 대한 설명으로 적절하지 않은 것은?**

① 유능한 인재의 확보를 목적으로 한다.
② 해당 기업이나 기관의 긍정적 측면을 부각시킨다.
③ 홍보는 기관이나 기업의 대내외적 선호도를 상승시키기 위해 기획된다.
④ 리플릿은 팸플릿의 일종으로, 4~16쪽 분량의 고급 인쇄물을 일컫는다.
⑤ 홍보는 소비자의 지지 반응을 얻어야 하기 때문에 캠페인이나 행사 안내 및 참여 등을 유도해야 한다.

문제풀이 ▶ 리플릿은 팸플릿보다 부피가 작은 2~4쪽 분량의 얇은 책자이다.

정답 | ④

대표유형 2 광고 문구 쓰기

■ **다음 광고에 어울리지 않는 문구는?**

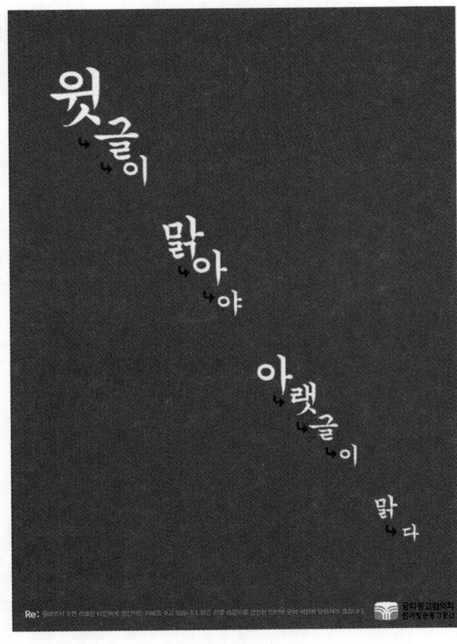

① 댓글 문화를 건전하게 활용하자.
② 아름다운 사이버 도시를 만듭시다.
③ 당신의 연필 끝에서, 숲이 살아납니다.
④ 남을 배려하는 건강한 문화를 형성하자.
⑤ 공격적인 댓글은 서로에게 상처가 됩니다.

문제풀이 ▶ 서로에게 상처를 주지 않는 올바른 댓글로 타인을 존중하는 건전한 사이버 문화의 정착을 권고하는 광고이다.

정답 | ③

시험에 나온! 나올! 필수개념

1 홍보문

1. 홍보의 목표

홍보는 기관이나 기업의 대내외적 선호도와 인지도를 상승시키거나, 투자 가치를 향상시키는 것을 목적으로 한다. 따라서 홍보는 소비자의 지지 반응을 불러일으키기 위해 사업 내용이나 목적, 제품의 특성이나 비교 우위성을 널리 알리고, 공익적인 행사나 캠페인 안내 및 참여 등을 유도해야 한다. 이는 해당 기업이나 기관의 긍정적 측면을 부각시키는 효과를 가져온다. 이러한 홍보는 아래와 같은 세부 목적을 이루기 위해 수행된다.

① 회사 이미지 개선
② 상품 판매 또는 서비스의 이용 촉진
③ 노사 문제 방지 및 해결
④ 회사나 조직에 대한 편견, 불신 해소
⑤ 유능한 인재 확보
⑥ 소비 방법과 삶의 질을 높이는 소비자 교육

2. 홍보 과정

① 홍보 환경 파악
② 전략 및 계획 수립
③ 보도 자료 작성 및 특집 기사, 기자 회견, 인터뷰
④ 신문, 잡지 등 매체에 자료 전달
⑤ 결과 확인
⑥ 평가 및 보고

보도 자료 작성

보도 자료는 언론을 상대로 홍보 활동을 하는 기본 문서이다. 궁극적으로 출입 기자를 설득하는 것을 목표로 한다. 보도 자료는 취재거리를 제공하는 것이 아니라, 실제 기사를 제공하는 것으로 마치 취재 기자가 편집국에 기사를 송고하는 것과 같은 형식으로 작성한다.

3. 홍보의 종류

(1) 홍보 목적에 따른 분류

광고	이윤 창출을 목적으로 제품 혹은 서비스를 소비자들에게 홍보하는 활동
선전 · 선동	어떤 행위의 취지나 이념, 강령 등을 토대로 상대방을 설득하여 이념을 수용하게 할 목적으로 사상과 방식을 표출하는 활동

(2) 홍보 매체에 따른 분류

포스터 (poster)	• 간단한 그림이나 표어, 카피 사용 • 영화, 관광, 선거 포스터 등
카탈로그 (catalog)	• 홍보 대상에 대한 설명을 붙여 선전하기 위해 만든 상품 목록, 요람, 편람, 안내서 • 사진을 함께 제시하여 목록화 • 백화점, 기업, 병원, 은행, 학교 등의 기관 홍보물
리뷰 (review)	• 홍보 대상(제품, 서비스)을 상세하게 평가하고 소개한 글 • 서평, 비평, 영화 평론 등
팸플릿 (pamphlet)	• 광고, 선전, 설명 등을 위한 소책자 • 음악회, 연극, 전시회 등에서 작품 소개와 해설을 수록한 홍보물 • 일반적으로 분량이 수십 쪽에 달하며, 사진을 함께 제시
브로슈어 (brochure)	• 팸플릿의 일종, 소형 홍보 책자 • 4~16쪽 분량의 고급 인쇄물
리플릿 (leaflet)	팸플릿보다 부피가 작은 2~4쪽 분량의 얇은 책자
전단	선전, 홍보를 위해 제작한 1장의 인쇄물
웹진 (webzine)	온라인상에서만 발행하는 잡지
뉴스 릴리즈 (news release)	• 기업이 제품 관련 내용을 매스컴에 제공하기 위해 온라인을 통해 배포하는 문서 • 신문사의 기획 기사 등으로 게재되는 것을 목적으로 배포 • 프레스 키트, 뉴스 레터

2 광고문

1. 광고문의 목적에 따른 분류

광고문은 선전의 효과를 올리는 데 목적이 있다.

상업 광고	상품의 정보를 선전하기 위한 광고
공익 광고	공공기관의 주요 시책을 알리기 위한 광고
기업 광고	기업의 이미지를 좋게 인식시키기 위한 광고

• 공익 광고의 예시

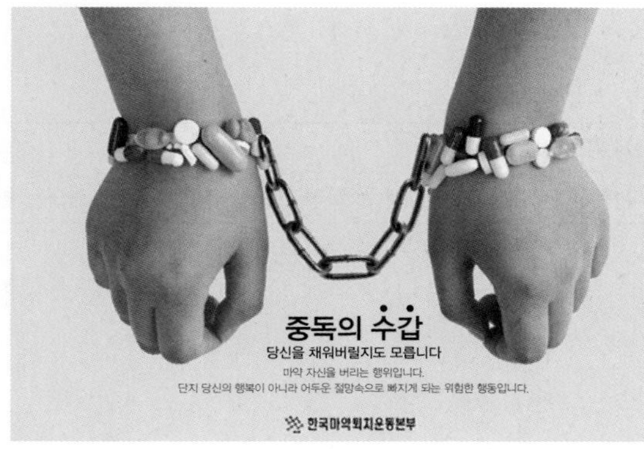

2. 광고문의 구성

광고문은 표제와 본문으로 이루어진다.

표제	독자의 관심과 흥미를 끌기 위해 핵심적인 내용을 간결하고 명확하게 드러내는 부분
본문	독자의 이해를 돕기 위해 정보를 제공하는 부분

3. 광고의 특징

광고문은 객관적인 면과 주관적인 면을 함께 지니고 있다.

객관적	새로운 상품에 대한 정확한 정보를 전달
주관적	독특한 구성으로 독자를 설득
창의적	참신한 표현으로 독자의 구매 심리나 호감을 유발
과학적	정보나 시장 조사에 의한 객관적 자료나 사실을 기재

유형 싱크로율 100%! 기출변형 문제

01

다음과 같은 홍보문을 작성할 때 유의할 사항에 대한 설명으로 적절한 것은?

> **응답하라 1997! 동기 모여 옹기종기~**
>
> 90년대 감성을 다시 살릴 수 있는 공간.
> ○○고등학교 제74회 졸업생 동창회가 개최됩니다.
> 최근 다시 불고 있는 복고 열풍에 힘입어 학창 시절 유행하던 인기 가요와 댄스를 한자리에서 느낄 수 있도록 구성했습니다.
> 이미 사회의 각 분야에서 중추를 담당하고 있을 우리 동기님들~
> OTH와 덱키의 노래를 들으며 그 시절로 다시 돌아가지 않으시렵니까?
>
> 일시: 2022년 12월 6일 오후 6시
> 장소: ○○회관 2층 대공연장
> 회비: 5만 원

① 지정된 양식이 있는 것은 아니지만 행사 일시나 장소 등의 내용은 반드시 포함해야 한다.
② 행사의 정보는 되도록 밝히지 않고 궁금증을 유발할 수 있어야 한다.
③ 행사가 열리는 장소의 약도나 연락처는 인터넷 링크를 걸어서 확인할 수 있도록 한다.
④ 행사 참석률이 저조할 수 있으므로 참가 회비에 대한 내용은 삭제하는 것이 좋다.
⑤ 여러 페이지로 상세하게 제작하여 보는 사람으로 하여금 감동을 느낄 수 있게 한다.

02

다음과 같은 광고문의 특징으로 가장 적절한 것은?

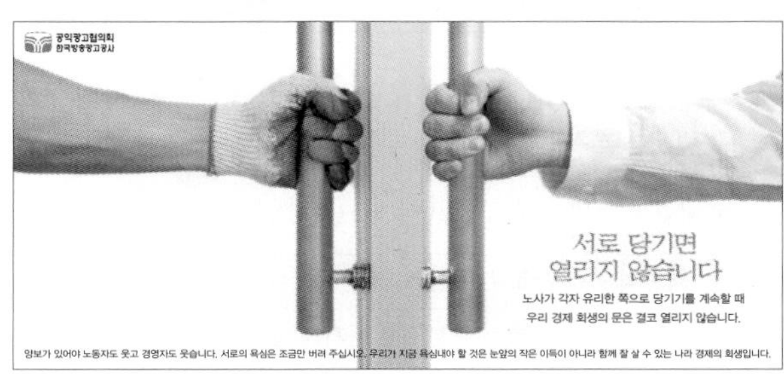

① 관념적인 언어들을 사용하는 것이 좋다.
② 광고문이므로 약간의 과장은 허용될 수 있다.
③ 감정적인 표현들을 구사하여 독자들을 설득해야 한다.
④ 중의적 해석을 방지하기 위해 한자를 사용하는 경우도 많다.
⑤ 독특하면서도 참신한 표현을 사용하여 독자들을 설득해야 한다.

03

다음 광고의 ㉠에 들어갈 문구로 가장 적절한 것은?

① 흡연은 피부 노화와 탈모를 촉진시키며 당신의 젊음을 빼앗아 갑니다.
② 마음을 전하는 데도 스마트함이 필요한 건가요?
③ 밥 한 번, 스마트폰 한 번
④ 당신은 정말 비흡연자입니까.
⑤ 청소년 흡연, 담배를 피우기보단 꿈을 피울 나이입니다.

04

다음 광고에 추가 문구를 쓰려고 한다. 다음 중 적절하지 않은 것은?

① 인터넷의 익명성을 이용해 오늘도 누군가의 가슴에 씻을 수 없는 상처가 되는 악플을 달고 있지는 않습니까?
② 악플 없는 인터넷 세상을 만들어 갑시다.
③ 인터넷 악플러, 사람의 마음을 죽이는 살인범입니다.
④ 눈에 보이지 않는다고 방관하지 마세요. 사이버 왕따, 엄연한 폭력입니다.
⑤ 무심코 던진 한마디가 누군가의 가슴에 멍이 들게 합니다.

오답률 줄이는! 정답과 해설

01 ①

| 오답해설 | ② 중요 행사 정보를 밝혀서 보는 이의 관심을 유도해야 한다.
③ 행사장의 약도를 약식으로 한눈에 볼 수 있게 만든다.
④ 회비가 필요할 경우에는 반드시 기재해서 행사 진행에 차질이 없게 해야 한다.
⑤ 여러 페이지가 아닌 한 장 분량으로 간략하게 작성해야 한다.

02 ⑤

| 정답해설 | 광고문은 독특하면서도 참신한 표현을 사용하여 독자들의 심리를 자극해서 공감할 수 있도록 해야 한다.

03 ④

| 정답해설 | 제시된 광고는 스마트폰 사용을 줄이자는 내용의 광고이다. 이미지와 문구를 보았을 때, 스마트폰을 사용하는 것을 흡연하는 것에 빗대어 표현하고 있음을 알 수 있다. 따라서 ㉠에 '당신은 정말 비흡연자입니까.'라는 문구가 들어가는 것이 가장 적절하다.

04 ④

| 정답해설 | 제시된 광고는 인터넷 악성 댓글에 관한 공익광고이다. '키보드'를 치고 있는 '복면을 쓴 10개의 손가락'과 '10인의 살인범'이라는 문구를 통해 이를 알 수 있다. ④는 사이버 왕따에 관한 문구이므로 제시된 광고에 대한 추가 문구로 적절하지 않다.

정답 01 ① 02 ⑤ 03 ④ 04 ④

06 거래 관련 문서

대표유형 계약서

■ 다음은 '행사 용역 계약서'의 일부이다. 물음에 답하시오.

행사 용역 계약서

아래 제1조의 용역 의뢰명의 수행을 위해 '부산광역시'(이하 '갑'이라 함)와 '스타엔터테인먼트'(이하 '(㉠)'이라 함) 간에 다음과 같이 용역 계약을 체결한다.

제1조 (용역 의뢰명)

제24회 부산 바다축제 행사 공연 용역

1) 을은 갑이 지정한 이벤트의 내용에 적합한 공연을 진행하고 그 이벤트를 기간 내에 진행하여야 한다.

2) 갑이 지정한 이벤트 진행 내용은 다음과 같다.

[이벤트 내용] 부산 바다축제 축하 행사 이벤트

- 공연 장소: 광안리 백사장 무대
- 공연 내용: 걸그룹 '투아이즈', '오마이친구'
- 공연 일시: 2022. 8. 3. 19:00~19:30
- 세부 행사: 아래 표 참조

〈부산 바다축제 스타엔터테인먼트 공연 일정〉

공연 종류	공연 일정(2022. 8. 3.)	비고
투아이즈	축하 인사, 멤버 소개, 노래 3곡	라이브
오마이친구	축하 인사, 멤버 소개, 노래 3곡	라이브

제2조 (이벤트 공연 기간 및 공연 진행)

1) 을은 갑이 지정한 일정 기간 내에 공연을 진행하여야 한다.

2) 을은 갑이 지정한 날짜, 시간에 이벤트 공연을 성실히 진행하여야 한다.

제3조 (의무)

을은 원활한 이벤트 진행을 위해 갑에 협조하여야 한다.

제4조 (출연료)

1) 회당 출연료는 부가가치세를 포함하며, 한국 연예인 제작자 협회 기준을 참고하여 스타엔터테인먼트와 협의하여 산정한다.

2) 걸그룹 '투아이즈'는 노래 3곡과 약 1분간의 인사말을 공연 1회로 정하며 그 대금으로 금20,000,000원(금이천만원정)을 지급한다. 걸그룹 '오마이친구'는 노래 3곡과 약 1분간의 인사말을 공연 1회로 정하며 그 대금으로 금 20,000,000원(금이천만원정)을 지급한다.

3) 대금의 결제는 공연일로부터 1달 안에 완료한다.

4) 지급 방법은 을이 지정하는 금융기관의 예금 계좌에 온라인으로 입금한다.

제5조 (계약 해제)

을이 성실한 자세로 이벤트를 진행하지 않을 시 갑은 을과의 계약을 해지할 수 있다.

제6조 (기타 사항)

1) 본 계약서 해석상 문제가 발생할 경우에는 갑과 을의 공동 협의에 따른다.

2) 본 계약의 성립을 증명하기 위해 본서 (㉡)통을 작성하여 갑과 을이 기명 날인 후 각각 1통씩을 보유한다.

– 하략 –

2022. 6. 24.

(㉢)
단체: 부산광역시 시장 오○○ (인)
주소: 부산광역시 연제구 ○○○
(㉣)
법인: 스타엔터테인먼트 대표 김○○ (인)
주소: 서울특별시 서초구 ○○○

대표유형 1 빈칸 채우기

■ 빈칸 ㉠~㉣에 안에 들어갈 용어로 알맞은 것은?

	㉠	㉡	㉢	㉣
①	갑	3	갑	을
②	갑	2	을	갑
③	을	2	을	갑
④	을	2	갑	을
⑤	을	3	갑	을

문제풀이 ▶ ㉠ 스타엔터테인먼트는 계약서상에서 '을'에 해당한다.
㉡ 문장 뒷부분에 각각 1통씩 보유한다고 기재되어 있으므로 들어갈 말은 '2'가 된다.
㉢ 부산광역시는 계약서상에서 '갑'에 해당한다.
㉣ 스타엔터테인먼트는 계약서상에서 '을'에 해당한다.

정답 | ④

대표유형 2 정보 확인

■ 위 계약서에 대한 내용으로 적절하지 않은 것은?

① 부산 바다축제에는 적어도 2팀 이상의 공연이 준비되어 있다.
② 공연의 총대금은 부가가치세를 포함해야 하므로 4천 4백만 원이 된다.
③ 스타엔터테인먼트 소속 가수들이 부산 바다축제에서 공연하는 시간은 총 30분 내외이다.
④ 부산광역시는 스타엔터테인먼트 소속 가수들에게 공연 대기실을 제공할 의무는 없다.
⑤ 부산광역시는 2022년 9월 3일 안에, 스타엔터테인먼트에게 출연료를 지급해야 한다.

문제풀이 ▶ 제4조의 1)을 참고하면 회당 출연료에는 이미 부가가치세가 포함되어 있다는 것을 알 수 있다.

정답 | ②

거래는 둘 또는 그 이상의 당사자가 서로 자기에게 이익이 된다고 생각하는 것을 교환하는 행위로, 기본적으로 소유권 이전을 목적으로 한다. 즉, 거래는 구매자와 판매자 간의 수요와 공급을 연결하며 양자를 조정하는 기능을 수행한다. 이러한 거래는 매매적 거래, 교섭적 거래, 관리적 거래, 할당적 거래 등으로 구분되며, 매매적 거래의 대표적인 형태는 상거래이다. 거래에 따른 계약 조건에는 상품의 품질, 수량, 가격, 인도 장소와 시기, 대금 결제 방법 등이 포함된다.

1 거래 관련 문서의 종류

1. 거래 신청서

① 거래 신청서는 정해진 양식이 없으며, 자신이 해당 거래를 원한다는 의사를 육하원칙에 따라 작성하면 된다.
② 거래 신청서를 작성할 때에는 사업장의 주소, 사업장의 실행 능력 및 상태에 대해 정확히 기재한다. 동시에 거래 조건을 구체적으로 명시하여야 한다. 추가적으로, 거래에 대한 담당 부서의 의견을 기재하여도 좋다.

2. 거래 약정서

거래는 일방이 거래를 신청하면, 그 상대방이 이를 허락함으로써 성립한다. 이 과정에 거래 신청서를 보내고, 거래 허락서를 받으면 거래 약정서를 작성하게 된다.

① **종류**: 물품 거래 약정서, 어음 거래 약정서, 당좌 거래 약정서, 대출 약정서 등
② **특징**
- 거래 약정서는 계약서보다 법적 구속력이 약하다.
- 약정서 규정의 범위 내에서 약속 불이행의 책임 소재를 확실히 한다.
- 법적 구상권 또는 변상권 행사의 근거가 된다.

③ **작성 시 유의 사항**
- 당사자의 서명과 날인, 거래 기간과 거래 종료 시점, 거래 조건 등을 최대한 구체적으로 상세하게 기술한다.
- 주된 기재 사항이 아닌 보조적 기재 사항도 꼼꼼하게 기록한다.
- 담보 제공 등의 사항이 있으면 담보물권 기록부를 작성한다.
- 하자 및 책임 사항 등 손해에 대한 소재를 구체적으로 작성한다.
- 미정산 금액에 대한 상계 처리 등 거래 방법 또한 업계 관행에 따라 구체적으로 기술한다.

3. 약관

약관은 약정서의 일종이다. 은행, 보험 서비스 제공 사업과 같이 불특정 다수를 대상으로 반복적 거래를 하는 경우, 이에 대한 거래 표준을 만들어 기재한 문서가 약관이다.

① **종류**: 운송 약관, 보험 약관, 실권 약관, 중재 약관, 협의 약관 등
② **특징**: 같은 상품을 거래할 때, 일일이 계약서를 작성하는 번거로움을 덜게 한다.
③ **작성 시 유의 사항**
- 소비자는 각각의 약관 규정과 자신의 권리를 꼼꼼히 확인해야 한다.
- 소비자의 권리를 보호할 목적으로 작성한 계약 문서이므로, 권리 행사 방법 등을 정확히 따져 기명 날인한다.

4. 거래 사실 확인서

① **특징:** 거래 사실 확인서는 거래처와 거래한 내역을 확인하는 데 필요한 서식이므로 거래 물품, 거래 기간, 거래 금액 등을 기재하면 된다.

② **작성 시 유의 사항**

- 거래 사실을 요청하는 사람은 작성자의 정보를 정확하게 기재해야 한다.
- 거래 사실을 일목요연하게 정리해야 한다.
- 마지막 부분에 '이와 같은 내용의 확인을 바람.'이라는 문구를 넣어 거래 사실을 증명해야 한다.
- 분쟁 발생 시 책임 소재를 분명히 하기 위해 반드시 서면으로 작성해 두어야 한다.

5. 거래 명세서

세부적인 거래 내역이나 거래 사실을 나타내기 위해 공급자와 공급받는 자의 인적 사항, 거래 일자, 거래 내용, 공급 가액, 세액, 비고 등을 작성한다.

① **특징**

- 거래가 발생했을 때 상대방과의 거래가 잘 이루어졌다는 뜻으로, 보다 자세한 증거 자료로 활용할 수 있다.
- 의무적으로 지켜야 할 사항은 아니지만, 내부적으로 잘 보관하는 것이 좋다. 물품을 인도할 때나 인수할 때, 거래 명세서를 통해 관련 사항을 확인해야 하기 때문이다.

② **작성 시 유의 사항:** 거래 명세서는 법적 증빙이 될 수 없으므로, 반드시 세금 계산서를 따로 작성해 두어야 한다.

6. 협약서

① 계약 당사자들이 계약의 내용에 대해 자율적으로 협의하고, 이에 대해 서로 준수할 것을 기재한 문서이다. 계약 관계에 있는 양측 모두가 문서상 기재된 사항들을 지키고 이행해야 한다는 원칙을 전제로 한다.

② 협약서 작성 시, 서로의 책임을 분명히 해야 하는 부분에서는 갑과 을을 명확하게 구분한다. 계약 당사자들이 사전에 협의한 부분을 어길 시, 손해 배상을 청구할 수 있기 때문이다.

7. 양해각서(MOU, Memorandum of Understanding)

① 양해각서는 계약을 시행하기 전 원활한 업무 진행을 위해 당사자 간의 계약에 대한 약속을 주고받는 것으로, 정식 계약 시 상황에 따라 본문 내용이 달라질 수 있다.

② 양해각서를 체결한 진행자는 신의를 가지고 상대방과 협상을 진행해야 하지만, 그렇다고 해서 양해각서 자체에 법적인 구속력이 있는 것은 아니다. 그러나 뚜렷한 이유나 근거 없이 양해각서의 내용을 변경하거나 파기할 경우 도덕적 책임이 따를 수 있다.

③ 사전 업무 협약이라는 특성을 지닌 양해각서는 경우에 따라 업무 제휴서, 사업 제휴서, 업무 제휴 협약서 등으로 부르기도 한다.

8. 합의서

① 합의서는 일반적으로 범죄 또는 기타 과실로 인하여 타인에게 피해를 입혔을 경우, 금전 등으로 적절히 피해를 보상해 주기로 쌍방 간에 합의점을 찾고 합의 내용에 대해 합의를 보았음을 증명하는 문서이다.

② 합의서에는 피해자와 가해자의 인적 사항을 비롯하여 사건 내용, 사건 일시, 사건 장소, 사건 경위, 합의 내용 등을 구체적으로 명시해야 한다.

9. 계약서 빈출

계약이란 청약과 승낙이 합치하여 성립하는 법률 행위이다. 예를 들어, 부동산 행위에서는 파는 사람과 사는 사람, 세를 주는 사람과 세를 사는 사람 간에 청약하고 승낙하여 관계를 맺으며 법률이나 관습에 구속받는 약속을 말한다. 이러한 계약을 구두가 아닌 문서상으로 작성하고 증명하는 것을 계약서라고 한다.

① 특징

- 일반적으로 월세 계약서, 전세 계약서, 매매 계약서 등은 중개인이 작성하거나 시중에 판매되는 계약서를 이용·작성해도 무방하다.
- 계약서는 중개인 없이 계약 당사자끼리만 작성해도 효력은 같다.
- 계약은 권한을 위임받은 대리인에 의해서도 성립이 가능하다.

② 작성 시 유의 사항

- 계약서에는 계약 당사자 쌍방이 모두 표시되어야 하며, 거래 물품이나 거래 대금의 금액, 지불 방법, 지불 시기 등이 정확하게 명시되어야 한다.
- 계약 관계 이외의 특별 약속 내지 예외 조항 등은 명확히 기재되어야 한다. 만약 어떠한 사항에 대해 당사자 간에 약정한 바가 없다면 법률의 규정이나 관행을 따르게 된다.

2 거래 관련 문서 예시

1. 거래 명세서

거 래 명 세 서

20 년 월 일	등록번호			
	상 호		성명	
귀하	사업장 소재지			
	업 태		종목	
일금 원정	전화번호			

번호	품 명	수 량	단 가	공급가액
계				
전 잔액			잔금	

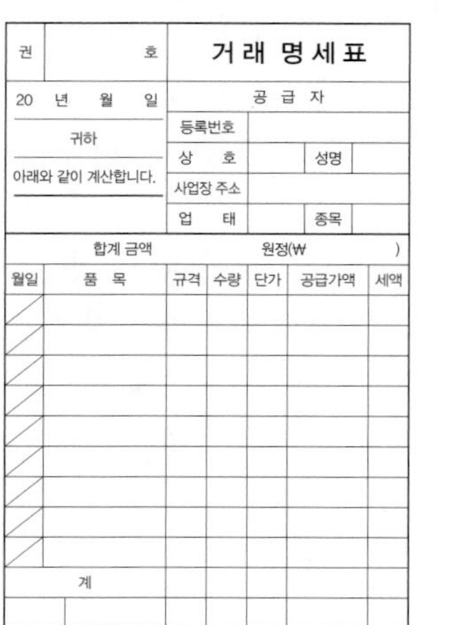

권 호	거 래 명 세 표		
20 년 월 일	공 급 자		
귀하	등록번호		
아래와 같이 계산합니다.	상 호		성명
	사업장 주소		
	업 태		종목
합계 금액	원정(₩)		

월일	품 목	규격	수량	단가	공급가액	세액
계						

2. 협약서

업무협약서(감정평가부문)

○○개발㈜(이하 "갑"이라 한다)와(과) ○○감정평가법인(이하 "을"이라 한다) 쌍방은 다음 각 조항과 같이 정비사업의 공동수행을 위한 업무협약을 체결하고, 이를 증명하기 위하여 협약서 2통을 작성하여 "갑"과 "을"이 기명 날인 후 각 1통씩 보관한다.

– 다 음 –

제1조 【목적】

본 협약은 도시 및 주거환경정비법 시행령 제63조 제1항에 의거 "갑"과 "을" 간의 정비사업관리 용역업무의 공동수행을 위한 상호 업무협력에 관한 기본사항을 정함을 목적으로 한다.

제2조 【협약기간】

본 협약의 유효기간은 "갑"과 "을"이 본 협약서 이행을 합의한 날로부터 1년으로 하되, 협약 만료시점에서 특별한 사유가 발생하지 않는 경우에 협약기간은 자동으로 연장된다.

– 중략 –

제5조 【업무협약 비용】

업무협약비는 "갑"과 "을"이 협의하여 감정평가업자의 보수에 관한 기준에 의하거나 별도 기준을 정할 수 있으며, 부가가치는 별도로 한다.

제6조 【업무의 해제】

"갑"과 "을"은 본 협약의 목적 달성을 위한 제반 업무 및 절차를 수행함에 있어 상호 협의하여 최선을 다하되 다음 각 호의 사항이 발생하였을 시는 본 협약을 폐지하기로 한다.

– 중략 –

제7조 【비밀준수 업무】

"을"은 "갑"이 본 협약의 이행을 위해 제출한 자료 또는 업무상 취득한 "갑"의 정비사업조합에 대한 정보 등을 제2조의 업무수행 외의 목적으로 협약기간 내외를 막론하고 제3자에게 공개 또는 제공할 수 없다.

제8조 【계약의 효력】

1. 본 협약서의 효력은 계약일부터 발효된다.
2. 본 협약 이후 "갑" 및 "을"의 임원 변경 등은 계약의 효력에 영향을 미치지 아니하며, 당사자 변경 시에도 협약의 갱신 없이 본 협약을 승계한 것으로 본다.

제9조 【기타사항】

1. 관계법령의 해석에 따라 법인 상호 간의 복수협약 금지 또는 "을"의 정비업체 등록 시 협약금지 등 여건 변화가 있을 시 "갑"과 "을"은 협약기간에 불구하고 협약 존속 여부를 재협의키로 한다.
2. 기타 본 협약으로 정하지 아니한 사항은 상호 협의키로 한다.

년 월 일

(갑) 상 호 :
주 소:
대표자:
(을) 상 호:
주 소:
대표자:

유형 싱크로율 100%! 기출변형 문제

01

다음 중 거래와 관련된 설명으로 적절하지 않은 것은?

① 거래의 기본 목적은 소유권 이전에 있다.
② 매매적 거래, 할당적 거래, 교섭적 거래 등으로 구분된다.
③ 거래는 구매자와 판매자 간에 일어나는 수요와 공급을 연결하여 양자를 조정한다.
④ 거래는 둘 이상의 당사자가 자신에게 이익이 되는 것을 서로 교환하는 행위를 의미한다.
⑤ 상품의 품질이나 인도 장소와 같은 세부 사항은 보통 구두로 설명하며, 계약 조건에 별도로 포함시키지 않는다.

02

다음 중 약관에 관한 설명으로 적절하지 않은 것은?

① 약관은 약정서의 일종이다.
② 운송 약관, 협의 약관, 실권 약관, 보험 약관 등이 포함된다.
③ 약관은 은행이나 보험사 등이 법적 책임과 한계를 규약으로 설정한 것으로, 거래를 보다 신속하고 편리하게 한다.
④ 약관은 소비자의 권리를 보호할 목적으로 작성한 계약 문서이기 때문에 권리 행사 방법 등을 정확하게 따져야 한다.
⑤ 주된 기재 사항이 아닌 보조적 기재 사항도 꼼꼼하게 기록하고, 담보 제공 등의 사항이 있는 경우에는 담보물권 기록부를 만들기도 한다.

03

거래 관련 문서에 대한 설명으로 적절하지 않은 것은?

① **거래 신청서**: 거래를 원한다는 사실을 육하원칙에 따라 작성한다.
② **양해각서**: 업무 제휴서, 사업 제휴서, 업무 제휴 협약서 등으로 부르기도 한다.
③ **거래 약정서**: 거래 신청서를 보내고 거래 허락서를 받은 후에 작성할 수 있다.
④ **거래 사실 확인서**: 거래 사실 확인서는 거래처와 거래한 내역을 확인하는 데 필요한 서식이므로 거래 물품, 거래 기간, 거래 금액 등을 기재하면 된다.
⑤ **협약서**: 은행이나 보험사 등이 법적 책임과 한계를 규약으로 설정하여 거래를 보다 신속하고 편리하게 하고, 소비자 권리를 보호할 목적으로 작성한 계약 문서이다.

04

다음과 같은 문서에 대한 설명으로 적절하지 않은 것은?

> **양해각서**
>
> 이 양해각서는 ○○○ 사와 △△△ 사 간에 체결된 것이다.
>
> – 전 문 –
>
> ○○○ 사는 △△△ 사의 홍보 대행 서비스를 이용하고자 한다.
> 양 당사자는 계약 체결에 필요한 조건을 협상하여 왔으며, 이에 양 사는 아래의 계약 조항에 따라 다음과 같이 동의하는 바이다.
>
> 1. 정의
> '홍보 대행 서비스'는 △△△ 사에서 ○○○ 사에 6개월에 한 번씩 제공한다.
>
> 2. 목적
> 본 양해각서의 목적은 지적재산권에 대한 배상에 관해 당사자의 양해를 밝히기 위함이다.
>
> 3. 지적재산권
> △△△ 사는 ○○○ 사에 제공하는 서비스로부터 발생하는 모든 지적재산권에 대한 침해를 이유로 제기될 수 있는 소송에 대하여 방어해야 하며, 모든 변호사 비용과 소송이나 분쟁으로 입은 손해를 배상하여야 한다.

① 법적인 구속력이 있지는 않다.
② 양해각서는 상호 구속적으로 작성하지 않는다.
③ 정식 계약을 할 때 상황에 따라 본문 내용이 달라질 수 있다.
④ 양해각서는 계약을 시행하기 전 원활한 업무 진행을 위해 당사자 간의 계약에 대한 약속을 주고받는 것이다.
⑤ 과실로 인하여 상대에게 피해를 입혔을 경우, 합의점을 찾고 그 내용에 대해 합의를 보았음을 증명하는 문서이다.

오답률 줄이는! 정답과 해설

01 ⑤

| 정답해설 | 거래에 따른 계약 조건에는 상품의 품질, 수량, 가격, 인도 장소와 시기, 대금 결제 방법 등을 포함해야 한다.

02 ⑤

| 정답해설 | 주된 기재 사항이 아닌 보조적 기재 사항도 꼼꼼하게 기록하고, 담보 제공 등의 사항이 있는 경우에는 담보물권 기록부를 만들기도 하는 것은 거래 약정서이다.

03 ⑤

| 정답해설 | 은행이나 보험사 등이 법적 책임과 한계를 규약으로 설정하여 거래를 보다 신속하고 편리하게 하고, 소비자 권리를 보호할 목적으로 작성한 계약 문서는 약관이다.
협약서란 계약 당사자들이 계약 내용에 대해 자율적으로 협의하고, 이에 대해 상호 준수할 것을 기재한 문서이다.

04 ⑤

| 정답해설 | 과실과 합의에 대한 내용이 들어가는 문서는 합의서이다.

정답 01 ⑤ 02 ⑤ 03 ⑤ 04 ⑤

05

다음 〈보기〉에 관한 설명으로 적절하지 않은 것은?

보기

계약서는 기본 계약서와 개별 계약서로 나누어지고 있다. 기본 계약서란, 계속적 매매 기본 계약서나 특약점 계약서 등과 같이 회사(또는 개인) 상호 간 장래 계속적으로 계약을 반복한다든가, 특약점이 될 것을 전제로 양 회사(또는 개인) 간에 계속적으로 체결될 모든 계약에 대하여 공통적으로 적용될 계약 조항을 모아서 기재해 놓은 것이다. 기본 계약서를 작성해 두면 개별 계약 시에는 상품명과 수량·단가 등만을 약정하면 되고, 대금의 지급 방법·지급 시기, 상품의 인도 시기·인도 장소, 계약 해제의 요건, 손해배상액의 예정 등에 관하여는 매번 약정을 하지 않아도 기본 계약서에 의하여 규율되는 것이므로 계약의 체결이 간단해지고 분쟁의 소지가 적어지게 된다. 한편 개별 계약서는 매번 1회에 한하여 체결·작성되는 것으로, 개별적으로 적용되는 조항만을 정한 계약서이다. 실무상으로는 계속적인 거래를 시작할 때에는 완전한 기본 계약서를 하나 작성하여 놓고서, 개개의 거래는 주문서와 청구서의 교환만으로 이루어지는 수가 많다.

① 두 업체 사이에 거래가 계속적으로 반복될 경우에는 기본 계약서를 사용하는 것이 효율적이다.
② 거래 도중 사고나 분쟁이 생길 경우에는 기본 계약서에서 정한 바를 따라야 된다.
③ 개별 계약서는 기본 계약서에 종속된다.
④ 일반적인 거래 기본 계약서의 조항은 계약서 전문과 계약 정의, 기본 합의 사항, 채무 이행 약정, 권리 이전 시기, 계약 해지, 손해 배상, 계약금, 용어 정리, 분쟁 조정 등으로 이루어진다.
⑤ 개별 계약서는 실무에 기본 계약서보다 빈번하게 쓰이므로 상위 계약서라 할 수 있다.

[06 ~ 07] 다음은 실용주식회사와 한국주식회사가 작성한 계약서이다. 다음 계약서를 읽고 물음에 답하시오.

(가)

실용주식회사(이하 "갑"이라 한다)와 한국주식회사(이하 "을"이라 한다)는 아래와 같이 계약을 체결한다.

제1조【총칙】
"갑"과 "을"은 (가) (이하 "계약서"라 한다)에 기재한 계약에 관하여 제2조의 규정에 의한 계약 문서에서 정하는 바에 따라 신의와 성실을 바탕으로 이를 이행한다.

제2조【 ㉠ 】
1. 계약 문서는 계약서, 물품 구매 계약 일반 약관, 물품 사양서 및 필요시 도면 등으로 구성된다. (단, "갑"의 필요하에 발주서로 대체할 수 있다.)
2. 사양서 및 설계도 내용이 불분명하거나 상호 모순되는 점이 있을 때는 "을"은 즉시 이 사실을 "갑"에게 지적, 통지하여야 한다.
3. "갑"은 2항의 통지를 받은 때에는 즉시 그 사실을 조사 및 확인하고 "갑", "을" 합의하에 필요한 조치를 취해야 한다.

제3조【 ㉡ 】
1. "을"은 계약서상의 납기일 내에 계약 전량을 납품장소에 현품으로 인도하고 검수 요청을 하여야 하며, "갑"의 검수에 합격하고 "갑"에게 수령됨으로써 납품 완료된 것으로 한다.
2. 품목과 수량을 분할하여 납품을 지시하거나 계약상 분할 납품이 허용된 경우에는 분납 단위별로 검수 수령한다.

제4조【 ㉢ 】
1. 모든 물품은 계약상에 명시된 시방서, 도면, 규격명세서 또는 견품 등에 적합하여야 하며, 특별한 약정이 없을 때에는 갑의 구매 목적과 사용 용도에 맞는 신품이어야 한다.
2. 구매되는 자재의 전산 등록 규격, 자재 규격 또는 도면에 인용되거나 요구하는 사외 규격 중 별도로 정하지 않은 최신본을 적용한다.

제5조【 ㉣ 】
1. "을"은 납품하는 물품의 운송 과정 중 유실이 없도록 충분히 포장하여야 하며, 다음 사항을 명기한 표지를 달아야 한다.
   1) 제작사 상호 및 계약자 상호
   2) 계약 번호
   3) 포장 단위별 일련번호, 품명, 규격, 단위, 수량
2. 표지는 견고하여야 하며, 당해 물품과 수명을 같이할 지구성 있는 표지로 함을 원칙으로 한다.

제6조【 ㉤ 】
"을"은 "갑"의 서면 승인 없이는 권리 의무를 제3자에게 양도할 수 없고 계약서에 명기된 제작자를 변경하거나 물품의 주요 부분 제조를 제3자에게 하도급할 수 없다.

제8조【특허 및 상호】
"을"은 계약 이행에 관련된 특허, 상표, 허가 기타 행정상 문제 처리와 비용 부담의 책임을 진다.

– 이하 생략 –

06

위 계약서의 (가)에 들어갈 말로 가장 적절한 것은?

① 출판권 설정 계약서
② 저작권 양도 계약서
③ 부동산 매매 계약서
④ 물품 구매 계약서
⑤ 기술 이전 계약서

07

위 계약서에서 ㉠~㉤에서 들어갈 항목으로 적절하지 않은 것은?

① ㉠: 계약 문서
② ㉡: 검수
③ ㉢: 규격 및 품질
④ ㉣: 포장 및 표지
⑤ ㉤: 권리 의무의 양도 금지

오답률 줄이는! 정답과 해설

05 ⑤
| 정답해설 | 개별 계약서는 업무 간소화를 위해 사용하는 것이므로, 기본 계약서보다는 하위 개념의 계약서이다.
| 지문출처 | 대한상사중재원, 「표준계약서 작성 가이드라인」

06 ④
| 정답해설 | 각 조항에 명시된 내용에 따라 물품 구매 계약서임을 알 수 있다.

07 ②
| 정답해설 | 제3조의 내용을 보았을 때 납품에 관한 것임을 알 수 있다.

정답 **05** ⑤ **06** ④ **07** ②

07 기사문 · 보도 자료

대표유형 1 기사문의 표제 작성하기

■ 다음 기사문의 표제로 가장 적절한 것은?

[파이낸셜 뉴스]

최근 공부하는 직장인 일명 '샐러던트'가 부쩍 늘며 기업 차원에서도 지원을 늘리고 있는 추세다. 특히 기업 차원에서의 지원은 단순한 지식과 기술 전달을 넘어 업무에 바로 적용이 가능한 경험 속 노하우를 가르치는 경우가 많아 기업 내 생산성 향상에도 도움이 되고 있다.

샐러던트는 샐러리맨(직장인)과 스튜던트(학생)의 합성어로 직장 생활 틈틈이 자기 개발을 하는 직장인들을 일컫는 말이다.

– 중 략 –

대부분의 강좌는 엑셀 다루기 등 단순한 기술을 전달하는 것에서부터 각 분야별 노하우를 공유하는 강좌까지 기업 내 시너지 효과를 내는 데 일조하는 프로그램들이 많다.

일례로 오랜 시간 기업 간 거래(B2B) 고객사를 담당해 오며 익힌 협상 노하우를 알려 주는 '세일 토크', 생각의 정리와 창의적인 아이디어 발상을 도와주는 기법인 '디자인 씽킹', 간단한 홍보물을 업체에 맡기지 않고 직접 편집할 수 있게 도와주는 '인포그래픽', '포토샵' 등도 있다.

이 밖에도 '비즈니스를 위한 하루 1시간 초간단 중국어 회화', '슈퍼맨 4050을 위한 마음의 간식 90분', '삶과 업무의 프레임을 넓혀 줄 인문학 산책 2권', '바쁜 하루의 시작 전 뇌를 깨우는 30분' 등 그 종류도 매우 다양하다.

– 하 략 –

① 직장 떠난 중년의 길
② 회사 차원의 자기 개발 강의 신설
③ 사무직 직장인 연간 공부량 2.5시간
④ 중국어 회화 및 인문학 공부, 샐러던트를 위한 강의
⑤ 공부하는 직장인 샐러던트, 분야별 노하우 공유에 효과적

문제풀이 ▶ 기사문의 각 문단들의 중심 내용을 종합해 볼 때, '샐러던트'의 뜻과 직장인들의 공부 프로그램이 지니는 효과를 모두 포괄한 ⑤가 가장 적절한 표제어이다.

정답 | ⑤

시험에 나온! 나올! 필수개념

알릴 만한 가치가 있는 사건이나 사실을 신속하고 정확하게 전달하기 위해 쓴 글을 '기사문'이라고 한다. 기사문의 가장 중요한 목적은 사건이나 사실, 정보를 전달하는 것이다. 이러한 정보 전달의 목적 때문에 기자의 의견이 강하게 드러나는 '해설 기사문'이 있음에도 불구하고, 기사문이 객관적인 면을 가지고 있다고 말하는 것이다.

'기사문'이라 하면 신문에 실리는 글이라고 생각하기 쉽지만, 신문에 수록되는 글만을 기사문이라고 부르는 것은 아니다. 예를 들면 신문이 아니더라도 잡지, 기관지, 소식지 등에 수록되어 정보를 전달해 주는 글도 기사문에 해당한다.

대중적인 매체를 통해 정보를 전달한다는 것은 기사문의 중요한 특징이다. 대중적인 매체에 수록되지 않는 글은 정보를 제공하고 있다고 하더라도 기사문으로 분류하지 않는다. 또한 기사문은 대중적인 매체에 수록됨으로써 독자들에게 해당 정보를 객관적으로 빠르고 정확하게 전달할 필요가 있다. 이를 효율적으로 해결하기 위하여 '기사문의 구조'가 정형화되었다.

1 기사문

1. 기사문의 구성

기사문을 작성할 때는 육하원칙(누가, 언제, 어디서, 무엇을, 어떻게, 왜)에 의거해야 한다. 기사문은 취재 대상을 결정하고 거기에 알맞은 자료를 수집하고 취재해야 하며, 이를 토대로 작성된다.

표제	• 내용 전체를 간결하게 나타내는 기사의 제목 • 기사 내용을 한눈에 짐작할 수 있게 압축하여 요약한 문구
부제	• 내용을 구체적으로 알리는 작은 제목 • 표제를 보완하는 내용의 문구
전문	• 기사 내용을 육하원칙에 따라 요약한 부분 • 기사 전체의 내용을 한두 문장으로 압축하여 제시한 문장
본문	• 기사의 구체적인 내용을 서술한 부분 • 중심 사건이나 정보를 전체적으로 자세하게 표현한 부분
해설	• 기사에 대한 참고 사항이나 설명을 덧붙이는 부분 • 독자들의 이해를 돕거나 발행기관의 논점을 알리기 위한 사항이나 설명

2. 기사문의 종류

사건(보도) 기사	사회 전반에 일어나는 일 중에 사건이 될 수 있는 일을 대중에게 알리기 위해 쓴 기사
해설 기사	어떤 사물이나 문제에 대해 보다 자세하고 정확하게 설명한 기사
탐방 기사	특정 인물이나 현장이 보도의 대상이 될 때, 그 사람의 말을 통하거나 현장 방문을 통해 어떤 사실을 알아내려고 할 때 쓰는 기사
대담 기사	어떤 주제에 대해 전문가들과 논한 대담을 기록하여 작성하는 기사
인터뷰 기사	독자에게 정확하고 알찬 정보를 제공하기 위해 취재원과의 인터뷰를 통해 작성한 기사
논설 기사	사실의 진실성을 파악한 뒤, 그 사실을 평가하며 그에 대한 의견을 서술한 기사
기획 기사	기자가 자신의 생각을 명확하게 제시하면서, 기사에 덧붙여 문제의식을 가지고 사건의 전말을 밝혀내고자 하는 기사

대담 기사와 인터뷰 기사의 차이점

대담 기사는 기자와 상대방이 동등한 입장에서 이야기를 나누고 작성한 기사이다. 반면 인터뷰 기사는 주로 기자가 묻고 그 사안에 상대방이 대답하는 형식을 취하고 있다.

3. 기사문의 특징

(1) 내용상의 특징

대중성	불특정 다수의 독자를 대상으로 한다.
보도성	대중들에게 정보를 전달하는 데 목적이 있다.
객관성	있는 사실을 그대로, 왜곡하지 않고 전달한다.
간략성	간결하고 쉽게 표현하여 독자의 이해를 돕는다.
신속성	되도록 빠르게 전달해야 한다.

(2) 구조상의 특징 빈출

① 기사문의 내적 구조(육하원칙에 따른 구성)

육하원칙	누가(who), 언제(when), 어디서(where), 무엇을(what), 어떻게(how), 왜(why)
육하원칙의 필요성	• 정보를 자세하고 정확하게 전달하기 위해서이다. • 구체적인 정보(행위와 행동의 주체, 시기 등)를 명확하게 드러내고 전달하기 위해서이다.
육하원칙의 표현	육하원칙의 요소가 명확하게 드러나는 경우와 한두 요소가 생략되거나 잘 드러나지 않는 경우가 모두 존재한다.
육하원칙의 요소 생략	정보 전달에 있어서, 특정 요소를 꼭 포함하지 않아도 충분한 이해가 가능한 경우에는 특정 요소의 생략이 가능하다.

② 기사문의 외적 구조

중심 내용이 기사문의 첫 부분에 오도록 구성하는 외적인 형식으로, '역삼각형 구조'라고도 한다. 표제(表題), 부제(副題), 전문(前文), 본문(本文), 해설(解說)로 구성되어 있다. 기사문은 핵심 정보가 앞에 나오기 때문에 '두괄식 구성'에 속한다.

구분	특징
표제	• 기사의 제목에 해당하는 부분으로, '헤드라인'이라고도 한다. • 기사의 전체적인 내용을 미리 예측하거나 파악할 수 있도록 기사의 핵심 내용을 제목에 담아내야 한다. • 독자의 이목을 집중시키기 위해서 표제를 정할 때 전략적으로 구성해야 한다. • 표제에서 조사를 생략하면 더 간략하게 표현할 수는 있지만, 의미상 혼동이 올 수도 있다. • 표제에서 반점(,)을 사용하거나 띄어쓰기를 활용하여 그 의미를 명확하게 전달해야 한다. • 독자의 관심을 끌기 위해 표제를 의도적으로 붙여 쓰는 경우도 있다. • 독자의 흥미를 끌기 위해 표제에서 기사의 내용을 명확하게 드러내지 않는 경우, 반어법이나 역설법 등의 수사법을 사용하여 표제를 정하기도 한다.
부제	• 표제보다 더 자세한 내용을 보여 주며, 표제를 보완한다. • 일반적으로 표제보다 작은 크기의 글자로 편집한다. • 기사문의 내용이나 목적에 따라 생략하기도 한다. 예 기사문이 짧은 경우, 지면의 제약이 있는 경우, 상대적으로 덜 중요한 내용인 경우
전문	• 기사문의 전체적 내용에 대해 핵심만 짧게 알려 주는 부분이다. • 해당 사건이나 정보를 간결하면서도 정확하게 요약하여 전달한다. • 독자들은 전문을 읽고 기사의 본문을 읽을 것인지를 판단하기 때문에 전문을 전략적으로 구성하는 것이 매우 중요하다.

본문	• 표제, 부제, 전문에서는 드러나지 않는 자세한 정보들을 제시한다. • 일반적으로 중심 사건과 관련하여 배경에 대한 설명, 전후 사정에 관한 설명 등이 나온다. • 보다 자세한 정보를 얻고자 하는 독자들이 꼼꼼하게 읽는 부분이다.
해설	• 기사문에서 다루는 정보와 관련하여 논평을 가하거나 보완을 해 주는 부분이다. • 다루는 정보의 성격상 해설이 불필요한 경우, 지면의 제약으로 해설이 들어갈 수 없는 경우에는 해설을 생략하기도 한다.

③ 정보에 대한 해석의 성격

• 기사문은 독자가 궁금해하는 정보를 전달하는 역할을 한다.

• 일반적으로 기사문은 객관적이라는 특징을 가지고 있지만, 기사문이 전달하는 정보는 그 기사를 작성한 기자의 관점, 즉 해석이 반영되어 있다.

• 기사문에 수록된 정보는 기자가 가치 있는 정보라고 판단한 것이며, 발행사가 그것을 가치 있다고 인정해 준 것이라고 할 수 있다.

• 기사문을 제공하는 주체의 관점이 반영되었다고 해서 기사의 객관적인 면이 없어지는 것은 아니다.

• 하루에도 수없이 많은 기사들이 나오지만, 독자는 그중에서도 본인에게 유용한 기사를 선별하여 수용할 수 있어야 한다.

4. 기사문 작성 시 유의점

(1) 정확한 단어와 문장으로 작성할 것

① 기사문은 매체에 수록되는 공적 성격을 지니기 때문에 비문법적인 표현이나 표기가 허용되지 않는다.

② 문법적으로 옳지 않은 표현과 표기는 원활한 의사소통을 방해함과 동시에, 정확한 의미 전달을 방해할 수 있다.

(2) 사회적으로 수용 가능한 내용으로 작성할 것

① 새로운 사실이나 정보라고 할지라도, 그것이 사회적으로 수용되지 않는 정보라면 기사문에서 해당 내용을 다루어서는 안 된다.

② 지나치게 개인적인 주관이 반영된 정보나 사회적 통념상 받아들이기 어려운 정보는 기사문의 내용으로 적절하지 않다.

③ 기사문은 직접 글을 작성한 기자나 독자 모두에게 유용한 정보여야 한다.

④ 민감한 표현이나 자극적인 표현은 기사문에서 사용하지 않는 것이 좋다.

(3) 충분한 자료 조사와 수집을 거쳐 작성할 것

① 자료 조사·수집 방법으로는 문헌 조사, 인터넷 조사, 현장 답사, 설문지법, 면접법 등이 있다.

② 기사문의 신뢰성을 확보하기 위해서 다양한 방법을 사용하여 자료를 수집하는 것이 좋다.

③ 사건이나 사고와 관련하여 기사문을 작성할 때에는, 현장 취재를 반드시 해야 한다. 그렇지 않을 경우, 왜곡되거나 부정확한 정보가 포함될 수도 있기 때문이다.

(4) 기사문의 일반적인 구조에서 벗어나지 않도록 작성할 것

① **내적 구조 충족**: 기사 작성 시 도움이 될 만한 정보들은 메모를 해 둔다. 또한 자료 수집 시 전체적으로 자세하게 파악해야 한다.

② **외적 구조 충족**: 기사문의 외적 구조에 맞게 문장을 기술하는 연습을 지속적으로 해야 한다.

③ 중요한 핵심 내용을 먼저 요약하여 제시하는 '두괄식 구성'이 될 수 있도록 더욱 유의하여 작성해야 한다.

5. 기사문의 표제 작성 빈출

주관식 문제로 자주 출제되는 유형 중 하나가 바로 기사문의 '표제 작성' 문항이다. 기사문의 내용을 모두 읽지 않더라도 어떠한 내용이 전개될 것인지 예측할 수 있도록 본문의 내용을 요약하여 표현해야 한다.

• 기사문 예시 1

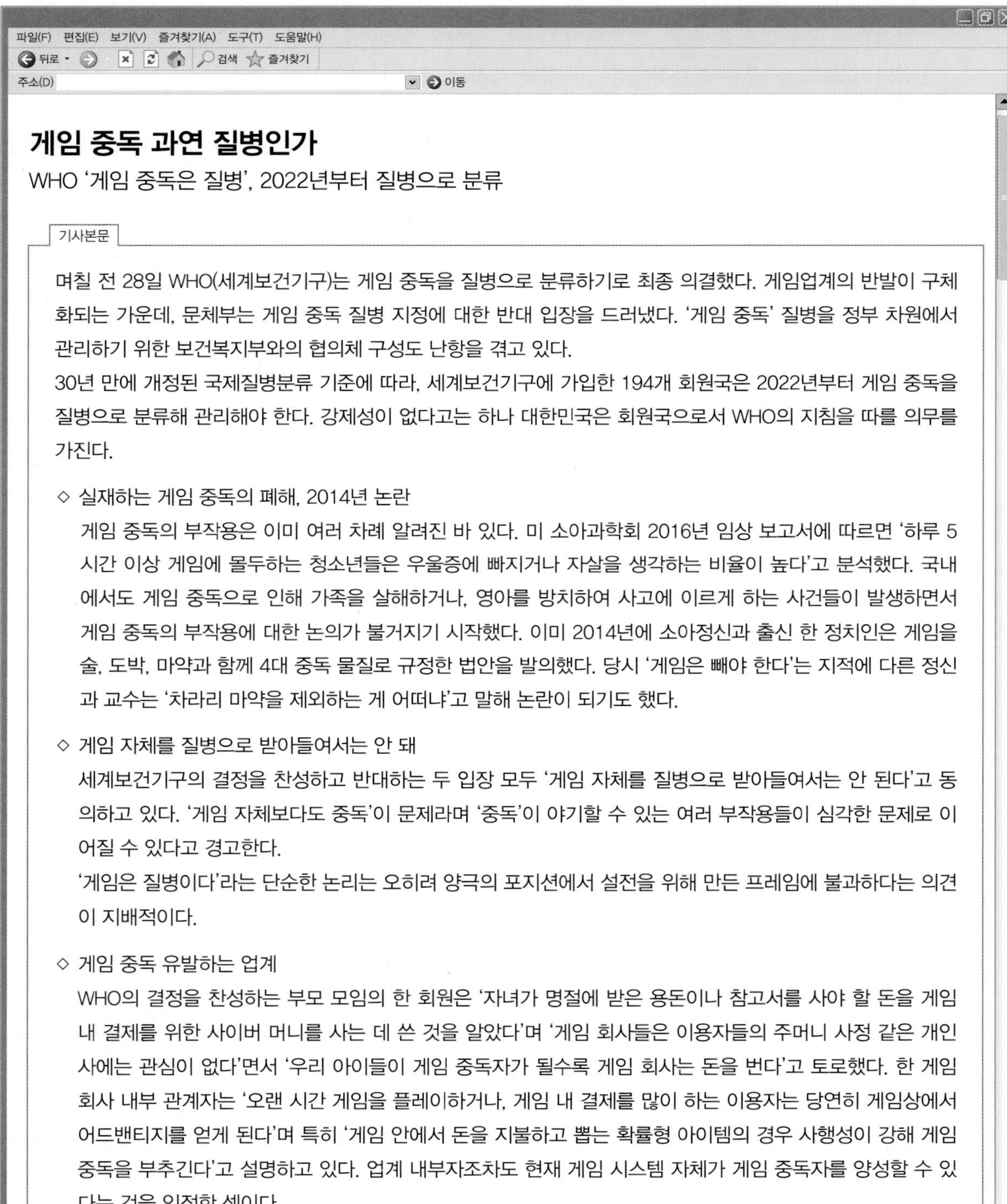

게임 중독 과연 질병인가

WHO '게임 중독은 질병', 2022년부터 질병으로 분류

기사본문

며칠 전 28일 WHO(세계보건기구)는 게임 중독을 질병으로 분류하기로 최종 의결했다. 게임업계의 반발이 구체화되는 가운데, 문체부는 게임 중독 질병 지정에 대한 반대 입장을 드러냈다. '게임 중독' 질병을 정부 차원에서 관리하기 위한 보건복지부와의 협의체 구성도 난항을 겪고 있다.

30년 만에 개정된 국제질병분류 기준에 따라, 세계보건기구에 가입한 194개 회원국은 2022년부터 게임 중독을 질병으로 분류해 관리해야 한다. 강제성이 없다고는 하나 대한민국은 회원국으로서 WHO의 지침을 따를 의무를 가진다.

◇ 실재하는 게임 중독의 폐해, 2014년 논란

게임 중독의 부작용은 이미 여러 차례 알려진 바 있다. 미 소아과학회 2016년 임상 보고서에 따르면 '하루 5시간 이상 게임에 몰두하는 청소년들은 우울증에 빠지거나 자살을 생각하는 비율이 높다'고 분석했다. 국내에서도 게임 중독으로 인해 가족을 살해하거나, 영아를 방치하여 사고에 이르게 하는 사건들이 발생하면서 게임 중독의 부작용에 대한 논의가 불거지기 시작했다. 이미 2014년에 소아정신과 출신 한 정치인은 게임을 술, 도박, 마약과 함께 4대 중독 물질로 규정한 법안을 발의했다. 당시 '게임은 빼야 한다'는 지적에 다른 정신과 교수는 '차라리 마약을 제외하는 게 어떠냐'고 말해 논란이 되기도 했다.

◇ 게임 자체를 질병으로 받아들여서는 안 돼

세계보건기구의 결정을 찬성하고 반대하는 두 입장 모두 '게임 자체를 질병으로 받아들여서는 안 된다'고 동의하고 있다. '게임 자체보다도 중독'이 문제라며 '중독'이 야기할 수 있는 여러 부작용들이 심각한 문제로 이어질 수 있다고 경고한다.

'게임은 질병이다'라는 단순한 논리는 오히려 양극의 포지션에서 설전을 위해 만든 프레임에 불과하다는 의견이 지배적이다.

◇ 게임 중독 유발하는 업계

WHO의 결정을 찬성하는 부모 모임의 한 회원은 '자녀가 명절에 받은 용돈이나 참고서를 사야 할 돈을 게임 내 결제를 위한 사이버 머니를 사는 데 쓴 것을 알았다'며 '게임 회사들은 이용자들의 주머니 사정 같은 개인사에는 관심이 없다'면서 '우리 아이들이 게임 중독자가 될수록 게임 회사는 돈을 번다'고 토로했다. 한 게임 회사 내부 관계자는 '오랜 시간 게임을 플레이하거나, 게임 내 결제를 많이 하는 이용자는 당연히 게임상에서 어드밴티지를 얻게 된다'며 특히 '게임 안에서 돈을 지불하고 뽑는 확률형 아이템의 경우 사행성이 강해 게임 중독을 부추긴다'고 설명하고 있다. 업계 내부자조차도 현재 게임 시스템 자체가 게임 중독자를 양성할 수 있다는 것을 인정한 셈이다.

◇ 중독의 경계 모호, 게임산업 위축 우려

게임 중독이 해롭다는 것은 익히 공감하는 내용이지만 e스포츠와 연관 지어 생각하면 그 입장이 미묘하게 달라진다. WHO의 입장에 따르면 현재 활동하고 있는 프로 게이머들의 상당수가 질병에 걸린 상태이거나 이전에 질병을 경험했던 사람이 된다. 프로에 데뷔하기 위해 혹은 대회를 준비하기 위해 잠을 줄여 가며 깨어 있는 대부분의 시간을 게임에 몰두하는 행위는 질병으로 취급된다. e스포츠의 성지라 할 수 있는 대한민국 게이머들의 위상이 낮아질 수밖에 없는 실정이다. 또한 게임 중독이 질병으로 정해지고 이에 대한 규제와 가이드라인이 제시된다면 IT 강국을 표방하는 우리나라의 게임산업에도 큰 타격이 될 수밖에 없지 않겠냐는 것이 전문가들의 입장이다.

◇ 업계, 정신의학계, 정부, 시민 사회 조율 필요해

세계보건기구는 아직 '게임 중독'의 정의나 범위를 명확하게 명시하지 않았다. 게임산업 진흥 단체 관계자는 'WHO에 질병 등재를 요구하는 한국 쪽의 요청이 있었다는 것을 알고 있다'면서 정신건강의학계와 일부 보수 종교 단체의 배후설을 주장했다. 정신건강의학계는 이러한 배후설은 부정하며 '질병으로 분류되어 정부의 지원을 얻어 예산과 인력이 투입되면 중독 환자에게는 이익이 될 것'이라며 게임 중독 환자 예방과 치료를 위한 기반이 필요하다고 역설하였다.

정부의 움직임은 조심스럽다. 게임 선진국인 미국과 일본은 아직 질병코드 부여를 보류한 상태이며, 유럽 국가들 역시 코드 부여에 미온적 자세를 보이고 있기 때문이다. 정부 관계자는 '섣불리 결정할 시기가 아니다'라며 '부처 간 엇갈리는 입장도 조율이 되지 못한 상태'라고 말했다.

시민 사회는 찬성하는 입장과 반대하는 입장 모두 게임산업의 규모에 비해 게임 중독에 대한 공론화가 늦어진 것은 인정하는 분위기다. 게임산업과 게임 중독 모두 실재하는 것인 만큼 이번 논의를 계기로 양질의 게임 문화 정착을 기대하고 있다.

– 시사에듀, 2019. 6. 4.

⇩

평가

표제: 게임 중독 과연 질병인가

① 좋은 표제인 이유

실용글쓰기에 나오는 기사문의 표제는 글 전체의 핵심을 담으며 내용을 포괄할 수 있는 것이어야 한다. 위 기획 기사문은 '게임 중독은 질병인가'라는 명제에 대해 한쪽의 입장이 아닌 양쪽의 입장을 비교적 균형 잡힌 시각으로 소개하며 최종 대답은 독자들의 판단에 맡기고 있다. 위 표제는 이후 전개되는 논의를 모두 포함하고 의문형으로 독자들의 관심을 유발하므로 좋은 표제라고 할 수 있다.

② 좋지 못한 표제의 예

– 글의 논의는 중립적으로 전개되나 한쪽의 입장만을 대변하는 경우
  예: 프로 게이머는 정신 질환자?
– 결정되지 않은 논의 양상을 섣불리 예측한 경우
  예: 게임 중독 패륜 범죄, 정부 차원 예방책 마련
– 확인되지 않은 쟁점 사항을 자극적인 단어로 표현하는 경우
  예: 게임업계 VS 의학계, 질병 분류 배후설!

• 기사문 예시 2

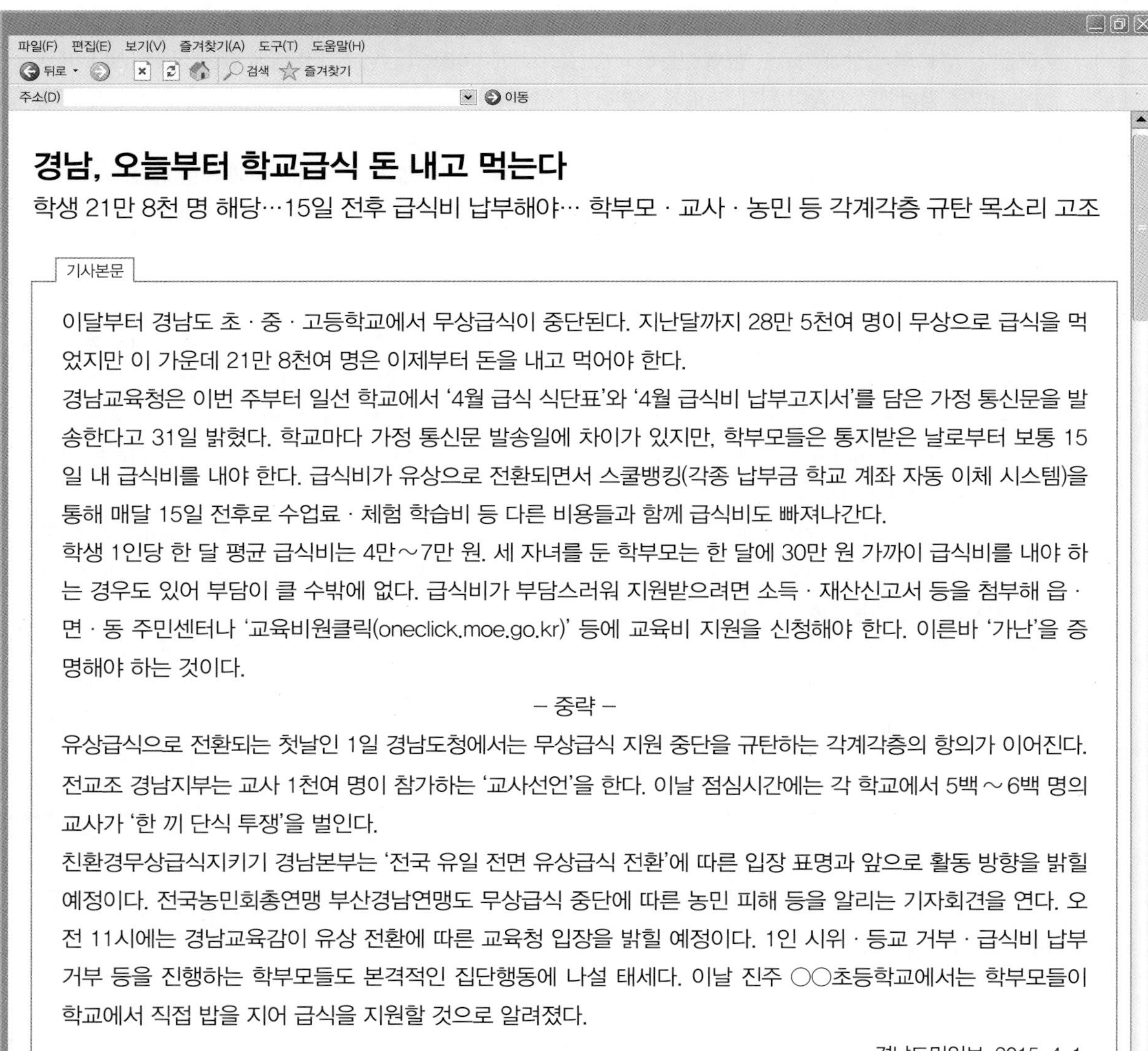

파일(F) 편집(E) 보기(V) 즐겨찾기(A) 도구(T) 도움말(H)

뒤로 · 검색 즐겨찾기

주소(D) 이동

경남, 오늘부터 학교급식 돈 내고 먹는다

학생 21만 8천 명 해당…15일 전후 급식비 납부해야… 학부모 · 교사 · 농민 등 각계각층 규탄 목소리 고조

기사본문

이달부터 경남도 초 · 중 · 고등학교에서 무상급식이 중단된다. 지난달까지 28만 5천여 명이 무상으로 급식을 먹었지만 이 가운데 21만 8천여 명은 이제부터 돈을 내고 먹어야 한다.

경남교육청은 이번 주부터 일선 학교에서 '4월 급식 식단표'와 '4월 급식비 납부고지서'를 담은 가정 통신문을 발송한다고 31일 밝혔다. 학교마다 가정 통신문 발송일에 차이가 있지만, 학부모들은 통지받은 날로부터 보통 15일 내 급식비를 내야 한다. 급식비가 유상으로 전환되면서 스쿨뱅킹(각종 납부금 학교 계좌 자동 이체 시스템)을 통해 매달 15일 전후로 수업료 · 체험 학습비 등 다른 비용들과 함께 급식비도 빠져나간다.

학생 1인당 한 달 평균 급식비는 4만~7만 원. 세 자녀를 둔 학부모는 한 달에 30만 원 가까이 급식비를 내야 하는 경우도 있어 부담이 클 수밖에 없다. 급식비가 부담스러워 지원받으려면 소득 · 재산신고서 등을 첨부해 읍 · 면 · 동 주민센터나 '교육비원클릭(oneclick.moe.go.kr)' 등에 교육비 지원을 신청해야 한다. 이른바 '가난'을 증명해야 하는 것이다.

– 중략 –

유상급식으로 전환되는 첫날인 1일 경남도청에서는 무상급식 지원 중단을 규탄하는 각계각층의 항의가 이어진다. 전교조 경남지부는 교사 1천여 명이 참가하는 '교사선언'을 한다. 이날 점심시간에는 각 학교에서 5백~6백 명의 교사가 '한 끼 단식 투쟁'을 벌인다.

친환경무상급식지키기 경남본부는 '전국 유일 전면 유상급식 전환'에 따른 입장 표명과 앞으로 활동 방향을 밝힐 예정이다. 전국농민회총연맹 부산경남연맹도 무상급식 중단에 따른 농민 피해 등을 알리는 기자회견을 연다. 오전 11시에는 경남교육감이 유상 전환에 따른 교육청 입장을 밝힐 예정이다. 1인 시위 · 등교 거부 · 급식비 납부 거부 등을 진행하는 학부모들도 본격적인 집단행동에 나설 태세다. 이날 진주 ○○초등학교에서는 학부모들이 학교에서 직접 밥을 지어 급식을 지원할 것으로 알려졌다.

– 경남도민일보, 2015. 4. 1.

⇩

평가

표제: 경남, 오늘부터 학교급식 돈 내고 먹는다

① 좋은 표제인 이유

표제는 전달하려는 정보와 내용을 압축적으로 요약하면서, 동시에 독자의 흥미를 끌 수 있어야 한다. 이러한 면에서 볼 때 위 표제는 본문의 내용을 모두 포괄하는 표제라 할 수 있다.

기사문의 내용을 간단하게 말하자면 '경남지역의 유상급식 시행'이다. 무상급식 중단으로 인한 변화, 그리고 이를 반대하는 현상이 곳곳에서 나타나고 있음을 보여 주고 있다. 이전에는 돈을 내지 않고도 모든 학생들이 급식을 먹을 수 있었지만, 이 정책이 시행됨으로써 학생들은 돈을 내거나 혹은 따로 신청 절차를 거쳐서 급식비를 지원받게 되었다. 표제는 독자들이 관심을 가지고 기사문을 읽어 볼 수 있도록 구성해야 하므로, '유상급식'을 풀어 설명하여 '학교급식 돈 내고 먹는다'라고 표현하였다.

② 적절하지 않은 표제의 예

- 스쿨뱅킹, 급식비 납부의 새로운 방법

→ 무상급식이 중단되면서 앞으로 스쿨뱅킹(각종 납부금 학교 계좌 자동 이체 시스템)을 통해 급식비를 납부해야 하지만, 급식비를 납부하는 방법이 새로워진 것이 아니라 무상급식에서 유상급식으로 전환이 된 것이다. 그러므로 이 표제는 글의 논점에서 벗어난 표제라고 할 수 있다.

- 정책 시행에 따라, 각계각층에서 터져 나오는 불만

→ 이 기사문의 핵심은 '유상급식(무상급식 중단)'이라고 할 수 있다. 그러므로 표제에 이 내용이 포함되거나 혹은 쉽게 풀어서 설명하는 내용이 꼭 들어가야 한다. 그러나 제시된 표제에서는 무엇으로 인해서 그 현상이 생겨났는지 그 중심 내용을 명시하고 있지 않으므로 좋은 표제라고 할 수 없다.

2 보도 자료

보도 자료는 행정기관 및 민간 기업 등에서 언론용으로 발표한 성명이나 문서를 말한다. 기업이나 정부기관이 신문 기사체로 보도 자료를 작성해 기자에게 보내면, 기자와 언론 매체는 이를 인용해 뉴스 보도를 한다.

1. 보도 자료의 구성

제목(title)	보도 자료에서 전달하고자 하는 핵심 내용을 담고 있는 표제
리드(lead)	• 기사의 첫 문장, 전문이라고도 함. • 전체 기사가 담고 있는 내용을 한마디로 요약한 문장
본문(body)	• 육하원칙에 의거하여 작성 • 리드에서 나온 내용을 상세히 설명해 풀어 주는 글
안내(붙임)	문의처, 붙임 안내, 사진 소개, 부가 정보, 용어 해설 등

2. 보도 자료의 유형

행사 안내	관공서나 기업 등이 자신들이 벌이는 행사를 홍보하고 참여를 호소하는 내용
정책 홍보	중앙 및 지방 정부의 부처가 추진하는 정책 과제 등을 홍보하는 자료로, 정책으로 인한 이익 등을 알리는 내용. 정부 제공 보도 자료의 대부분이 이에 해당함.
공지 사항	대인 서비스 기관이 일상생활에 필요한 정보를 국민에게 알리는 내용, 공공요금이나 수수료 인상, 단수·단전 등이 해당됨.
이미지 홍보	특정 개인이나 단체의 이미지를 높이는 내용의 보도 자료로, 주요 인사의 동정, 기관의 수재의연금 모금 참여 등이 해당됨.
입장 해명	갈등 당사자가 본인의 입장을 알리고 이해를 구하기 위해 전달하는 자료로, 상대방에 대한 반론으로 이루어지기도 하므로 이해 당사자 중 반대편에 있는 사람이나 제3자 견해에 대한 추가적인 취재가 이루어지는 것이 일반적임.
사건/조사 개요 정리	경찰이나 검찰, 감사기관 등에서 배포하는 수사나 조사 경과 및 결과 자료로, 미성년자나 여성, 노인, 장애인 등 사회적 약자와 관련된 내용일 경우, 익명 사용 등 기사 작성에 조심해야 할 요소들이 많음.

3. 보도 자료 작성 원칙

① 중요한 정보를 본문 앞부분에서 설명하고 상대적으로 덜 중요한 내용은 뒤쪽에 배치해야 한다.

② 공중에게 보도할 가치가 있는 뉴스성, 즉 이 소식을 읽은 독자가 뉴스 가치를 느낄 수 있어야 한다.

③ 취재 기자의 관심과 의문을 충족시켜야 한다.
④ 독자나 기자가 쉽게 이해하고 핵심 내용을 빨리 알 수 있게 써야 한다.
⑤ 전문 용어는 피해야 한다. 너무 복잡하고 상세한 자료나 전문 용어의 사용은 기자의 관심을 떨어뜨리고 뉴스의 관점을 흐리게 한다.
⑥ 정직하고 객관적으로 써야 한다.
⑦ 형용사나 부사 등 수식어는 피해야 한다. 수식어가 관점을 흐리게 해 내용이 왜곡될 수 있다.

유형 싱크로율 100%! 기출변형 문제

01

다음과 같은 문서의 일반적인 특징으로 가장 적절하지 않은 것은?

> **IMF 선진국 경제 성장률 0.4% 하향, 한국은 4.2%**
>
> 기획재정부에 따르면 12일 국제통화기금(IMF)은 이날 세계 경제 전망을 발표하였는데 올해 우리나라 경제 성장률 전망치를 지난 7월과 같은 4.2%로 전망했다. 이는 올 초 1월(3.1%) 4월(3.6%)에 비해서는 상향된 수치로 G7 선진국들의 평균을 웃돌고 있다.
>
> 코로나19로 인한 위험 요인에도 한국 경제는 안정적인 코로나 방역 관리와 백신 접종의 확대, 꾸준한 수출의 증가세 등의 원인으로 선진국 평균 이상의 경제 성장을 기록할 것으로 평가됐다.
>
> – 중략 –
>
> 내년도 경제 성장률은 소폭 줄어든 3.8%로 예측됐지만, 이는 지난 3년간 평균으로 볼 때 선진국들 사이에서는 미국 다음으로 두 번째로 높은 수치였다.
>
> – ○○일보, 20××. 8. 14.

① 대중성: 불특정 다수의 독자를 대상으로 삼는다.
② 신속성: 일반적으로 독자에게 빠르게 전달되어야 한다.
③ 객관성: 있는 사실을 왜곡하지 않고 그대로 전달해야 한다.
④ 광고성: 기업 및 기관들의 서비스와 제품을 대중에게 널리 알린다.
⑤ 간결성: 독자들의 정확한 이해를 돕고 전달력을 높이기 위해 간결하고 쉽게 표현해야 한다.

오답률 줄이는! 정답과 해설

01 ④

| 정답해설 | 제시된 문서는 기사문이다. 광고성을 기사문의 일반적인 요소라고 보기는 어렵다.

정답 01 ④

02

다음은 한 언론사 기사문의 일부이다. ㉠~㉤의 순서를 가장 자연스럽게 배열한 것은?

> ㉠ 예를 들어 대형 업체들은 손해 보지 않을 정도지만 자금력이 약한 중소 업체들은 제시하기 어려운 15만 원 정도로 교복 가격을 담합하는 식이다.
> ㉡ 공정거래위원회가 '교복 학교주관구매제'와 관련해 대형 교복업체들의 담합 의혹을 포착하고 조사에 나섰다.
> ㉢ '교복 학교주관구매제'는 학교가 경쟁 입찰로 교복 공급업자를 선정해 일괄적으로 구매하는 방식으로, 올해부터 모든 국·공립 중고등학교에서 시행 중이다.
> ㉣ 이런 방식의 담합이 계속되면 중소 업체들은 곧 도산해 대형 업체들이 시장을 나눠 먹을 수 있다.
> ㉤ 이에 따라 4대 대형 교복업체는 중소 업체들에게 교복 시장을 빼앗기지 않기 위해 투찰 가격을 사전에 합의했다는 의혹을 받고 있다.
>
> – 국민일보, 2015. 2. 8.

① ㉠-㉡-㉢-㉣-㉤　② ㉡-㉢-㉤-㉠-㉣
③ ㉡-㉣-㉤-㉠-㉢　④ ㉢-㉤-㉣-㉠-㉡
⑤ ㉣-㉡-㉠-㉤-㉢

[03 ~ 04] 다음 자료를 읽고 물음에 답하시오.

> ㉠
>
> 행정안전부가 1·3·6·9월에 자동차세를 미리 내면 최대 10%의 세액 공제 혜택을 받을 수 있고 인터넷·스마트폰·전화·방문 등 다양한 방법으로 신고·납부가 가능하다고 밝혔다.
>
> 자동차세는 지방자치단체가 관할 구역에 등록된 자동차 소유자에게 1년에 2회(6월, 12월) 부과하는 지방세이다.
>
> 자동차세 선납 제도는 다른 세목에 비해 체납률이 높은 자동차세에 대한 세액 공제 혜택을 제공하는 것으로 성실 납세 문화 조성을 목적으로 1994년부터 도입되어 운영 중이다.
>
> 자동차세 선납 신고·납부 기간은 1월, 3월, 6월, 9월이며 해당 기간 내에 반드시 미리 납부할 세액을 한 번에 신고하고 납부해야 세액 공제를 받을 수 있다. 다만 2017년 1월에 자동차세를 선납한 납세자의 경우 2018년 1월에는 별도 신고 절차를 거칠 필요가 없다. 이 경우 관할 지자체에서 10% 공제가 적용된 납부서를 발송하므로 납부서 확인 후 납부만 하면 된다.
>
> 신고·납부는 지자체 자동차세 담당 부서에 방문하여 신고서(성명, 주민 번호, 차량 번호 등 기재)를 작성한 후 은행에 납부하거나 지자체 자동차세 담당 부서에 전화하여 신고·납부할 수 있다. 또한 인터넷과 스마트폰으로도 신고·납부가 가능하다.
>
> – 뉴스와이어, 20××. 1. 11.

03

위와 같은 글에 대한 설명으로 적절하지 <u>않은</u> 것은?

① 핵심 내용을 간결하게 적어야 한다.
② 수식어나 감각적인 어휘를 사용하여 실질적인 정보를 제공해야 한다.
③ 정직하고 객관적으로 써야 한다.
④ 완결된 내용이거나 예측 가능한 내용을 가지고 작성해야 한다.
⑤ 전문 용어는 되도록 사용하지 않는 것이 좋다.

04

윗글의 ㉠에 들어갈 제목으로 가장 적절한 것은?

① 자동차세 선납 제도, 다른 세목에 비해 체납률 높아
② 행정안전부, “자동차세, 인터넷과 스마트폰으로도 신고 · 납부 가능해”
③ 자동차세 선납 신고 · 납부 기간은 1 · 3 · 6 · 9월
④ 행정안전부, “1 · 3 · 6 · 9월 자동차세 미리 내면 세액 공제 혜택”
⑤ 1994년부터 운영된 자동차세 선납 제도, 신고 절차 거칠 필요 없어

오답률 줄이는! 정답과 해설

02 ②

| 정답해설 | 접속사에 유의하며 문장의 순서를 배열해야 한다. 접속사로 문장을 시작하고 있는 ㉠, ㉣, ㉤은 글의 처음 부분에 올 수 없다. 또한, 기사문의 외적 구조 중 전문이 본문 전에 나온다는 것에 유념하면 ㉡-㉢-㉤-㉠-㉣이 적절한 배열임을 알 수 있다.

03 ②

| 정답해설 | 기사문을 작성할 때 수식어는 되도록 사용하지 않아야 한다. 수식어를 많이 사용하면 말하고자 하는 포인트의 명확성을 떨어뜨리고 관점을 흐리게 하여 내용이 왜곡될 수 있다.

04 ④

| 정답해설 | 처음에 제시된 리드(lead)에서 “행정안전부가 1 · 3 · 6 · 9월에 자동차세를 미리 내면 최대 10%의 세액 공제 혜택을 받을 수 있고 인터넷 · 스마트폰 · 전화 · 방문 등 다양한 방법으로 신고 · 납부가 가능하다고 밝혔다.”라고 한 것을 살펴보면 제목을 쉽게 찾아낼 수 있다.

정답 **02** ② **03** ② **04** ④

08 특허 명세서

대표유형 1 특허 명세서

■ 다음과 같은 양식을 작성할 때 유의할 사항으로 적절하지 않은 것은?

> **【명세서】**
>
> 【발명(고안)의 설명】
>
> 【발명(고안)의 명칭】
>
> 【기술 분야】
>
> 【발명(고안)의 배경이 되는 기술】
>
> 【발명(고안)의 내용】
> 【해결하려는 과제】
> 【과제의 해결 수단】
> 【발명(고안)의 효과】
> 【도면의 간단한 설명】
> 【발명(고안)을 실시하기 위한 구체적인 내용】
>
> 【특허 청구 범위】
> 【청구항 1】
>
> 【요약서】
> 【도면】

① 국어로 작성하는 것이 원칙이지만, 국문 표현에 의해 이해될 수 없는 용어는 1회에 한해 영문 또는 한자를 괄호 속에 병기할 수 있다.
② 약칭 용어를 사용할 경우, 언급될 때마다 원명칭을 괄호 안에 기재해야 한다.
③ 주어와 서술어의 관계를 명확하게 해야 한다.
④ 구체적이고 특정된 용어를 사용해야 한다.
⑤ 특정 용어에 대한 의미를 정의할 필요가 있을 경우에는 이를 명확히 해야 한다.

문제풀이 ▶ 제시된 양식은 특허 명세서이다. 특허 명세서를 작성할 때 약칭 용어를 사용할 경우, 그 원명칭을 최초 1회만 언급하면 된다.

정답 | ②

최근 지식재산권에 대한 관심과 이해가 확대되면서 실용글쓰기 시험에서도 그 개념이 등장하였다. 지식재산권은 특허권, 실용신안권, 디자인권, 상표권, 저작권, 기타 지식재산권을 총칭하는 개념으로 개개의 권리는 법률에 의하여 규율되고 보호된다.

본 교재에서는 지식재산권과 특허권과 특허 명세서에 관한 부분을 다루려고 한다. 그전에 지식재산권에 대해 알아보고, 특허권의 개념과 효력, 특허를 출원하기 위한 서류에는 무엇이 있는지 간단히 살펴보고자 한다.

1 지식재산권 이해

지식재산권이란 인간의 창작 활동에 의한 지적 창작물에 부여되는 권리를 말한다. 넓은 의미의 지식재산권은 상업적, 과학적, 문화적, 예술적 분야에 있어, 지식 활동으로부터 나오는 법적인 권리를 의미한다. 지식재산권은 법률로 규율되고 보호되기는 하지만 무형의 권리로 존재하므로 모방 또는 도용이 용이하여, 권리를 침해당했을 때 즉각적인 구제가 용이하지 않다. 이에 따라 지식재산권 전문 변호사나, 변리사가 따로 생겨날 정도이다. 지식재산권은 다음의 다섯 가지를 총칭한다.

1. 특허권

특허권은 기술적 사상의 창작물(발명)을 일정 기간 독점적 · 배타적으로 소유 또는 이용할 수 있는 권리이다. 발명은 산업상 이용 가능성, 신규성, 진보성 등 몇 가지 요건을 갖추어야 비로소 권리로서 등록될 수 있으며, 그 등록을 위한 출원 절차는 행정청인 특허청을 통하여 이루어진다. 일단 특허권이 부여되면 일정한 기간 동안 특허권자를 제외한 다른 사람은 특허권자의 동의 없이 업으로서 그 특허발명을 생산, 사용, 양도, 대여 및 대여의 청약 행위를 하는 것이 금지된다. 만약 그와 같은 행위가 있을 때, 특허권자는 그 행위자를 상대로 특허권 침해를 원인으로 한 민 · 형사상 소송을 제기할 수 있다.

2. 실용신안권

실용신안은 산업상 이용할 수 있는 물품의 형상 · 구조 또는 조합에 관한 고안으로서, 여기서 고안이라 함은 자연법칙을 이용한 기술적 사상의 창작을 말한다.

3. 디자인권

디자인보호법상 디자인이란 물품(물품의 부분 및 글자체를 포함한다)의 형상 · 모양 · 색채 또는 이를 결합한 것으로서 시각을 통하여 미감을 일으키게 하는 것을 말한다.

4. 상표권

상표라 함은 상품을 생산 · 가공 · 증명 또는 판매하는 것을 업으로 영위하는 자가 자기의 업무와 관련된 상품을 타인의 상품과 식별되도록 하기 위하여 사용하는 기호 · 문자 · 도형 또는 이들을 결합한 것 및 이에 색채를 결합한 것을 말한다. 상표권은 이와 같은 상표로서 등록된 것을 독점적으로 사용할 수 있는 권리를 말한다.

5. 저작권

저작권은 문학 · 학술 또는 예술의 범위에 속하는 창작물에 대하여 법이 그 창작자에 대하여 일정 기간 동안 그 창작물을 독점적으로 사용케 하고 다른 사람이 무단으로 복제 · 공연 · 방송 · 전시 · 배포 및 2차적 저작물 등의 작성 등 행위를 하거나 그 창작물에 대한 창작자의 인격권을 침해하는 행위를 금지하는 권리이다.

2 특허의 이해

1. 특허 제도

(1) 특허 제도의 목적

특허 제도는 발명을 보호하고 장려함으로써 국가 산업 발전을 도모하기 위한 제도이며, 이를 달성하기 위하여 기술 공개의 대가로 특허권을 부여하는 것을 구체적인 수단으로 사용한다.

① 기술 공개 → 기술 축적/공개 기술 활용 → 산업 발전

② 독점권 부여 → 사업화 촉진/발명 의욕 고취 → 산업 발전

(2) 특허 요건

① **산업상 이용 가능성**: 출원발명은 산업에 이용할 수 있어야 한다.

② **신규성**: 출원하기 전에 이미 알려진 기술(선행 기술)이 아니어야 한다.

③ **진보성**: 선행 기술과 다른 것이라 하더라도 그 선행 기술로부터 쉽게 생각해 낼 수 없는 것이어야 한다.

(3) 특허권의 효력

① 특허권은 설정 등록을 통해 효력이 발생하며 존속 기간은 출원일로부터 20년(실용신안권은 10년)이다.

② 권리를 획득한 국가 내에만 효력이 발생한다(속지주의).

2. 특허 출원

특허 출원은 동일한 발명이 2건 이상 출원되었을 때 어느 출원인에게 권리를 부여할 것인가를 결정하는 기준으로서, 선출원주의와 선발명주의가 있다. 우리나라는 선출원주의를 채택하고 있다.

(1) 선출원주의

① 발명이 이루어진 시기에 관계없이 특허청에 먼저 출원한 발명에 권리를 부여한다.

② 기술의 공개에 대한 대가로 권리를 부여한다는 의미에서 합리적이며 신속한 발명의 공개를 유도할 수 있다.

③ 발명의 조속한 공개로 산업 발전을 도모하려는 특허 제도의 취지에 부합한다.

(2) 선발명주의

① 출원의 순서와 관계없이 먼저 발명한 출원인에게 권리를 부여한다.

② 발명가 보호에 장점이 있으며, 특히 사업체를 가지고 있지 않은 개인 발명가들이 선호하는 제도이다.

③ 발명가는 발명에 관련된 일지를 작성하고 증인을 확보해야 하며, 특허청으로서는 발명의 시기를 확인해야 하는 불편이 있다.

(3) 발명과 고안

① 정의

발명	자연법칙을 이용한 기술적 사상의 창작으로서 고도(高度)의 것(특허법 제2조 제1항)
고안	자연법칙을 이용한 기술적 사상의 창작(실용신안법 제2조 제1항)

② 특징

- 특허권은 발명에 대하여 부여하고 실용신안권은 고안에 대하여 부여한다.
- 특허법상 발명은 고안과 비교하여 수준이 높은 것으로 정의되어 있다.
- 그러나 '고도한 것'인가에 대한 판단은 주관적이므로, 심사실무적으로는 출원인에게 그 판단을 일임하고 있다.
- 출원인이 실용신안으로 출원한 것은 고안으로, 특허로 출원한 것은 발명으로 간주한다.

(4) 출원서류의 구성

① **특허 출원서**: 특허 출원을 위해 작성하는 문서(출원인, 대리인 및 발명의 명칭 등)

② **특허 명세서**: 특정 발명에 대한 특허 청구를 위해 작성하는 문서

3 특허 명세서

1. 특허 명세서의 작성 원칙

① 국어로 작성하는 것을 원칙으로 한다. 다만, 국문 표현에 의해 이해될 수 없는 용어는 1회에 한해 영문 또는 한자를 괄호 속에 병기한다.

② 현재 시제를 원칙으로 한다. 다만, 종래 기술은 과거 시제로 작성 가능하며, 실험 예 등과 같이 출원인이 직접 경험한 사실을 기술하는 경우에는 과거 시제를 주로 사용한다.

③ 문장 · 품사론을 고려한다.

- 주어와 서술어의 관계를 명확히 한다.
- 필요한 목적어는 빠뜨리지 않도록, 문장은 가능한 한 단문으로 작성한다.
- 적절한 접속어를 사용하여 각 문단 및 내용을 구분한다.

④ 용어 사용에 특히 주의한다.

- 일반적으로는 학술 용어를 사용하며, 특별한 용어가 없는 경우는 임의의 특정 용어를 사용한다.
- 특정 용어에 대한 의미를 정의할 필요가 있을 경우에는 이를 명확히 한다.
  예 본 명세서에서 사용되는 '유니트'란 '1회 충전 시의 적정량'을 가리킨다.
- 약칭 용어에 대해서는 그 원명칭을 최초 1회에 한해 언급한 다음 사용한다.
  예 코크스 건조 퀜칭(Coke Dry Quenching; 이하 CDQ)
- 구체적이고 특정된 용어를 사용한다.
  예 제1풀리, 제2풀리 → 구동풀리, 종동풀리
- 수단(means)과 같은 용어는 그 사용에 있어 특히 주의한다. 수단에 대한 용어 개념을 발명의 상세한 설명에서 구체적인 실시 예로서 기재한다.
- 일관된 용어를 사용한다. 특히, 특허 청구 범위의 표현이 상세한 설명에 나오는 표현과 일치하도록 주의한다.
  예 발명의 상세한 설명에서는 '2개의 영역으로 나뉜다.'라고 썼는데, 특허 청구 범위에서는 '2개의 패턴이 형성되어 있다.'라고 쓰면 안 됨.

2. 특허 명세서의 작성 방법

발명의 실시를 위한 특허 명세서 작성에 있어서 구체적인 내용에는, 그 발명을 쉽게 실시할 수 있도록 지식경제부령이 정하는 기재 방법에 따라 명확하고 상세하게 기재하여야 한다.

【명세서】

【발명(고안)의 설명】

【발명(고안)의 명칭】

【기술 분야】

【발명(고안)의 배경이 되는 기술】

(【선행기술문헌】)

(【특허문헌】)

【발명(고안)의 내용】
【해결하려는 과제】
【과제의 해결 수단】
【발명(고안)의 효과】
【도면의 간단한 설명】
【발명(고안)을 실시하기 위한 구체적인 내용】

【특허 청구 범위】
【청구항 1】

【요약서】
【도면】

(1) 발명의 명칭

① 본 발명의 권리 대상으로, 간단명료하게 기재한다.

② 특허 청구 범위의 청구항 말미의 용어와 일치되도록 기재한다.

(2) 기술 분야

① 본 발명이 속하는 산업 · 기술 분야를 간결 · 명료하게 요약하여 기재한다.

② 기술적 특징을 장황하게 기재하지 않아야 한다.

(3) 발명의 배경이 되는 기술

① 본 발명과 관련성이 있는 종래 기술을 기재한다.

② 본 발명의 목적과 관련하여 종래의 기술이 가지고 있는 문제점도 함께 기재한다.

(4) 발명의 내용

① **해결하려는 과제**: 본 발명이 해결하고자 하는 과제(목적)를 종래 기술과 관련하여 기재한다.

② **과제의 해결 수단**: 종래 기술의 문제점을 해결하기 위한 구체적인 수단을 기재하고, 특허 청구 범위를 요약하여 기재한다.

③ **발명의 효과**: 종래 기술과 비교하여 본 발명의 기술적 구성에 따른 현저한 효과를 기재한다.

④ **도면의 간단한 설명**: 첨부한 도면의 각 '도'가 무엇을 표시한 것인가에 대한 설명을 간결·명료하게 기재한다.

⑤ **발명을 실시하기 위한 구체적인 내용**: 참조 도면이나 참조 부호를 인용하여 본 발명의 구체적인 실시 예에 따른 구성과 그 작용을 기재한다.

(5) 특허 청구 범위

① 권리로 보호받고자 하는 사항을 기재한다.

② 발명의 상세한 설명에 의하여 뒷받침되어야 한다.

③ 발명이 명확하고 간결하게 기재되어야 한다.

④ 발명의 구성에 없어서는 안 되는 사항으로만 기재한다.

(6) 요약서

① 명세서가 기술 정보로 쉽게 활용할 수 있도록 하기 위하여 발명을 요약정리하는 서류이다.

② 발명 내용이 이해될 수 있도록 간결하게 발명을 요약하여 기재한다.

(7) 도면

① 필요한 경우, 발명의 구성 및 작동 상태 등을 도시(圖示)하여 발명을 명확히 표현한다.

② 명세서에 기재된 발명의 구성을 보다 잘 이해할 수 있도록 보충하는 기능을 한다.

유형 싱크로율 100%! 기출변형 문제

01

특허 요건에 관한 설명으로 옳지 않은 것은?

① 특허권을 받기 위해 출원발명이 갖추어야 할 요건이다.
② 출원발명은 산업에 이용 가능해야 한다.
③ 출원하기 전에 이미 알려진 기술이 아니어야 한다.
④ 선행 기술과 다르다면 차별성이 있어야 된다.
⑤ 특허의 효력은 출원일로부터 10년이다.

02

특허 출원에 관한 설명으로 옳지 않은 것은?

① 발명이 이루어진 시기에 관계없이 특허청에 먼저 출원한 발명에 권리를 부여하는 것을 선출원주의라 한다.
② 선발명주의는 발명가 보호에 강점이 있다.
③ 선출원주의 제도는 발명가가 소외될 수 있다는 단점이 있다.
④ 선출원주의는 기술의 공개에 대한 대가로 권리를 부여한다는 의미에서 합리적이며 신속한 발명의 공개를 유도할 수 있다.
⑤ 우리나라는 선발명주의를 채택하고 있다.

03

김 사원은 특허 명세서를 작성하기 전에 작성 원칙을 정리하였다. 다음 중 옳지 않은 것은?

특허 명세서 작성 원칙

㉠ 일관되고 구체적인 용어를 사용해야 한다.
㉡ 주어와 서술어의 관계를 명확히 하고, 문장은 가능한 한 단문으로 한다.
㉢ 특정 용어에 대한 의미를 명확히 할 필요가 있는 경우에는 이를 명확히 제시해야 한다.
㉣ 반드시 국어로만 작성해야 한다.
㉤ 현재 시제로 쓰는 것을 원칙으로 한다.

① ㉠　　② ㉡　　③ ㉢
④ ㉣　　⑤ ㉤

[04 ~ 05] 다음 특허 명세서를 보고 물음에 답하시오.

【명세서】

【발명(고안)의 설명】 ········· ㉠
【발명(고안)의 명칭】
【기술 분야】 ········· ㉡
【발명(고안)의 배경이 되는 기술】 ········· ㉢
【발명(고안)의 내용】
　【해결하려는 과제】
　【과제의 해결 수단】
　【발명(고안)의 효과】
　【도면의 간단한 설명】
　【발명(고안)을 실시하기 위한 구체적인 내용】
【특허 청구 범위】 ········· ㉣
　【청구항 1】
【요약서】 ········· ㉤
　【도면】

04

위 명세서를 작성하는 것에 대한 두 사람의 대화이다. 옳지 않은 것은?

① 정민: 발명의 원칙을 작성할 때는 간단명료하게 작성하는 것이 좋아.
② 선우: 기술 분야도 마찬가지로 간단명료해야 해.
③ 정민: 발명의 배경이 되는 기술을 작성할 때는 본 발명과 관련 있는 종래 기술을 작성하면 돼.
④ 선우: 맞아. 종래 기술이 가지고 있었던 문제점도 함께 기재하면 좋을 것 같아.
⑤ 정민: 특허 청구 범위를 작성할 때는 상세한 설명에 의해 뒷받침되는 것이 좋아. 물론, 무효 사유가 되지는 않지만 말이야.

05

다음 〈보기〉의 내용이 들어갈 항목으로 가장 적절한 것은?

보기

본 고안은 반도체 소자의 제조 방법 및 반도체 소자에 관한 것으로, 특히 다마신 배선의 형성 방법과 다마신 배선의 폴리싱 방법 및 그 방법에 의해 제조된 반도체 소자에 관한 것이다.

① ㉠ ② ㉡ ③ ㉢
④ ㉣ ⑤ ㉤

오답률 줄이는! 정답과 해설

01 ⑤
| 정답해설 | 특허법에 따른 특허의 존속 기간은 출원일로부터 20년이다.

02 ⑤
| 정답해설 | 우리나라는 선출원주의를 채택하고 있다.

03 ④
| 정답해설 | 국어로 작성하는 것을 원칙으로 하나, 국문 표현에 의해 이해될 수 없는 용어는 1회에 한해 영문 또는 한자를 괄호 속에 병기한다.

04 ⑤
| 정답해설 | 특허 명세서 작성에서 특허 청구 범위는 명세서에서 가장 핵심적인 부분이라고 할 수 있다. 상세한 설명에 의해 기재되지 않은 내용은 특허 청구 범위에 기재하더라도 보호를 받을 수 없으며, 등록되더라도 무효 사유가 될 수 있다.

05 ②
| 정답해설 | 발명이 속하는 기술 분야와 특징이 요약되어 있다. 따라서 기술 분야에 들어가는 것이 적절하다.

정답 01 ⑤ 02 ⑤ 03 ④ 04 ⑤ 05 ②

어떠한 일도 갑자기 이루어지지 않는다.
한 알의 과일, 한 송이의 꽃도 그렇게 되지 않는다.

나무의 열매조차 금방 맺히지 않는데,
하물며 인생의 열매를 노력도 하지 않고
조급하게 기다리는 것은 잘못이다.

– 에픽테토스(Epictetus)

III.

화법과 독해

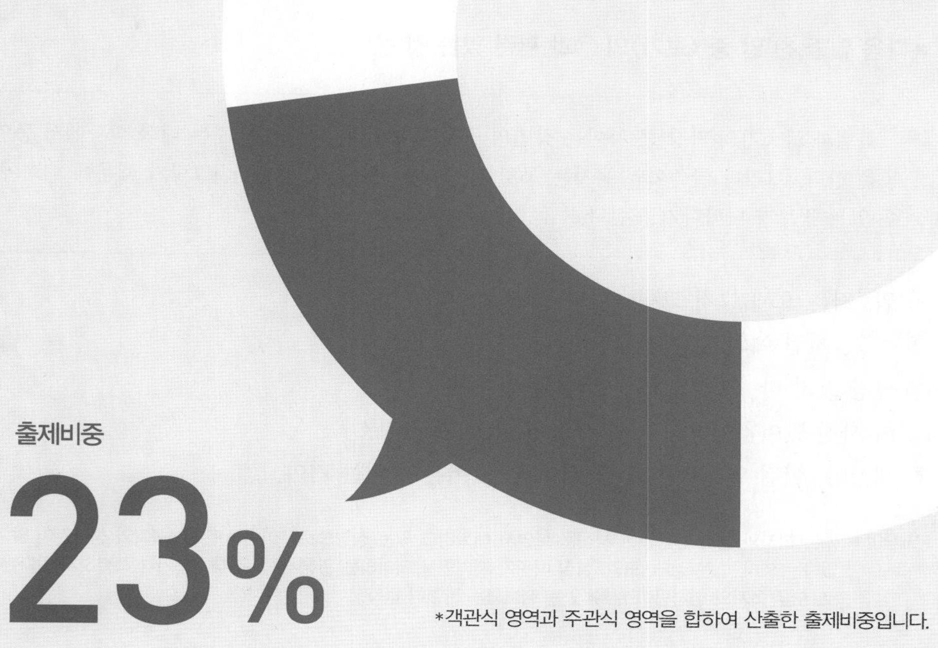

출제비중

23%

*객관식 영역과 주관식 영역을 합하여 산출한 출제비중입니다.

출제경향 & 학습전략

실용글쓰기 시험의 문항 구성을 보면 화법과 독해 파트는 일반적으로 14문제 정도가 출제된다. 화법 영역의 경우, 지문에 대한 정확한 독해를 요구하고 있는데, 단편적인 지식이 아닌 한 편의 글이나 생활 속 담화에서 나타나는 실질적인 언어 현상에 대한 지식을 측정한다. 아울러, 단편적으로 배운 지식이라 할지라도 그것들을 실제 업무와 생활 속에 적용할 수 있는지를 평가하는 문제가 출제되고 있다. 설령 문법에 대한 지식이 부족하더라도, 제시문 내에서 문제를 풀어낼 수 있는 힌트를 제공하기 때문에 제시문이 길다고 절대로 문제를 포기해서는 안 된다. 화법에 대한 기본적인 이론만 알고 있어도 실용글쓰기 시험의 화법 영역을 푸는 데에는 아무런 문제가 없으니, 기본 이론을 보다 탄탄히 준비하여 시험에 대비하는 것이 좋다.

독해 영역의 경우 최근 출제 경향을 보면, 엄밀하게 따지면 화법 영역에 속하는 문제로 볼 수 있다. 그러나 시험을 준비하는 수험생 입장에서 해당 문제를 화법 문제로만 분류하는 것은 좋은 학습 방법이 아니다. 한 문제 내에도 국어의 어휘, 문장, 화법 등 여러 요소들이 한꺼번에 녹아 들어가 있을 수 있기 때문이다. 물론 화법 이론이나 문법 이론을 숙지하고 있다면 보다 쉽게 풀어 나갈 수 있는 문제이지만, 이론을 모르더라도 글의 흐름상 문맥을 통해 충분히 선택지의 오류 여부를 판단할 수 있다. 제시문이 길어지면 수험생들은 부담을 느끼지만, 그만큼 힌트가 늘어난다는 사실을 잊지 말아야 한다.

01 화법과 글쓰기

대표유형 1 담화의 구성 요소 - 메시지(전언)

■ 다음 밑줄 친 말 중 〈보기〉의 ㉠과 관련 있는 것은?

보기

화법과 글쓰기의 가장 큰 차이는 장면의 공유 여부이다. 화자와 청자는 대화 상황에서 동일한 장면을 공유하며 의사소통을 한다. 그러나 글쓴이와 독자는 동일한 장면을 공유하지 못한다. 그렇기 때문에 대화에서는 ㉠화자와 청자만이 알 수 있는 정보가 나타나기도 한다.

① 뭐, 저는 요새 그저 그렇습니다.
② 쯧쯧. 저런 예의 없는 사람을 봤나?
③ 신경 쓰지 마. 그렇고 그런 소설일 뿐이다.
④ 이 사진 봤어? 어떻게 이런 사진이 나올 수 있지?
⑤ 괜찮아. 이런 일, 저런 일 다 겪어 봐야 어른이 되는 거야.

문제풀이 ▶ ④는 화자와 청자가 동일한 사진을 보면서 대화하고 있는 상황으로, '이런 사진'은 화자와 청자만이 알 수 있는 정보이다. ①은 특별한 변화가 없다는 의미, ②는 상태, 모양, 성질 따위가 저러함을 의미하는 관형사, ③은 대수롭거나 특별하지 않다는 의미, ⑤는 이러하고 저러하다는 의미로, 모두 화자와 청자만이 알 수 있는 정보와는 관련이 없다.

정답 | ④

대표유형 2 구체적 담화 상황 이해

■ 다음 담화에 대한 설명으로 적절하지 않은 것은?

은주: 이야, 수술 경과가 좋은데? 현, 너 지금 뇌에서 굉장히 중요한 부위를 수술했는데, 수술이 잘되어 다행이야.
현: 다 의사 친구 둔 덕분이지. 진짜 고마워!
은주: 친구 사이에 고맙긴. 자, 이제 수술 부위 소독 좀 하자.
박 원장: 자, 김은주 선생. 김현 환자 예후가 어떤가?
은주: 아! 원장님. 시상 하부에 종양이 발견되어 근치적 절제술을 시행했는데, 다행히 예후가 좋습니다. 이제 드레싱하려고 합니다.
박 원장: 김현 씨. 정말 어려운 수술이었는데, 이렇게 수술이 잘되어 정말 다행입니다. 빨리 완쾌하시길 바랍니다.
현: 네, 선생님. 수술하시느라 수고 많으셨습니다. 감사합니다.

① 박 원장이 현에게 한 말은 친교의 기능을 하고 있다.
② 은주는 현의 요구를 고려하여 필요한 정보를 제공하고 있다.
③ 은주와 현의 관계의 친밀도가 대화 양상에 영향을 주고 있다.
④ 박 원장은 은주와는 달리 현에게 격식을 지키며 말하고 있다.
⑤ 은주는 상대의 전문성 여부에 따라 어휘를 달리 선택하여 말하고 있다.

문제풀이 ▶ 담화에서 현이 은주에게 어떠한 것에 대한 요구를 하고 있거나, 은주가 그 요구에 대한 정보를 제공하고 있지는 않다. 은주와 현 사이의 대화에는 친밀한 사이의 대화 양상이 나타나며, 은주는 현과 박 원장의 전문적 지식 수준에 따라 각각 다른 용어를 사용하여 말하고 있다. 또한 박 원장은 은주보다 현에게 더 격식을 갖추어 공적인 말하기를 하고 있다.

정답 | ②

1 화법(담화)의 정의

화법(話法)은 화자가 청자에게 자신의 생각을 음성 언어나 표정, 몸짓 등을 사용하여 표현하는 것이다. 화법은 화자가 청자에게 일방적으로 자신의 의사나 감정을 전달하는 것이 아니라, 청자와 함께 의미를 창조해 가는 과정이다. 화법의 경우, 화자와 청자는 동일한 시간과 장소에서 말을 주고받는다. 따라서 청자가 즉각적으로 반응을 보일 수 있다.

화법의 구성 요소로는 화자와 청자, 메시지, 장면 등이 있다. 대화 상황에서 말하는 사람을 '화자'라고 하며 듣는 사람을 '청자'라고 한다. 그리고 화자와 청자가 주고받는 이야기의 내용을 '메시지'라고 한다. 또 하나의 요소인 '장면'은 화법이 이루어지는 시·공간적 배경을 말한다.

2 담화의 수용과 생산

일정한 목적을 달성하기 위해 사용된 구어적 언어 형식을 담화(談話)라고 한다. 따라서 담화는 각각의 상황에 따라 각기 다른 독특하고 고유한 기능을 지닌다. 담화는 그 목적에 따라 정보 제공 담화, 호소 담화, 약속 담화, 사교 담화, 선언 담화 등으로 구분할 수 있다. 담화는 하나의 목적을 위해 만들어지는 것이 보통이나, 하나 이상의 목적이 복합적으로 결합된 경우도 있다.

예 광고: 호소의 기능 + 정보 제공의 기능

1. 담화의 수용

담화를 수용하기 위해서는 상대방을 존중하고 대화의 규칙을 지켜 나가야 한다. 일방적인 대화는 의사소통 장애와 다툼을 유발한다.

(1) 담화 수용의 효과

화자의 의도를 파악할 수 있고, 청자로서의 목적을 달성할 수 있다. 또한 화자와의 친밀하고 협력적인 관계를 지속할 수 있게 한다.

(2) 담화 수용의 자세

① **협력적인 자세:** 대화 상대에게 최대한 공손하게 표현하며, 공손하지 않은 표현은 최소화한다.

② **공감적인 자세:** 감정을 이입하여 상대의 말을 들어 주는 것으로 거리감이 줄어들고 신뢰와 친밀함 속에 대화를 이어 나갈 수 있다.

③ **평가적인 자세:** 상대방의 말을 경청하면서 담화의 신뢰성, 타당성, 공정성 등을 판단한다.

2. 담화의 생산

① 담화의 화제를 수집과 탐구의 과정을 통해 선정한 뒤 청자의 반응을 고려해 화제의 의미를 재구성한다.

② 원활한 의사소통을 위해 규범적인 언어를 사용해야 한다. 특히 공적인 담화일 경우 공동체의 연대 의식을 준수하려는 노력도 필요하다.

③ 청자를 배려하여 상황에 알맞은 정확한 의미나 문장을 사용해야 한다. 청자의 직업, 나이, 성별 등에 따라 담화에 사용할 단어를 다르게 선택한다.

3. 반언어적 · 비언어적 표현의 활용

(1) 반언어적 표현

화자의 억양이나 어조, 속도 등과 같이 언어적 표현에 수반하여 의미를 변화시키거나 강조 혹은 부정하는 기능을 갖는 것으로, 효과적인 내용 전달에 큰 도움이 된다.

(2) 비언어적 표현

화자의 시선이나 표정, 몸짓 등과 같이 언어적 표현과는 독립적으로 의미가 작용하는 것을 뜻한다. 이를 활용하여 타인과의 언어 소통 과정에서 신뢰감을 형성할 수 있고, 전달할 내용의 강조하고자 하는 부분과 핵심을 보다 잘 드러낼 수 있다.

3 담화의 유형과 기능 빈출

① **정보 제공 담화**: 대상에 관한 정보를 전달하는 것이다.

> 성훈: 내일 숙희가 귀국한대.
> 미연: 정말? 벌써 시간이 이렇게나 흘렀다니…….

위 대화에서 성훈은 미연에게 어떠한 목적으로 말을 했을까? 숙희가 귀국한다는 정보를 제공하기 위해서이다. 이와 같이 어떠한 대상에 관한 정보를 전달하기 위한 목적을 가진 담화를 '정보 제공 담화'라고 한다. 정보 제공 담화의 대표적인 예로는 '강의', '뉴스' 등이 있다.

② **호소 담화**: 청자의 마음을 움직여 어떤 행위를 하도록 유도하는 것이다.

> 성훈: 학교를 위해 헌신할 준비가 되어 있는 저에게 여러분의 소중한 한 표를 쓰시기 바랍니다!

성훈은 어떠한 목적으로 이와 같은 말을 했을까? 유권자들이 자신에게 투표하도록 하기 위함이다. 이와 같이 청자의 마음을 움직여 어떤 행위를 하도록 유도하는 것을 '호소 담화'라고 한다. 호소 담화의 대표적인 예로는 '광고', '선거 유세' 등이 있다.

③ **약속 담화**: 청자에게 어떠한 행위를 하겠다고 약속하는 것이다.

> 정훈: 승연아, 나는 다른 사람에게 한눈팔지 않고 너한테만 잘할게.
> 승연: 정말? 믿음이 가지 않는데?

정훈은 어떠한 목적으로 승연에게 이런 말을 했을까? 다른 사람에게 한눈을 팔지 않겠다는 약속을 승연에게 하기 위해서이다. 이와 같이 청자에게 어떠한 행위를 하겠다고 약속하는 것을 '약속 담화'라고 한다. 약속 담화의 대표적인 예로는 '맹세', '선서', '계약서', '각서' 등이 있다.

④ **사교 담화**: 화자의 심리적인 상태를 표현하거나 청자와의 관계를 증진하는 것이다.

> 승연: 정훈 오빠가 바람을 피웠어. 너무 힘들어.
> 경혜: 승연아, 정훈 오빠 때문에 네가 많이 힘들어하는 모습을 보니 내 마음이 너무 아파.

경혜는 어떠한 목적으로 이와 같은 말을 했을까? 승연에게 자신의 심리적 상태를 표현하여 위로하고, 승연과의 관계를 증진하기 위해서이다. 이와 같이 화자의 심리적인 상태를 표현하거나, 청자와의 관계를 돈독하게 하기 위한 목적을 가지는 담화를 '사교 담화'라고 한다.

⑤ **선언 담화**: 어떤 새로운 사태가 일어났음을, 혹은 일어날 것임을 밝히는 것이다.

> 주례: 오늘 이 시간부로 신랑 희성 군과 신부 경혜 양은 부부가 되었음을 엄숙히 선포합니다.

주례는 어떠한 목적으로 이와 같은 말을 했을까? 희성과 경혜가 부부가 되었음을 밝히기 위함이다. 이와 같이 이전까지 없던 어떠한 사태가 새로이 일어났음을 밝히는 것을 목적으로 하는 담화를 '선언 담화'라고 한다. 선언 담화의 대표적인 예로는 '선전 포고', '주례사', '선언사' 등이 있다.

실전예시 펼쳐보기 ▼ **발화 상황에 맞는 발화 의도와 의미 파악하기** 

[상황 1] 가족 모임에 세 시간 늦은 딸에게	[상황 2] 길을 헤매고 있는 할머니가 남학생에게
어머니: 너 지금 도대체 얼마나 늦은 거니? 딸: (아무렇지도 않게) 세 시간 늦었는데요.	할머니: 이보게, 학생, 화장실이 어디 있는지 아나? 남학생: 네, 아는데요.

- **[상황 1]에서 어머니가 딸에게서 받을 수 있는 느낌**
  어머니가 모임에 늦은 딸에게 '너 지금 도대체 얼마나 늦은 거니?'라고 묻는 것은 정말 얼마나 늦은 것인지 시간을 알고자 함이 아니라, '왜 이렇게 늦었느냐?'의 의미이다. 따라서 딸이 어머니의 말을 문장 그대로 이해한 후, '세 시간 늦었는데요.'라고 대답한 것은 어머니의 발화 의도와 동떨어진 대답을 한 것이 된다. 아마도 어머니는 황당해하거나 딸이 버릇없다고 느낄 가능성이 크다.
- **[상황 2]에서 할머니가 남학생에게서 받을 수 있는 느낌**
  [상황 1]과 유사하다. 할머니의 발화는 '화장실이 있는 위치를 알려 달라.'라는 요청의 기능을 하는데 남학생은 이를 단순한 의문의 의미로 이해하고 있다. 아마도 할머니는 황당함, 불친절함 등의 느낌을 받을 가능성이 크다.
- **[상황 1], [상황 2]의 딸이나 남학생의 대답이 상대에게 불쾌감을 주는 이유**
  상대방의 발화 의도를 제대로 파악하지 못했기 때문이다. 이는 일상생활에서도 흔히 일어나는 일로, 이로 인해 화자와 청자 간에 오해가 생기기도 한다. 따라서 발화의 기능을 제대로 파악해야 한다. 이를 위해서는 발화 상황(화자, 청자, 상황, 내용, 장소 등)을 고려하여야 한다.

4 담화의 구성 요소 빈출

(1) 화자와 청자

즉각적인 상호 작용을 하는 발신자(화자)와 수신자(청자)이다.

화자	• 항상 청자 지향적이어야 한다. • 청자의 지적 수준이 어떠한지, 관심사가 무엇인지 등을 고려해야 한다. • 자신감이 있어야 효과적으로 메시지를 전달할 수 있다.
청자	• 정보를 얻는 사실적 듣기, 정보의 신뢰성을 평가하는 분석적 듣기, 관계 유지를 위한 공감적 듣기 등을 통해 화자와 상호 교섭해야 한다.

(2) 메시지(전언)

화자와 청자가 주고받는 말의 내용이다.

① 이야기는 여러 발화들이 주제를 향해 통일성 있게 모여서 이룬 집합체이다.
② 화자와 청자가 주고받는 정보이다.
③ 화자의 느낌과 생각 등을 포함한다.

실전예시 펼쳐보기 ▼ 적절한 의사소통을 위한 발화의 요건

소민: 밥 먹었니?
현숙: 우리 아들은 참 공부를 잘해.
소민: 요즘 두부가 그렇게 비싸다며?
현숙: 여긴 도서관이야.
소민: 오늘 저녁은 내가 살게.

• 위 대화의 의미를 정확히 파악하기 힘든 이유
화자 두 명이 각자의 이야기만 하고 있기 때문이다. 개별 발화들의 의미는 명확하지만 하나의 주제로 모이지 않기 때문에 대화가 유기적으로 구성되지 않았다.

(3) 장면

화법이 이루어지는 시·공간 및 사회·문화적 배경으로, 이야기의 흐름이나 의미 해석에 결정적 역할을 한다.

5 담화의 장면과 표현

1. 지시 표현

개념	담화 상황 속에 있는 대상을 지시하는 표현
상황 제시	은주: 이것 어때? 수연: 그것? 이것이 더 낫지 않아? 은주: 그것은 마음에 들지 않는데, 저것은 어때? 상황을 제대로 파악하지 못하면 '이것, 그것, 저것'이 가리키는 것이 무엇인지 알 수 없다. 만약, 이 대화가 이루어지는 장소가 서점이라고 가정하자. 그렇다면, 당연히 '이것, 그것, 저것'이 가리키는 대상은 '책'임을 알 수 있을 것이다. 이와 같이 담화 상황 속에서 어떠한 대상을 지시하는 표현 방법을 '지시 표현'이라 한다.
분류	(아래 표 참조) 위의 표를 외울 필요는 없다. '이, 그, 저'라는 세 단어만 눈에 익혀 두자. 뒤에 무엇이 붙든 '이, 그, 저'가 눈에 보이면 그것은 지시 표현이다. 그리고 '이 = 화자에게서 가까운 것, 그 = 청자에게서 가까운 것, 저 = 청자와 화자 모두에게서 먼 것'을 나타낸다는 것도 알아 두자.

지시 대명사	〈사물〉 이것, 그것, 저것	〈공간〉 여기, 거기, 저기	〈인칭〉 이이, 그이, 저이
지시 관형사	이, 그, 저		
지시 부사	이리, 그리, 저리		
시간 표현	이때, 그때, 저 때		
지시 형용사	이렇다, 그렇다, 저렇다		

2. 높임 표현

(1) 높임법(경어법)

① 개념: 화자가 어떤 대상이나 청자를 상하 관계·친소 관계*에 따라 언어적으로 구별하여 표현하는 방식이나 체계

필살개념

* 친소 관계
국어는 담화를 나누는 대상과의 친소 관계에 따라 높임 표현을 달리 선택할 수 있다. 윗사람에게는 격식 표현을 쓰는 것이 적절하지만, 윗사람이더라도 친밀한 사이에서는 비격식 표현을 사용할 수 있다.

② 실현: 선어말 어미 '-시-', 조사 '께, 께서', 특수 어휘 '계시다, 드리다', 문장 종결 표현 등을 활용한다.
③ 특징: 화자와 청자의 관계, 이야기 속 인물들의 상호 관계 등 발화와 관련된 모든 인물의 관계가 높임 표현을 결정하는 변수로 기능한다.
④ 종류: 주체 높임법, 상대 높임법, 객체 높임법

실전예시 펼쳐보기 ▼ **직장에서의 상황에 따른 높임 표현**

• [상황 1] 음식점에서

김 과장: 이번 프로젝트 멋지던데? 이러다 금방 차장으로 승진하겠어?
이 과장: 선배님도 참. 제가 선배님보다 먼저 될 수는 없죠.
김 과장: 그나저나 제대로 한턱내야지.
이 과장: 그럼요. 오늘 밤에 기대하시지요.

• [상황 2] 회의실에서

김 과장: 금일 회의를 시작하겠습니다. 이 과장님께서 신상품 기획안을 발표하여 주시겠습니다.
이 과장: 영업부의 이연걸입니다. 20대 여성을 타깃층으로 선정하고, 설문 조사 결과를 바탕으로 이번 기획안을 작성했습니다. 김 과장님께서 먼저 설문 조사 결과지를 좀 나눠 주시겠습니까?
김 과장: (회의 참석자들에게 설문지를 나눠 주며) 네. 다들 한 장씩 받아 보시면 되겠습니다.

• [상황 1]에서 이 과장이 김 과장을 높이고 있는 이유
김 과장이 이 과장의 선배이고, 김 과장이 이 과장보다 연장자이기 때문이다.
• [상황 2]에서는 높이는 관계가 달라진 양상과 그 이유
사적으로는 김 과장이 이 과장보다 연장자이지만, 사회적 지위가 중요한 회의라는 공식적인 모임에서는, 두 사람이 과장이라는 동일한 지위를 가지고 있기 때문에 위의 상황처럼 서로를 동등한 입장에서 높여야 한다.

(2) 주체 높임법

행위의 주체를 높이는 법으로서, 용언의 어간에 높임의 선어말 어미 '-시-'를 붙여 높임을 실현시킨다. 이 외에도 '잡수시다, 계시다' 등의 높임 어휘, 높임의 주격 조사 '께서'가 쓰이기도 하고 주어 명사에 '님'이 덧붙기도 한다.

① 표현의 양상

• 청자와 높임의 주체가 다른 경우
예 어머니, 큰할머니께서 오십니다.

• 청자와 높임의 주체가 같은 경우
예 선생님, 선생님께서도 그 영화를 좋아하시는군요.

② 주체에 대한 간접 높임

• 서술어의 주체가 높여야 할 대상의 신체 부분이거나 개인적 소유물일 때 '-시-'를 붙인다.
예 그분은 아직도 눈이 좋으십니다.
작은아버지도 연세가 많으시다.

• 주체의 생활과 관련이 깊은 것에 대해 언급하는 경우
예 교수님께서 댁에서 지하철역까지 너무 머셔서 불편하시겠어요.

'있으시다' / '계시다'의 차이

있으시다	주어를 간접 높임, 형용사형 활용 예 어머니께서는 항상 근심이 있으시다.
계시다	주어를 직접 높임, 동사형 활용 예 어머니께서는 부엌에 계신다.

(3) 상대 높임법

말하는 이가 듣는 이에 대하여 높이거나 낮추어 말하는 방법으로, 격식체와 비격식체로 나뉜다. 상대 높임법은 종결 표현으로 실현되며 국어 높임법 중 가장 발달하였다.

① 격식체와 비격식체

- 격식체: 청자와 화자 사이의 관계가 멀 때, 공식적이며 의례적인 자리에서 쓰인다.
- 비격식체: 청자와 화자가 가까울 때, 부드럽고 주관적인 느낌을 준다.

구분		하다	평서문	의문문	명령문	청유문	감탄문
격식체	아주 높임	하십시오체	하십니다	하십니까?	하십시오	하십시다	–
	예사 높임	하오체	하(시)오	하(시)오?	하(시)오	합시다	하구려
	예사 낮춤	하게체	하네	하나?, 하는가?	하게	하세	하구먼
	아주 낮춤	해라체	하다	하느냐?, 하니?	해라(하여라)	하자	하구나
비격식체	두루 높임	해요체	해요	해요?	해요	해요	하군요
	두루 낮춤	해체(반말체)	해	해?	해	해	해, 하군

상대 높임법의 단계별 표현 알기

- 고맙습니다. 사장님, 건강하십시오. → 하십시오체(−십시오, −소서, −나이다, −ㅂ니다, −올시다 등)
- 그것은 내 잘못이 아니오. → 하오체(−오, −소, −구려, −리다 등)
- 기한을 늦춰 줄 테니, 금요일까지 제출하게. → 하게체(−게, −네, −나, −ㅁ세, −는가, −세 등)
- 밥을 먹고 반드시 양치질을 해라. → 해라체(−어라, −느냐, −다, −자, −마, −니, −려무나 등)
- 어제 운동하러 나갔지요? → 해요체(−어요, −지요, −군요, −ㄹ게요, −ㄹ까요 등)
- 내일은 전시회를 보러 가야지. → 해체(−어, −야, −지, −나 등)

이 밖에도 '하라체'가 있다. '하라체'는 '신규 정책 철회하라', '쓰레기 소각장 건설 계획을 중단하라'처럼 주로 광고문이나 연설문의 구호적 표현에 제한적으로 쓰인다. '철회하여라/각성하라', '중단하여라/중단하라'의 차이점을 이해할 수 있다면 '해라체'와 '하라체'를 구별할 수 있다.

② 공손법(겸양법): 화자가 공손한 의도를 표출함으로써 청자를 높이는 방법으로, 공손 선어말 어미를 사용한다.

예 특별하지는 않은 물건이오나 성의껏 준비하였으니 받아 주시옵소서.

(4) 객체 높임법

- 목적어나 부사어, 서술의 객체를 높이는 높임법을 객체 높임법이라고 한다.

- 특정 서술어(드리다, 여쭙다, 뵙다, 모시다)로만 실현되기 때문에 쓰임이 매우 한정되어 있다.

  예 이것을 할머니께 드려라.

  나는 아버지를 모시고 병원으로 갔다.

실전예시 펼쳐보기 ▼ 객체 높임법의 적용

> 새해를 맞아 (선생님께) 안부를 여쭙고자(여쭈고자) 편지를 썼습니다.

→ 안부를 여쭙는 대상인 필수적 부사어(선생님께)가 생략된 문장으로, '여쭙다(여쭈다)'라는 객체 높임의 어휘를 이용하여 생략된 객체를 높이고 있다.

> 옆집 아주머니께서 잠시 할머님을 뵙자고 하십니다.

→ 높임 어휘인 '뵙다'를 통하여 객체(목적어)인 '할머님'을 높이고 있다.

(5) 언어 예절에 따른 높임법의 올바른 쓰임

언어 예절이란, 사회 구성원들이 지켜야 할 언어 구조와 형식을 일컫는다. 실용글쓰기 시험에서는 일상생활이나 직장 생활에서 잘못 사용하고 있는 높임법에 관한 문제가 출제되므로 다음 사례들을 위주로 높임법을 정리해 보자.

① 용언이 여러 개가 연결되는 경우 '-시-'의 위치

> 읽고 있다 / 돌아가고 있다 / 쪼그려 앉아 있다

→ 위 사례들에 모두 '-시-'를 붙이면 '읽으시고 계시다', '돌아가시고 계시다', '쪼그리시어 앉으시고 계시다'처럼 그 내용과 표현이 어색해진다. 일률적으로 규칙을 세우기는 어렵지만 위와 같은 경우에는 대체로 마지막 용언에 '-시-'를 넣으면 가장 자연스럽다.

예 읽고 계시다 / 돌아가고 계시다 / 쪼그려 앉아 계시다

② **일상생활에서의 간접 높임법**: 존경의 어휘를 남발하는 것도 잘못된 표현이다. "아버지는 9층에 볼일이 계시다."는 잘못된 표현이며 "볼일이 있으시다."가 바른 표현이다. '말씀'도 역시 마찬가지이다. 주체를 직접 높일 때에는 '계시다'를, 주체와 관련된 대상을 간접적으로 높일 때에는 '계시다' 대신 '있으시다'를 사용해야 한다.

③ **동료에 대해 이야기할 때**: 동료에 관해 말할 때는 누구에게 말하는가에 관계없이 '-시-'를 넣지 않고 말한다. 예를 들어 차장이 다른 차장에 대해 후임에게 이야기할 때에는 "박진수 씨, 박 차장 어디 갔어요?" 하고 말한다. 그러나 직급이 같더라도 자기보다 나이 많은 동료를 다른 동료나 아랫사람에게 말할 때는 "박진수 씨, 박 차장 어디 가셨어요?"와 같이 '-시-'를 서술어에 넣을 수 있다. 그러나 윗사람에게 말할 때는 '-시-'를 넣지 않는다.

④ **윗사람에 대해 이야기할 때**: 윗사람에 관해서 말할 때는 듣는 사람이 누구든지 '-시-'를 넣어 말하는 것이 원칙이다. 즉 "사장님, 김 과장님도 회의에 참석하셨습니다."라고 말해야 한다.

3. 생략 표현

개념	담화 상황 속에서 추측이 가능한 성분을 생략하는 표현
상황 제시	미진: 혹시 내가 어제 입었던 옷 봤니? 서연: 옷장 서랍 세 번째 칸. 미진: 그래? 생각이 안 났어. 알려 줘서 고마워. 서연의 답변은 '네가 어제 입었던 옷이 옷장 서랍 세 번째 칸에 있는 것을 보았어.'를 짧게 표현한 발화이다. 이처럼 담화를 생략하여 표현하는 것을 '생략 표현'이라 한다. 이러한 생략 표현은 담화 상황과 관련이 있다. 서연이 미진의 질문에 답을 하는 상황이므로 답변의 내용이 '미진이 입었던 옷을 어디서 보았는지에 관한 정보'임을 서연은 파악할 수 있다는 것이 전제되었다. 이 전제를 토대로 서연은 문장의 주어와 서술어를 생략하였고, 미진 역시 옷을 찾는 상황을 고려해 서연의 말에서 생략된 내용들을 복원시켜 이해하고 있는 상황이다. 이처럼 생략 표현은 상황을 통해 내용 복원이 가능한 때에만 정보의 생략이 가능하다는 점을 알아 두자.

① 생략이 가능한 경우

주어진 정보	주어 혹은 목적어의 생략
영희는 열심히 국어 공부를 했다.	그래서 시험에 합격했다.
민희야, 밥 먹어라.	이따 먹을게.

② 주어, 목적어 생략이 불가능한 경우: 설명 의문문은 새로운 정보가 요구되기 때문에 주어의 생략이 불가능하다.

예 누가 1등을 했어? → 영희가요.('1등을 했습니다.' 생략)
영희에게 무슨 일이 있었니? → 1등을 했습니다.('영희가' 생략)
무슨 일이야? → 영희가 이번 시험에서 1등을 했습니다.(모두 새로운 정보이기 때문에 생략 불가능)

③ 주어가 없는 무주어: 관용적인 표현은 주어가 생략된다.

예 불이야!

4. 심리적 태도

개념	담화 상황에 대한 화자의 태도를 드러내는 표현
상황 제시	기탁: 소진이는 뭐 하니? 성훈: 소진이는 공부를 하고 있어. / 소진이는 공부를 하고 있겠지. / 소진이가 공부를 하고 있네? 위 대화에서 성훈이 한 답변들은 공통적으로 '소진이가 공부를 하고 있다.'는 사실을 드러낸다. 그러나 세 문장은 서로 약간씩 다른 느낌을 준다. 세 답변에는 어떠한 차이가 있을까? 먼저, '소진이는 공부를 하고 있어.'는 소진이가 공부를 한다는 사실을 단순히 전달한다. '소진이는 공부를 하고 있겠지.'는 화자가 확실히 알지는 못해도 그 사실에 대한 확신이 있다는 뜻을 전달한다. '소진이가 공부를 하고 있네?'는 화자가 직접적인 관찰을 통해서 처음으로 알게 된 사실을 표현하는 것이다. 하나의 사실에도 화자의 심리적 태도는 다양하게 표현될 수 있으며, 이처럼 담화 상황에 대한 화자의 태도를 드러내는 표현을 '심리적 태도'라 한다. 심리적 태도는 주로 종결 어미나 보조사를 통해 실현된다. 그러나 종류가 매우 다양하여 이것들을 외우기는 매우 어렵다. 그렇지만 우리는 일상생활에서 이러한 심리적 태도를 드러내는 표현들을 빈번히 사용하고 있으므로 직관에 근거하여 판단하면 화자의 심리적 태도를 파악해 낼 수 있다.

5. 질문과 대답

(1) 개념

장면에 따라 이야기의 표현이 결정되는 것으로, 질문과 대답의 형식으로 구성된다.

(2) 특징

① 실제 이야기에서 질문 시 긍정·부정 중 어느 하나만이 가능하다.

② 발화 상황에 알맞은 질문을 선택해야 한다. 긍정적으로 판단되는 사건에는 긍정적 질문을, 부정적으로 판단되는 사건에는 부정적 질문을, 긍정 · 부정의 상황이 공존하는 사건에는 긍정 질문과 부정 질문 모두를 사용한다.

③ 상황과 다른 질문의 경우는 청자가 질문의 내용을 전혀 다른 의미로 인식할 가능성이 있다.

(3) 표현 방식

국어가 청자 중심의 언어*라는 것에 유의하며 질문에 대한 대답을 적절히 해야 한다.

질문	대답
긍정 의문문 예 운동했니?	청자의 내용이 • 긍정일 경우 → 긍정 대답: 응, 했어. • 부정일 경우 → 부정 대답: 아니, 안 했어.
부정 의문문 예 운동 안 했니?	청자의 내용이 • 긍정일 경우 → 부정 대답: 아니, 했어. • 부정일 경우 → 긍정 대답: 응, 안 했어.
긍정을 전제한 부정 물음 예 오늘 날씨 참 좋지 않니?	청자의 내용이 • 긍정일 경우 → 긍정 대답: 네, 참 좋네요. • 부정일 경우 → 부정 대답: 아니요, 좋지 않아요.

필살개념

* 청자 중심의 언어

국어는 청자 중심의 언어이기 때문에 청자를 고려하여 말을 해야 한다. 긍정 의문문으로 질문을 받았을 때에는 긍정이면 '네', 부정이면 '아니요'로 대답하고, 부정 의문문으로 질문을 받았을 때에는 듣는 사람(청자)의 입장에서 긍정 · 부정의 대답을 한다.

긍정 물음만이 가능한 경우

• 실제 장면을 보면서

예 (퇴근하는 장면을 보면서) 퇴근하세요?

• 전제된 사실이 있을 때

예 오늘은 모두들 남김없이 밥을 다 먹었군! 민지와 은지도 다 먹었지?

6 문제 해결을 위한 담화

1. 토의

(1) 개념

여러 사람이 함께 모여 공통의 주제를 가지고 각자 다른 자신의 의견을 나누는 것으로, 한 주제에 대해 검토하고 협의하는 과정이다.

(2) 과정

1	주제를 정한다.
2	해당 주제가 지닌 문제점을 이해한다.
3	문제점이 생겨난 원인과 실태, 전망 등에 대해 지식과 의견을 교환하며 주제가 지니는 의미를 정확하게 인식한다.
4	문제 해결 방안을 제시한다.
5	여러 가지 해결 방안들을 검토한 후, 최선의 해결 방안을 선택한다.
6	선택된 해결 방안을 실천하기 위한 의지를 갖는다.

(3) 특징

① 토의에는 일정한 절차가 있다.

② 참여자는 사회자, 토의자, 청중으로 구성된다.

③ 토의의 주제는 불특정 다수의 공통 관심사여야 하며, 그 시기 또한 적절해야 한다.

④ 토의의 유형에는 심포지엄, 패널 토의, 포럼, 회의, 원탁 토의, 콜로키움, 브레인스토밍 등이 있다.

2. 토론

(1) 개념

어떤 문제에 대하여 여러 사람이 각각 의견을 말하며 논의하는 것이다.

(2) 토론과 토의의 구분

구분	토론	토의
공통점	하나의 주제로 여러 사람이 함께 의견을 나눈다.	
차이점	각자의 의견을 주장하고, 상대의 의견을 반박하며 자신의 주장이 옳음을 공고히 한다.	의견을 나누고 그것들을 수렴하여 하나의 공통된 해결 방안을 제시하고 검토한다.

(3) 특징

① 찬성 토론자와 반대 토론자 양쪽의 의견 차이가 분명해야 한다.
② 토론 논제의 종류에는 사실 논제, 가치 논제, 정책 논제 등이 있다.
③ 토론의 근본적인 목표는 당장의 문제 해결이 아니라 합리적인 문제 해결에 있다.
④ 토론이 끝난 후에는 판정인이 찬성, 반대 중 어느 쪽의 의견이 더 타당한지 판정한다.
⑤ 찬성 토론자와 반대 토론자는 서로 번갈아 가며 자신의 주장을 제시하고 논거를 든다.
⑥ 토론의 원활한 진행을 위해 사회자, 찬성 토론자, 반대 토론자, 판정인 등이 필요하다.
⑦ 자신의 주장을 공고히 하며 상대방을 설득해야 하기 때문에 객관적인 근거를 내세워야 한다.

3. 협상

협상은 이익과 관련하여 둘 이상의 협상 주체가 쌍방향 의사소통을 통해 상호 만족할 만한 수준의 합의에 이르는 과정이다. 협상은 가족이나 친구들 간의 의사 결정 과정에서부터 국가와 국가 간 협정에 이르기까지의 갈등을 조정하고 해결하기 위해 사용되는 광범위한 담화 유형이다.

(1) 협상의 3조건

상황	협상을 필요로 하는 구체적인 갈등 상황이 존재해야 한다.
참여자	참여자들이 경쟁적인 협력자 관계에 있어야 한다.
행위	참여자들이 공동의 목표를 추구하고 합의 결과에 대해 이행 의무를 지녀야 한다.

(2) 협상의 종류

양자 협상	1 : 1의 관계로 집단 간에 벌이는 협상
다자 협상	참여 주체가 많아서 여러 명의 개인 혹은 단체가 진행하는 협상

4. 건의문

건의문은 특정 문제나 사안에 대한 의견과 해결 방안을 제시하는 글이다. 설득을 목적으로 하며, 다수의 입장, 공익의 입장과 관련된 해결 방안을 제시해야 한다. 건의문의 주장은 명료해야 하며 근거가 논리적이고 객관적이어야 한다.

유형 싱크로율 100%! 기출변형 문제

01

다음 중 담화의 유형이 다른 것은?

① 내일 저녁 7시에 ○○여고 47회 동창회가 있겠습니다.
② 환경 보호를 위해 쓰레기 분리수거를 생활화해야 한다.
③ 내일 아침 기온은 9도로 평년 기온보다 3~4도 높겠습니다.
④ 마라톤 협상을 이어 온 노사정 대타협이 결렬될 위기에 놓였다.
⑤ 자아 노출이란 상대방에게 자신에 대해서 말하는 것을 의미한다.

02

다음 중 설득을 목적으로 한 발화로 적절한 것은?

① 안녕하세요, 손님! 오랜만에 오셨네요?
② 다음 결혼기념일에는 꼭 좋은 데 여행가자.
③ 나는 올해 꼭 읽고 싶었던 책을 다 읽고 말 거야.
④ 이 천문도는 세계적으로 손꼽을 만큼 오래된 천문도 중 하나입니다.
⑤ 미래는 창의적 교육에 달려 있습니다. 창의 교육에 지원을 해야 합니다.

03

의사소통 시 장애를 극복하기 위한 방법으로 적절하지 않은 것은?

① 맥락을 고려하여 말을 한다.
② 조언은 모두가 보는 앞에서 한다.
③ 문화의 차이를 고려하며 말을 한다.
④ 가치관의 차이를 존중하며 말을 한다.
⑤ 의도를 분명히 알 수 있도록 말을 한다.

오답률 줄이는! 정답과 해설

01 ②

| 정답해설 | ②만 청자의 마음을 움직여 어떤 행위를 하도록 유도하는 '호소 담화'이고, 나머지는 모두 대상에 관한 정보를 제공하는 '정보 제공 담화'에 해당한다.

02 ⑤

| 정답해설 | 설득을 목적으로 말하는 경우, 청자의 마음이나 태도를 움직일 수 있도록 내용을 구성해야 한다. 대표적으로 '문제-해결'이 있는데, 이는 문제의 심각성을 밝히고 해결책을 제시하여 주장의 타당성을 입증해 나가는 방식을 말한다. ⑤는 미래는 창의적 교육에 달려 있다는 문제 제기와, 창의 교육에 지원을 해야 한다는 해결 방법을 제시함으로써 청자를 설득하려 하고 있다.

03 ②

| 정답해설 | 조언을 모두가 다 보는 앞에서 할 필요는 없다. 말하기의 목적이 태도의 개선에 있으므로 은밀히 말할 수 있는 공간에서 말하는 것이 더 적절하다.

정답 01 ② 02 ⑤ 03 ②

04

다음 중 협상의 종류가 다른 하나는?

① 하나의 옷을 누가 입을 것인지에 대해 언니와 동생이 협상하는 경우
② 구내식당 건설에 반대하는 회사 측과 찬성하는 직원들이 협상하는 경우
③ 임금을 높여 달라는 노사 측과 임금을 동결하자는 회사 측이 협상하는 경우
④ 상반기 워크숍을 바다로 가자는 직원들과 산으로 가자는 임원들이 협상하는 경우
⑤ 쓰레기 폐기장 건설에 대해 각기 입장이 다른 정부와 지역 단체, 거주자들이 협상하는 경우

[05 ~ 06] 다음을 읽고 물음에 답하시오.

[가] 소영: 교수님, 어디 가세요?
김 교수: 응. 토론자로 참석하게 되어 학회에 간다네.
[나] (휴게실에서)
김 교수: 지현, 오늘 발표 준비 많이 했어?
이 교수: 강의 준비하느라 발표 준비할 시간이 별로 없었어. 큰일이네.
(발표회장에서)
김 교수: 발표자의 발표 잘 들었습니다. 한 가지 질문드릴 것이 있습니다. 발표문 8쪽을 보면, 발표자의 주장과는 상반되는 사례가 하나 있습니다.
이 교수: 네, 좋은 지적 감사합니다. 그 부분에 대해서는 좀 더 추가적인 연구가 필요합니다.
[다] 혜원: 여보, 이거 내 선물이야?
종범: 응, 당신이 전에 이거 가지고 싶다고 했잖아. 그래서 큰맘 먹고 하나 샀지.
혜원: 어머, 그러셨어요? 저는 이 물건을 오늘 처음 보는데요?

05

[가]~[다]에 대한 설명으로 적절하지 않은 것은?

① [가]~[다] 모두 높임 표현을 사용하고 있다.
② 높임 표현은 담화의 상황, 청자와 화자의 관계에 크게 영향을 받는다.
③ [가]에서는 청자의 상하 관계에 의해 높임/낮춤 표현을 선택하여 사용하고 있다.
④ [나]에서는 화자의 사적/공적 상황에 따라 높임 표현을 선택적으로 사용하고 있다.
⑤ [다]에서는 청자의 심리에 따라 화자가 말의 내용과 전달 방식을 달리 사용하고 있다.

06

[가]~[다]를 통해 알 수 있는 화법에 대한 설명으로 적절하지 않은 것은?

① 화법은 정보를 전달하는 것만을 목적으로 한다.
② 의사소통 문화는 사회 집단에 따라 다르게 형성된다.
③ 화법은 언어를 통해 자신의 생각과 느낌을 다른 사람과 주고받는 행위이다.
④ 화법은 말을 하는 발신자와 말을 듣는 수신자가 즉각적인 반응을 하면서 이루어진다.
⑤ 화자와 청자가 고정된 메시지를 주고받는 것이 아니라 의미를 교섭하면서 의사소통이 이루어진다.

07

다음은 직장에서 지켜야 할 언어 예절에 관한 설명이다. 밑줄 친 ㉠~㉣에 관한 예시로 적절하지 않은 것은?

직장에서 겪는 언어 예절에 관한 의사소통의 문제점은 다음 네 가지로 구분할 수 있다. 먼저 언어 예절이 잘 지켜지지 않은 경우이다. 한국 언어문화의 특성상 ㉠연령에 따른 질서를 중시하는 경향이 큰데, 이와 관련하여 서로의 생각이 달라 의사소통의 문제

가 발생한 경우이다. 다음으로는 ㉡직급에 따른 소통의 갈등이 발생한 경우이다. 직급과 연령이 역전되는 경우, 사무직과 관리직 등 직군과 직급의 차이가 있는 경우 등 수직적인 의사소통 구조상에서 서로의 인식이 달라 의사소통의 문제가 발생하는 경우이다. 세 번째로 ㉢사적으로 한 이야기의 비밀이 지켜지지 않아 의사소통의 어려움을 겪는 경우이다. 마지막으로 구두 의사소통의 다른 채널인 ㉣전화와 관련하여 의사소통의 어려움을 겪는 경우이다. 직접 얼굴을 보지 않고 목소리로만 통화하는 전화의 경우, 마땅히 지켜져야 할 전화 예절이 지켜지지 않으면 갈등의 소지가 있기 마련이다.

① ㉠: 20대 중반의 교포 2세 신입 사원과 40대 초반의 직속 상사. 한국말이 서툰 신입 사원은 경어에 익숙하지 않아 직속 상사에게 반말을 한다. 우연히 신입 사원의 통화를 엿듣게 된 상사는 신입 사원의 서툰 말투가 거짓이었다는 것을 알게 되고, 자신이 농락당했다고 느낀다.

② ㉡: 다른 부서의 직원 중 입사 경력은 나보다 짧은데, 동갑이라는 이유로 존대를 하지 않고 불성실한 경우, 기분은 언짢으나 함부로 지적하기도 어려운 것이 현실이다.

③ ㉡: 내가 사원으로 입사할 때 대리였던 김 과장은 나보다 5살 연상이다. 8년 전에 나도 과장이 되어 김 과장과는 같은 직급이 되었다. 하지만 호봉이 높고 나이도 연상인 김 과장은 이전처럼 나를 대했다. 작년에 나는 부장으로 승진했음에도 김 과장은 아직도 나에게 존대를 하지 않으며, 내가 없는 곳에서 다른 직원들에게 나를 마치 자신의 아랫사람인 것처럼 말하고 다닌다.

④ ㉢: 직장 동료와 사적인 술자리에서 이직에 대한 이야기를 꺼낸 적이 있었다. 며칠 후 그 동료가 회사 곳곳에 내가 이직할 거라는 소문을 내고 다녀서 문제가 발생한 적이 있다.

⑤ ㉣: 거래처 직원과 통화하는 도중에 주변 소음으로 인해 큰 소리로 말했을 뿐인데, 신경질적이며, 짜증을 자주 낸다는 질책을 많이 받았다.

오답률 줄이는! **정답과 해설**

04 ⑤

| 정답해설 | 협상은 참여자 집단의 유형에 따라 '양자 협상'과 '다자 협상'으로 나눌 수 있다. '양자 협상'은 1:1의 관계로 집단 간에 벌이는 협상을 말하고, '다자 협상'은 참여 주체가 많아서 1:1:1 이상의 관계로 집단 간에 벌이는 협상을 말한다.

05 ⑤

| 정답해설 | [다]는 청자에 대한 화자의 태도를 나타내기 위해 높임 표현을 선택하여 사용하고 있다.

| 오답해설 | ①, ② 담화 속 인물 사이의 상황, 상하 관계, 친소 관계를 고려해서 높이거나 낮추는 표현을 '높임 표현'이라 한다.

06 ①

| 정답해설 | 화법은 단순히 정보를 전달하기 위한 것만이 아니다. 정보를 전달하는 기능뿐만 아니라 친교적 기능도 가지고 있다. 또한 다른 사람과 대화를 나누다 보면 그 사람과의 관계도 변할 수 있다. 특히 같은 뜻의 말이라도 어떻게 표현하느냐에 따라서 의미가 달라지기 때문에 대화가 두 사람 사이의 관계를 크게 바꿀 수도 있다.

07 ①

| 정답해설 | ①의 신입 사원과 직속 상사의 의사소통 갈등은 연령에 따른 질서로부터 생겨난 갈등이라기보다는, 신입 사원의 부족한 인성과 도덕적 해이에서 비롯된 것이다.

정답 04 ⑤ 05 ⑤ 06 ① 07 ①

[08 ~ 09] 다음 글을 읽고 물음에 답하시오.

황 교수: 우리나라 말 중에서 '멋'이라는 단어처럼 멋있는 말도 드물다고 생각합니다. 각 나라나 민족마다 지니고 있는 말의 아름다움이 있고, 그 공동체에서만 통용되는 고유한 언어 영역이 있기 때문에 완벽한 번역이 불가능하다는 논리는 지극히 옳다고 생각합니다. 이처럼 외국어로 번역하기 어려운 말 중의 하나가 바로 멋이라는 단어가 아닐까요? 다른 언어권에도 물론 우리나라 말의 멋에 해당하는 단어가 있겠지만, 서로 다른 문화와 그에서 발생되는 관점의 차이로 인해 그 단어가 가지는 의미는 차이가 날 수밖에 없습니다.
국어학자가 아니기 때문에 멋이라는 단어에 대해 정확하게 규정할 수는 없지만, ㉠ <u>멋이라는 말의 유래가 '무엇'이라는 말이 줄어든 표현에 해당한다는 주장에 크게 공감합니다.</u> 즉, 어떤 개체가 지닌 내면적인 충만(充滿)에 더해지는 그 무엇, 달리 말하면 충만이 넘쳐 충일(充溢) 단계에서 넘쳐흐르는 그 무엇이 멋이라는 해석 말입니다. 마치 컵에 무엇을 부었을 때 가득 찬 뒤에 한 방울 넘쳐흐르는 그 무엇이 멋인 것이며, 인간의 내면이 가득 찼을 때 살짝 넘쳐흐르는 그 무엇이 인간의 멋이지요. 이러한 멋에 대한 이론이 역사적으로 검증된 것인지는 모르겠지만, 멋이라는 개념을 정의하는 실마리가 되기에 충분하다고 생각합니다.
멋이 충일에서 비롯된 그 무엇이라면, 멋의 중요한 전제 조건은 바로 '가득 참'일 겁니다. 가득 차지 않은 컵이 어떻게 넘쳐흐를 수 있겠습니까? 인간이나 사회에서 풍기는 멋도 마찬가지로 내면의 가득 참, 문화적인 가득 참에서 비롯하는 것으로, 이는 결코 의도적인 것이 아닙니다. 자연스러운 결과로서 해석해야 하지요.
일반적으로 의도적인 멋에는 부린다는 표현을 씁니다. 부리는 멋이 있기 위해서는 역시 전제 조건으로 내용의 가득함이 요구됩니다. 자연스러운 멋이든 부리는 멋이든 간에 내용의 충만함이 없이는 불가능하다는 점에서 공통점을 지닙니다. 그러한 전제 조건이 결여된 멋은 아무리 위장을 한다 해도 그 뒤에 숨겨진 천박함을 감추지는 못할 것입니다.

08

윗글의 화자가 전달하고자 하는 핵심 내용은?

① 멋이란 외적인 것이 아니라 겉으로 드러나지 않는 정신적인 그 무엇이다.
② 멋은 일상적인 것으로부터의 일탈, 자연스러운 파격으로부터 오는 것이다.
③ 멋은 굳이 드러내 보이려 하지 않아도 자연스럽게 우러나오는 그 어떤 것이다.
④ 멋은 대상 그 자체에 있는 것이 아니라 그것을 바라보는 마음에서 우러나는 것이다.
⑤ 멋이란 비움에서부터 오는 것으로 의도적인 여백, 여유 있는 비움에서 비롯되는 것이다.

09

화자가 ㉠과 같이 말한 의도로 가장 적절한 것은?

① 우리말 번역의 어려움을 지적하기 위해서
② 일반적 정의가 지니는 문제점을 도출하기 위해서
③ 논의 대상에 대한 접근의 출발점으로 삼기 위해서
④ 국어학적 연구 성과에 대한 업적을 기리기 위해서
⑤ 자신의 관점과의 차이점을 분명하게 드러내기 위해서

10

다음 대화에서 나타난 '사회자'의 역할로 적절한 것은?

사회자: 정부는 최근 의료 서비스를 산업화해 국제 경쟁력을 갖추도록 할 필요성이 있다고 강조하지만, 의료 서비스는 결코 경제적 논리로 풀어서는 안 되는 공공재라고 주장하는 입장도

만만치 않습니다. 이 사안에 대해 어떻게 생각하시는지요?

안 교수: 의료를 산업으로 보려는 시각은 대단히 위험합니다. 군인과 의사의 공통점은 국민의 생명을 지켜야 할 의무가 있다는 겁니다. 국가가 의사에게 의료 행위에 대한 독점권을 보장해 주는 것은 국민의 건강과 생명을 보호하기 위한 것입니다. 지금도 돈벌이만을 이유로 의대 내에서도 성형외과 · 피부과 · 치과 등에 우수 인력이 몰리고, 그 인력들이 각 분야의 서비스 개발에 집중하고 있습니다. 영리 법인이 허용되면 그런 현상은 더욱 심화될 겁니다.

사회자: 보건 의료적 측면에서 중요하긴 하지만 수익성이 낮은 분야가 낙후될 가능성은 분명히 있습니다. 하지만 주식회사 같은 형태의 영리 법인이 허용되면 병원이 암 치료 등 거액의 투자가 필요한 연구 개발 분야에 투자자를 끌어들이기 쉬워질 수도 있지 않겠습니까? 또, 고가의 고급 서비스 제공으로 해외로 빠져나가는 부유층 환자를 잡아 놓는 효과도 예상할 수 있을 텐데요, 어떻게 생각하십니까?

안 교수: 미국의 경우 영리 법인이 비영리 법인보다 진료비가 1.19배 비싼 반면, 사망률은 더 높은 것으로 나타났습니다. 인건비를 줄이기 위해 경험이 부족한 젊은 의사를 고용하는 것 등이 원인이지요. 또, 우리나라의 문화적 특성도 고려해야 합니다. 영리 법인이 생길 경우 사회 계층 간 갈등이 심각해질 것이고, 그로 인한 범죄도 걷잡을 수 없게 될 겁니다.

① 상대의 말을 요약하여 정리하고 있다.
② 발언에 대한 보충 설명을 요구하고 있다.
③ 쟁점과 관련된 양측의 입장을 소개하고 있다.
④ 자신의 경험을 토대로 논의를 전개하고 있다.
⑤ 상대와 사안에 대한 해결책을 협의하려 하고 있다.

오답률 줄이는! **정답과 해설**

08 ③

| 정답해설 | 화자는 멋을 내적 충일에서 우러나오는 자연스러운 결과로 이해해야 한다고 말하고 있다. 속이 가득 차서 자연스럽게 내비치는 멋이 진정한 의미의 자연스러운 멋이라는 것이 화자가 말하고자 하는 바이다.

09 ③

| 정답해설 | 화자는 멋이라는 말의 유래가 '무엇'이라는 말이 줄어든 표현이라는 주장에 공감하고 있다. 화자의 멋에 대한 규정은 어떠한 개체가 지닌 내면적인 충만에 더해지는 그 '무엇', 달리 말하면 충만이 넘쳐 충일 단계에서 넘쳐흐르는 그 '무엇'이라는 관점과 연결되며 화자가 멋을 바라보는 관점의 토대가 되고 있다.

10 ③

| 정답해설 | 사회자는 첫 번째 발언에서 영리 법인이 설립한 병원 허용에 대한 찬성 측의 입장과 반대 측의 입장을 개괄적으로 소개하였다. 이어서 두 번째 발언에서는 영리 병원 허용에 찬성하는 측의 입장에서 반론을 제기하며, 영리 병원 허용에 부정적 입장인 상대 토론자의 의견을 묻고 있다.

정답 08 ③ 09 ③ 10 ③

11

다음 대화의 ㉠~㉤에 대한 설명으로 적절하지 않은 것은?

보경: 전시회는 잘 다녀왔니?
고운: 응, 정말 감동했어. ㉠다른 나라의 전통 의상들을 사진으로 확인할 수 있어서 좋더라. 옷으로만 그치는 게 아니라 그 나라 사람들의 생활 방식이 함께 드러나 있었거든.
보경: 정말? 유익했겠다.
고운: 그리고 전시회의 사진들이 각 나라 사람들이 가족과 함께 있는 모습을 사진으로 담은 것이라 더 감동이었어. 전통 의상도 신기했지만, 가족들과의 생활을 담은 사진들이라 뭉클하기도 했어.
보경: ㉡전시회 다녀온 사람들이 그 이야기를 많이 하던데 너도 그걸 느꼈구나. 나도 보면 감동할 것 같아. 어떤 사진이 가장 인상적이었어?
고운: 결혼해서 집을 떠나는 딸과 그 딸의 뒷모습을 바라보는 어머니의 사진이 있더라. 그런데 그게……. ㉢(말을 멈추고 한숨을 쉰다.)
보경: 왜 그래? 무슨 일 있었어?
고운: ㉣그 모습을 보니까 내가 결혼할 때 우리 어머니도 그러셨겠구나 싶어서 마음이 아팠어.
보경: 그랬구나. 어머님도 많이 슬프셨을 거야. 그래도 너는 친정에 자주 찾아가잖아.
고운: 자주 찾아가는 만큼 더 자주 부모님께 화를 내게 되는 것 같아. 사실 어제도 어머니께 혼이 났거든. 아기를 그렇게 안으면 안 된다고 하시면서 화를 내셨어. 보통 큰소리를 잘 안 내시는 분인데 어제는 아기의 안전과 관련된 일이라서 더 화를 내신 것 같아. 그런데 나도 어머니께 같이 화를 냈어. 아직 내가 초보 엄마잖아. 나도 우리 아기한테 잘해 주고 싶은데 큰소리를 내시니까 순간적인 감정으로 대처한 것 같아. 그러고 나서 아직 어머니께 전화도 드리지 않은 상태야.
보경: ㉤그런 일이 있었구나. 그런데 나라도 그랬을 것 같아. 내가 노력하고 있는 부분에 대해서 혼이 나는 거잖아.
고운: 어머니께서는 내가 아직 서툰 부분이 많으니까 초반에 잘 알려 주시려고 하신 것 같은데…….
보경: 그러면 그렇게 고민하고 있지 말고 지금 바로 전화드려 봐. 어머니께서도 네 전화를 기다리고 계실 거야.
고운: 그래, 알겠어. 집에 가는 길에 꼭 전화할게. 이야기 들어 줘서 고마워.

① ㉠: 자신의 감상을 담화로 표현하고 있다.
② ㉡: 상대방의 의견에 동감하며 구체적인 담화를 끌어내고 있다.
③ ㉢: 비언어적인 표현으로 인해 정서가 더 효과적으로 표현된다.
④ ㉣: 담화의 주제가 새로운 방향으로 전환될 것임을 예측할 수 있다.
⑤ ㉤: 자신도 같은 상황임을 밝히며 상대의 말에 공감하고 이해하는 태도가 드러난다.

12

다음 담화에 대한 설명으로 가장 적절하지 않은 것은?

(졸업생이 같이 졸업하는 친구들에게)
졸업은 새로운 시작을 의미한다잖아. (주먹을 불끈 쥐고) 우리 다시 열심히 달려 보자!

① 제스처나 눈빛, 얼굴 표정 등을 비언어적 표현이라 한다.
② 비언어적 표현 역시 화법에서 중요한 표현 방법이라 할 수 있다.
③ 효과적인 표현을 위해 음조나 빠르기 등은 일정하게 하는 것이 좋다.
④ 사람들은 목소리 외에도 몸짓이나 눈짓으로도 다른 사람과 의사소통할 수 있다.
⑤ 비언어적 표현을 적절하게 사용하면 자신의 의사를 보다 효과적으로 전달할 수 있다.

13

다음 〈보기〉는 상황에 따른 높임 표현의 차이를 보여 주는 것이다. ㉠~㉤에 대한 설명으로 적절하지 않은 것은?

보기

㉠ (실수로 일이 꼬인 상황에서) 부장님, 오늘 정말 죄송합니다. 이 대리도 미안해.
㉡ (교장이 교사에게) 박 선생님, 죄송하지만 내일까지 시험 문제 출제 완료해 주세요.
㉢ (저녁 모임에 늦은 사람이 친구들에게) 오는 길에 접촉 사고가 있었어. 정말 미안해.
㉣ (선약이 있어 점심 제안을 거절하며) 언니, 점심 정말 같이 먹고 싶었는데, 미안해요.
㉤ (선배인 팀장에게) 선배, 미리 연락 못 해 미안해요./팀장님, 제가 잘 해결하지 못해 죄송합니다.

① ㉠: 상대의 지위에 따라 '죄송하다'와 '미안하다'를 구별하여 사용하고 있다.
② ㉡: 이 상황에서 '죄송하다' 대신 '미안하다'도 쓸 수 있다.
③ ㉢: 이 상황에서 '미안하다' 대신 '죄송하다'는 쓸 수 없다.
④ ㉣: 친밀한 사이라 하더라도 윗사람에게는 '죄송하다'로 써야 한다.
⑤ ㉤: 같은 상대라도 대화 상황의 격식성에 따라 '미안하다'와 '죄송하다'를 선택하여 쓸 수 있다.

오답률 줄이는! 정답과 해설

11 ⑤

| 정답해설 | '나라도 그랬을 것 같아.'라는 말은 '나 역시도 그런 상황이야.'와는 다른 표현이다. 만약 나 역시 상대방과 동일한 상황에 처한다면 나의 행동도 상대방과 비슷할 것 같다는 가정의 의미이다.

12 ③

| 정답해설 | 제시된 담화에서는 비언어적 표현을 살펴볼 수 있다. 목소리의 음조나 빠르기, 억양, 크기 등은 반언어라고 한다. 반언어를 효과적으로 사용하는 것은 중요하다. 강조하고 싶은 부분에서는 목소리를 크게 하는 것이 좋고, 빠르기도 조절하는 것이 좋다.

13 ④

| 정답해설 | 친한 사이의 상위자에게는 '미안하다'도 쓸 수 있다. 윗사람에게는 높임 표현인 '죄송하다'를 쓰는 것이 적절하지만, 대상과 나와의 관계가 친밀하고 대화 상황이 비공식적인 자리라면 윗사람에게도 비격식 표현의 사용이 가능하다.

정답 **11** ⑤ **12** ③ **13** ④

대표유형 독해와 글쓰기

■ 다음 글을 읽고 물음에 답하시오.

[가] 관심의 경제학은 인간의 관심 그 자체가 경제적인 가치를 가지고 있다는 인식에서 출발한다. 현대 사회에서는 인터넷이 기업을 알릴 수 있는 중요한 수단으로 자리 잡아 많은 기업이 홈페이지를 보유하고 있다. 그런데 홈페이지에 실린 정보는 개인이 인터넷에 접속하여 적극적으로 탐색함으로써 노출된다. 따라서 이제는 정보를 일방적으로 밀어 보내는 것이 아니라 개인의 관심을 끌어당기는 것이 중요하게 되었다. 이러한 관심이 기업의 이익 창출로 이어질 수 있다고 보아 개인의 관심에 경제적 가치를 부여하게 된 것이다.

[나] 개인의 관심을 끌기 위한 경쟁이 일반화되면서 소비자와 기업의 관계도 근본적으로 변화되었다. 공급자 중심의 사고가 지배했던 과거에는 계획부터 생산, 출하, 유통에 이르기까지 정보는 생산을 중심으로 관리되었고, 여기서 소비자에 관한 정보는 그다지 중요한 변수가 아니었다. (㉠) 인터넷의 등장 이후 소비자는 상품에 대한 정보를 많이 가지게 되어 기업과 소비자 사이의 정보의 비대칭성이 완화되었을 뿐 아니라, 소비자가 상품을 선택할 수 있는 범위 역시 넓어졌다. 따라서 기업은 이제 소비자를 이해하는 방향으로 점차 재구조화되고 있으며, 그 과정의 핵심은 소비자의 관심을 자신의 상품으로 유인하고 유지하는 것이다.

[다] 전통적인 경제학에서는 인간은 합리적이므로 충분한 정보가 주어진다면 합리적 의사 결정이 이루어질 수 있을 것으로 보았다. 그러나 인터넷의 등장 이후 원하는 정보에 쉽게 접근할 수 있는 환경이 되면서 의사 결정 모델의 초점은 크게 달라졌다. 이제 정보는 오히려 풍부하지만 정보를 다루기 위한 시간이 부족하기 때문에 모든 정보에 주의를 기울일 수 없게 된 것이다. 이러한 변화를 바탕으로 새롭게 등장한 것이 관심의 경제학이다.

[라] 그렇다면 이러한 상황에서 소비자의 관심을 유인하고 유지하기 위해 필요한 요소는 무엇일까? 소비자는 인터넷에서 현실 공간에서의 상거래보다 훨씬 다양한 기업과 상품을 접할 수 있다. 그리고 현실 공간에서와는 달리 인터넷상에서는 대면하지 않은 상태에서 상거래가 이루어진다. (㉡) 기업과 상품에 대한 평판이나 신뢰가 개인의 의사 결정 과정에서 이전보다 중요한 역할을 수행하게 된다. '평판'은 개인이 선택할 수 있는 대안들 중에서 특정한 선택으로 관심을 집중시키는 역할을 한다. 이런 맥락에서 기업은 좋은 평판을 쌓기 위한 투자를 늘리고 있으며, 기업과 제품의 상표 경쟁력(브랜드 파워) 구축에 힘을 쏟는다. '신뢰' 역시 개인의 관심을 한쪽으로 집중시킨다. 기업은 개인 정보를 보호하고 대금 결제에 있어 위험 요소를 제거하는 등의 노력을 통해 신뢰를 얻으려 한다. 개인은 신뢰할 수 있는 기업들로 선택의 범위를 한정시킴으로써 관심 또는 시간이라는 희소 자원을 효과적으로 사용할 수 있게 된다.

*지문출처: 「SNS 시대에 부상하는 관심의 경제학」

대표유형 1 문단 배열 순서

■ 윗글의 [가]~[라]를 논리적인 순서대로 적절하게 배열한 것은?

① [가] - [나] - [다] - [라]
② [가] - [다] - [라] - [나]
③ [나] - [가] - [라] - [다]
④ [다] - [가] - [나] - [라]
⑤ [다] - [나] - [가] - [라]

문제풀이 ▶ [다]는 관심의 경제학이 등장하게 된 배경을 설명하고 있으므로 글의 가장 앞에 놓이는 것이 적절하다. [가]는 관심의 경제학에 담겨 있는 기본적인 인식을 밝히고 있고, [나]는 과거와 현재의 비교를 통해 소비자와 기업의 관계 변화를 설명하고 있다. [라]는 현대 사회에서 개인의 의사 결정에 중요한 영향을 주는 요소들을 제시하고 있으며, '평판'과 '신뢰'의 역할, 이를 얻기 위한 기업의 노력에 대해 설명하고 있다. 정답 | ④

대표유형 2 논지 파악

■ 윗글의 내용으로 적절하지 않은 것은?

① 인터넷의 등장 이후 소비자와 기업 간 정보의 비대칭성이 완화되었다.
② 현대 사회에서 기업은 소비자의 관심을 끌어당기는 것을 중시하고 있다.
③ 정보는 풍부해졌으나, 그 정보를 다룰 시간이 부족하여 관심의 경제학이 등장하였다.
④ 현대 사회에서는 소비자에 관한 정보보다는 생산을 중심으로 한 정보가 중시되고 있다.
⑤ 기업과 상품에 대한 평판과 신뢰가 점차 소비자의 의사 결정 과정에 더 중요한 역할을 하게 되었다.

문제풀이 ▶ [나]를 보면 공급자 중심의 사고가 지배했던 과거에는 생산을 중심으로 정보가 관리되었지만, 인터넷의 등장 이후 소비자가 상품에 대한 정보를 이전보다 더 많이 가질 수 있게 되면서 소비자를 이해하는 방향으로 기업이 변화하고 있다는 것을 알 수 있다. 따라서 현대 사회에서 생산을 중심으로 한 정보가 중시되고 있다는 진술은 적절하지 않다. 정답 | ④

대표유형 3 빈칸(접속어, 내용) 채우기

■ ㉠과 ㉡에 들어갈 말로 알맞은 것은?

	㉠	㉡
①	그런데	그러나
②	결국	예를 들어
③	그러나	하지만
④	또한	따라서
⑤	그러나	따라서

문제풀이 ▶ [나]를 보면 공급자 중심의 사고가 지배했던 과거에는 생산을 중심으로 정보가 관리되었지만, 인터넷의 등장 이후 소비자가 상품에 대한 정보를 이전보다 더 많이 가질 수 있게 되면서 소비자를 이해하는 방향으로 기업이 변화하고 있다는 것을 알 수 있다. 따라서 ㉠에는 역접의 '그러나'가 들어가야 한다. [라]에서는 ㉡ 뒤에서 '평판'과 '신뢰'의 역할, 이를 얻기 위한 기업의 노력이 중요해진 결과를 말하고 있고, ㉡ 앞에서는 그 이유와 원인을 설명하고 있다. 그러므로 ㉡에는 '따라서'가 들어가야 한다. 정답 | ⑤

시험에 나온! 나올! 필수개념

1 독해 문제의 출제 유형

문장	• 내용을 제대로 파악하고 있는가? • 문장 속 어휘나 구절을 이해하고 있는가? • 한자 성어나 속담의 뜻을 알고 있는가?
단락	• 각 단락의 주제를 파악하고 있는가? • 단락 간의 관계를 파악하고 있는가? • 맥락을 통해 새로운 단락이 삽입될 부분을 추리할 수 있는가? • 특정 단락의 뒤로 이어질 내용을 추리할 수 있는가?
글	• 글의 주제를 파악하고 있는가? • 논지 전개 방식을 파악할 수 있는가? • 글 속에 드러난 필자의 태도를 파악할 수 있는가? • 글을 전체적으로 살펴 글 전체를 아우르는 특징을 도출해 낼 수 있는가?

논지 전개 방식의 유형

①	문제와 그에 대한 대안책을 제시하는 경우
→ 먼저 문제점이 무엇인지를 파악한 후에 문제 해결 방안을 제시했는지를 살펴보아야 한다.	
②	일반적 통념에 대해 문제를 인식하고 문제점을 제기하는 경우
→ 일반적 통념에 대해 새로운 시각에서 의문을 제시하며 내용을 전개하고 있는지를 살펴보아야 한다.	
③	예상되는 반론을 비판하며 자신의 주장을 강화하는 경우
→ 글쓴이가 자신의 주장과 상반되는 견해에 대해 반박하는 내용이 있는지를 살펴보아야 한다.	
④	주장에 대한 반대 사례를 제시하여 논지를 전환하는 경우
→ 글쓴이가 자신의 주장에 대한 반론이나 반증을 제시하며 논지의 흐름을 바꾸고 있는지를 살펴야 한다.	
⑤	하나의 현상과 관련된 다양한 사례들을 일반화하는 경우
→ 여러 가지 사례들로부터 공통적인 하나의 원리를 이끌어 내고 있는지를 파악해야 한다.	

2 독해의 단계

1. 1단계 – 문장 읽기

어휘와 구절의 문맥상 의미를 파악하여 글의 사실적 정보와 핵심을 찾아야 한다.

① 핵심이 되는 내용을 표시하며 집중하여 읽는다.

② 서술부 중심으로 읽는다.

> 다수의 개체들이 서로 협력 혹은 경쟁을 통하여 얻게 되는 지적 능력에 의한 결과로 얻어진 집단적 능력을 집단 지성이라 한다. 집단적 지적 능력을 통해 개체적으로는 미미하게 보이는 박테리아, 동물, 사람의 능력이 총의를 모으는 과정을 통한 결정 능력의 다양한 형태로 한 개체의 능력 범위를 넘어선 힘을 발휘할 수도 있다고 주장한다. 이 분야는 사회학, 경영학, 컴퓨터 공학 등에서 주로 연구 및 적용되다가 이제 모든 사회 현상에 적용되고 있다.

③ 수식 구절을 (　　)로 묶어 핵심어인 피수식어를 한눈에 알아볼 수 있게 한다.

당구 경기에서는 두 사람의 실력이 차이가 날 때, 상급자에게 핸디캡을 주기도 한다. 당구는 '신사의 경기'를 표방하는 스포츠로서, 상급자는 (이처럼 실력 차이로 인해 하급자에게 조금 더 유리한 방향을 제공해 주는) 핸디캡을 거부감 없이 받아들인다. 또한 선수가 득점을 하지 않았음에도 불구하고 심판의 오심으로 득점이 인정될 때, 해당 선수가 자기 의자에 그냥 앉아 버리면 그 득점은 무효가 된다.

④ 중복되는 문장을 제외시키기 위해 ( )로 중복 내용을 표시한다.

흔히들 역사는 과거의 사실이라고 정의한다. 그렇다면 우리가 경험해 온, 일어나서 밥 먹고 자고 하루가 지나면 (또 일어나서 밥 먹고 자는 것과 같이) 일상적인 것들도 과거의 사실임이 틀림없다.

⑤ 내용 전개에 큰 영향을 미치지 않는 부정 문장은 ( )로 묶어 제외한다.

사회 취약 계층에 대한 복지를 줄이자는 것이 결코 아니다. (재정적인 한계가 있는) 세금을 보다 효율적으로 이용하여 차후 취약 계층에게 더 많은 복지를 제공하자는 것이다.

⑥ 동일한 위상의 두 가지 내용을 비교하는 경우, 앞 내용을 요약한다.

평소 전자 기기를 많이 사용한다면 상대적으로 화면이 크고 배터리 소모량이 많아 충전기를 항상 함께 휴대해야 하는 노트북보다는 적당한 크기에 전력 소모가 적어 가볍고 휴대하기 편한 태블릿 PC를 쓰는 것이 능률적이다.

⑦ 내용 전개가 열거로 이루어지는 경우, 번호를 붙여 알아보기 쉽게 표시한다.

민주주의 정치를 성공시키는 가장 본질적인 조건이 (1)유동성(mobility), 즉 서로 간의 소통 관계를 원활히 하는 것이라면, 또 다른 성공 조건은 (2)어느 정도의 경제적 안정을 이룩하는 것이다. 민주주의는 빈궁 속에서 허덕이는 사회에서는 결코 꽃필 수 없다.

⑧ '그러나, 그런데, 따라서, 이처럼, 그러므로' 등의 접속사 뒤에 나오는 내용에 별도의 표시를 해 둔다.

우리는 흔히 '윗사람, 윗집, 아랫마을'과 같은 말을 자주 쓴다. 두 단어가 만나면서 생기는 발음 현상 때문에 위와 사람 사이에 '시옷'을 첨가한다. 그렇다면 '윗층'과 '위층' 중에는 어떤 단어가 정확한 단어일까? '위층(-層)'은 명사이며, 이 층 또는 여러 층 가운데 위쪽의 층을 뜻한다. 예를 들면, '위층으로 올라가는 계단은 더 어둡고 삭막했다.', '아파트 위층에 살고 있는 사람들은 아래층 사람들을 위해 항상 조심해야 한다.' 등이 있다. 표준어 규정 제12항을 살펴보면 '다만 1. 된소리나 거센소리 앞에서는 '위-'로 한다'라는 규정이 있다. 그러므로 '위층'으로 써야 한다.

2. 2단계 – 단락 읽기

문장 간의 관계를 파악하여 단락별 주된 문장을 찾는 훈련을 해야 한다. 이때 글을 읽으면서 이어질 내용을 추리할 수 있어야 한다.

① 추상적이고 포괄적인 내용 뒤에는 구체적인 내용이 제시된다.

스마트폰의 등장으로 사회 전반에 많은 변화가 일어났다. 가판 신문대가 눈에 띄게 줄어들었다. 이는 스마트폰을 통해 바로 신문 기사를 접할 수 있게 되면서 생긴 변화이다. 디지털카메라의 수요와 쓰임도 현저하게 줄어들었다. 스마트폰 내부에 장치된 카메라의 기능이 디지털카메라와 견주어도 손색이 없을 정도로 뛰어나기 때문이다. 또한 스마트폰으로 촬영한 사진은 깨끗한 고화질 화면으로 바로바로 확인이 가능하다.

② 어느 한 사실에 대해 단정적으로 주장을 정리하는 내용의 뒤에는 그 주장에 대한 이유와 논거가 제시된다.

> 정부는 경제 활동에 개입해서는 안 된다. 정부의 개입으로 개별 경제 주체는 자생력을 상실하게 되기 때문이다.

③ 어느 한 현상에 대한 원인이 제시되면 뒤에는 그 현상으로 인한 결과를 설명하는 내용이 따른다.

> 선진국형 경제 단계에 들어서게 되면 성장률이 2% 미만으로 떨어진다. 경제 성장률이 낮아지면 금리가 낮아지고 금리가 낮아지면 투자 자금이 부동산 시장으로 몰리게 된다. 이런 이유로 제도 금융권의 지원을 받지 못한 기업들은 다시 저성장을 반복하게 되고, 이로 인해 기업들의 신규 인력 채용 역시 적어지게 된다. 이에 따라 청년들의 경제력 확보 시기 역시 함께 늦춰진다. 이러한 현상은 결혼과 출산율에도 큰 영향을 미치게 된다.

④ 어느 한 주장에 대한 전제의 내용이 제시되면 그 뒤에는 핵심 주장, 주지의 내용이 제시된다.

> 신자유주의적인 세계화의 여파로 국가는 점점 다인종 다문화 사회로 변해 가고 있다. 우리나라의 경우도 예외는 아니다. 이미 국내에 거주하고 있는 외국인의 수가 150만 명을 넘어, 이제 다인종 다민족 국가의 반열에 오르게 되었다.

⑤ 어느 한 현상에 대해 문제를 제기하면 그 뒤에는 그에 대한 해결 방안과 대안을 제시하는 내용이 제시된다.

> 이 순간에도 교실 어딘가에서, 또는 집 밖 어딘가에서 어떤 학생은 집단 괴롭힘과 폭력에 홀로 맞서고 있다. 청소년들은 미래 사회의 근간이다. 정부와 사회, 그리고 기성세대는 보다 적극적으로 이 문제에 맞서야 한다. 그러기 위해서는 피해 학생에게 또 다른 폭력이 가해지지 않을 수 있도록 학교 폭력 실태 조사의 방법을 바꾸는 것부터 시작해야 한다.

3 독해의 원리

1. 주장하는 글의 독해 원리

주장하는 글은 설득적 성격이 강한 글이다. 글쓴이가 주장하는 바와 이를 뒷받침하기 위해 어떤 근거와 설득 방식을 제시하고 있는지를 파악해야 한다.

단계	내용
1단계	• 마지막 단락을 읽는다. • 마지막 단락의 첫 문장과 끝 문장을 주의 깊게 읽는다. • 특히 마지막 문장은 내용을 종합하거나 결론을 내는 접속사로 시작되는 경우가 많다는 점에 유의하며 읽는다. • 마지막 단락을 읽어 보면 글의 중심 화제와 이에 대한 글쓴이의 태도 및 관점을 짐작할 수 있다.

⇩

단계	내용
2단계	• 첫 단락부터 읽기 시작한다. • 첫 단락은 글쓴이가 어떤 중심 화제를 어떻게 다룰 것인지를 소개하는 단락이다. 그러나 곧바로 글쓴이의 주장을 제시하기보다는 사회적 이슈나 일상의 사례 등을 제시하여 중심 화제와 관련해 독자의 흥미와 호기심을 유발하는 방식을 사용하는 경우가 많다.

2. 설명하는 글의 독해 원리

설명하는 글은 글쓴이가 설명하고자 하는 대상에 대한 정보 전달을 목적으로 한다.

1단계	첫 단락부터 읽는다. → 첫 단락은 일반적으로 설명 대상에 대한 정보를 전달하거나 관심을 언급하며 글의 시작을 알린다.
⇩	
2단계	둘째 단락, 셋째 단락을 읽는다. → 설명 대상에 대해 어떤 표현 방식(예 예시, 분류, 분석, 비교, 대조, 유추 등)을 사용하여 내용을 전개하는지 파악하고, 이를 통해 글쓴이가 말하고자 하는 내용을 이해한다.
⇩	
3단계	마지막 단락이나 그 바로 앞의 단락은 글 전체 내용을 정리하는 경우가 많으므로 결론에 집중하며 읽는다.

4 실전 문제 유형 탐구

다음은 실용글쓰기 시험 독해 파트에서 출제되는 전형적인 유형을 재구성한 것이다.

[가] 채권 투자자는 정기적으로 받게 될 이자액과 액면 금액을 각각 현재 시점에서 평가한 값들의 합계인 채권의 현재 가치에서 채권의 매입 가격을 뺀 ㉠순수익의 크기를 따진다. 채권 보유로 미래에 받을 수 있는 금액을 현재 가치로 환산하여 평가할 때는 금리를 반영한다. 가령 금리가 연 10%이고, 내년에 지급받게 될 금액이 110원이라면, 110원의 현재 가치는 100원이다. 즉, 금리는 현재 가치에 반대 방향으로 영향을 준다. 따라서 금리가 상승하면 채권의 현재 가치가 하락하게 되고 이에 따라 채권의 가격도 하락하게 되는 결과로 이어진다. 이처럼 ㉡수시로 변동되는 시중 금리는 현재 가치의 평가 구조상 채권 가격의 변동에 영향을 주는 요인이 된다.

[나] 한편 채권은 서로 대체가 가능한 금융 자산의 하나이기 때문에, 다른 자산 시장의 상황에 따라 가격에 영향을 받기도 한다. 가령 주식 시장이 호황이어서 주식 투자를 통한 수익이 커지면 상대적으로 채권에 대한 수요가 줄어 채권 가격이 하락할 수도 있다.

[다] 채권은 사업에 필요한 자금을 조달하기 위해 발행하는 유가 증권으로, 국채나 회사채 등 발행 주체에 따라 그 종류가 다양하다. 채권의 액면 금액, 액면 이자율, 만기일 등의 지급 조건은 채권 발행 시 정해지며, 채권 소유자는 매입 후에 정기적으로 이자액을 받고, 만기일에는 마지막 이자액과 액면 금액을 지급받는다. 이때 이자액은 액면 이자율을 액면 금액에 곱한 것으로 대개 연 단위로 ㉢지급된다. 채권은 만기일 전에 거래되기도 하는데, 이때 채권 가격은 현재 가치, 만기, 지급 불능 위험 등 여러 요인에 따라 결정된다.

[라] 또 액면 금액과 이자액을 약정된 일자에 지급할 수 없는 지급 불능 위험도 채권 가격에 영향을 준다. 예를 들어 채권을 발행한 ㉣기업의 경영 환경이 악화될 경우, 그 기업은 지급 능력이 떨어질 수 있다. 이런 채권에 투자하는 사람들은 위험을 감수해야 하므로 이에 대한 보상을 요구하게 되고, 이에 따라 채권 가격은 상대적으로 낮게 형성된다.

[마] 채권의 매입 시점부터 만기일까지의 기간인 만기도 채권의 가격에 영향을 준다. 일반적으로 다른 지급 조건이 동일하다면 만기가 긴 채권일수록 가격은 금리 변화에 ㉤더 민감하므로 가격 변동의 위험이 크다. 채권은 발행된 이후에는 만기가 점점 짧아지므로 만기일이 다가올수록 채권 가격은 금리 변화에 덜 민감해진다. 따라서 투자자들은 만기가 긴 채권일수록 높은 순수익을 기대하므로 액면 이자율이 더 높은 채권을 선호한다.

*지문출처: 「채권의 가격」

1. 순서 배열 문제

1. 윗글의 순서를 바르게 나열한 것은?

① [마] - [가] - [나] - [다] - [라]
② [다] - [가] - [마] - [라] - [나]
③ [다] - [나] - [마] - [라] - [가]
④ [라] - [나] - [가] - [마] - [다]
⑤ [라] - [다] - [나] - [가] - [마]

⇩

문제 해결 포인트

위와 같은 배열 문제는 독해 문제 중에서 수험생들이 가장 꺼리는 문제이다. 제시된 글의 내용을 완벽하게 파악하지 않으면 순서를 알 수 없기 때문이다.

이러한 유형을 풀어내기 위해서는 먼저 확실하게 순서를 파악할 수 있는 단락의 구성부터 찾는 것이 우선이다. 제시된 글을 보면 '채권'에 관한 설명이라는 것 정도는 충분히 파악이 가능하다. 대부분의 글은 초반부에 중요한 단어로 개념을 정의하고 서술을 이어 나간다. 제시된 글의 경우도 마찬가지이다. [다]에서 채권의 개념을 정의하고 있으므로 [다]를 가장 첫 순서로 제시한 ②와 ③으로 정답의 범위를 좁힐 수 있다.

다음은 확정 단계로, [가]와 [나] 중 어떤 문단이 우선인지만 판단하면 문제 해결이 가능하다. 특히 ②와 ③ 모두 세 번째 배열과 네 번째 배열이 같으므로 문제의 해결은 보다 쉬워진다. 즉 [가]와 [나] 중 어느 것이 마지막 단락인지만 판단하면 문제가 해결되는 것이다.

각 단락들은 채권의 가격에 영향을 미치는 요소에 대한 설명으로 사실 단락 간의 관계가 대등하게 배열되었다. 그만큼 순서를 정하기가 까다롭지만 [나]의 도입부에 '한편'이라는 어휘가 힌트가 된다. 나머지 문단들이 채권의 특성 안에서 채권의 가격이 결정되는 요인이라면 [나]는 채권의 특성 외적인 요인에 의해 결정되는 것을 이야기하고 있으므로 그 성질이 다르다고 할 수 있다. 따라서 도입부에 '한편'이라는 부사를 사용하여 앞 문단의 설명과는 차별화된다는 의도를 보여 주고 있는 것이다. 그러므로 [나]가 마지막 문단으로 오는 ②가 정답이 된다.

2. 내용 파악 문제

2. 윗글에 대한 설명 중 바르지 <u>못한</u> 것은?

① 시중 금리는 채권 가격에 영향을 미친다.
② 채권 가격은 여러 가지 요인에 따라 형성된다.
③ 만기가 길고 이자율이 높은 채권이 수익률이 높다.
④ 주식 시장이 호황일 때 채권 가격은 하락할 수 있다.
⑤ 채권 발행 회사의 환경은 채권 가격에 아무 영향을 미치지 않는다.

⇩

문제 해결 포인트

내용 파악과 사실 확인은 독해 파트에서 가장 기본적인 문제에 속한다. 물론 제시된 글에 따라 다를 수 있지만 수험생들의 체감 난이도는 순서 배열 문제만큼 까다롭지 않은 것이 사실이다. 내용 파악 문제는 문단별 주제를 파악하여 선택지와 일대일로 비교하는 것이 정석이지만, 실용글쓰기 시험에서는 시간적인 여유가 부족하다.

따라서 독해를 하면서 핵심이 될 만한 중요 키워드나 개념에 표시를 해 두는 것이 관건이다. 키워드에 표시를 해 가며 독해를 하는 습관을 들이다 보면 독해 능률이 상승되며, 문제를 풀 때 재확인의 시간을 줄일 수 있다. 제시된 문제의 경우 [라]에서 채권 발행 회사의 환경이 채권 가격에 영향을 미칠 수 있는 요인에 대해 설명하고 있으므로 ⑤가 정답이 된다.

3. 실용문 복합 문제

3. 윗글의 내용을 바탕으로 사내 프레젠테이션을 준비하였다. 프레젠테이션에 대한 의견 중 바르지 못한 것은?

채권 가격의 결정 요소

1. 채권의 개념
2. 채권의 현재 가치와 미래 가치
3. 채권의 만기
4. 지급 불능 위험
5. 그 외 요소

① 오 과장: 채권 가격을 결정하는 요소가 여러 가지이군.
② 정 사원: 다소 추상적인 개념인 만큼 실사례를 덧붙인다면 한층 이해가 쉬워질 거야.
③ 김 대리: 질의 응답 시간에 발표자인 박 과장님에게 주식 투자에 대해서도 여쭤봐야겠어.
④ 박 대리: '현재 가치'와 '미래 가치'는 생소한 개념이군. 발표자의 보충 설명이 필요할 것 같아.
⑤ 마 부장: 발표자 이름이 없잖아! 사내 양식에는 목차 페이지에 발표자 이름을 넣게 되어 있는데, 실수를 했군그래. 단단히 각오하는 것이 좋을 거야.

⇩

문제 해결 포인트

비록 독해 문제이기는 하지만, 실용글쓰기 시험은 '실용적인' 성격이 강하기 때문에 제시된 글과 관련된 실용문의 성격에 관한 문제도 출제된다. 프레젠테이션에 대한 기본적인 이론을 알고 있으면 위와 같은 문제는 쉽게 해결할 수 있지만, 실용문과 관련된 배경지식을 모른다 할지라도 선택지를 잘 분석하면 문제를 해결할 수 있다.
제시된 글을 토대로 프레젠테이션이 제작되었으므로 프레젠테이션의 오류 역시 '제시된 글과 일치하느냐, 일치하지 않느냐?'를 판단하여 찾아낼 수 있다.
①, ②, ④, ⑤의 경우 프레젠테이션에 관한 이론에 합당하고 제시된 글의 내용과도 일치하므로 적절한 의견이 된다. 하지만 ③에 나오는 '주식 투자'는 제시된 글에 잠깐 언급이 되기는 했지만, 글 전체의 맥락과는 동떨어지므로 정답은 ③이 된다.

4. 어법 관련 문제

4. 밑줄 친 ㉠~㉤의 문장 성분 중 성질이 다른 하나는?

① ㉠
② ㉡
③ ㉢
④ ㉣
⑤ ㉤

⇩

문제 해결 포인트

제시된 문제는 '문장 성분'에 관한 어법 지식이 있어야만 풀어낼 수 있다. 제시된 문제와 비슷한 유형으로, '문장 성분'과 더불어 '띄어쓰기'와 '맞춤법', '단어의 의미'와 관련된 문제들이 출제된다.
제시된 문제의 경우 ㉢의 '지급된다'는 서술어로 쓰였으며, 이를 제외한 나머지 ㉠, ㉡, ㉣, ㉤은 문장 성분에서 수식을 담당하는 관형어와 부사어로서 문장의 주성분인 서술어와는 성질이 다르다. 따라서 정답은 ③이 된다.

유형 싱크로율 100%! 기출변형 문제

[01 ~ 03] 다음 글을 읽고 물음에 답하시오.

우리의 일상사에는 '대기만성(大器晩成)'이라는 말도 있지만 '될성부른 나무는 떡잎부터 알아본다.'라는 말도 있고 '돌다리도 두드려 보고 건너라.'라는 말과 함께 '쇠뿔도 단김에 빼라.'라는 말도 있다. 또한 '신은 우주를 가지고 주사위 놀이를 하지 않는다.'라는 아인슈타인의 결정론적 입장과 함께 '신은 우주를 가지고 주사위 놀이를 할 뿐이다.'라는 우연을 강조하는 양자역학자들의 비결정론적 입장도 있다. 이와 같이 인간사 자체가 (㉠) 요소를 갖고 있으므로 사물이나 대상을 판단함에 있어서 우리는 신중한 자세를 가질 필요가 있는 것이다.

인간이 삶을 영위하는 가운데 갖게 되는 가치관의 형태는 무수히 많다. 이러한 가치관은 인간의 삶을 인간답게 함에 있어서 미적 판단, 지적 판단, 기능적 판단 등의 기능을 갖게 된다. 우리는 판단을 할 때 하나의 시점에서 판단을 고정시키는 속성이 있다. 그런데 바로 이런 속성으로 인하여 우리가 우(愚)를 범하는 것은 아닐까?

장자가 명가(名家, 논리학의 발달에 많은 영향을 끼친 제자백가의 하나)로 분류되는 친구 혜자와 한참 이야기를 하고 있는데, 혜자가 장자에게 "자네의 말은 다 쓸데없는 말이야."라면서 반박하였다. 이에 장자는 그에게 "자네가 쓸데없음을 알기에 내 얘기는 '쓸데 있는' 것이네. 예를 들어 이 큰 대지 위에 자네가 서 있는 자리, 즉 설 수 있는 것은 겨우 발바닥 밑 부분뿐이지. 그렇다고 나머지는 필요 없는 것이라 하여 발바닥 이외의 땅을 다 파 버리면 자네가 선 땅덩어리는 존재 가치가 있겠는가?"라고 말하였다. 자신이 서 있는 자리의 땅을 제외하고 모두 파내면, 자신은 오도 가도 못함은 물론이려니와 땅이 밑으로 무너지는 것은 당연한 일일 것이다. 결국, 쓸모 있음[有用]은 쓸모 없음[無用]의 기초 위에 세워지는 것이다.

무용(無用)과 유용(有用), 유용과 무용은 인간관계에도 적용시킬 수 있을 것이다. 자신과의 관계에서 (㉡)이라고 생각되었던 사람이 어느 시점에서는 (㉢)의 관점에 있는 경우를 경험해 보았을 것이다. 하나의 예로 우리가 만남이란 관계를 유지하고 있을 때는 서로 상대에 대한 필요성이나 절대성을 인식하지 못하다가도 만남의 관계가 단절된 시점에서부터 상대의 필요성과 절대적 가치에 대한 인식이 달라지게 되는 것은 아닐까? 가까이 있던 사람의 부재(不在), 그것은 우리에게 유용의 가치에 대한 새로운 자각을 하게 하기도 한다. 우리는 장자의 예화에서 세속의 가치관을 초월하여 한 차원 높은 가치관에 대한 인식을 할 수 있다. 즉, 타인의 존재 가치를 한 방향의 관점에서만 바라보고 있는 것은 아닌지, 또한 자기중심적 사고방식만을 고집하여 아집에 빠져들고 있는 것은 아닌지를 우리는 늘 자문해 보아야 할 것이다.

01

윗글의 논지로 적절한 것은?

① 자연 현상에서 인간의 진리를 구해야 한다.
② 세상을 긍정적으로 보는 태도를 가져야 한다.
③ 현상을 바라보는 자신만의 가치관이 있어야 한다.
④ 자신과 타인을 모두 포용하는 자세를 길러야 한다.
⑤ 작은 것에서도 인생의 큰 의미를 발견할 수 있어야 한다.

02

윗글의 논지 전개 방식에 대한 설명으로 적절한 것은?

① 예화를 통해 추상적인 논지를 구체화하고 있다.
② 가설을 제시한 후 구체적인 자료를 통해 이를 검증하고 있다.
③ 예상되는 반론을 비판함으로써 자신의 주장을 강화하고 있다.
④ 비교와 대조를 통해 자신의 주장에 대한 설득력을 높이고 있다.
⑤ 두 가지 주장을 모두 비판한 후 절충적 관점을 이끌어 내고 있다.

03

윗글의 ㉠~㉢에 들어가기에 적절한 단어를 순서대로 묶은 것은?

	㉠	㉡	㉢
①	우연적	유용	무용
②	이중적	무용	무용
③	양면적	무용	유용
④	상대적	유용	무용
⑤	양면적	유용	유용

오답률 줄이는! 정답과 해설

01 ④

| **정답해설** | 글쓴이는 마지막 문단에서 '타인의 존재 가치를 한 방향의 관점에서만 바라보고 있는 것은 아닌지, 또한 자기 중심적 사고방식만을 고집하여 아집에 빠져들고 있는 것은 아닌지를 우리는 늘 자문해 보아야 할 것이다.'라고 주장하고 있다. 이를 통해 자신뿐만 아니라 상대방의 입장을 헤아릴 수 있는 역지사지의 인간관계를 강조하고 있다는 것을 알 수 있다.

| **지문출처** | 김향선, 「〈장자〉와 가치의 문제」

02 ①

| **정답해설** | 제시된 글은 인간의 가치 판단에서 나타나는 추상적인 문제를 제기하고 자신의 주장을 효과적으로 전달하기 위해 '장자'와 '혜자'의 예화를 통해 추상적인 논지를 구체화하고 있다.

03 ③

| **정답해설** | '대기만성(大器晩成) – 될성부른 나무는 떡잎부터 알아본다.', '돌다리도 두드려 보고 건너라. – 쇠뿔도 단김에 빼라.'라는 말은 각각 우리 삶에 대한 다른 관점을 보여 주는 관용 어구의 예시이다. 또한 아인슈타인의 결정론적 입장과는 달리 우연을 강조하는 양자역학자들의 비결정론적 입장 역시 인간사의 양면적인 면모를 보여 주는 것이므로 ㉠에는 '양면적'이라는 말이 들어가는 것이 적절하다. '유용'은 '무용'의 기초 위에 세워진다는 관점을 바탕으로 할 때, 문맥상 ㉡과 ㉢에는 각각 '무용'과 '유용'이 들어가야 한다.

정답 01 ④ 02 ① 03 ③

[04~06] 다음 글을 읽고 물음에 답하시오.

[가] 신문이나 잡지는 대부분 유료로 판매된다. 반면에 인터넷 뉴스 사이트는 신문이나 잡지의 기사와 같거나 비슷한 내용을 무료로 제공한다. 왜 이런 현상이 발생하는 것일까? (㉠) 이 현상 속에는 경제학적 배경이 숨어 있다. 대체로 상품의 가격은 그 상품을 생산하는 데 드는 비용의 언저리에서 결정된다. 생산 비용이 많이 들면 들수록 상품의 가격이 상승하는 것이다. 그런데 인터넷에 게재되는 기사를 생산하는 데 드는 비용은 0에 가깝다. 기자가 컴퓨터로 작성한 기사를 신문사 편집실로 보내 종이 신문에 게재하고, 그 기사를 그대로 재활용하여 인터넷 뉴스 사이트에 올리기 때문이다. 또한 인터넷 뉴스 사이트 방문자 수가 증가하면 사이트에 걸어 놓은 광고에 대한 수입도 증가하게 된다. 이러한 이유로 신문사들은 경쟁적으로 인터넷 뉴스 사이트를 개설하여 무료로 운영했던 것이다. (㉡)

[나] 그래서 언론사들, 특히 신문사들의 재정 악화 개선을 위해 인터넷 뉴스를 유료화해야 한다는 의견이 있다. 하지만 그러한 주장을 현실화하는 것은 그리 간단하지 않다. 소비자들은 어떤 상품을 구매할 때 그 상품의 가격이 얼마 정도면 구입할 것이고, 얼마 이상이면 구입하지 않겠다는 마음의 선을 긋는다. 이 선의 최대치가 바로 최대지불의사(willingness to pay)이다. 소비자들의 머릿속에 한번 각인된 최대지불의사는 좀처럼 변하지 않는다는 특성이 있다. 인터넷 뉴스의 경우 오랫동안 소비자에게 무료로 제공되었고, 그러는 사이 인터넷 뉴스에 대한 소비자들의 최대지불의사도 0으로 굳어진 것이다. 그런데 이제 와서 무료로 이용하던 정보를 유료화한다면 소비자들은 여러 이유를 들며 불만을 토로할 것이다. (㉢)

[다] 그런데 무료 인터넷 뉴스 사이트를 이용하는 사람들이 폭발적으로 늘어나면서 돈을 지불하고 신문이나 잡지를 구독하는 사람들이 점점 줄어들기 시작했다. 그 결과 언론사들의 수익률이 감소하여 재정이 악화되었다. 문제는 여기서 그치지 않는다. 언론사들의 재정적 악화는 깊이 있고 정확한 뉴스를 생산하는 그들의 능력을 저하시키거나 사라지게 할 수도 있다. (㉣)

[라] 해외 신문 중 일부 경제 전문지는 이러한 문제를 성공적으로 해결했다. 그들은 매우 전문화되고 깊이 있는 기사를 작성하여 소비자에게 제공하는 대신 인터넷 뉴스 사이트를 유료화했다. 그럼에도 불구하고 많은 소비자들이 기꺼이 돈을 지불하고 이들 사이트의 기사를 이용하고 있다. 전문화되고 맞춤화된 뉴스일수록 유료화 잠재력이 높은 것이다. 이처럼 제대로 된 뉴스를 만드는 공급자와 제값을 내고 제대로 된 뉴스를 소비하는 수요자가 만나는 순간 문제 해결의 실마리를 찾을 수 있을 것이다. (㉤)

04

[가]~[라]를 논리적인 순서대로 적절하게 배치한 것은?

① [가]－[나]－[다]－[라]
② [가]－[다]－[나]－[라]
③ [나]－[가]－[라]－[다]
④ [나]－[다]－[가]－[라]
⑤ [다]－[나]－[라]－[가]

05

윗글의 논지에 부합하지 <u>않는</u> 것은?

① 경제적 이해관계는 사회 현상의 변화로 이어진다.
② 상품의 가격이 상승하면 소비자의 수요는 늘어난다.
③ 대개 상품의 가격은 상품 생산의 비용과 가까운 수준에서 결정된다.
④ 소비자들의 최대지불의사는 상품의 구매 결정과 밀접한 관련이 있다.
⑤ 상품 가격이 적정한 수준에서 형성될 때, 소비자의 권익과 생산자의 이익이 보장된다.

06

윗글의 ㉠~㉤ 중, 〈보기〉의 문장이 들어갈 위치로 가장 적절한 것은?

보기

결국 그로 인한 피해는 뉴스를 이용하는 소비자에게로 되돌아올 것이다.

① ㉠ ② ㉡ ③ ㉢
④ ㉣ ⑤ ㉤

오답률 줄이는! 정답과 해설

04 ②

| 정답해설 | [가]는 현상과 그 현상의 발생 원인을 분석하고 있고, [다]는 그 현상의 문제점을 지적하고 있다. [나]는 기존의 문제 해결 방안이 지니는 문제점을 지적하고 있으며, [라]는 문제의 해결 방안을 시사하고 있다. 따라서 [가]-[다]-[나]-[라]의 순서로 배치되는 것이 적절하다.

05 ②

| 정답해설 | 인터넷 뉴스를 유료화하면 인터넷 뉴스를 보는 사람의 수는 줄어들 것이다. 따라서 정답은 ②이다.

06 ④

| 정답해설 | [다]는 무료 인터넷을 이용하는 사람들의 수가 늘어나면서 신문이나 잡지를 돈을 지불하고 이용하는 사람들이 줄고, 이는 곧 언론사의 재정적 악화로 이어져 그들의 생산 능력을 저하시킨다는 문제점을 지적하고 있다. 언론사의 뉴스 생산 능력 저하 피해는 결국 소비자에게 돌아오는 것이므로, ㉣에 〈보기〉의 문장이 들어가는 것이 가장 자연스럽다.

정답 04 ② 05 ② 06 ④

[07~09] 다음 글을 읽고 물음에 답하시오.

옛 서화(書畫)에서는 이치에 맞지 않는 이상한 그림들을 많이 볼 수 있다. 예를 들어 책상 앞쪽 모서리보다 뒤쪽 모서리를 더 크게 그린다든지, 뒤로 갈수록 건물의 각도가 넓어진다든지 하는 역원근법적인 방법으로 그린 것이다. 서양화의 이론에 익숙한 현대인들에게는 너무나 이상한 그림이다. (ⓐ) 이 밖에도 한 화면에 두세 개의 시점이 존재한다든지, 마치 영화에서 카메라가 사방을 훑고 지나가듯 파노라마식으로 그려졌다든지 하는 경우도 있다. 파노라마식 그림은 화면이 긴 병풍 그림이나 5~10미터씩이나 되는 두루마리 그림에서 많이 나타난다. 그리고 한 번도 하늘에서 땅 위를 내려다본 경험이 없음에도 불구하고 조감도 형식으로 내려다본 모습을 자연스럽게 그린다든지, 보이지 않을 만큼 먼 곳에 있는 사람이나 물체를 마치 망원경으로 당겨서 본 것처럼 주변의 물체에 비해 자세하게 확대해서 그린다든지 하는 일도 있다. (ⓑ)

서양화에 길들여진 눈으로 보았을 때 가장 이상하게 느껴지는 점은 명암이나 음영의 표현을 하지 않았다는 것이다. 특히 물체의 입체감을 나타내는 데에 효과적인 명암이 초상화나 동물 그림에서도 보이지 않는다. 또 서양의 인상주의 이후 회화에서 아주 중요한 표현 요소로 떠오른 그림자의 표현이, 동양의 옛 그림에서는 보이지 않는다. 서양의 풍경화에서는 필수이다시피 한 빛의 표현과 건물의 명암, 나무들의 그림자가 동양의 산수화에서는 표현된 적이 거의 없다. 의식적으로 표현하지 않았다기보다 그러한 개념 자체가 없었던 것이다. (ⓒ)

(㉠) 동양의 옛 그림에는 왜 이렇게 이상하게 느껴지는 표현이 많이 나타나는가? 그것은 동양의 그림과 서양의 그림의 바탕에 깔려 있는 사고가 서로 달랐기 때문이다. 서양의 그림이 형체, 명암, 빛깔 등 보이는 바를 화면에 그대로 묘사하는 형식이라면, 동양의 그림은 화가가 생각한 것이나 아는 것, 즉 관념을 그리는 형식이기 때문이다. 산수화를 그리는 경우 현장에 가서 직접 보고 그 모습을 담는 것이 아니라 기억하고 있는 내용을 그린다. 그러니 풍경화처럼 경치를 그리지 않고, 수많은 이야기가 담긴 자연의 오묘한 조화나 이상향을 그리게 된 것이다. 간혹 직접 현장에 가서 경치를 보고 그린다 하더라도, 사생(寫生)이 아니라 경치에서 느껴지는 기운이나 운치를 그린다. (ⓓ)

(㉡) 동양의 옛 그림이 이치에 맞지 않는다는 생각 그 자체가 잘못된 것이다. 그렇게 생각한 것은 우리가 그동안 서양의 그림에 익숙하다 보니 동양의 그림을 서양화를 보는 눈으로 감상하기 때문이다. 서양의 과학적 표현만이 우수한 회화라고 볼 수는 없는 일이다. 서양 그림도 현대 회화에서는 대상을 재현한 그림보다는 뜻을 가진 그림이 오히려 더 성행한다. 동양의 그림은 이야기를 표현한 그림이다. 본 대로 그리는 것이 아니라 아는 대로 그렸다. 그래서 묘사적이 아니라 개념적이다. 동양의 그림은 동양적 시각으로 보아야 한다. (ⓔ)

07

윗글의 내용으로 적절하지 않은 것은?

① 동양의 산수화는 빛과 그림자의 표현을 중시하였다.
② 동양화의 파노라마식 전개는 주로 병풍 그림에서 많이 나타난다.
③ 동양화는 경치보다는 그것에서 느껴지는 기운이나 운치를 그린다.
④ 동양의 그림은 본 대로 그리는 것이 아니라 아는 대로 그려서 개념적이다.
⑤ 서양의 현대 회화에서도 대상을 재현한 그림보다는 뜻을 가진 그림이 성행한다.

08

㉠과 ㉡에 들어갈 말로 알맞은 것은?

	㉠	㉡
①	그리고	한편
②	그렇다면	어떻게 보면
③	그런데	그러나
④	그럼에도 불구하고	그렇다면
⑤	어떻게 보면	그래서

09

윗글의 ⓐ~ⓔ 중에서 〈보기〉의 내용이 삽입되기에 가장 적절한 곳은?

보기

이러한 특징은 표현 기법에서뿐 아니라 소재의 선택에서도 나타난다. 예를 들어 원앙은 추운 지방에서 사는 새로서 연꽃이 한창 필 무렵에는 북쪽으로 날아가 버리나, 동양의 옛 그림 속에서는 연꽃과 함께 등장하는 경우가 많다. 이처럼 이치에 맞지 않는 소재의 배합이 많은 그림에서 보인다.

① ⓐ ② ⓑ ③ ⓒ
④ ⓓ ⑤ ⓔ

오답률 줄이는! 정답과 해설

07 ①

| 정답해설 | 둘째 문단에서 서양의 풍경화에서는 필수이다시피 한 빛의 표현과 건물의 명암, 나무들의 그림자가 동양의 산수화에서는 표현된 적이 거의 없다고 하였다. 그러므로 동양의 산수화가 빛과 그림자의 표현을 중시하였다는 진술은 제시된 글의 내용과 일치하지 않는다.
| 지문출처 | 「동양화란 무엇인가」

08 ②

| 정답해설 | 첫째, 둘째 문단에서 서양화에 비해 동양화(옛 서화)에 나오는 과학적 이치에 맞지 않는 표현들을 간략하게 열거한 다음, 셋째 문단에서 그런 이상한 표현이 나오는 이유를 동양의 사고방식에서 찾고 있다. 따라서 ㉠에는 '그렇다면'이 오는 것이 적절하다. 셋째 문단에서 사생을 중시하는 서양화에 비해 동양화는 화가의 관념을 중시했기 때문이라고 밝히고, 넷째 문단에서 동양화는 동양적 시각으로 보아야 한다고 마무리하고 있다. 때문에, ㉡에는 '어떻게 보면'이 들어가는 것이 자연스럽다.

09 ③

| 정답해설 | 첫째, 둘째 문단에서 과학적으로 이치에 맞지 않는 동양화의 표현 기법에 대해 이야기하고 있고, 〈보기〉에서 '이러한 특징은 표현 기법에서뿐 아니라'라고 덧붙이면서 이치에 맞지 않는 소재의 배합에 대해 이야기하고 있으므로, 〈보기〉는 둘째 문단 끝부분인 ⓒ에 삽입되는 것이 가장 적절하다.

정답 07 ① 08 ② 09 ③

[10~11] 다음 글을 읽고 물음에 답하시오.

[가] 우선 도덕성 판단은 인간의 이성이 작용하고 있음을 전제로 한다. 따라서 행위자가 분명한 이성의 작용 아래에서 도덕률과 관련 있는 어떤 행위를 했을 때에만 도덕성 판단을 할 수 있다. 운전자가 횡단보도에서 의도성을 가지고 위험하게 차를 몰다 보행자를 다치게 했다면 그의 행위는 비도덕적인 것이다. 그러나 의식이 혼미한 상태에서 어떤 결과를 초래할지 모르고 한 행위에 대해서는 도덕성 판단을 할 수 없다. 예컨대 심각한 정신 질환자가 저지른 폭력으로 인해 다른 사람이 위험에 빠졌을 때 이 정신 질환자의 행위를 비도덕적인 것이라고 비난하기는 어렵다. 왜냐하면 이 사람의 행위가 이성의 작용 아래 이루어진 것으로 볼 수 없기 때문이다.

[나] 도덕성 판단을 할 때 이성의 작용 외에 인간의 자유의지 여부도 매우 중요한 기준이 된다. 이 기준에 따른다면 인간의 자유의지에 의하지 않은 행위에 대해서는 도덕성 판단을 할 수 없다. 따라서 자유의지에 의하지 않고 외부의 심각한 강요나 협박에 의한 행위에 대해 그 행위자는 도덕적 책임으로부터 벗어날 수 있다. 어떤 운전자가 이성이 작용하는 상태에서 운전을 하다 사고를 내더라도, 그것이 타인에 의해 자유의지가 박탈된 경우라면 그 운전자에게 도덕적 책임을 물을 수 없다.

[다] 사자가 사람을 물었다고 해서 우리는 이를 비도덕적이라고 비난하지는 않는다. 도덕적이라는 말은 인간의 행위와 관련된 것이기 때문이다. 또한 어떤 사람이 어떤 옷을 입었느냐, 무슨 음료를 마시느냐 하는 것을 놓고도 도덕적으로 문제 삼을 수 없다. 이러한 행위는 도덕률과 관련이 없기 때문이다. 그렇다면 도대체 어떤 행위에 대해서 도덕적인지 아닌지를 따질 수 있는 것일까?

[라] 그렇다면 행위자의 이성은 작용하고 있지만 의도성이 없을 때에는 어떠할까? 운전자의 의도성은 없지만 실수로 횡단보도를 발견하지 못하고 보행자를 다치게 한 경우, 또는 인공호흡에 대해 잘 모르는 사람이 물에 빠진 사람을 보고 다급한 마음에 인공호흡을 해 그 사람을 위험에 빠뜨린 경우를 생각해 보자. 두 경우 모두 행위에 대한 의도성은 없지만 도덕적 비난을 피할 수 없다. 왜냐하면 도덕성 판단의 기준은 행위자의 의도성 여부가 아니라 행위자의 이성 작용 여부에 따르는 것이기 때문이다.

10

윗글의 [가]~[라]를 논리적인 순서대로 적절하게 배치한 것은?

① [가]-[나]-[다]-[라]
② [나]-[가]-[라]-[다]
③ [나]-[다]-[라]-[가]
④ [다]-[가]-[라]-[나]
⑤ [다]-[가]-[나]-[라]

11

윗글을 읽고 추론한 내용으로 적절하지 <u>않은</u> 것은?

① 노래방에서 어떤 노래를 부르는지에 대해서는 도덕성을 따질 수 없다.
② 외부의 협박에 의해 사람을 때린 경우에는, 도덕적 책임을 물을 수 없다.
③ 강아지가 길가에서 소변을 보았다고 해도, 이를 비도덕적인 행위라고 할 수 없다.
④ 지적 장애인이 마트에서 돈을 지불하지 않고 사탕을 가지고 나왔을 때, 도덕적으로 비난할 수 없다.
⑤ 약사가 실수로 약을 잘못 처방하여 환자가 위험에 처한 경우, 의도성이 없으므로 도덕적 책임을 물을 수 없다.

12

다음은 P물산 사원 200명을 대상으로 한 통계 조사이다. 이에 대한 설명으로 옳지 않은 것은?

> • 사원의 53%가 신년 단합 대회는 1월에 하는 것이 좋다고 대답했다.
> • 사원의 18%는 신년 단합 대회는 2월에 하는 것이 좋다고 대답했다.
> • 34명은 일시에 상관없이 결정된 방침에 따르겠다고 대답했다.
> • 나머지 사원은 신년 단합 대회는 참가하고 싶지 않다고 대답했다.

① 신년 단합 대회에 참가하는 것을 희망하지 않는 사원은 24명이다.
② 100명 이상의 사원이 1월에 단합 대회를 하기를 희망한다.
③ 2월에 단합 대회를 하기를 원하는 사원은 최대 70명이 될 수 있다.
④ 최소 142명의 사원들은 신년 단합 대회에 참가하기를 원한다.
⑤ 결정된 방침에 따르겠다고 대답한 사원이 2월에 하기를 희망하는 사원보다 많다.

오답률 줄이는! 정답과 해설

10 ④

| 정답해설 | [다]에서는 쉽게 이해할 수 있는 예를 들며 글의 화제를 제시하고 있으므로 제일 앞부분에 와야 하며, [다] 마지막 부분의 질문에 대한 답인 '도덕성 판단'에 대해 설명하고 있는 [가]가 바로 뒤에 와야 한다. 그리고 [가] 뒤에는 그 반대의 경우에 대해 질문하고 있는 [라]가 와야 한다. [나]의 첫째 문장에 '도덕성 판단을 할 때 이성의 작용 외에'라는 표현이 나오므로, [나]의 앞에는 '행위자의 이성 작용 여부'에 대한 도덕성 판단의 기준을 설명하고 있는 [라]가 오는 것이 적절하다. 따라서 [다]-[가]-[라]-[나]의 순서가 되어야 한다.

11 ⑤

| 정답해설 | [라]에 의하면, 약사가 실수로 약을 잘못 처방한 경우도 의도성은 없었지만 이성이 작용하고 있었으므로, 도덕적 비난을 피할 수는 없는 사례이다. 따라서 도덕적 책임을 물을 수 있다.

12 ⑤

| 정답해설 | 신년 단합 대회를 2월에 하기를 희망하는 사원은 36명으로, 결정된 방침에 따르겠다고 한 34명의 사원보다 많다.

정답 10 ④ 11 ⑤ 12 ⑤

13

다음 도표에 대한 설명이 잘못된 것은?

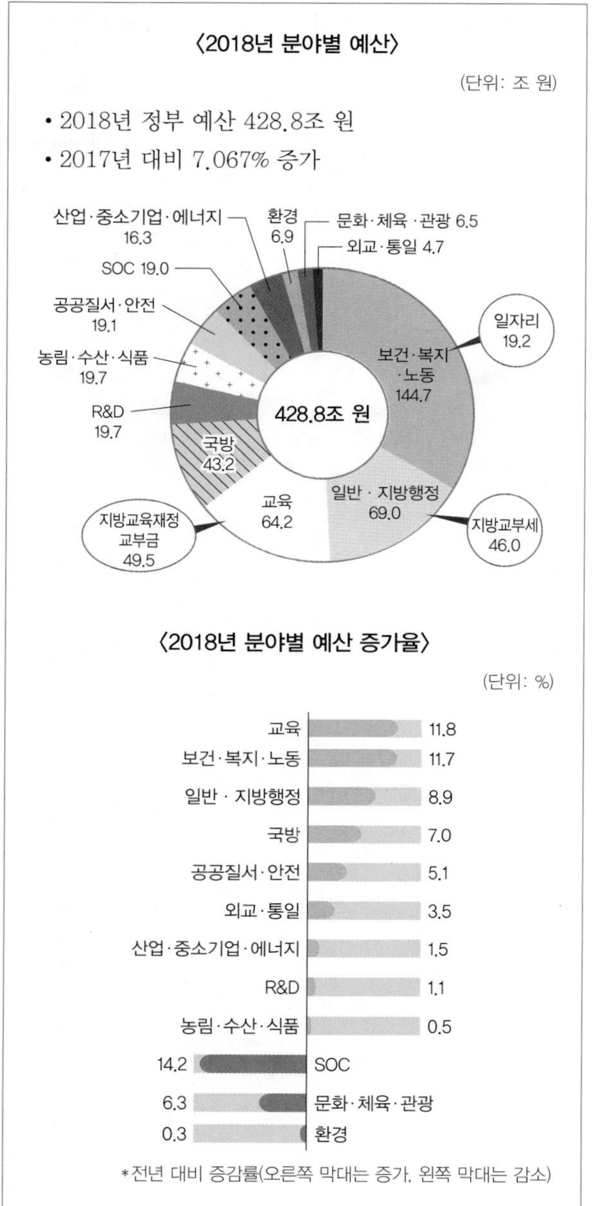

① 2017년 전체 예산은 약 400.5조 원으로 추정할 수 있다.

② 2017년 SOC 예산은 2018년 공공질서·안전 예산보다 많았다.

③ 2018년 상위 세 분야 예산의 합은 전체 예산의 절반 이상이다.

④ 2017년 국방 예산은 36.2조 정도로 추정할 수 있다.

⑤ 2017년 R&D 예산은 농림·수산·식품 예산보다 적다.

[14~15] 다음 자료를 보고 물음에 답하시오.

• 대상: 성인 2,000명

• 연령대 비율: 20대 – 10%, 30대 – 20%, 40대 – 25%, 50대 – 25%, 60대 이상 – 20%

[자료 1] 중고차와 신차 중 어떤 것을 선호하나? 그 이유는?

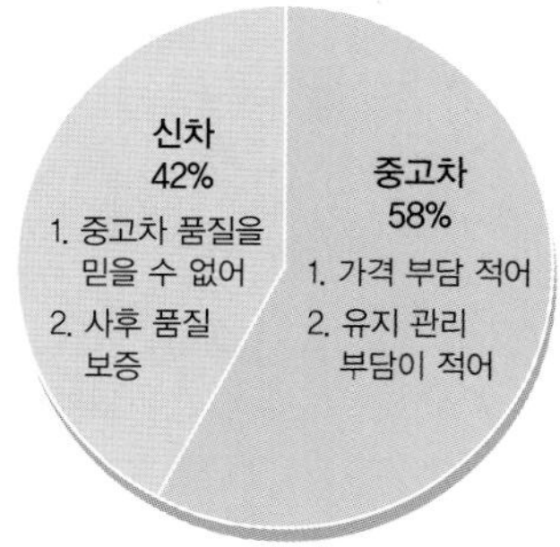

[자료 2] 차를 고를 때 가장 고려하는 요소

구분	차량 가격	연비	안전성
20대	55%	40%	5%
30대	33%	33%	34%
40·50대	35%	27%	38%
60대 이상	42%	30%	28%

14

다음 중 위 자료의 수치를 잘못 해석한 것은?

① 안전성을 가장 중요시하는 60대 이상이, 차량 가격을 가장 중요시하는 20대보다 많군.
② 20대에서 차량 가격과 연비를 가장 중요시하는 인원은 차량 가격을 가장 중요시하는 60대 이상보다는 적군.
③ 40 · 50대의 270명은 연비를 가장 중요시하는군.
④ 40 · 50대는 다른 요소보다 안전성을 가장 중요시하는 사람이 많군.
⑤ 30대가 60대 이상 연령보다 안전성을 중요시하는 사람이 많군.

15

다음 중 위 자료를 분석하여 설명한 것 중 옳지 않은 것은?

① 20대는 차를 고를 때 차량 가격을 우선적으로 고려하는군.
② 60대 이상에서 차량 가격과 연비를 우선적으로 고려하는 것을 보면 노년층의 경제 여건과도 관련이 있겠어.
③ 중고차를 선호하는 이유는 경제적인 요인과 관련이 깊어 보여.
④ 육아를 비롯해 자녀들을 집중적으로 양육해야 하는 30대~50대에서는 안전성에 보다 많은 비중을 두고 있군.
⑤ 연령층이 높아질수록 안전성에 대한 부분을 중요시하는군.

오답률 줄이는! 정답과 해설

13 ④

| 정답해설 | 2017년 국방 예산은 43.2÷(1+0.07)≒40.37(조 원)이다. 제시된 도표는 증감률을 나타내므로, 단순 덧셈과 뺄셈이 아닌 비율을 곱하거나 나누어 계산해야 함을 기억한다.

| 오답해설 | ① 2018년 정부 예산이 2017년에 비해 7.067% 증가하여 428.8조 원이므로, 2017년 예산은 약 400.5조 원이다.
② 2018년 SOC 예산과 공공질서 · 안전 예산은 비슷하나, SOC 예산은 2017년에 비해 감소하였고 공공질서 · 안전 예산은 증가하였다. 따라서 2017년에는 SOC 예산이 더 많았음을 알 수 있다.
③ 2018년 상위 세 분야 예산의 합은 277.9조 원으로 전체 예산의 절반 이상이다.
⑤ 2018년 R&D 예산과 농림 · 수산 · 식품 예산은 같으나, 2017년에 비해 R&D 예산이 더 많이 증가하였으므로 2017년 예산은 R&D가 더 적었음을 알 수 있다.

14 ②

| 정답해설 | 각 연령별 인원수는 20대－200명, 30대－400명, 40대－500명, 50대－500명, 60대 이상－400명이다.
차량 가격과 연비를 가장 중요시하는 20대는 $(200\times\frac{55}{100})+(200\times\frac{40}{100})=190$(명)이고, 차량 가격을 가장 중요시하는 60대 이상은 $400\times\frac{42}{100}=168$(명)이다.

| 오답해설 | ① 안전성을 가장 중요시하는 60대 이상은 $400\times\frac{28}{100}=112$(명)이고, 가격을 가장 중요시하는 20대는 $200\times\frac{55}{100}=110$(명)이다.
③ 40 · 50대 중 연비를 가장 중요시하는 인원수는 $(500+500)\times\frac{27}{100}=270$(명)이다.
④ 안전성을 중시하는 비율이 38%로 각각 35%, 27%인 다른 요소보다 높다.
⑤ 안전성을 가장 중요시하는 30대는 $400\times\frac{34}{100}=136$(명)이고 60대 이상은 $400\times\frac{28}{100}=112$(명)이다.

15 ⑤

| 정답해설 | 20대부터 연령대가 올라갈수록 안전성에 대한 비중이 높아지지만 60대부터는 다시 내려감을 알 수 있다.

정답 13 ④ 14 ② 15 ⑤

IV.

직업 윤리와 글쓰기 윤리

출제비중

5%

*객관식 영역과 주관식 영역을 합하여 산출한 출제비중입니다.

출제경향 & 학습전략

직업 윤리와 글쓰기 윤리 파트는 '직업 윤리', '글쓰기 윤리'의 두 갈래로 나누어 볼 수 있다. '직업 윤리'에서는 직업 윤리의 기본 원칙과 직업인의 기본자세를 이해하고 있는지를, '글쓰기 윤리'에서는 저작권과 표절, 인용 및 출처 등 글쓰기 윤리를 이해하고 있는지를 평가하는 것이 가장 큰 목표이다.

직업 윤리와 글쓰기 윤리 파트는 매 회차마다 3문제 정도가 출제되고 있다. 제시문만으로도 충분히 풀 수 있는 수준에서 출제되고 있으므로 반드시 점수를 확보해야 한다. 본 교재에 실린 이론과 문제로 학습한다면 시험을 대비하는 데 충분할 것이다.

01 직업 윤리와 글쓰기 윤리

대표유형 1 직업 윤리

■ **다음 대화에서 박 사원이 중요하게 생각하는 직업인의 기본자세로 가장 적절한 것은?**

김 사원: 내일 신입 사원 연수에서 직업 윤리에 대한 교육을 하게 되었어. 특히 직업인의 기본자세에 대해서 자세하게 다루려고 해. 그런데 어떤 내용을 중점적으로 다루면 좋을지 고민이 되네.
박 사원: 자신의 일이 자신의 능력과 적성에 꼭 맞는다고 여기는 게 중요한 것 같아. 그래야 그 일에 열성을 가지고 성실히 임할 수 있지 않을까? 이 부분을 특히 중요하게 다루는 게 좋을 것 같아.
김 사원: 나도 그렇게 생각해. 의견 줘서 고마워.

① 소명 의식
② 천직 의식
③ 직분 의식
④ 책임 의식
⑤ 봉사 의식

문제풀이 ▶ 박 사원은 천직 의식을 가장 중요한 직업인의 기본자세로 생각하고 있다. 천직 의식은 자신의 일이 자신의 능력과 적성에 꼭 맞는다고 여겨 그 일에 열성을 가지고 성실히 임하는 태도를 말한다.

정답 | ②

대표유형 2 글쓰기 윤리

■ **김윤리 씨는 '글쓰기 윤리'와 관련된 교육 자료를 만들고 있다. 적절하지 않은 것은?**

① 의도하지 않은 베끼기라도 표절이 될 수 있음을 숙지해야 한다.
② 출처가 없는 인터넷상의 자료라 하더라도 남의 자료를 허락 없이 사용하면 표절이 된다.
③ 자신이 쓴 글은 출전을 밝히지 않고 사용해도 된다.
④ 여러 사람의 글을 사용하여 하나의 글을 구성하더라도 인용 표시를 해야 한다.
⑤ 다른 사람의 자료를 사용할 경우에는 반드시 저작권 유무를 확인해야 한다.

문제풀이 ▶ 자신의 저작물이라 하더라도 출전을 밝히지 않고 상당 부분을 그대로 인용하게 되면 표절이 된다.

정답 | ③

1 직업 윤리

직업 윤리란 직업 생활에서의 윤리를 말하는 것으로, 업무를 수행함에 있어 원만한 직업 생활을 위해 필요한 태도, 매너, 올바른 직업관을 말한다. 즉, 직업을 가진 사람이라면 반드시 지켜야 할 공통적인 윤리 규범이다.

1. 직업 윤리의 분류

구분	정의	세부 요소
근로 윤리	업무에 대한 존중을 바탕으로 근면하고 성실하고 정직하게 업무에 임하는 자세	근면성, 정직성, 성실성
공동체 윤리	인간 존중을 바탕으로 봉사하며, 책임 있고, 규칙을 준수하며 예의 바른 태도로 업무에 임하는 자세	봉사 정신, 책임 의식, 준법성, 직장 예절

직장에서의 예절

인사	• 상대보다 먼저 인사하며, 오른손을 사용한다. • 손을 잡을 때 너무 꽉 잡거나 손끝만 잡는 행위는 금한다.
소개	• 반드시 성과 이름을 함께 말한다. • 정부 고관의 직급명은 퇴직한 경우라도 항상 사용한다.
명함	• 명함은 반드시 명함 지갑에서 꺼내고 상대방에게 받은 명함도 명함 지갑에 넣는다. • 상대방에게 명함을 받으면 즉시 지갑에 넣지 않는다. • 명함은 새것을 사용하여야 한다.
전화	• 정상적인 업무가 이루어지고 있는 근무 시간에 전화를 걸도록 한다. • 전화벨이 3~4번 울리기 전에 받는다. • 전화를 받을 때 자신이 누구인지 즉시 말하고, 예의를 갖추어 말한다.
이메일	• 메시지에는 요점을 벗어나지 않는 제목을 넣는다. • 원래 이메일의 내용과 일관성 있는 답을 한다.

2. 직업 윤리의 원칙

① 객관성의 원칙: 업무의 공공성을 바탕으로 공사 구분을 명확히 하고 모든 것을 숨김없이 투명하게 처리하는 것이다.

② 고객 중심의 원칙: 고객에 대한 봉사를 최우선으로 생각하고 현장 중심으로 일하는 것이다.

③ 전문성의 원칙: 자기 업무에 전문가로서 능력과 의식을 가지고 현장 중심으로 일하는 것이다.

④ 정직과 신용의 원칙: 업무와 관련된 모든 것을 정직하게 수행하고 약속을 지켜 신뢰를 유지하는 것이다.

⑤ 공정 경쟁의 원칙: 법규를 준수하고 경쟁 원리에 따라 공정하게 행동하는 것이다.

3. 직업인의 기본자세

① 소명 의식: 자신이 맡은 일은 하늘에 의해 맡겨진 일이라고 생각하는 태도이다.

② 천직 의식: 자신의 일이 자신의 능력과 적성에 꼭 맞는다고 여겨 그 일에 열성을 가지고 성실히 임하는 태도이다.

③ **직분 의식**: 자신이 하고 있는 일이 사회나 기업을 위해 중요한 역할을 하고 있다고 믿고 자신의 활동을 수행하는 태도이다.
④ **책임 의식**: 직업에 대한 사회적 역할과 책무를 충실히 수행하고 책임을 다하는 태도이다.
⑤ **전문가 의식**: 자신의 일이 누구나 할 수 있는 것이 아니라, 해당 분야의 지식과 교육을 밑바탕으로 성실히 수행해야만 하는 것이라고 믿고 수행하는 태도이다.
⑥ **봉사 의식**: 직업 활동을 통해 다른 사람과 공동체에 대하여 봉사하는 정신을 갖추고 실천하는 태도이다.

2 글쓰기 윤리

유명한 그림이나 건축물, 조형물 등은 긍정적인 역할을 하고 있다. 예술적인 영감을 떠올리게도 하며, 쾌적한 휴식 공간을 제공하기도 한다. 글도 역시 같은 역할을 한다. 누군가의 '글' 속에는 저자의 지식과 경험, 예술성 등이 녹아 있다. 좋은 글은 올바른 지식과 다양한 체험의 간접 경험을 전해 주며, 감정의 울림을 주기도 한다. 따라서 글로 표현되는 저작물 또한 명화나 조형물처럼 그 가치를 보호받아야 할 필요가 있다.

그런데 글은 사물로 존재하지 않다 보니, 함부로 베껴 쓰기가 쉽고, 심지어 베껴 쓰더라도 다른 물건을 훔칠 때보다는 양심의 가책이나 도덕적 책임을 느끼지 않는 것이 현실이다. 윤리적 글쓰기의 출발은 올바른 '주석 쓰기'와 '참고 문헌 작성하기'에서 시작한다. 적어도 실용글쓰기를 공부하는 수험생이라면 저작물의 가치를 제대로 이해하고 글쓰기 윤리를 잊지 말아야 한다.

1. 표절

표절은 다른 사람이 창작한 저작물의 일부 또는 전부를 도용하여 사용하는 행위이다. 표절에 해당하는 경우는 다음과 같다.
① 다른 사람의 창작물을 자신의 것처럼 이용하는 경우
② 남의 표현이나 아이디어를 출처를 표시하지 않고 사용하는 경우
③ 사진이나 그림 또는 표 등을 허락 없이 사용한 경우
④ 자신의 저작이라 하더라도 출전을 밝히지 않고 상당 부분을 그대로 인용한 경우

2. 주석

주석은 한 편의 형식을 갖춘 글을 쓸 때 인용한 부분의 출처를 밝히거나 본문 내용을 보충하기 위해 쓰는 글을 말하며 줄여서 주(註)라고도 한다.

(1) 주석의 분류

기능과 성격에 따라 참조주와 내용주로 나뉘며, 형태에 따라 각주(외각주), 내주(내각주), 미주(후주)로 나뉜다.

기능과 성격	참조주	인용, 출처 등 자료의 기본 정보 제시
	내용주	본문에 포함되기 어려운 내용을 따로 보충
형태	각주(외각주)	페이지 하단에 인용 자료에 대한 정보 제시
	내주(내각주)	본문 괄호 안에 삽입, 자료에 대한 간략한 정보 제시
	미주(후주)	목차를 기준으로 저작물의 장이나 절의 끝, 혹은 글의 말미에 일괄적으로 정보 제시

(2) 주석(각주) 작성 방법

① 일반 저서: 저자명, 저서명, 출판사, 출판 연도, 인용 면수

예 정문, 『에듀윌 한국실용글쓰기 2주끝장』, 에듀윌, 2022, p.77.

② 학술 논문: 필자명, 논문 제목, 게재지명 권·호수, 발행처, 발행 연도, 인용 면수

예 정문, 「SNS를 통해 살펴본 방언의 변천 과정」, 세종국어저널 제46권(여름 호), 세종언어문화재단, 2018, p.88.

주석 작성하기

- 인용한 페이지가 한 페이지라면 'p.'라고 쓰고, 두 페이지 이상일 경우 'pp.'라고 표기하거나 '면' 혹은 '쪽'으로 쓴다.
- 주석 작업의 마지막에는 반드시 마침표(.)를 찍는다.
- 부호는 다음과 같이 사용한다.
  단행본, 문집, 신문, 잡지, 전집류 등: 『 』/ 학술 논물이나 학위 논문의 제목: 「 」/ 시나 소설 등과 같은 작품명: 〈 〉

3. 인용

남의 말이나 글에서 필요한 부분을 빌려 쓰는 것을 말한다.

① 직접 인용: 다른 사람의 말이나 글을 그대로 따와서 쓰는 것이다.

- 인용 조사 '-(이)라고' 혹은 '하다'의 활용형 '하고'를 사용한다.
- 대개 큰따옴표(" ") 또는 큰따옴표 속 작은따옴표("' '")로 직접 인용을 표현한다.

② 간접 인용: 다른 사람의 말이나 글을 자기의 말로 바꾸어 나타내는 것이다.

- 인용 조사 '-고'를 사용한다.

실전예시 펼쳐보기 ▼ 직접 인용과 간접 인용의 적용

- 직접 인용

– "인력이 필요해서 노동력을 불렀더니 사람이 왔더라."라는 말이 있다.
– 나는 작년에 정수에게 "네가 내년에 우승하면 내가 밥 살게." 하고 약속했다.
– 나는 말했다. "너무 부정적인 사람들은 '나는 안 돼.'라고 말하기 일쑤다."라고.

- 간접 인용

– 갈릴레오 갈릴레이는 그래도 지구는 돈다고 하였다.
– 아이들이 놀러 가자고 떼를 썼다.

4. 참고 문헌

(1) 참고 문헌의 개념

저서를 집필하거나 리포트를 작성할 때, 핵심이 된 참고 자료에 대하여 정확한 출처를 밝히는 것으로, 저서 제일 마지막에 작성한다.

(2) 참고 문헌 작성 방법

① 일반 저서: 저자명, 저서명, 출판사, 출판 연도

예 신채호, 『조선상고사』, 종로서원, 1948.

② 학술 논문: 필자명, 논문 제목, 게재지명 권·호수, 발행 연도

예 정문·이도, 「한자 문화권 공용어를 위한 훈민정음해례본」, 민족언어저널 115호, 2013.

유형 싱크로율 100%! 기출변형 문제

01

윤 주임은 직업인의 기본자세에 대한 교육을 진행하게 되어 다음과 같이 발표 자료를 준비하였다. 잘못된 내용은?

> 1. 직업 윤리란?
> ㉠ 업무를 수행함에 있어 원만한 직업 생활을 위해 필요한 태도, 매너, 올바른 직업관
>
> 2. 직업인의 기본자세
> - 소명 의식: ㉡ 자신이 맡은 일은 하늘에 의해 맡겨진 일이라고 생각하는 태도
> - 직분 의식: ㉢ 자신의 일이 자신의 능력과 적성에 꼭 맞는다 여기고 그 일에 열성을 가지고 성실히 임하는 태도
> - 책임 의식: ㉣ 직업에 대한 사회적 역할과 책무를 충실히 수행하고 책임을 다하는 태도
> - 전문가 의식: ㉤ 자신의 일이 누구나 할 수 있는 것이 아니라 해당 분야의 지식과 교육을 밑바탕으로 성실히 수행해야만 하는 것이라고 믿고 수행하는 태도
> - 봉사 의식: 직업 활동을 통해 다른 사람과 공동체에 대하여 봉사하는 정신을 갖추고 실천하는 태도

① ㉠ ② ㉡ ③ ㉢
④ ㉣ ⑤ ㉤

02

직업 윤리의 기본 원칙 중 다음에서 설명하고 있는 것을 순서대로 고른 것은?

> - 업무의 공공성을 바탕으로 공사 구분을 명확히 하고 모든 것을 숨김없이 투명하게 처리하는 것
> - 고객에 대한 봉사를 최우선으로 생각하고 현장 중심으로 일하는 것

① 공정 경쟁의 원칙, 고객 중심의 원칙
② 공정 경쟁의 원칙, 정직과 신용의 원칙
③ 정직과 신용의 원칙, 고객 중심의 원칙
④ 전문성의 원칙, 정직과 신용의 원칙
⑤ 객관성의 원칙, 고객 중심의 원칙

03

주석과 참고 문헌 작성에 대한 설명으로 옳지 않은 것은?

① 주석은 형식상 각주, 내주, 미주로 구분할 수 있다.
② 한 편의 형식을 갖춘 글을 쓸 때 인용한 부분의 출처를 밝히거나 본문 내용을 보충하기 위해 쓰는 글을 주석이라 한다.
③ 학술 논문과 다르게 일반 저서의 경우는 참고 문헌에 저자를 생략해도 된다.
④ 주석은 기능과 성격에 따라 두 가지로 구분할 수 있는데, 본문에 포함되기 어려운 내용을 따로 보충하는 것을 내용주라고 한다.
⑤ 원문을 인용자의 언어로 재해석할 경우 굳이 큰따옴표를 사용하지 않아도 된다.

04

글쓰기 윤리에 대한 설명으로 옳지 않은 것은?

① 무형의 저작물의 경우 인용과 표절이 구분하기 힘들 때도 있다.
② 비록 인터넷상이라 하더라도 남의 글을 허락 없이 사용하면 표절이 된다.
③ 일반 저서, 학술 논문의 저자도 권리를 보장받아야 된다.
④ 리포트숍에서 돈을 지불하고 산 저작물을 이용할 경우에도 출처를 밝혀야 된다.
⑤ 인터넷 카페에서 자료를 인용할 경우 인용자가 그 회원이라면 출처를 굳이 밝히지 않아도 된다.

05

인용에 대한 설명으로 적절하지 않은 것은?

① 인용을 할 때는 큰따옴표나 작은따옴표를 이용한다.
② 블로그에서는 방문자 확보가 우선일 경우, 원문을 제외한 제목의 인용만 허용하는 경우도 있다. 이때도 제목 옆에는 반드시 출처 사이트의 링크를 표시해야 한다.
③ 공신력이 있고 권위가 있는 원작을 인용하면 객관성이 높아진다.
④ 인터넷 기사를 인용할 경우에도 반드시 출처를 밝히거나 원문의 링크를 표시해야 한다.
⑤ 간접 인용보다는 직접 인용이 원작의 표현이 왜곡될 가능성이 많다.

오답률 줄이는! **정답과 해설**

01 ③

| 정답해설 | 자신의 일이 자신의 능력과 적성에 꼭 맞는다고 여겨 그 일에 열성을 가지고 성실히 임하는 태도는 천직 의식에 대한 내용이다. 직분 의식이란 자신이 하고 있는 일이 사회나 기업을 위해 중요한 역할을 하고 있다고 믿고 자신의 활동을 수행하는 태도를 말한다.

02 ⑤

| 정답해설 | 업무의 공공성을 바탕으로 공사 구분을 명확히 하고 모든 것을 숨김없이 투명하게 처리하는 것은 객관성의 원칙. 고객에 대한 봉사를 최우선으로 생각하고 현장 중심으로 일하는 것은 고객 중심의 원칙이다.

03 ③

| 정답해설 | 참고 문헌 작성에 저자를 생략해서는 안 된다.

04 ⑤

| 정답해설 | 자신이 속한 카페나 모임의 자료라 할지라도 출처를 밝혀야 된다.

05 ⑤

| 정답해설 | 직접 인용은 원문을 그대로 표현하므로, 간접 인용보다 원작의 표현이 왜곡될 가능성이 적다.

정답 **01** ③ **02** ⑤ **03** ③ **04** ⑤ **05** ⑤

에듀윌이
너를
지지할게

ENERGY

꿈을 끝까지 추구할 용기가 있다면
우리의 꿈은 모두 실현될 수 있다.

– 월트 디즈니(Walt Disney)

주관식 영역

실용글쓰기 시험의 주관식은 모두 10개의 문제로 이루어져 있다. 짧은 서술형 문제는 5문제로 배점은 20점이며, 1교시에 객관식 시험과 같이 치러진다. 나머지 5문제는 2교시에 치러지며 6번과 7번은 50점, 8번과 9번은 100점의 배점이며, 나머지 10번의 배점은 200점이다.
주관식 문제는 실용글쓰기 시험의 정체성을 가장 명확하게 표현해 주는 영역이다. 문제 구성도 글쓰기의 단계를 따라 어휘나 구절 완성형부터 문장 완성, 단락 완성, 글 완성 순서로 배열되어 있다. 이러한 주관식 문제들은 뒤로 갈수록 난도가 높아지고, 그에 따라 배점도 높아진다.

I. 문장 쓰기

II. 단락 쓰기

III. 실용문 쓰기

1,000점 만점에 600점!

I.

문장 쓰기

(서술형 1~7번)

01 어휘 · 어법에 맞게 쓰기

02 문구 완성형

03 핵심 내용 쓰기

04 제목 완성형

05 공통점 및 차이점 찾기

출제경향 & 학습전략

1교시 서술형 5문제는 어휘·어법에 맞게 표현하는 문제, 공고문이나 기사문의 제목을 완성하는 제목 완성형 문제, 실용문의 요지를 간추려 쓰는 문제, 포스터나 광고문의 문구를 완성하는 문제, 혹은 밑줄 친 부분에 대한 구체적인 해석이나 근거를 쓰는 문제 등이 나온다.
주로 1교시에는 간단한 문구나 문장의 단위까지 요구하는 반면, 2교시에 해당하는 6번과 7번 두 문제의 경우 형식은 비슷하나 종류가 보다 다양하며, 문장 이상의 단위를 요구한다. 배점 또한 50점으로 높다.
문장 쓰기의 경우 출제 유형이 다양한 편이다. 새로운 출제 유형이 나오더라도 자주 출제되는 유형을 중심으로 학습하고 조건과 제시된 자료에 충실한 답안을 작성한다면 감점을 피할 수 있을 것이다.

01 어휘·어법에 맞게 쓰기

대표유형 1 문맥에 맞는 어휘 찾기

■ 다음 〈보기〉 중에서 ㉠~㉦에 들어갈 적절한 단어를 한 개씩만 찾아 기호와 함께 순서대로 쓰시오. [20점]

조건 1. ㉠~㉦ 기호를 쓰지 않으면 감점함.
2. 기호와 함께 한글만 쓸 것. 괄호 안 한자를 쓰면 감점함.

보기

- 갱신(更新): 기간을 연장하여 계약 등이 유효한 상태가 되게 함.
- 경신(更新): 종전의 기록을 깨뜨림.
- 일체(一切): 모든 것.
- 일절(一切): 아주, 전혀, 절대로의 뜻으로, 흔히 행위를 그치게 하거나 어떤 일을 하지 않을 때에 쓰는 말.
- 결재(決裁): 결정할 권한이 있는 상관이 부하가 제출한 안건을 검토하여 허가하거나 승인함.
- 결제(決濟): 일을 처리하여 끝을 냄. 또는 증권 또는 대금을 주고받아 거래 관계를 끝맺는 일.
- 개발(開發): 토지나 천연자원 따위를 유용하게 만듦.
- 계발(啓發): 슬기나 재능, 사상 따위를 일깨워 줌.

- 오늘은 물품 대금을 (㉠)하는 날이다.
- 그녀는 이번 대회에서 신기록 (㉡)에 도전한다고 말했다.
- 외부인의 출입을 (㉢) 금하다.
- 나는 만료된 여권의 (㉣)을 위해 구청을 방문했다.
- 그 일은 아직 차장님의 (㉤)가 나지 않았다.
- 교사는 학생의 잠재된 창의성이 (㉥)되도록 충분한 기회를 주어야 한다.
- 나는 공무원 시험을 보기 위해 (㉦)의 관계를 끊었다.

⇨

예시답안 ㉠ 결제, ㉡ 경신, ㉢ 일절, ㉣ 갱신, ㉤ 결재, ㉥ 계발, ㉦ 일체

감점기준표 **조건을 지켜 감점을 최소화하자!**

항목	감점 요인	
1	모두 틀렸을 경우	−20점
	각 예시답안과 맞지 않을 경우	각 −3점
2	기호를 쓰지 않았을 경우	각 −2점
3	괄호 안 한자를 썼을 경우	각 −2점

감점 없이 잘 쓰는 법!

실용글쓰기 주관식 공략 포인트

어휘 · 어법을 활용한 문제는 서술형 초반인 주관식 1~2번에 주로 제시된다. 이 문제는 〈보기〉에 헷갈릴 만한 어휘와 뜻을 나열한 후 문맥의 흐름에 맞는 어휘를 골라 문장을 완성하는 형태에 속한다. 이 문제처럼 헷갈리는 어휘 여러 개가 제시될 수도 있고 동음이의어가 제시될 수도 있다.

주로 〈보기〉에 어휘와 뜻이 제시되어 있고, 제시된 문장의 앞뒤 문맥에 따라 정답을 유추할 수 있기 때문에 평소에 어휘의 뜻을 정확히 알지 못했더라도 충분히 문제를 풀 수 있는 수준에서 출제되고 있다. 쉬운 형태의 문제에 속하므로 겁먹지 말고 〈조건〉과 〈보기〉를 꼼꼼하게 읽은 후 답안을 작성하면 된다.

평소에 헷갈릴 만한 어휘들을 미리 숙지해 둔다면 주관식뿐만 아니라 객관식 영역 대비까지 가능하다.

대표유형 2 어법에 맞게 고쳐 쓰기

■ 〈보기〉를 참고하여 제시된 문장에서 밑줄 친 (1)～(4)를 기호와 함께 순서대로 고쳐 쓰시오. [20점] (각 5점씩)

보기

국어에서 피동 표현은 접미사 '-이-, -히-, -리-, -기-'에 의한 피동과 '-어지다'에 의한 피동이 있다. 이 외에 피동의 의미를 갖는 단어를 이용하여 피동 표현을 만들 수 있다.

예시	신발 끈을 풀다. → 신발 끈이 (풀리다).
제시 문장	(1) 나뭇가지를 꺾다. → 나뭇가지가 (　　　　). (2) 경찰이 도둑을 잡다. → 도둑이 경찰에게 (　　　　). (3) 개가 사람을 물다. → 사람이 개에게 (　　　　). (4) 터널을 만들다. → 터널이 (　　　　).

⇨

예시답안 (1) 꺾이다, (2) 잡히다, (3) 물리다, (4) 만들어지다

감점기준표 **맞춤법에 맞게 썼는지 반드시 확인한다!**

항목	감점 요인	
1	각 예시답안과 답안이 맞지 않을 경우(현재형으로 쓰지 않은 것도 틀린 것으로 간주함.)	각 -5점
2	'만들어지다'를 '만들어 지다'로 띄어 썼을 경우	-3점
3	정답을 포함하여 어절을 더 쓴 경우(어절 수에 관계없이)	각 -3점
4	마침표를 찍었을 경우	각 -1점
5	기호를 쓰지 않았을 경우	각 -2점

감점 없이 잘 쓰는 법! 실용글쓰기 주관식 공략 포인트

'문맥에 맞는 어휘 찾기' 유형과 마찬가지로 주관식 1～2번에 주로 제시되는 유형이다. 주로 밑줄 친 단어나 문장을 제시하여 어법이나 형식에 맞춰 새롭게 고쳐 쓰는 문제로 출제되고 있다. 어법이나 형식에 대한 힌트로 〈보기〉가 제시될 수도 있고, 제시되지 않을 수도 있다. 〈보기〉로 제시될 경우는 〈보기〉를 최대한 활용해야 하며, 시험 전에는 객관식 파트에 나왔던 부분을 위주로 어법을 정리해 둘 필요가 있다. 문제 배점에 비해 쉬운 편이므로 반드시 실수 없이 감점을 피해야 하는 부분이다.

위 문제는 어법의 가장 기본적인 유형으로, 객관식 영역에서도 많이 볼 수 있는 유형이다. 피동 표현에 대한 이해가 없더라도 〈보기〉에서 설명된 규칙에 따라 어휘를 바꾸어 쓰면 된다. '잡다'는 '잡히다'로, '물다'는 '물리다'로, '만들다'는 '만들어지다'로 바꾸어 쓰면 된다. 단 '꺾다'의 경우는 맞춤법에 주의할 필요가 있고, '-어지다'는 피동 접미사이므로 '만들어 지다'로 띄어쓰기를 할 경우 감점의 요소가 될 수 있음을 기억해야 한다.

유형 싱크로율 100%! 기출변형 문제

01 **다음 밑줄 친 문장을 조건에 따라 바르게 고쳐 쓰시오. [20점] (각 10점씩)**

조건
1. 두 문장의 오류를 찾아 수정한 후, 완결된 문장으로 작성할 것.
2. 수정한 부분만 나열하거나 불필요한 수정을 하면 감점함.

보기

가시적인 성과로 인해 저평가된 ㉠그 사원에 대해서 다시 재론할 필요가 있습니다. 그의 ㉡장점은 업무를 주어진 시간 내에 효율적으로 처리하고, 팀원들에게 참신한 아이디어를 제공하는 것이 큰 장점입니다.

⇨

감점 줄이는! 예시답안&해설

01

| 예시답안 | ㉠ • 그 사원에 대해서 재론할 필요가 있습니다.
• 그 사원에 대해서 다시 논의할 필요가 있습니다.
㉡ 장점은 업무를 주어진 시간 내에 효율적으로 처리하고, 팀원들에게 참신한 아이디어를 제공한다는 것입니다.

| 해설 | ㉠ '다시'와 '재론(再論)'의 '재'의 의미가 중복되므로 둘 중 하나는 빼고 문장을 완성해야 한다. 따라서 예시답안과 같이 두 가지로 바꾸어 쓸 수 있다. 교재의 설명을 위해 밑줄과 기호를 표시하여 고쳐 쓸 부분을 한정하였지만, 실제 시험에서는 밑줄이 없는 경우도 많다. 〈보기〉에서 상당한 정보를 제공했음에도 불구하고 문장 성분의 위치를 바꾼다거나 의미가 유사한 다른 어휘를 사용하거나 띄어쓰기를 무시한다면 감점 요소가 될 수 있다.
㉡ '장점'이라는 어휘가 주어와 서술어에 두 번 쓰여 호응이 맞지 않는다. 따라서 두 '장점' 중에 하나를 삭제해야 되는데, 주어부에 있는 '장점'은 앞의 '그의'와 호응이 되어야 하기 때문에 수정이 불가능하다. 따라서 서술어에 있는 '장점'을 삭제하여 예시답안과 같이 고쳐 쓸 수 있다.

02 다음 〈보기 1〉을 참고하여 〈보기 2〉의 문장 중 표기가 잘못된 문장의 해당 어절만을 바르게 고쳐 쓰시오. [20점]

조건 1. 기호를 먼저 쓴 후 '–'를 쓰고, 바르게 고친 어절을 쓸 것.
예 ㉠ – ○○○○

보기 1

두 단어 또는 형태소가 결합하여 만든 복합 명사(합성 명사)의 두 요소 사이에 삽입되는 시옷을 사이시옷이라고 한다. 반드시 순우리말(고유어)로 된 합성어나, 우리말과 한자어의 합성어에서만 적용된다. 다음의 세 가지 조건을 모두 충족하면 사이시옷을 넣는다.

- 두 단어가 합해져서 하나의 단어가 된 것.
- 그 두 단어 중 하나는 반드시 고유어일 것.
- 원래에는 없었던 된소리가 나거나 'ㄴ' 소리가 덧날 것.

〈예외〉 원칙적으로 한자어＋한자어의 결합은 사이시옷을 적지 않으나, 여섯 개의 한자어는 예외로 사이시옷을 넣을 것.

보기 2

㉠ 그는 낚시바늘 없이 낚시를 했다.
㉡ 요즘 하교길에 아이를 데리러 오는 보호자가 부쩍 늘었다.
㉢ 나무꾼은 호시탐탐 옷을 훔칠 기회를 노리고 있었다.
㉣ 삼각형은 세 개의 꼭지점을 이루고 있다.
㉤ 비밀번호를 입력할 때는 세 번의 회수(回數) 제한이 있다.
㉥ 이를 닦을 때에는 아래니도 깨끗이 닦아야 한다.

⇨

03 다음 〈보기〉를 참고하여 밑줄 친 문장을 〈조건〉에 따라 바르게 고쳐 쓰시오. [20점] (각 5점씩)

조건 1. ㉠~㉣ 기호를 쓰지 않으면 감점함.

보기

명사형은 용언이 명사와 같은 구실을 하게 하는 활용형을 일컫는다. 용언의 어간에 '-ㅁ', '-음' 따위가 붙어서 이루어지며, '놀람', '먹음' 등이 이에 해당한다.

- 올림픽에서 신기록을 ㉠세우다. → (   ).
- 자동차가 빠르게 ㉡달리다. → (   ).
- 경기 규칙을 새로이 ㉢만들다.→ (   ).
- 어른이 되어 책임감을 ㉣가지다. → (   ).

⇨

감점 줄이는! 예시답안&해설

02

| 예시답안 | ㉠-낚싯바늘, ㉡-하굣길에, ㉣-꼭짓점을, ㉤-횟수, ㉥-아랫니도

| 해설 | ㉠ 낚싯바늘은 '낚시(고유어)+바늘(고유어)'로, 원래는 없었던 된소리가 나므로 사이시옷을 넣는다.

㉡ 하굣길은 '하교(한자어)+길(고유어)'로, 원래는 없었던 된소리가 나므로 사이시옷을 넣는다.

㉢ '나무꾼'의 '-꾼'은 접미사로, 합성어가 아니기 때문에 사이시옷을 넣지 않는다.

㉣ 꼭짓점은 '꼭지(고유어)+점(한자어)'으로, 원래 없었던 된소리가 나므로 사이시옷을 넣는다.

㉤ 한자어로 이뤄진 합성어이지만 예외에 해당한다. '곳간(庫間), 셋방(貰房), 숫자(數字), 찻간(車間), 툇간(退間), 횟수(回數)'는 예외적으로 사이시옷을 넣는다.

㉥ 아랫니는 '아래(고유어)+이(고유어)'로, 'ㄴ' 소리가 덧나므로 사이시옷을 넣는다.

03

| 예시답안 | ㉠ 세움, ㉡ 달림, ㉢ 만듦, ㉣ 가짐

| 해설 | 밑줄 친 용언을 〈보기〉에 맞게 명사형으로 바꾸어 쓰면 된다. 예시답안 이외에 답안은 정답으로 인정되지 않는다.

㉢ 용언의 어간이 'ㄹ'로 끝나는 경우에 용언의 명사형은 '만듦'과 같이 'ㄻ'으로 쓴다.

04 〈보기 1〉을 바탕으로 〈보기 2〉의 문장을 수정하여 새롭게 작성하시오. [20점] (각 10점씩)

조건 1. (1)~(2) 기호를 쓰지 않으면 감점함.

보기 1

정확한 문장을 구성하기 위해서는 문장을 형성하는 규칙인 문법을 잘 지켜야 한다. 주어, 목적어, 필수적 부사어 등 서술어가 필요로 하는 문장 성분이 빠져 있는 경우, 주어와 서술어, 부사어와 서술어 등 문장 성분 간의 호응이 지켜지지 않은 경우에는 문법성이 결여되어 바르지 않은 문장이 된다.

보기 2

(1) 화재의 우려가 있으니 실내에서는 반드시 전열기의 사용을 금지합니다.
(2) 우리는 다른 사람의 의견을 존중하고 나와 평등하다는 생각을 지녀야 한다.

⇨

05 다음 〈보기 1〉을 참고하여 〈보기 2〉에 나오는 관형사를 모두 찾아 쓰시오. [20점]

보기 1

- 관형사는 체언 앞에 놓여서, 그 체언의 내용을 자세히 꾸며 주는 품사로, 조사도 붙지 않고 어미 활용도 하지 않는다. '순 살코기'의 '순'과 같이 사람이나 사물의 모양, 상태, 성질을 나타내는 성상 관형사, '저 어린이'의 '저'와 같이 특정한 대상을 지시하여 가리키는 지시 관형사, '한 사람'의 '한'과 같이 사물의 수나 양을 나타내는 수 관형사 따위가 있다.
- 형용사는 사물의 성질이나 상태를 나타내는 품사로, 활용할 수 있어 동사와 함께 용언에 속한다.

보기 2

낡은 옷, 헌 옷 가릴 것 없이 모두 일본군들이 가져가 버렸다. 일본인이 아닌 바에야 같은 취급이었다. 유끼꼬 몰래, 갖은 고생으로 모아 놓은 소금 석 되를 놈들에게 들킬까 조마조마하였다. 옷이야 얼마든지 가져가라지. 소금이 걱정되어, 유끼꼬가 일본군을 딴 방으로 안내하는 사이 나는 창고로 몰래 들어갔다.

⇨

06 다음 〈보기〉 중에서 ㉠~㉦에 들어갈 적절한 단어를 한 개씩만 찾아 기호와 함께 순서대로 쓰시오. [20점]

조건 1. ㉠~㉦ 기호를 쓰지 않으면 감점함.
2. 괄호 안에 한자도 쓸 것.

보기
- 혼돈(混沌): 마구 뒤섞여 있어 갈피를 잡을 수 없음.
- 혼동(混同): 구별하지 못하고 뒤섞어서 생각함.
- 개정(改定): 이미 정하였던 것을 고쳐 다시 정함.
- 개정(改訂): 글자나 글의 틀린 곳을 고쳐 바로잡음.
- 가름: 쪼개거나 나누어 따로따로 되게 하는 일.
- 갈음: 다른 것으로 바꾸어 대신함.
- 껍질: 물체의 겉을 싸고 있는 단단하지 않은 물질.
- 껍데기: 달걀이나 조개 따위의 겉을 싸고 있는 단단한 물질.

- 그 나라는 극심한 정치적 (㉠)으로 복지에 신경 쓸 겨를이 없다.
- 초판본을 (㉡) 보완하여 출간하였다.
- 전학 온 지 두 달이나 되었는데도 친구들의 이름이 자꾸 (㉢)된다.
- 기말고사를 리포트로 (㉣)했더니 학생들의 실력을 평가하기가 어렵다.
- 이 사과는 (㉤)이 너무 두껍다.
- 그 의원은 악법의 (㉥)을 위해 부단히 노력하였다.
- 차림새만 봐서는 여자인지 남자인지 (㉦)이 되지 않는다.

⇨

감점 줄이는! 예시답안&해설

04

| 예시답안 | (1) • 화재의 우려가 있으니 실내에서는 일절 전열기의 사용을 금지합니다.
• 화재의 우려가 있으니 실내에서는 전열기를 사용하면 안 됩니다.
(2) 우리는 다른 사람의 의견을 존중하고 그들도(그들이, 타인도, 타인이, 그 사람들도) 나와 평등하다는 생각을 지녀야 한다.

| 해설 | (1) 부사 '일절'은 '반드시'와는 달리 흔히 사물을 부인하거나 행위를 금지할 때 쓰는 말이다. '반드시'가 쓰이는 예로는 '언행은 반드시 일치해야 한다.', '반드시 시간에 맞춰 오너라.' 등이 있다.

05

| 예시답안 | 헌, 갖은, 석, 딴

| 해설 | '헌, 갖은, 석, 딴'은 체언의 내용을 자세히 꾸며 주는 관형사에 속한다. '헌, 갖은'은 성상 관형사, '석'은 수 관형사, '딴'은 지시 관형사이다.
〈보기 1〉에서 관형사와 형용사에 대한 설명을 하고 있는데, 형용사와 헷갈리지 않도록 주의해야 한다.

06

| 예시답안 | ㉠ 혼돈(混沌), ㉡ 개정(改訂), ㉢ 혼동(混同), ㉣ 갈음, ㉤ 껍질, ㉥ 개정(改定), ㉦ 가름

02 문구 완성형

대표유형 1 문구 완성하기

■ 다음 〈보기〉를 참고하여 빈칸에 알맞은 말을 넣어 광고 문구를 완성하시오. [20점] (각 10점씩)

조건 1. (1)~(2) 기호를 쓰지 않으면 감점함.

보기

사람이 말을 배우는 기간 36개월, 종이컵 분해 시간 20년
초 · 중 · 고등학교 졸업 기간 12년, 일회용 기저귀 분해 시간 100년
한국인 평균 수명 77세, 플라스틱 숟가락 분해 시간 500년

(1) (   )은(는) 짧고 (   )은(는) 길다.
(2) 일회용품 – 하루 하나씩만 줄여도 미래가 (   ).

⇨

예시답안 (1) 인생, 일회용품, (2) 깨끗해진다

감점기준표 **맞춤법이나 띄어쓰기에서 감점되지 않도록 특히 주의한다!**

항목	감점 요인	
1	기호를 쓰지 않았을 경우	각 –2점
2	(1)의 답안 중 1개만 맞았을 경우	각 –5점
3	맞춤법이나 띄어쓰기가 틀렸을 경우	2회당 –1점

감점 없이 잘 쓰는 법!

실용글쓰기 주관식 공략 포인트

문구 완성형 문제는 서술형 시험 초반에 제시된다. 본격적으로 글쓰기를 시작하기 전 단계로, 객관식 문제를 풀면서 이해 능력과 추리 능력, 판단 능력에 초점이 맞춰진 우리의 사고 체계를 표현 단계까지 확장시켜 준다. '글쓰기'라는 고도의 사고 체계를 이용하는 행위는 문구 작성부터 시작하여 문장, 단락, 나아가 한 편의 완결된 글까지 점차적으로 진행해 나갈 때 가장 수준 높은 결과물을 창조할 수 있다.

문구 완성형 문제는 배점이 낮은 만큼 문제의 해결도 수월한 편이다. 대부분 앞뒤 맥락을 통해 해당 문구의 유추가 가능하며, 정답의 근거 폭도 넓은 편이다.

이 문제는 사용상의 편리로 인하여 일회용품의 사용이 증가하고 있으나, 이는 자원 낭비 및 환경오염의 큰 원인이 될 수 있다는 것을 인식하게 하는 내용이다. 언어 습득 기간, 초 · 중 · 고등학교 졸업 기간, 한국인의 평균 수명을 점층법으로 나열하며 일회용품이 분해되는 시간과 비교하고 있다. 인간이 태어나서 죽는 데 걸리는 시간은 일회용품이 분해되는 시간에 비하면 턱없이 짧다. 따라서 (1)의 첫째 빈칸에는 '인생' 혹은 '인간의 삶' 혹은 '사람의 인생' 등이 들어갈 수 있다. 둘째 빈칸에는 '일회용품'이 들어가야 적절하다. 위 문구를 통해 알리고자 하는 내용은 '환경을 위해 일회용품의 사용을 줄이자.' 정도로 정리할 수 있으므로, (2)에 들어갈 문구는 '깨끗해진다' 혹은 '쾌적해진다'가 적절하다.

유형 싱크로율 100%! 기출변형 문제

01 다음 글을 〈보기〉와 같이 요약하였다. 〈조건〉에 맞게 ㉠과 ㉡을 채워 문장을 완성하시오. [20점] (각 10점씩)

조건
1. 제시된 글의 빈칸에 들어갈 말을 고려하여 ㉠을 작성할 것.
2. ㉠, ㉡ 기호를 쓰지 않으면 감점함.

> 셰프테이너(Cheftainer)는 셰프(Chef)와 엔터테이너(Entertainer)를 (　　　)한 (　　　)어이다. 주로 전문 조리사들로 요리를 전문적으로 다루는 프로그램, 혹은 요리를 소재로 하는 예능 프로그램에서 요리 실력과 엔터네이너의 끼와 재능을 보여 주며 2015년 방송가 트렌드로 자리 잡았다. 오래전부터 '먹방'은 방송의 인기 요소였으나 여기에 요리를 하는 일련의 과정을 담아낸 '쿡(cook)방'이 등장해 셰프테이너가 방송에 활발하게 등장하기 시작했다. 먹방에서 쿡방으로의 전환에 기폭제가 된 것은 모 케이블 채널의 삼시*끼에서 배우 차승원이 음식을 만들며 '차줌마'라는 별명으로 많은 인기를 얻으면서부터였다. 이후 전문 셰프들이 많은 프로그램에 출연했는데, 특히 올*브TV의 프로그램 올*브쇼에서 주제에 따라 다양한 셰프가 출연하며 셰프테이너라는 개념이 형성되었다. 또한 종합 편성 채널인 JT*C에서 요리와 예능을 접목한 프로그램인 냉*고를 부탁해에서 다양한 셰프 캐릭터가 등장해 셰프테이너들은 최근 예능 프로그램의 섭외 1순위가 되었다.

보기

> 셰프테이너는 셰프와 엔터테이너를 ㉠__________이다. 먹방의 인기 요소에 요리가 완성되는 과정을 담아내는 쿡방의 요소를 가미하여 케이블 채널과 종합 편성 채널에서 ㉡__________ 이들은 현재 예능 프로그램 섭외 1순위가 되었다.

⇨ ______________________________

____

감점 줄이는! 예시답안&해설

01

| 예시답안 | ㉠ 합성한 신조어, ㉡ 인기를 얻은

| 해설 | ㉠ 셰프와 엔터테이너의 개념을 합하여 새로 생겨난 말이므로, ㉠에 들어갈 문구는 '합성한 신조어'가 적당하다.

㉡ 제시된 글 중간에 '삼시*끼'와 '올*브쇼'에서 셰프테이너들이 본격적으로 '인기를 얻었다.'는 내용을 확인할 수 있다.

| 지문출처 | 위키백과, 「셰프테이너」

02 다음 글을 읽고 ( ) 안에 알맞은 말을 넣어 문장을 완성하시오. [20점]

실용설은 어떤 판단이 유용한 결과를 낳을 때 그 판단을 진리라고 본다. 어떤 판단을 실제 행동으로 옮겨 보고 그 결과가 만족스럽거나 유용하다면 그 판단은 참이고 그렇지 않다면 거짓이라는 것이다. 예를 들어 어떤 사람이 '자기 주도적 학습 방법은 창의력을 기른다.'라고 판단하여 그러한 학습 방법을 실제로 적용해 보았다고 하자. 만약 그러한 학습 방법이 실제로 창의력을 기르는 등 만족스러운 결과를 낳았다면 그 판단은 참이 되고, 그렇지 않다면 거짓이 된다. 이러한 실용설은 새로운 주장의 진위를 판별할 때 결과의 (　　　　　)을 중시한다.

03 다음 글을 읽고 ㉠에 들어갈 문구를 〈조건〉에 맞게 작성하시오. [50점]

1. 15~20자 내외로 쓸 것.
2. 제시된 글의 표현을 활용하여 쓸 것.

도덕적 선택의 순간에 직면했을 때 상대방에게 개인적 선호(選好)를 드러내는 행동이 과연 도덕적으로 정당할까? 도덕 철학자들은 이 물음에 대해 대부분 부정적 반응을 보이며 도덕적 정당화의 조건으로 공평성(impartiality)을 제시한다. 공평주의자들의 관점에서 볼 때 특권을 가진 사람은 아무도 없다. 사람들은 인종, 성별, 연령에 관계없이 모두 신체와 생명, 복지와 행복에 있어서 동일한 가치를 지닌다. 따라서 어떤 개인에 대해 행위자의 선호를 표현하는 도덕적 선택은 결코 정당화될 수 없다. 공평주의자들은 사람들 간의 차별을 인정하지 않기 때문에 개인이 처해 있는 상황이 어떠한가에 따라 행동의 방향을 결정해야 한다고 말한다.

그런데 우리 모두는 특정 개인과 특별한 친분 관계를 유지하면서 살아간다. 그리고 그 상대가 가족인 경우는 개인적 인간관계의 친밀성과 중요성이 매우 강하다. 가족 관계라 하여 상대에게 특별한 개인적 선호를 표현하는 행동이 과연 도덕적으로 정당화될 수 있을까? 만약 허용된다면 어느 선까지 가능할까? 다음 두 경우를 생각해 보자.

철수는 근무 중 본부로부터 긴급한 연락을 받았다. 동해안 어떤 항구에서 혐의자 한 명이 일본으로 밀항을 기도한다는 첩보가 있으니 그를 체포하라는 것이었다. 철수는 잠복 끝에 혐의자를 체포했지만, 그는 하나밖에 없는 친형이었다. 철수는 고민 끝에 형을 놓아주고 본부에는 혐의자를 놓쳤다고 보고했다.

민수는 두 사람에게 각각 오천만 원의 빚을 지고 있었다. 한 명은 삼촌이고 다른 한 명은 사업상 알게 된 영수였다. 공교롭게도 이 두 사람이 동시에 어려운 상황에 처해서 오천만 원이 급히 필요하게 되었고, 그보다 적은 돈은 그들에게 도움이 될 수 없는 상황이었다. 이를 알게 된 민수는 노력한 끝에 오천만 원을 마련하였고, 둘 중 한 명에게 빚을 갚을 수 있게 되었다. 민수는 삼촌의 빚을 갚았다.

철수의 행동은 도덕적으로 정당화될 수 있는가? 혐의자가 자신의 형임을 알고 놓아주었으므로 그의 행동은 형에 대한 개인적 선호를 표현한 것이다. 따라서 그는 모든 사람의 복지와 행복을 동일하게 간주해야 하는 공평성의 기준을 지키지 않았다. 그의 행동은 도덕적으로 정당화되기 어려워 보인다.

그렇다면 민수의 행동은 정당화될 수 있는가? 그는 분명히 삼촌에 대한 개인적 선호를 표현했다. 민수가 공평주의자라면 삼촌과 영수의 행복은 동일하기 때문에 오직 상황만을 기준으로 판단해야 한다. 만약 영수가 더 어려운 상황에 빠져 있고 삼촌이 어려운 상황이 아니었다면, 선택의 여지가 없이 영수의 빚을 갚아야 한다. 그러나 삼촌과 영수가 처한 상황이 정확하게 동일하기 때문에 민수에게는 개인적 선호가 허용된다.

강경한 공평주의자들은 이런 순간에도 주사위를 던져서 누구의 빚을 갚을지 결정해야 한다고 주장한다. 이는 개인적 선호를 완전히 배제하기 위해서이다. 반면 온건한 공평주의자들은 이러한 주장이 개인에 대한 우리의 자연스러운 선호를 반영하지 못하기 때문에 그것을 고려할 여지를 만들어 놓을 필요가 있다고 주장한다. 이러한 여지가 개인적 선호의 허용 범위라는 것이다. 그들은 상황적 조건이 동일한 경우에 한정하여 (　　㉠　　) 주장한다.

⇨

감점 줄이는! 예시답안&해설

02

| **예시답안** | 유용성(또는 실용성)

| **해설** | 첫째 문장과 둘째 문장을 참고하여, 실용설은 어떤 판단이 유용한 결과를 낳을 때 그 판단을 진리이자 참이라고 판단한다는 내용에 주목한다. 정확한 답은 '유용성'이지만 '실용성'이라는 단어도 같은 맥락으로 사용되므로 정답으로 인정한다.

| **지문출처** | 「진리 판단에 대한 여러 이론」

03

| **예시답안** | 개인적 선호가 허용되어야 한다고

| **해설** | 여섯째 단락의 '삼촌과 영수가 처한 상황이 정확하게 동일하기 때문에 민수에게는 개인적 선호가 허용된다.'라는 내용이 힌트가 된다. 빈칸을 채우는 문제는 전체 내용에 기반하여 앞뒤 문맥을 살피는 것이 정답을 유추하는 데 가장 큰 도움이 된다.

| **지문출처** | 「개인적 선호의 정당성에 대하여」

03 핵심 내용 쓰기

대표유형 1 핵심 내용 쓰기

■ 다음 글을 읽고 주제문을 작성하시오. [20점]

조건 1. 15자 이내(띄어쓰기 포함)로 쓸 것.
2. 평서문으로 작성할 것.

의식주와 같은 생활 양식은 주로 어휘에 반영된다. 의복을 예로 들면, 한국의 '한복', 일본의 '기모노', 베트남의 '아오자이'와 같이 전통 의복을 가리키는 말은 나라마다 다르다. 이는 나라마다 다른 고유한 의복 문화가 언어에 반영되어 나타난 결과이다. 음식의 경우에도 고유한 음식 문화가 언어에 반영되어 나타나는데, 한국의 '김치', '비빔밥', 이탈리아의 '파스타', '피자', 인도의 '카레', '난' 등이 우리에게 친숙한 예이다. 또 주거 생활 양식이 언어에 반영된 예로는 한국의 '온돌', 일본의 '다다미', 서양의 '벽난로' 등을 들 수 있다. 이러한 어휘에는 고유의 생활 양식이 반영되어 있기 때문에, 다른 문화권에 속한 사람은 각 단어가 지시하는 대상을 직접 경험해 보지 않으면 그 뜻을 이해하기 어렵다.

⇨

예시답안 언어는 문화를 반영한다.

감점기준표 **〈조건〉을 잘 지켜 감점을 최소화해야 한다!**

항목	감점 요인	
1	'언어, 문화, 반영하다' 각 내용이 포함되지 않았을 경우	각 –5점
2	예시답안의 맥락은 아니지만 위 세 부분이 들어갔을 경우	–10점
3	예시답안의 맥락과 정반대로 썼을 경우(예 문화는 언어를 반영한다.)	–20점
4	15자 초과일 경우	1글자당 –1점
5	평서문으로 작성하지 않았을 경우	–5점
6	맞춤법이나 띄어쓰기가 틀렸을 경우	2회당 –1점

감점 없이 잘 쓰는 법!

실용글쓰기 주관식 공략 포인트

'핵심 내용'이란 글의 주제를 말한다. 실용글쓰기 시험에서 글을 읽고 주제를 찾아내는 것은 가장 기본적인 것에 해당한다. 1교시에는 주로 한두 단락의 비교적 짧은 글을 읽고 주제를 한 문장 정도로 서술하는 문제가 출제되며, 2교시에는 600자~800자 정도의 글을 읽고 요약하는 문제가 출제되기도 한다. 그렇기 때문에 글의 주제를 파악하고 요건에 맞게 중심 내용을 작성하는 법은 기본적으로 숙지해 두어야 한다.

제시된 글은 각 나라 혹은 문화권의 생활 양식과 언어의 상관관계에 관한 서술이다. 첫째 문장에서 생활 양식을 의식주의 세 가지로 구분하였고 그 세 가지가 언어에 반영된 예시를 소개하면서 글이 전개되고 있다. 즉, '언어와 생활 양식의 상관관계' 혹은 '생활 양식이 반영된 언어', 혹은 '생활 양식'을 '문화'와 치환하여 '언어와 문화의 관계' 혹은 '문화가 반영된 언어' 정도로 정리할 수 있다. 하지만 문제에서는 주제문을 요구했으므로 정리한 주제를 완전한 문장으로 표현하는 작업이 필요하다.

일반적으로 주제문은 '평서문'으로 적는 것이 원칙이다. 의문이나 감탄의 어미, 혹은 문장 부호를 사용하지 않는다. 또한 주제문은 간결하고 명확해야 한다. 주제문을 제외한 나머지 문장이 사실상 주제문을 뒷받침하고 수식하는 역할을 하기 때문에 주제문은 되도록 수식하는 말 없이 핵심만 들어가는 게 좋다.

이러한 원칙에 맞춰 글의 주제문을 작성한다면 '언어는 문화를 반영한다.' 정도로 서술할 수 있다.

유형 싱크로율 100%! 기출변형 문제

01 다음은 '사회와 개인의 관계'에 관한 글의 일부이다. 빈칸에 들어갈 내용을 조건에 맞게 한 문장으로 작성하시오. [20점]

조건 1. '개인'과 '사회'의 관계를 '달걀'과 '닭' 혹은 '닭'과 '달걀'에 비유할 것.

> '국민성'이 생물학적 차이에서 비롯되는 것으로 보는 낡은 개념은 분쇄된 지 오래다. 그러나 사회나 교육이라는 국민적 배경에서 오는 국민성의 차이가 분명히 존재하고 있음을 부정하기 어렵다. '인간성'이라는 것은 포착하기 어려운 실체이긴 하지만 국가 또는 지역에 따라 그 차이가 분명히 드러나기 때문에 지배적인 사회 조건이나 관습에 의하여 형성된 하나의 현상이라고 볼 수밖에 없는 것이다. 가령 미국인, 러시아인, 인도인들 사이에는 많은 차이가 있지만, 이 중에서 가장 중요한 차이점은 모든 개인 간의 사회적 관계, 다시 말하면 사회 구성 양식에 대해 다른 형태의 태도를 지니고 있다는 점이다. 따라서 미국, 러시아, 인도 사회의 차이를 연구하기 위해서는 개별적인 미국인, 러시아인, 인도인 간의 차이를 포착하는 것이 최선의 방법이 될 것이다.
>
> 결국 ______________________________

⇨

02 다음 밑줄 친 ㉠에 들어갈 문장을 〈조건〉에 맞게 한 문장으로 작성하시오. [20점]

조건 1. 한 문장으로 작성할 것.
2. 본문에 있는 단어를 활용하여 작성할 것.

> 얼마 전까지만 하더라도 국제 정치학의 주관심사는 초강대국 간의 긴장으로 인한 3차 대전의 가능성이었다. 이런 3차 대전에 대한 우려는 동서 간의 대립이 종식된 이후 국제 정치 상황의 변화와 더불어 자취를 감추었다. 그러나 3차 대전의 공포가 감소된 반면, ㉠______________________ 국제 정치 상황이 변함에 따라 사회 과학의 관심권 밖에 놓여 있던 환경 문제, 즉 인류의 생존과 복지에 대한 생태계의 위협에도 새롭게 관심을 돌리게 된 것이다. 사실 대부분의 국가들이 오랫동안 외면한 결과, 환경 문제는 세계 차원의 중요성을 인정받지 못했다. 그러나 초강대국 간의 경쟁의 소멸과 함께 환경 문제는 국제 안보 및 경제 문제와 함께 국제 정치의 3대 의제로 자리 잡아 가고 있다.

⇨

03 다음 공익 광고의 ㉠에 들어갈 알맞은 문구를 완성하시오. [20점]

조건
1. 20자 내외(띄어쓰기 포함)로 쓸 것.
2. 의문형 문장으로 구성할 것.

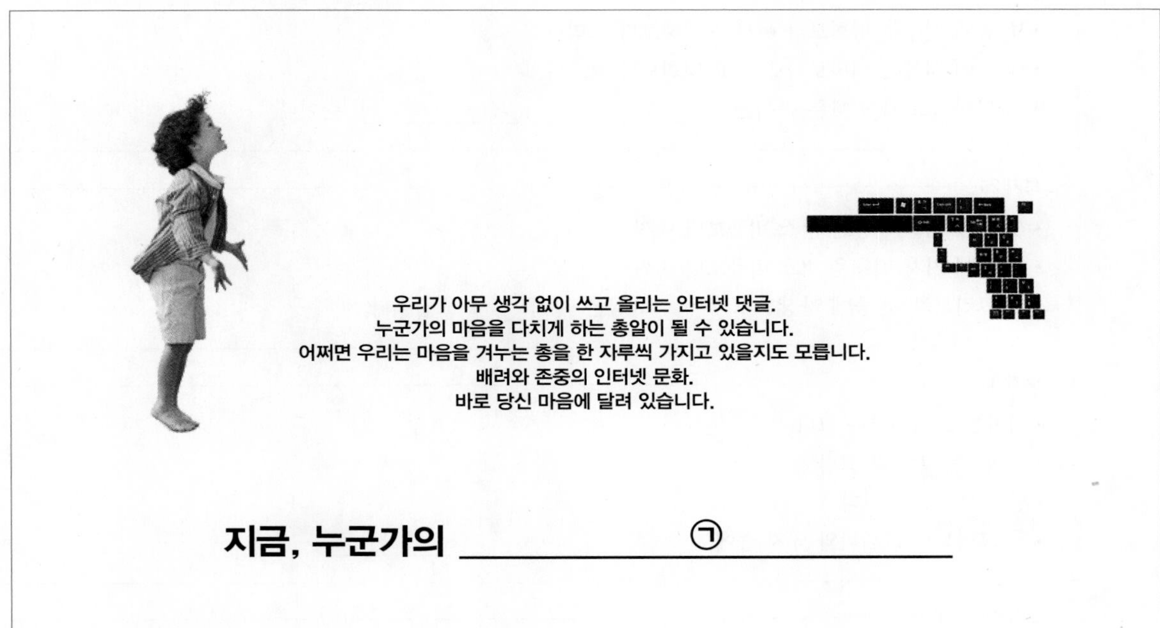

⇨

감점 줄이는! 예시답안&해설

01

| 예시답안 | • 닭 없이 달걀이 있을 수 없고, 달걀 없이 닭이 있을 수 없듯이, 개인 또한 사회 없이는 존재할 수 없으며 사회 역시도 개인이 없고서는 존재 자체가 불가능하다.
• 닭 없이 달걀이 있을 수 없고, 달걀 없이 닭이 있을 수 없듯이, 개인과 사회 역시도 닭과 달걀의 관계처럼 밀접한 관계를 가지고 있다.
• 닭과 달걀의 밀접한 관계처럼 개인도 사회와 밀접한 관계를 가지고 있다.

| **지문출처** | 이형수, 「사회와 개인의 관계」

02

| 예시답안 | 환경 문제라는 새로운 국제 정치적 문제가 나타나게 되었다.

| 해설 | ㉠의 앞부분에서는 3차 대전의 공포가 감소되었음을, ㉠ 뒷부분에서는 환경 문제라는 새로운 문제가 관심을 받고 있음을 알 수 있다. 따라서 ㉠에는 '환경 문제라는 새로운 국제 정치적 문제가 나타나게 되었다.'와 같은 내용의 답안을 작성하는 것이 적절하다.

03

| 예시답안 | 마음에 총을 겨누고 있지는 않은가요?

| 해설 | 광고의 문구 중 셋째 줄의 내용에 주목한다. '어쩌면 우리는 마음을 겨누는 총을 한 자루씩 가지고 있을지도 모릅니다.'라는 내용을 바탕으로 의문형 문장으로 구성한다.

04 다음 〈보기〉를 참고하여 항목들 간의 서열을 파악한 후 내린 결론을 쓰시오. [50점]

조건 1. ㉠~㉣ 기호를 쓴 후 해당하는 문장 전체를 답안에 쓸 것.

보기 1

- 넷 중에 철수는 영희보다 빠르고 지혜보다 느리다.
- 넷 중에 지혜는 혜미보다 느리고 영희보다 빠르다.
- ㉠ 그러므로 가장 빠른 순서는 ______________________ 순이다.

보기 2

- 셋 중에 택시 비용은 버스 비용보다 비싸다.
- 셋 중에 기차 비용은 버스 비용보다 비싸다.
- ㉡ 그러므로 셋 중에 가장 ________ 요금은 ________ 요금이다.

보기 3

- 사자는 코끼리보다 크다.
- 코끼리는 말보다 크다.
- 말은 돼지보다 작다.
- ㉢ 그러므로 코끼리와 돼지 중에, ______________________.

보기 4

- 채영이는 맨 앞줄에 앉았다.
- 미나 바로 뒷줄에 나영이가 앉았다.
- 나영이는 지효 바로 앞줄에 앉았다.
- 지효는 네 번째 줄에 앉았다.
- ㉣ 그러므로 맨 앞줄부터 앉아 있는 순서는 ______________________ 순이다.

⇨

05 다음 글의 내용을 바탕으로 〈보기〉의 포스터 내용을 완성하시오. [50점]

조건 1. ㉠~㉣ 기호를 쓴 후 해당하는 문장 전체를 답안에 쓸 것.

> 최강 한파가 연일 몰아치는 가운데 전문의들은 다음과 같이 권하고 있다.
>
> ○○ 대학 병원 홍길동 교수는 "이런 추위에는 패션보다는 건강을 위해서 따뜻하게 옷을 입어야 된다."라면서, "두꺼운 옷 한 벌보다는 얇은 옷 여러 벌을 겹쳐 입어 옷 사이사이에 공기층을 만들어 체온을 유지해야 한다."라고 조언했다.
>
> 또한 ○○ 병원 예방의학과 조심애 과장은 "겨울에 체온을 유지하기 위해서는 장시간 추위에 노출되지 않는 것이 가장 중요하다."라면서 "가급적 외출을 자제하고 실내에 머무는 것이 좋지만, 어쩔 수 없이 야외 활동을 해야 한다면 어린이나 노약자는 반드시 모자, 장갑, 목도리, 마스크를 착용하기를 권한다."라고 안내했다.

보기

한파 속 건강한 겨울나기 수칙!

1. ㉠ 가급적 ______________ 좋아요.
2. ㉡ 장시간 ______________ 중요해요.
3. ㉢ ________보다는 ________을 겹쳐 입는 것이 ________를 위해 좋아요.
4. ㉣ 어린이나 노약자는 외출 시 ______________ 하세요.

⇨

감점 줄이는! 예시답안&해설

04

| 예시답안 | ㉠ 그러므로 가장 빠른 순서는 혜미, 지혜, 철수, 영희 순이다.
㉡ 그러므로 셋 중에 가장 싼 요금은 버스 요금이다.
㉢ 그러므로 코끼리와 돼지 중에, 어떤 동물이 더 큰지는 알 수 없다.
㉣ 그러므로 맨 앞줄부터 앉아 있는 순서는 채영, 미나, 나영, 지효 순이다.

05

| 예시답안 | ㉠ 가급적 외출을 자제하는 것이 좋아요.
㉡ 장시간 추위에 노출되지 않는 것이 중요해요.
㉢ 두꺼운 옷 한 벌보다는 얇은 옷 여러 벌을 겹쳐 입는 것이 체온 유지를 위해 좋아요.
㉣ 어린이나 노약자는 외출 시 반드시 모자, 장갑, 목도리, 마스크를 착용하세요.

| 해설 | 제시된 글에는 〈보기〉의 포스터의 빈칸을 완성할 수 있는 내용이 전부 들어 있다. 이와 같은 유형의 핵심 내용을 완성하는 문제는 제시된 글 속에서 핵심 내용을 찾아 완성하면 된다.
또한 밑줄 친 부분 외에 문장 전체를 답안으로 작성할 것을 조건으로 제시할 수 있으므로, 답안을 작성한 후 조건을 충족했는지 다시 확인해야 한다.

06 다음 자료를 읽고 〈조건〉에 맞게 제목과 주제를 완성하시오. [50점]

1. 제목에 '조선', '국왕(임금)', '일과', '핵심', '경연'을 반드시 포함시키고 명사(또는 명사형)로 끝낼 것.
2. 주제는 '구성원'이라는 어휘를 넣어 '성공적인 리더의 조건'과 연결시켜 한 문장으로 쓸 것.
3. ㉠, ㉡ 기호를 쓰고 밑줄 친 부분만이 아닌 전체 문장을 쓸 것.
4. 제목은 ㉠에, 주제는 ㉡에 쓸 것.

근래 사극에 나오는 임금은 궁 안에서는 궁녀들을 희롱하며, 궁 밖에서 갖은 일탈을 하는 등 자유분방한 모습이 그려지는데, 실제 이는 극히 드문 경우였다. 조선 국왕의 하루는 파루와 함께 시작한다. 이는 도성 내 통행금지 해제를 알리기 위해 종각의 종을 33번 치는 것으로 하루가 편안하기를 기원하는 의미를 갖는다.

기침 후 간단하게 죽 등으로 요기를 하며, 대비전에 문안을 드리는 것으로 임금의 일과가 시작된다. 효를 행하며 효를 권장했다. 문안 후 아침 식사를 마치면 조강*을 해야 했는데 이는 경연*의 일종으로 유학에 밝은 신하들과 학문과 시사를 논하는 자리였다.

조강이 끝나면 아침 10시경부터 조회를 하고 조회가 끝나면 윤대를 통해 각 부서에서 임금에게 직접 현안을 보고하고 지시를 받았다.

임금은 정승이나 판서 같은 고위직만 만나는 것이 아니었다. 《경국대전》에는 법으로 문무관 6품·4품 이상은 매일 윤대한다고 규정하고 있다. 국왕이 국정 실무자를 매일 만나 얼굴을 맞대니 현안을 손바닥 보듯 훤히 알 수 있었던 것이다.

이어 점심을 먹고 나면 주강*을 하였는데 특이한 점은 경연에 자주 나갔던 세종, 성종, 정종은 모두 성공한 국왕이라는 것이다. 세종과 성종은 신하들이 피곤해할 정도로 경연에 혼신을 기울였고, 정조는 조강에 늦을까 침소 가까운 곳에 닭을 기르기도 하였다.

이렇게 초인적 의지로 국정을 수행했던 성공한 국왕들이 강조한 것은 경연을 통한 토론과 반성이었다. 경연에서 신료들에게 귀를 열어 쓴소리를 마다하지 않았으며 그것을 국정의 동력으로 삼았다.

* **조강**: 이른 아침에 하는 경연
* **경연**: 고려·조선 시대에, 임금이 학문이나 기술을 강론·연마하고 더불어 신하들과 국정을 협의하던 일
* **주강**: 한낮에 하는 경연

㉠ 조선 ______________________

㉡ 성공적인 ______________________

⇨ ______________________

07 다음은 TV 프로그램 기획서의 초안이다. 초안을 바탕으로 기획서의 추진 배경과 목표를 작성하시오. [50점]

조건 1. 추진 배경은 ㉠에, 목표는 ㉡에 쓸 것.
2. 문장을 명사(또는 명사형)로 마무리할 것.

예능 프로그램 기획서

현재 공중파와 케이블, 종편의 예능 주류는 야외 예능 프로그램과 아이돌의 쇼를 위주로 하는 프로그램이 다수다. 이와 같은 포맷은 이미 3년간 고착화되었기 때문에 시청자들은 새로운 형태의 예능 프로그램을 원하고 있다. 재작년 미국과 유럽, 일본에서는 연예인들과 일반인이 같이 프로그램에 참여해 두뇌 대결을 펼치는 프로그램들이 인기를 끈 바 있다. 세계적인 추세를 볼 때 올해 우리나라에 이러한 콘셉트의 예능 프로그램이 히트할 확률이 높으므로 우리 방송사에서 가장 먼저 이러한 프로그램을 제작해 예능 방송의 흐름을 선도할 필요가 있다.

- 추진 배경: ㉠ ______________________
- 목표: ㉡ ______________________

⇨

감점 줄이는! 예시답안&해설

06

| 예시답안 | ㉠ 조선 임금 일과의 핵심인 경연
㉡ 성공적인 리더의 조건은 토론을 통해 구성원들의 비판적인 소리도 마다하지 않는 것이다.

| 해설 | ㉠ 〈조건〉에 제시된 핵심 어휘를 반드시 포함시켜 제목을 작성해야 한다.
㉡ 제시된 글에서 '경연'을 중요하게 다루고 있으므로 '토론을 통해' 또는 '소통을 통해' 등의 내용이 들어가야 한다. 또한 마지막 단락에서 언급되었듯이, '비판을 받아들인다.' 또는 '쓴소리를 마다하지 않는다.' 등의 내용이 반드시 포함되어야 한다.

07

| 예시답안 | ㉠ 예능 프로그램 고착화로 인한 시청자들의 새로운 요구
㉡ 일반인과 연예인들이 함께 두뇌 대결을 펼치는 형태의 예능 프로그램 제작

| 해설 | ㉠ 문맥 속에 '프로그램 고착화'라는 의미와 '시청자들이 새로운 형태의 예능 프로그램을 원한다.'는 의미가 들어가야 한다.
㉡ '일반인과 연예인들이 함께' 또는 '일반인이 참여한다.'라는 의미가 들어가야 한다.

04 제목 완성형

대표유형 1 제목 완성하기

■ 다음 글의 제목을 완성하시오. [50점]

조건 1. 5어절 이내로 작성할 것.
2. 명사(또는 명사형)로 끝낼 것.

사회를 발전시키는 동력은 정부가 주입하는 사고와 제도가 아니라 사회 구성원들이 새로운 생각과 행동 방식을 끊임없이 시험하는 과정 그 자체이다. 개인들은 각자의 목표를 달성하기 위해 저마다의 지식을 활용해 자유롭게 행동을 결정하며, 이 과정을 통해 사회는 점차 진보해 간다. 이러한 사회 운영의 원리를 지키기 위해서는 구성원 각자에게 개인의 자유와 사적 영역을 보장할 필요가 있다. 개인은 무엇이 자신에게 중요한지, 어떻게 행동해야 하는지 스스로 판단할 능력과 권리가 있으며, 또한 생각과 행동의 자유를 침해받지 않을 자격이 있다.

⇨

예시답안 '자유는 사회 발전의 필수 조건' 또는 '사회 발전의 필수 조건'

감점기준표 **핵심 내용만으로 제목을 완성해야 한다!**

항목	감점 요인	
1	'사회 발전' 또는 '필수 조건'이라는 내용이 들어가지 않았을 경우	−20점
2	5어절 초과인 경우	1어절당 −3점
3	명사로 끝나지 않았을 경우	−15점
4	맞춤법이나 띄어쓰기가 틀렸을 경우	1회당 −3점

감점 없이 잘 쓰는 법!

실용글쓰기 주관식 공략 포인트

제목 완성형 문제는 문장 쓰기 유형의 문제 중에서도 가장 기본적인 형태에 속한다. 제목을 완성하기 위해서는 필수적으로 제시된 글을 정확하게 이해해야 한다. 제시된 글을 제대로 읽지 않고서는 답을 찾을 수 없다. 글을 읽고 내용의 약 70% 이상이 이해가 되었다면 제목 선정 작업에 들어갈 수 있다.

일반적인 제목의 요건은 먼저 글 전체 내용을 압축적으로 표현할 수 있거나, 예측할 수 있는 핵심 단어를 갖추고 있어야 한다. 예를 들어 어떤 글의 제목이 '의복 생활의 역사'라고 한다면, 독자는 제목만 보고서도 글의 내용과 구성을 상상하게 된다.

이런 과정은 아주 빠른 시간에 무의식적으로 이루어지기 때문에 제목이 없는 글을 접하게 되면 글의 내용을 짐작할 수가 없어서 제목이 있을 때보다 독해의 효율이 떨어진다고 할 수 있다. 만약 독해 문제에 제목이 있다고 생각해 보자. 그 독해 문제가 한층 쉽게 느껴질 것이다. 제목의 역할은 글 전체의 내용 파악에 있어 매우 중요한 것이다.

사실, 제목을 정하는 법칙 따위는 존재하지 않는다. 단, 한 가지 법칙이 존재한다면 그것은 지극히 정상적인 과정을 정석대로 거친 후 제목을 정하는 것이다. 그 과정은 다음과 같다.

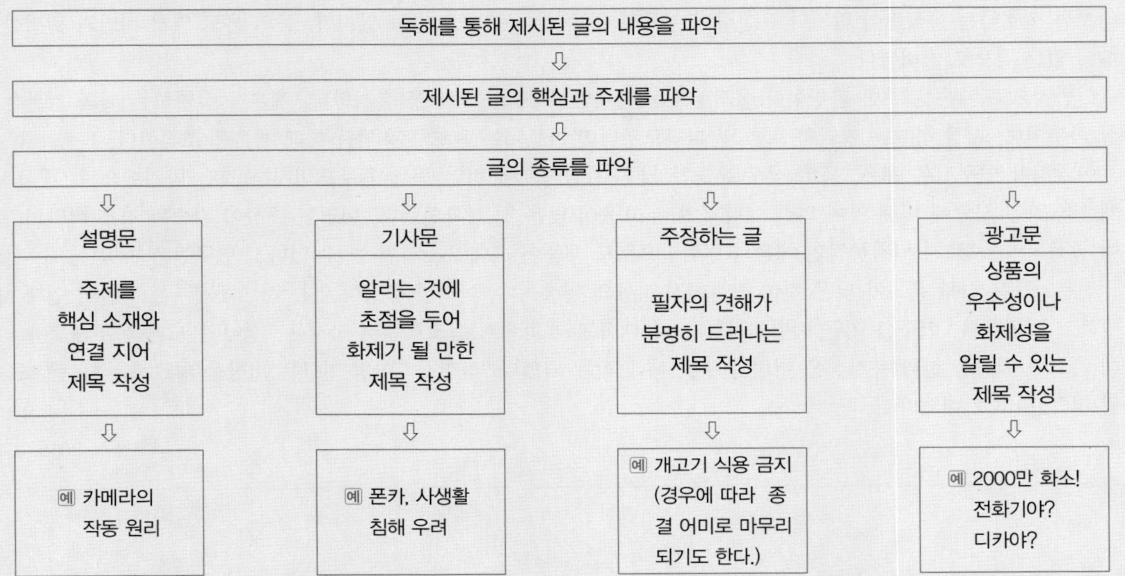

이 글의 내용은 사회를 발전시키는 동력에 대한 것이다. 사회 구성원들이 끊임없이 행동 방식을 시험하면서 사회가 진보한다고 설명하고 있다. 그리고 그러한 사회 운영 원리를 지키기 위해서 구성원 개인의 자유와 사적 영역을 보장해야 한다고 말한다. 따라서 이 글의 주제는 '사회 발전을 위해 필요한 요건'이나 '사회 발전을 위한 구성원의 자유' 혹은 '사회 발전을 위한 필수 조건' 정도로 정리할 수 있다.

다음 단계로 글의 종류는 설명문이나 주장하는 글 정도로 파악할 수 있다. 만약 이 글이 설명문이었다면 특정한 대상에 대한 개념이나 원리를 설명하는 부분이 나와야 하는데 특별히 그런 부분은 보이지 않는다. 특히 어미가 단정적으로 끝나는 경우가 많은 것으로 보아 주장의 성격이 강한 글임을 유추해 낼 수 있다. 제시된 부분의 내용은 '주장하는 글'의 요건을 가지고 있다. 따라서 제목에도 그러한 특성을 반영하면 적절한 제목이 된다.

이미 제시된 글의 독해를 통해 글의 종류와 주제를 파악했으므로 이제는 글의 성격에 맞는 제목을 정하는 일만 남았다. 앞서 정리해 놓았던 주제인 '사회 발전'이나 '요건' 혹은 '조건', 그리고 '자유' 등을 활용하면 좋은 제목을 정할 수 있다.

또한, 이 글이 '주장하는 글'이라는 것을 제목에 반영한다면 '자유는 사회 발전의 필수 조건' 혹은 '사회 발전의 필수 조건'도 적당한 제목으로 볼 수 있다. 단, 제목에 핵심 단어인 '사회 발전(진보)'이 빠진다면 감점의 요소가 된다.

제목 완성형 문제에서 한 가지 더 기억해야 할 것은 마침표(.), 물음표(?), 느낌표(!) 등의 문장 부호를 쓰지 않는다는 것이다. 간혹 여러 문장을 제목으로 작성하는 경우에는 앞뒤 문장의 연결이 필요하므로 문장 부호를 사용해야 하겠지만, 대부분 제목은 한 문장으로 작성되므로 답안을 작성할 때 문장 부호를 쓰지 않도록 유의해야 한다.

대표유형 2 기사문의 표제 완성하기

■ 다음 기사문의 표제를 한 문장으로 완성하시오. [20점]

> [ ]
>
> 보통 섭취하는 음식량이 많거나 운동량이 부족할 경우 살이 찐다고 알고 있지만, 몸의 온도 역시 비만과 밀접한 영향이 있는 것으로 밝혀졌다.
>
> 일반적으로 체온은 주변 환경이나 움직임과는 관계없이 36.5~37℃를 유지한다. 체온을 유지하는 뇌의 기관은 시상 하부이며, 시상 하부는 혈액의 흐름 및 피부로부터 받아들이는 온도 수용체를 통해 체온을 조절한다.
>
> 이탈리아 연구진은 체온, 특히 심부 온도가 낮은 사람에게서 비만 증상이 두드러지는 것을 발견했으며, 정상적인 체중을 가진 사람에 비해 열에 의한 에너지 소비 효율이 낮은 것을 확인했다. 이러한 증상이 지속될 경우 비만의 위험이 증폭되며, 오로지 비정상적인 체온의 변화만으로도 체중이 최대 2kg까지 늘 수 있다고 연구진은 밝혔다.
>
> 전문가들은 심부 온도가 낮은 것이 생물학적 장애의 일종이며, 이러한 증상이 있는 사람에게서는 비만이 쉽게 나타난다고 설명했다. 연구를 이끈 이탈리아 볼로냐 대학교의 피에트로 코르텔리 박사는 "심부 온도가 몸무게를 늘리는 데 중요한 역할을 한다는 사실을 이번 연구를 통해 알게 되었다."라면서 "이번 연구는 비만을 치료하는 데 큰 도움이 될 것"이라고 기대했다.
>
> – 나우뉴스, 2015. 3. 20.

⇨

예시답안 체온, 비만에 영향을 미친다

감점기준표 **화제성을 강조할 수 있는 내용이어야 한다!**

항목	감점 요인	
1	'체온', '비만', '영향'이 포함되지 않았을 경우	각 –6점
2	문장 성분 간 호응이 안 된 경우	–3점
3	맞춤법이나 띄어쓰기가 틀렸을 경우	2회당 –1점

감점 없이 잘 쓰는 법!
실용글쓰기 주관식 공략 포인트

제목 완성형 문제에는 위와 같이 글의 종류를 문제 발문에서부터 언급하는 것이 일반적이다. 위 기사문의 내용을 파악한 후 화제성을 강조할 수 있는 제목으로 재구성해야 한다.

이 글은 실험 결과를 소개하는 기사문으로, 특정 사실이나 정보 전달 역할을 하는 설명문과도 유사하다. 주된 내용은 '심부 온도와 비만이 밀접한 관련이 있다.'라는 것이고, 더 정확히 말하면 '심부 온도가 낮을수록 비만일 확률이 높다.' 정도로 정리할 수 있다. 제시된 글이 설명문이었다면 제목은 '심부 온도와 비만의 상관관계' 정도로 정하면 되겠으나, 이는 기사문의 표제로는 너무 딱딱하고 독자들의 관심을 끌 요소로도 부족하다. 따라서 '심부 온도'를 '체온'으로 치환하여 '체온, 비만에 영향을 미친다' 정도로 표제를 정할 수 있다.

유형 싱크로율 100%! 기출변형 문제

01 〈조건〉을 바탕으로 다음 글의 제목을 작성하시오. [20점]

조건
1. '~의 특징'의 형식으로 작성할 것.
2. 4어절로 쓸 것.

개방된 사회 구조는 대체로 다원적 구조다. 밖으로 열려 있기 때문에 여러 다른 생각들과 신앙들과 이념들이 그 속에서 공존할 수 있다. 그러기에 열려 있는 상황은 복잡한 상황이다. 현실과 현상이 복잡하다. 개방 체제의 또 다른 특징은 사회 이동이 자유롭다. 성공과 실패의 부침(浮沈)이 자유롭다. 이 같은 상황에서는 만병통치식의 묘안이 쉽게 나오지 않는다.

그리고 한 사람의 생각만으로 문제가 쉽게 풀리지 않는다. 그래서 정직한 지도자일수록 자기의 '무능'을 고백한다. 그리고 현상의 복잡성을 충분히 인식하는 까닭에 그 현상 앞에 겸손해진다. 복잡한 사회 문제를 대번에 해결할 수 있다고 하는 오만한 자세를 취하지 않는다. 그는 "할 수 있다." 또는 "하면 된다."의 논리를 취하지 않고 "할 수 없는 문제가 많지만 최선을 다해 보겠다."라는 겸손한 자세를 취한다.

⇨

감점 줄이는! 예시답안&해설

01

| 예시답안 | • 개방된 사회 구조의 특징
• 다원적 사회 구조의 특징
• 개방적인 사회 구조의 특징
• 다원화된 사회 구조의 특징

| 해설 | 제시된 글의 도입부의 '개방된 사회 구조는 대체로 다원적 구조다.'라는 문장을 통해 글의 내용이 어떻게 흘러갈지 예상할 수 있고, 뒤 문장부터는 개방된(다원적) 사회 구조의 특징이 제시되고 있음을 알 수 있다. 따라서 예시답안과 같은 내용으로 답안을 작성하면 된다.

02 〈조건〉을 바탕으로 다음 글의 제목을 작성하시오. [20점]

1. '~과 ~ 변화'의 형식으로 작성할 것.
2. 5어절을 초과하지 말 것.

> 예술에 해당하는 영어 '아트(art)'는 '조립하다', '고안하다'라는 의미를 가진 라틴어의 '아르스(ars)'에서 비롯되었고, 예술을 의미하는 독일어 '쿤스트(Kunst)'는 '알고 있다', '할 수 있다'라는 의미의 '퀸넨(konnen)'에서 비롯되었다. 이런 의미 모두 일정한 목적을 가진 일을 잘 해낼 수 있는 숙련된 기술을 의미한다. 따라서 이들 용어는 예술뿐만 아니라 수공이나 기타 실용적인 기술들을 모두 포괄하고 있다고 볼 수 있다.
>
> 미적인 의미로 한정해서 쓰이는 예술의 개념은 18세기에 들어와서야 비로소 두드러지게 나타나기 시작했으며 예술을 일반적인 기술과 구별하기 위하여 특별히 '미적 기술(영어: fine arts, 프랑스어: beaux-arts)'이라고 하는 표현이 사용되었다. 생활에 유용한 것을 만들기 위한 실용적인 기술과 구별되는 좁은 의미의 예술은 조형 예술에 국한되기도 하지만, 일반적으로는 조형 예술 이외의 음악, 문예, 연극, 무용 등을 포함한 미적 가치의 실현을 본래의 목적으로 하는 기술을 가리키는 것으로 이해된다.

⇨

03 ○○일보의 김 기자는 기사를 작성 중이다. 기사문의 표제를 완성하시오. [20점]

조건
1. '~고, ~다'의 형식으로 쓸 것.
2. 20자 이내(띄어쓰기 포함)로 쓸 것.

> [   ]
>
> '럭셔리'는 실적 하락, 'L3' 판매 호조
>
> 전략 스마트폰 '럭셔리 시리즈'를 앞세워 실적 고공 행진을 이어 오던 ST전자는 실적 하락에 고민해야 했다. 스마트폰의 실적 의존도가 컸던 영향이다.
>
> ST전자의 3분기 IM 부문 영업 이익은 1조 7천 500억 원을 기록했다. 분기 영업 이익이 1조 원대로 내려간 것은 지난 2017년 2분기 이후 처음 있는 일이다.
>
> 이 같은 수익 감소는 샤오미와 화웨이를 필두로 한 중국 스마트폰 브랜드의 점유율 확대와 애플의 '아이폰 6' 시리즈 히트 등에 영향을 받은 것이다.
>
> 반면 GL전자는 전략 스마트폰 'L3' 효과를 톡톡히 봤다. 지난 5월 출시된 L3는 판매 호조 속에 지난 3분기에 2016년 이후 5년 만에 GL전자의 분기 최대 실적을 이끌었다.

⇨

감점 줄이는! 예시답안&해설

02
| 예시답안 | 예술의 어원과 그 의미(의) 변화

| 해설 | 도입부에서 '예술'의 어원을 소개하면서, 처음에는 '모두 일정한 목적을 가진 일을 잘 해낼 수 있는 숙련된 기술'의 의미를 지녔지만, 18세기에 들어와서는 미적인 의미에 한정되어 쓰이기 시작했다고 제시하고 있다. 따라서 '예술의 어원과 그 의미(의) 변화'가 제시된 글의 제목으로 적절하다.

03
| 예시답안 | ST 울고, GL 웃다

| 해설 | 기사 본문의 내용을 포함하여, 특히 '부제'에 주목하면 쉽게 쓸 수 있다. ST의 실적은 하락하고 GL의 실적은 상승했다는 의미를 반영한다면 정답으로 인정된다. 단, 표제를 부제와 동일하게 쓰면 감점의 요소가 된다.

| 지문출처 | 부산일보, 2014. 12. 20.

04 다음 글의 제목을 〈조건〉에 맞게 작성하시오. [50점]

조건
1. [가]와 [나]에 공동으로 써도 무방한 하나의 제목을 작성할 것.
2. 2어절로 쓸 것.

[가] ______와 ______의 관계를 연구한 사피어(E. Sapir)에 의하면, 흔히 생각하듯이 우리는 객관적인 세계에 살고 있는 것이 아니다. 우리는 언어를 매개로 하여 살고 있으며, 언어가 노출시키고 분절(分節)시켜 놓은 세계를 보고 듣고 경험한다. 워프(B. Whorf) 역시 사피어와 같은 관점에서 언어는 우리의 행동과 사고의 양식을 결정하고 주조(鑄造)한다고 말한다.

사피어와 워프의 말에 비추어 우리말의 경우를 생각해 보자. 우리말에서는 초록, 청색, 남색을 '푸르다'고 한다. '푸른 숲', '푸른 바다', '푸른 하늘' 등의 표현이 그러한 경우로, 우리는 이 다른 색들에 대해 한 가지 말을 쓰고 있다. 사피어와 워프에 따른다면 이러한 현상 때문에 우리는 숲, 바다, 하늘을 한 가지 색깔로 생각하게 된다. ______가 ______를 결정하는 것이다.

[나] 어떤 색깔에 해당되는 어휘가 없다고 해서 그 색깔을 인식할 수 없는 것은 아니다. 해당 어휘가 있으면 인식하기가 쉽고 또 오래 기억할 수 있겠지만 어휘가 없다고 해서 인식이 불가능한 것은 아니다. 그 밖에도, 우리가 분명히 어떤 생각을 갖고 있으되 그 생각을 표현할 적당한 말을 갖고 있지 못할 뿐이거나 말을 잊어서 표현에 곤란을 느낄 뿐인 경우가 얼마든지 있다. 문법의 경우를 봐도 그렇다. 예를 들어 프랑스어의 명사나 형용사에는 남성을 나타내는지 여성을 나타내는지를 변별해서 사용하도록 해 주는 문법적 장치가 있다. 이에 비해 우리말은 그러한 장치를 갖고 있지 않은데 그렇다고 해서 우리말을 쓰는 사람들이 성을 구별하지 못한다고 할 수는 없다. 이러한 경우들을 볼 때, 인간의 ______가 ______에 의해 많은 제약을 받고 있는 것은 사실이지만 그 점이 얼마나 중요한지는 확실히 알 수 없다.

⇨

감점 줄이는! 예시답안&해설

04

| 예시답안 | 언어와 사고

| 해설 | [가]에서는 인간은 언어를 매개로 하여 살고 있고, 언어가 인간의 사고를 결정한다고 서술하고 있다.
[나]에서는 어휘로 인해 사물의 인식에 대한 차이가 있을 수 있다고 설명하고 있으며, 실제 인간의 사고가 언어의 제약을 받고 있다는 것을 인정하고 있다.
[가], [나] 모두 언어와 사고의 관련성에 대해 서술하고 있으므로 〈조건〉에 비추어 봤을 때, '언어와 사고'라는 제목이 적당하다.

| 지문출처 | 「언어와 사고」

05 공통점 및 차이점 찾기

대표유형 1 공통점 찾기

■ 다음 글을 바탕으로 인간의 뇌와 컴퓨터 CPU(중앙처리장치)의 공통점을 쓰시오. [20점]

인간의 뇌는 척수와 더불어 중추 신경계를 이루는 머리뼈 내부의 기관으로, 신경계의 최고위 중추이다. 감각, 운동, 언어, 기억 및 고위 정신 기능을 수행하며, 각성, 항상성의 유지, 신체 대사의 조절 등 생존에 필요한 환경을 유지한다. 대뇌 피질의 감각 영역에서 촉각, 통각 등의 체성 감각과 시각, 청각, 미각, 후각 등 각각의 감각 기관에서 들어온 신호들을 접수하고 처리하여, 인식하고 지각할 수 있도록 감각 정보의 처리 기능을 담당한다.

CPU는 'Central Processing Unit'의 약자로서, 직역하면 중앙처리장치이다. 단어 그대로, 컴퓨터의 정중앙에서 모든 데이터를 처리하는 장치라는 뜻이다. 사용자로부터 입력받은 명령어를 해석, 연산한 후 그 결과를 출력하는 역할을 한다. 그리고 컴퓨터가 항상 최적의 상태로 유지될 수 있도록 제어하는 기능도 담당한다.

⇨

예시답안 인간의 뇌와 컴퓨터의 CPU는 정보를 처리하고 몸체나 본체를 제어하는 기능을 담당한다.

감점기준표 **흔히 알고 있는 상식을 바탕으로 답안을 작성하면 안 된다!**

항목	감점 요인	
1	'정보를 처리', '몸체나 본체를 제어하는 기능'이 누락되었을 경우	각 −10점
2	문장 성분 간 호응이 안 된 경우	−3점
3	맞춤법이나 띄어쓰기가 틀렸을 경우	2회당 −1점

감점 없이 잘 쓰는 법!

실용글쓰기 주관식 공략 포인트

공통점을 찾아 문구를 완성하거나 문장을 완성하는 문제는 '조건에 맞게 쓰기'에서도 비교적 쉬운 형태에 속한다. 한 문제에 두 개 이상의 제시문이 나오더라도 분량과 난이도가 반비례 관계에 있기 때문에 제시문이 길다고 전혀 긴장할 필요는 없다.

IT 산업에 크게 관심이 없는 사람이라도 컴퓨터의 CPU는 인간의 두뇌와 같은 역할을 한다는 것은 들어 본 적이 있을 것이다. 하지만 흔히 알고 있던 상식이라고 해서 답안에 'CPU는 인간의 두뇌와 같은 역할을 한다.'라는 비유적인 표현을 쓴다면 좋은 점수를 받기 힘들다. 문제에서 요구한 사항을 충족하지 못했기 때문이다. 문제에서 인간의 뇌와 컴퓨터 CPU의 공통점을 쓰라고 요구했으므로, 반드시 공통점을 써야 한다. 제시된 글의 첫째 단락은 '인간의 뇌는 인식된 정보를 처리하며, 인체를 제어하는 기능을 한다.' 정도로 정리할 수 있다. 둘째 단락 역시 'CPU는 입력된 정보를 처리하며, 컴퓨터 전체를 제어하는 기능을 한다.' 정도로 정리할 수 있다. 따라서 공통점을 정리해 보자면 '인간의 뇌와 컴퓨터의 CPU는 정보를 처리하고 몸체나 본체를 제어하는 기능을 담당한다.' 정도로 정리할 수 있다.

대표유형 2 차이점 찾기

■ '국민 재난 지원금'에 대한 대화를 읽고 다음 물음에 답하시오.

> 슬희: 전 세계적인 재난으로 어려움을 겪는 시기에 국가는 적극적으로 국민들의 고통을 줄이는 데 앞장서야 해. 하지만 현재 재난으로 생존의 문제가 절실할 정도로 힘들어진 사람도 있는 반면에, 별 고통 없이 지내고 있는 사람들도 있단 말이야. 과연 그 두 국민이 같은 액수의 재난 지원금을 받는다면 이것이 형평성과 효율성에 맞을까? 재난 이전과 비교해 타격이 더 크고 생계가 절실한 사람들을 선별해서 더 많은 재난 지원금을 지급하는 것이 합리적인 방법 같아.
>
> 예지: 국가가 존재하는 이유는 요즘처럼 힘든 시기에 국민들을 보호하는 데 있다고 생각해. 세금을 걷는 이유도 이러한 큰 재난을 대비하기 위함이라고 볼 수 있어. 재산이 많거나 소득이 높은 사람들은 더 많은 세금을 내서 국가 재정에 더 기여하는데, 고통이 덜하다고 해서 일괄 지급되는 재난 지원금에서 제외한다면 이것이 오히려 형평성에 어긋나지 않을까? 또한 대상과 비대상을 구분하는 기준도 애매하고, 이들을 선별하는 것에 더 큰 행정 비용이 발생해서 효율성이 떨어지게 돼. 국민이라면 예외 없이 재난 지원금의 혜택을 받는 것이 옳다고 봐.

(1) 국민 재난 지원금에 대한 두 사람 의견의 차이점을 한 문장(50~60자 내외)으로 서술하시오. [40점]

⇨

예시답안 국민 재난 지원금을 슬희는 대상을 선별하여 지급하자는 입장이며, 예지는 모두에게 지급하자는 주장이다.

감점기준표 각 주장의 근거를 잘 파악해야 한다!

항목	감점 요인	
1	슬희의 주장에 '선별' 혹은 '선택해서 지급한다'는 의미가 빠지면	−20점
2	예지의 주장에 '모두' 혹은 '일괄 지급한다'는 의미가 빠지면	−20점
3	분량이 조건에 맞지 않았을 경우	−5점
4	문장 성분 간 호응이 안 된 경우	−5점
5	맞춤법이나 띄어쓰기가 틀렸을 경우	각 −1점

(2) 슬희와 예지가 각각 언급한 '효율성'의 차이를 한 문장(110자 이내)으로 서술하시오. [60점]

⇨

예시답안 슬희가 강조하는 효율성은 더 필요한 사람에게 더 많이 지급해야 한다는 것이며, 예지가 말하는 효율성은 불필요한 행정 비용을 없애자는 것이다.

감점기준표 문장 속 사용된 단어의 맥락을 잘 파악해야 한다!

항목	감점 요인	
1	슬희의 효율성을 서술한 경우 '더 필요한 사람에게 더 많이 지급해야 한다'는 의미가 빠지면	−30점
2	예지의 효율성을 서술한 경우 '불필요한 행정 비용을 없애자'는 의미가 빠지면	−30점
	'없애자'와 같은 의미가 들어가면 표현이 달라도 무방하나 '줄이자'라고 표현할 경우는 지문 내용과 미묘하게 달라지므로	−10점
3	분량이 조건에 맞지 않았을 경우	−5점
4	문장 성분 간 호응이 안 된 경우	−5점
5	맞춤법이나 띄어쓰기가 틀렸을 경우	각 −1점

감점 없이 잘 쓰는 법!

실용글쓰기 주관식 공략 포인트

차이점 찾기 문제는 제시된 글 중 어느 한 곳에 밑줄을 긋고 개념이나 내용의 차이를 묻는 문제, 두 단락을 제시하고 단락 간의 내용 차이를 묻는 문제, 관점 차이를 묻는 문제 등이 출제된다. 주관식 영역에서는 빈도는 줄었지만 공통점이나 차이점을 직접적으로 서술하는 문제가 여전히 출제되기도 하고, 객관식 영역에서는 장문(1,800자 이상)으로 제시된 글을 독해하고 심층 내용을 파악하는 어려운 문제로 출제되는 경향도 있어 짚고 넘어갈 필요가 있다.

이 문제는 두 사람의 대화를 통해 국민 재난 지원금에 대한 견해 차이를 밝혀내고 있다. 두 사람 모두 재난 위기에서 국가는 적극적으로 위기 극복을 위한 노력을 해야 한다는 데는 동감하고 있다. 이는 두 사람의 첫마디로 알 수 있는 내용이다. 이어서 두 사람은 형평성과 효율성의 이유를 들어 각각의 주장을 뒷받침했다.

우리가 흔히 쓰는 형평성과 효율성이라는 단어도 처한 상황이나 개인의 가치관에 따라서 달리 해석될 수 있음을 알게 해 주는 문제다. 특히 형평성의 경우 객관식 지문에서는 심심찮게 등장하는 개념이므로 위 대화에서 슬희와 예지가 생각하고 있는 형평성의 차이를 각각 정리해 보는 것도 좋은 공부가 될 것이다.

유형 싱크로율 100%! 기출변형 문제

01 다음 글을 읽고 〈조건〉에 맞게 ㉠과 ㉡을 완성하시오. [50점]

조건
1. ㉠은 4어절로 작성할 것.
2. ㉡은 완결된 문장으로 작성할 것.

최근 세계적인 바둑기사 이세돌 9단과 인공 지능 바둑 프로그램인 알파고(AlphaGo)가 벌인 대국에서 알파고가 이세돌에 4:1로 승리하면서, 다가올 인공 지능에 대한 기대와 우려가 교차하고 있다. 과연 인공 지능이 인류에 이로운 존재가 될 것인지 아니면 인류를 위협하는 존재가 될 것인가에 대한 논쟁은 지금 이 시간에도 계속 진행되고 있다. 이런 가운데 알파고를 만든 회사의 모기업 구글의 에릭 슈미트 회장과 '살아 있는 아이언맨'으로 불리는 IT 기업 테슬라의 CEO 일론 머스크는 서로 '인공 지능'에 대해 대립된 의견을 밝혀 이슈가 되고 있다.

구글의 에릭 슈미트 회장은 '인공 지능' 예찬론자로 유명하다. 구글은 일찌감치 인공 지능 개발에 투자를 했으며 '알파고'를 제작한 '딥마인드'라는 회사 역시 구글이 인수한 회사이다. 슈미트 회장에 따르면 '기계가 인간을 정복한다'는 명제는 단순한 걱정거리일 뿐이다. 인간이 인간을 망하게 할 기술을 만들 리가 없다. 역사를 통해 기술 문명이 비약적으로 발달할 때마다 인간의 삶 역시 풍요로워졌음을 예로 들며 인공 지능 역시 궁극적으로 인간의 삶을 풍족하게 할 것이라 믿고 있다. 따라서 인공 지능에 대한 두려움보다는 적극적인 교육을 통해 다가올 시대를 대비하라고 주장한다.

반면 전기 자동차로 유명한 테슬라의 일론 머스크는 '인류는 AI(인공 지능)라는 악마를 불러내려 한다.'라며 인공 지능 기술에 대한 우려를 하고 있다. 그는 여러 매체와의 인터뷰를 통해 "수년 안에, 영화 '터미네이터'에서와 같은 끔찍한 일이 현실에서도 일어날 수 있다."라고 언급하며 소수에 의해 독점된 인공 지능 기술이 악용될 경우 핵폭탄보다도 인류에 더 심각한 위험이 될 수 있다고 경고했다. 재미난 점은 최근 그가 인공 지능에 10억 달러를 투자해 비영리 인공 지능 연구 단체를 만들었다는 것이다. 그는 이 단체를 통해 '인공 지능 기술에 대한 소수의 독점을 반대하며, 로봇과 인공 지능을 선한 방향으로 이끄는 것이 이 단체의 목표이다.'라고 밝혔으며, '이 단체에서 만드는 모든 기술을 오픈하여 공유할 수 있게 하겠다.'라고 전했다.

에릭 슈미트와 일론 머스크는 머지않아 ㉠ ____________ 것이라는 점에서는 공통된 견해를 보이고 있다. 하지만 ㉡ ____________

⇨

02 다음 글을 읽고 [가]와 [나]의 공통점과 차이점을 각각 서술하시오. [50점]

조건 1. 공통점은 20자 이내, 차이점은 90자 이내로 쓸 것.
2. '공통점: ~', '차이점: ~'의 형식으로 쓸 것.

[가] 홉스는 인간들이 자신의 이익을 위하여 이기적일 수밖에 없다고 보았다. 따라서 자연 상태에서 인간들은 저마다 자신의 생존과 이익만을 추구하며, 그 결과는 '만인의 만인에 대한 투쟁'으로 이어진다. 인간의 이기적인 상태는 약육강식의 무정부주의를 지향한다. 따라서, 사람들은 스스로의 생존과 이익을 지키기 위하여 계약을 맺어 법과 규범을 만들고, 이것을 집행하기 위한 정부를 세우게 된다. 이때 법규의 위반자를 제재하기 위해서는 강력한 군주권을 부여해야 한다고 보았다. 당시에는 절대 군주제를 옹호하는 듯 보였으나 후에 국민 주권 사상으로 이어져 근대적 시민 국가를 형성하는 데 이론적인 토대를 제공하였다.

[나] 이 상태는 각 분업 부문 간에 균형이 취해지고 있는 상태, 사회적 자원이 이용되지 않고 방치되거나 헛되이 이용되지 않는 상태, 사회적 욕망이 이것저것 할 것 없이 충족되고 있는 상태를 의미한다. 후대에 와서 이것은 가치 법칙의 한 측면, 혹은 완전 경쟁의 상태라고 하고, 근년에 와서는 가격의 자동 조절 기구라고도 불리고 있으나, 그 원형을 스미스가 상세히 전개한 것이다. 스미스는 개개의 시민들이 제멋대로 이기심의 추구에 매달리고 있으나 사회적 총결과가 이렇게 조화적일 수 있는 것은 '보이지 않는 손'의 유도에 의해 이루어지고 있기 때문이라고 했다.

⇨

감점 줄이는! 예시답안&해설

01

| 예시답안 | ㉠ 인공 지능 사회가 다가올(도래할, 펼쳐질)
㉡ 에릭 슈미트는 인공 지능을 긍정적으로, 일론 머스크는 부정적으로 바라보고 있다는 점에서 차이가 있다.

| 해설 | ㉡의 경우, 제시된 글을 참고하여 '긍정적으로' 대신 그에 준하는 의미인 '인간의 삶을 풍요롭게 한다.'의 의미나 '인류를 풍족하게 발전시킨다.'의 의미가 들어가도 무방하다. 또한 '부정적으로' 대신 '인류를 위협한다.'의 의미가 있으면 정답이 된다.

02

| 예시답안 | **공통점**: 인간은 이기적인 본성을 가진다.
차이점: [가]는 인간의 이기심은 사회에 악영향을 끼친다고 서술하고 있지만, [나]는 인간의 이기심은 사회적으로 긍정적인 결과를 가져온다고 서술하고 있다.

| 해설 | [가]와 [나]의 첫째 문장에 주목하면 쉽게 공통점을 찾을 수 있다. 또한 [가]의 셋째 문장을 보면 인간의 이기적인 상태는 약육강식의 무정부주의를 지향하므로 이것을 강력하게 통제해야 한다고 주장하고 있다. 반면 [나]의 스미스는 개개의 시민들이 이기심을 추구하지만 사회적 조화가 이루어진다며, 이는 '보이지 않는 손'의 유도에 의한 것이라고 말한다.

| 지문출처 | 통합논술 개념어 사전, 「리바이어던」/「국부론」

II.

단락 쓰기

(서술형 8~9번)

출제경향 & 학습전략

서술형 8번과 9번에 나오는 단락 쓰기 문제의 배점은 각각 100점이다. 배점이 높은 만큼 다양한 형식의 지문들과 그에 따른 문제가 출제된다. 그러나 긴장할 필요는 없다. 문제를 심도 있게 분석해 보면, 결국은 '요약하기' 문제 유형의 변형이나 확장 형태이기 때문이다. 무엇보다도 500자 이상의 글을 읽고 각 문제마다 제시하는 글자 수에 맞춰 200~300자로 요약하는 훈련만 잘해 놓는다면 고득점을 얻을 수 있다. 8번부터는 답안에 대한 요구 사항이나 조건이 비교적 명확하므로 이를 힌트로 활용하여 문제를 철저하게 분석하는 것이 관건이다.

01 요약하기

대표유형 1 요약하기

■ ○○ 학교 김 선생은 조선군 전술에 관한 요약문의 예시를 학생들에게 나눠 주려고 한다. 다음 글을 읽고 각 단락별 주제를 중심으로 요약문을 작성하시오. [100점]

조건
1. 각 단락의 내용이 모두 들어가도록 요약할 것.
2. 300자 이내(띄어쓰기 포함)로 쓸 것.

조선 전기 조선군의 전술에서는 기병을 동원한 활쏘기와 돌격, 그리고 이를 뒷받침하는 보병의 다양한 화약 병기 및 활의 사격 지원을 중시했다. 이는 여진이나 왜구와의 전투에 효과적이었는데, 상대가 아직 화약 병기를 갖추지 못한 데다 전투 규모도 작았기 때문이다. 하지만 이러한 전술적 우위는 일본군의 조총 공격에 의해 상쇄되었다.

16세기 중반 일본에 도입된 조총은 다루는 데 특별한 무예나 기술이 필요하지 않았다. 그 결과 신분이 낮은 계층인 조총 무장 보병이 주요한 전투원으로 등장할 수 있었다. 한편 중국의 절강병법은 이러한 일본군에 대응하기 위해 고안된 전술로, 조총과 함께 다양한 근접전 병기를 갖춘 보병을 편성한 전술이었다. 이 전술은 주력이 천민을 포함한 일반 농민층이었는데, 개인의 기량은 떨어지더라도 각각의 병사를 특성에 따라 편제하고 운용하여 전체의 전투력을 높일 수 있었다. 근접 전용 무기도 주변에서 쉽게 구할 수 있는 것이 이용되었다.

조선군의 전술은 절강병법을 일부 수용하면서 기병 중심에서 보병 중심으로 급속히 전환되었다. 조총병인 포수와 각종 근접전 병기로 무장한 살수에 전통적 기예인 활을 담당하는 사수를 포함시켜 편제한 삼수병 체제에서 보병 중심 전술이 확립되었음을 볼 수 있다. 17세기 중반 이후 조총의 신뢰성과 위력이 높아지면서 삼수 내의 무기 체계 분포에도 변화가 시작되었다. 상대적으로 사격 기술을 익히기 어렵고 주요 재료를 구하기 어려웠던 활 대신, 조총이 차지하는 비중이 점점 증가했다.

조선에서의 새로운 무기 수용과 전술의 변화는 단순한 군사적 변화에 그치지 않고 정치적, 경제적 변화를 수반하였다. 군의 규모는 관노와 사노 등 천민 계층까지 충원되면서 급격히 커졌고, 군사력을 유지하기 위해 백성에 대한 통제도 엄격해졌다. 성인 남성에게 이름과 군역 등이 새겨진 호패를 차게 하였으며, 거주지의 변동이 있을 때마다 관가에 보고하게 하였다. 대규모 군사력의 운용으로 국가 단위의 재정 수요도 크게 증대했는데, 대동법은 이러한 수요에 부응하는 제도이기도 했다. 선혜청에서 대동법의 운영을 전담하면서 재정권의 중앙 집중화가 시도되었으며, 이에 따라 지방에서 자율적으로 운영하던 재정의 상당 부분이 조정으로 귀속되었다. 한편 가호(家戸)를 단위로 부과하던 공물을 농지 면적에 따라 쌀이나 무명 등으로 납부하게 하여, 논밭이 없거나 적은 농민들의 부담은 줄어들었다.

⇨

예시답안 여진이나 왜구와의 전투를 위한 조선군의 전술은 일본군의 조총에는 힘을 발휘하지 못했다. 일본군에 맞서기 위해 고안된 중국의 절강병법은, 조총과 함께 다양한 근접전 병기를 갖춘 보병을 편성한 전술이었다. 따라서 조선군은 절강병법을 일부 수용하면서 기병 중심에서 보병 중심의 전술로 전환하였다. 이러한 조선군 전술의 변화는 정치적, 경제적 변화를 수반하였다. 군사력 유지를 위해 백성에 대한 통제가 엄격해졌으며, 성인 남성은 호패를 지니고 다니게 하였다. 또한 군 재정 확보를 위해 대동법을 실시하여 재정의 중앙 집중화를 시도하였다.

감점기준표 **배점이 높은 만큼 부분 점수를 받을 부분이 많으므로 〈조건〉에 충실한 답안을 써야 한다!**

항목	감점 요인		
1	각 단락의 요약 내용을 누락했을 경우		각 −25점
2	각 내용을 누락했을 경우	첫째 단락: 여진이나 왜구와의 전투를 위한 / 조선군의 전술은 / 일본군의 조총에는 / 힘을 발휘하지 못했다.	각 −6점
		둘째 단락: 일본군에 맞서기 위해 고안된 / 중국의 절강병법은 / 근접전 병기를 갖춘 보병을 편성한 전술이다.	각 −8점
		셋째 단락: 조선군은 절강병법을 일부 수용 / 기병 중심에서 보병 중심의 전술로 전환하였다.	각 −12점
		넷째 단락: 정치적 변화 두 가지(백성에 대한 통제, 호패), 경제적 변화(대동법)	각 −8점
3	하나의 요약문으로 쓰지 않고, 각 단락별로 줄을 바꿔 썼을 경우		각 −5점
4	문장이 자연스럽게 연결되지 않은 경우(접속사 사용 등)		각 −3점
5	맞춤법이나 띄어쓰기가 틀렸을 경우		2회당 −1점

감점 없이 잘 쓰는 법!

실용글쓰기 주관식 공략 포인트

1. 요약을 위한 독해

요약하기는 글쓰기의 처음이자 끝이다. 요약을 위해서는 우선 해당 텍스트에 대한 정확한 독해가 선행되어야 한다. 글에 대한 정확한 독해가 앞서지 않는다면 좋은 요약문이 나올 수 없다. 시간이 걸리더라도 독해에 대한 투자를 결코 등한시해서는 안 된다. 교재 앞부분 객관식 영역 '독해와 글쓰기'에서는 독해 훈련에 도움이 될 좋은 지문들을 모아 문제로 엮었다. 이는 '요약하기' 유형의 문제를 연습하기에도 좋은 지문들이다. 독해가 두렵고 어려운 수험생들은 교재 앞부분의 지문들을 적극적으로 활용하여 따로 정리하고 요약해 보기를 바란다.

2. 글쓰기를 위한 요약

독해가 끝나면, 텍스트 내용에 대한 '자기화 과정'을 거치게 된다. 자기화 과정이란 텍스트의 중심 내용을 파악하고 중심 내용이 어떠한 서술의 형태로 전개되었는지를 인지하는 과정이다. 예를 들어 '대한민국의 스마트폰 사업이 위기다.'라는 주제의 한 편의 글이 '대조나 비교, 분석이나 설명의 형태로 서술되었다.'와 같은 식으로 글의 주제와 전개 방식을 파악하는 과정을 요약을 위한 자기화 과정이라 볼 수 있다. 이 과정을 거치면 이미 머릿속에는 개요가 그려지게 되므로 이후에는 쉽게 요약문이 완성되는 것이다. 하지만 글을 처음 보는 사람이 한 번의 독해로 글 한 편을 짧게 분석하는 것은 사실 쉬운 일이 아니다. 자기화 과정을 위해서는 끊임없는 연습과 훈련을 바탕으로 이를 생활화하는 습관이 필요하다.

3. 요약의 원칙

글쓰기에서 요약이 차지하는 비중은 절대적이기 때문에 글쓰기에 익숙하지 않거나, 글쓰기를 잘하고 싶은 수험생은 무엇보다도 '요약' 연습을 많이 해야 한다. 하지만 이런 요약을 막무가내로 원칙 없이 해서는 안 된다. 요약을 하기 위한 최소한의 원칙 두 가지는 꼭 지켜야 한다.

① 좋은 글을 사용하여 요약하라.

법칙과 원칙은 보편적인 상황이 전제되었을 때 적용이 가능하다. 한 가지 상황을 가정해 보자. '좋은 요약법'을 습득하고 그것을 사용하려 하는데 막상 글을 읽어 보니 글의 주제가 분명하게 드러나지 않을뿐더러, 빈번한 줄 바꿈으로 문단이 나뉘어 있고, 문단의 소주제와 뒷받침 문장도 잘 드러나지 않는 글이라는 것을 알게 되었다. 이런 '좋지 않은 글'을 요약하려니 '요약법'이 적용되지도 않을뿐더러, 설사 요약을 했더라도 그것이 잘된 요약인지 확인할 방법이 없다. 그러면 서서히 요약하기에 부담을 느끼게 되고 결국 이 부담이 글쓰기 전반으로 확대가 된다.

사실 글쓰기를 가르치는 입장에서도 항상 고민하는 문제 중 하나가 바로 '좋은 글'을 고르는 것이다. 수험생들은 특정 문제를 해결함에 있어 특별한 '법칙'이나 '요령'을 좋아하기 때문에 글쓰기를 가르칠 때도 글쓰기를 법칙화하기 위해 노력해 왔다. 글쓰기에서 과연 이런 법칙이 가능할까? 결론부터 말하자면 가능하다. 아래의 법칙이 그것이다. 이 법칙은 우리가 초등학교 때부터 수없이 들어 왔던 법칙이다.

- 한 편의 글에는 하나의 '주제'가 있다.
- 한 편의 글은 하나의 '중심 단락'과 여러 개의 '뒷받침 단락'으로 이루어진다.
- 한 편의 글은 통일성과 긴밀성을 가진다.
- 하나의 단락은 하나의 '소주제'가 있다.
- 하나의 단락은 하나의 '중심 문장'과 여러 개의 '뒷받침 문장'으로 이루어진다.
- 하나의 단락은 통일성과 긴밀성을 가진다.

위 법칙이 바로 한 편의 글이 가져야 할 요건에 해당한다. 따라서 위 요건을 갖춘 글이어야 비로소 '좋은 글'이라 말할 수 있다. 수험생은 '좋은 글'을 활용하여 '요약하기'나 '글쓰기'를 배워야 이전에 습득한 원칙을 적용할 수 있다. 그런 과정을 거쳐야 비로소 습득한 능력이 내 것이 되는 것이다.

단언컨대 본 교재에 제시된 500자 이상의 글들은 위 원칙을 잘 지킨 글들이다. 본 교재의 주관식 영역 문제를 다 풀었다면 교재 앞부분 '독해 지문'을 적극적으로 활용하여 '요약하기' 연습을 하기 바란다.

② 시험 전날까지 매일 하루 한 편씩 연습하라.

'글쓰기'의 특성은 표현에 있다. 그리고 글쓰기는 '실기'에 가깝다. 표현과 실기는 절대 머리로만 이루어지지 않는다. 몸으로 체험을 해야 비로소 머리가 기억을 한다.

'쓰기'라는 작업이 주는 부담감과 스트레스는 절대 적지 않다. 그리고 이러한 글쓰기의 스트레스를 단기간에 덜어 내는 것도 불가능하다. 따라서 수험생 입장에서는 매일 글을 써서 스트레스에 익숙해지는 방법밖에 없다. 스트레스에 익숙해지면 시험장에서 받을 스트레스의 양도 상대적으로 줄어들게 된다. 그러면 연습할 때와 실력의 편차가 줄어, 보다 만족스러운 결과를 얻을 가능성도 높아진다.

4. 요약하기

다음은 한 편의 글을 요약하는 일반적인 순서이다.

- 글 전체 독해
- 각 단락의 내용 정리
- 글의 전체 주제 파악
- 단락별 주제 정리
- 단락별 주제 연결

시간 제한이 있으므로 처음 독해 시에 글의 주제가 눈에 들어오면 세 번째 과정은 생략해도 무방하다.

윗글은 조선 시대 군의 전술 변화와 그에 따른 정치적, 경제적 변화에 대한 내용을 서술하고 있다. 네 개의 단락으로 이루어져 있으며 주제 단락이 선명하게 드러나지는 않지만 넷째 단락에 글의 화제가 집중되어 있어, 이를 주제 단락으로 정할 수 있다.

네 개의 단락 중 앞의 세 단락은 '조총으로 인한 조선군 전술의 변화'를 설명하고 있다. 첫째 단락은 '㉠여진이나 왜구와의 전투를 위한 조선군의 전술은 일본군의 조총에는 힘을 발휘하지 못했다.' 정도로 정리하여 요약문의 첫 문장을 서술할 수 있다.

둘째 단락은 조총으로 무장한 일본군에 대항하기 위한 중국의 '절강병법'을 설명하고 있다. 셋째 문장을 주제문으로 하여 둘째 단락은 '㉡일본군에 맞서기 위해 고안된 중국의 절강병법은, 조총과 함께 다양한 근접전 병기를 갖춘 보병을 편성한 전술이었다.' 정도로 정리하여 요약문의 둘째 문장으로 쓸 수 있다.

셋째 단락은 첫째 문장이 주제 문장으로, 비교적 쉽게 두괄식으로 구성되어 있다. 따라서 셋째 단락은 '㉢조선군은 절강병법을 일부 수용하면서 기병 중심에서 보병 중심의 전술로 전환하였다.' 정도로 정리하여 요약문의 셋째 문장으로 활용한다.

마지막 단락 역시 주제문이 첫 문장에 잘 드러나 있다. 따라서 '조선군의 전술 변화는 정치적, 경제적 변화를 수반하였다.' 정도로 정리하면 되겠으나, 요약문인 만큼 어떠한 정치적, 경제적 변화를 수반했는지 보다 구체적으로 서술해 주면 글의 짜임새가 더욱 높아질 수 있다. '㉣군사력 확충을 위해 정치적으로는 백성에 대한 통제가 엄격해졌으며, 군사 재정 확보를 위해 경제적으로는 대동법을 실시하였다.'라는 내용을 추가로 서술해 주면 짜임새 있는 요약문이 완성된다.

위의 ㉠~㉣을 나란히 배열하고, ㉡과 ㉢사이에 '따라서'라는 접속사를 추가하였다. 또한 글의 주제를 선명하게 드러내고 가독성을 높이기 위해 ㉣을 세 문장으로 나누어 서술하였다.

유형 싱크로율 100%! 기출변형 문제

01 다음 제시된 글을 읽고 〈조건〉에 맞게 두 단락으로 서술하시오. [100점]

조건 1. [가]와 [나]를 각 한 문장으로 요약해서 쓰고, '통치법'의 차이가 나는 원인을 간략히 서술할 것.
2. 300자를 초과(띄어쓰기 포함)하지 말 것.

[가] 법령을 정비하여 물샐틈없이 꼼꼼히 해 나가는 정치는 나쁜 것이 아니라 하였다. 하지만 그것보다는 예의염치(禮義廉恥)와 효제충신(孝悌忠信) 등을 몸소 익히고 행하도록 잘 가르쳐 백성들이 나라를 위해 스스로 협조하게 하는 것이 치국에는 더욱 좋다 하였다. 물샐틈도 없는 꼼꼼한 법령이나 정책은 혹여나 어기게 되어 벌을 내릴까 백성들은 두려워한다. 사람은 무릇 본성이 선함을 바탕으로 태어나므로 예의염치와 효제충신을 체득하고 실천하도록 잘 가르치는 정치를 하면 백성들은 인자함과 후덕함에 감명받아 위정자를 사랑한다. 법령을 잘 다루어 행하는 정치를 하면 백성들의 재물을 거두는 데 성과를 올리며, 백성이 감명을 받는 정치를 하면 백성들이 마음으로 위정자를 따라 민심을 얻는 성과를 올리게 한다. 세금을 잘 걷어 국고가 넉넉하면 백년 왕조를 이룰 수 있지만, 민심이 넉넉한 나라는 천년 대업을 이룰 수 있다.

[나] 통치자가 피통치자의 사랑을 받는 것과 두려움의 대상이 되는 것 가운데 어느 것이 나을까? 이상적으로 사랑을 받으면서 두려움의 대상도 되는 것이 바람직하다. 그러나 동시에 둘 다를 얻기는 어렵다. 굳이 둘 중 하나를 선택해야 한다면, 사랑을 받는 것보다 두려움의 대상이 되는 것이 나라를 유지하는 데 훨씬 더 안전하다.

그 이유는 인간의 본성이 설명해 준다. 인간이라는 존재는 은혜를 모르고, 변덕스럽고, 위선자인 데다 속이려 하고, 위험을 피하려 하며, 이문에 눈이 어둡다. 당신이 이득을 베푸는 동안 사람들은 무엇이든 다 바칠 듯이 충성스러운 태도를 보인다. 그러나 당신이 궁지에 몰리게 될 때는, 그들이 걱정하는 것은 당신이 아니라 자신의 이문이 줄어들거나 없어지는 것이다. 그들에게 이득을 보장해 주지 못하면 당신에게 등을 돌린다. 충성의 약속만으로 대책을 소홀히 하면, 위기 상황의 군주는 몰락만을 자초할 뿐 도움을 얻을 수 없다.

차라리 그들에게 엄격한 공권력으로 공포심을 느끼게 해 주고 약점을 잡아라. 내가 다소 힘이 약해져도 그들은 여전히 나에게 충성을 다할 것이다. 웬만큼 약해지지 않는 한 충성을 보장받는 유일한 방법이다.

⇨

감점 줄이는! 예시답안&해설

01

| 예시답안 | [가]에서 나라를 통치하는 데 있어 백성을 치밀한 법령으로 강제하기보다는 그들을 교육시켜 나라를 위해 자발적으로 협조하게 하는 것이 더 좋은 방법임을 설명하고 있다. [나]에서 통치자는 피통치자에게 이득을 베풀어 사랑받는 것보다는 엄격한 공권력으로 충성을 보장받는 것이 가장 안전한 통치법이라고 설명하고 있다.
두 통치법의 차이는 인간의 본성을 인식하는 관점에 있다. [가]는 기본적으로 인간은 근본이 선하다는 인식을 전제로 하고 있으며, [나]는 인간의 본성은 자신만을 위한다는 관점을 가지고 있다.

| 해설 | [가]를 요약한 문장에는 '교육을 통해 자발적으로 협조하게 하는 통치법', [나]를 요약한 문장에는 '엄격한 공권력으로 충성을 보장받는 통치법'이라는 의미가 반드시 들어가야 감점을 받지 않을 수 있다.
두 통치법의 차이가 나는 원인의 핵심은 '인간의 본성을 바라보는 관점' 혹은 '인간의 본성을 인식하는 관점', '인간 본성 인식의 차이' 등으로, '인간의 본성'이라는 의미가 반드시 들어가야 한다. 또한 그것을 인식하거나 바라보는 관점의 차이 등의 의미도 반드시 들어가야 한다. 이 내용이 누락되면 큰 감점 요인이 된다.
인간의 본성을 바라보는 관점이 [가]와 [나]가 어떻게 다른지도 간략하게 설명해야 한다. [가]에서는 '본성이 선하다.'라는 의미가 들어가야 하고 [나]에서는 '본성이 자신만을 위한다.' 혹은 '본성이 이기적이다.'라는 의미가 반드시 들어가야 한다.

| 지문출처 | [가] 「맹자」, [나] 마키아벨리, 「군주론」

02 ○○ 학교 안 선생은 제시된 글을 요약하는 문제를 시험에 출제하고 예시답안을 작성하려고 한다. 다음 글을 읽고 〈보기〉에 제시된 문장에 이어서 들어갈 내용을 요약하여 예시답안을 완성하시오. [100점]

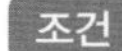

1. 〈보기〉에 제시된 내용을 포함하여 답안을 쓸 것.
2. 비교의 기법을 활용할 것.
3. 300자 이내(띄어쓰기 포함)로 작성할 것.

예술은 인간 감정의 구현체로 간주되곤 한다. 그런데 예술과 감정의 연관은 예술이 지닌 부정적 측면을 드러내는 데 쓰이기도 했다. 즉, 예술은 이성적으로 통제되지 않는 비합리적 활동, 심지어는 광기 어린 활동으로 여겨지곤 했다. 그렇지만 예술과 감정의 연관을 긍정적인 측면에서 해석하려는 입장도 유구한 전통을 형성하고 있다. 이러한 입장을 대표하는 사람으로 톨스토이와 콜링우드를 들 수 있다.

톨스토이의 견해에 따르면, 생각이 타인에게 전달될 필요가 있듯이 감정도 그러하다. 이때 감정을 타인에게 전달하는 주요 수단이 예술이다. 예술가는 자신이 표현하고픈 감정을 떠올린 후, 작품을 통해 타인도 공감할 수 있도록 전달한다. 그런데 이때 전달되는 감정은 질이 좋아야 하며, 한 사회를 좋은 방향으로 이끌어 나갈 수 있어야 한다. 연대감이나 형제애가 그러한 감정이다. 이런 맥락에서 톨스토이는 노동요나 민담 등을 높이 평가하였고, 교태 어린 리스트의 음악이나 허무적인 보들레르의 시는 부정적으로 평가하였다. 좋은 감정이 잘 표현된 한 편의 예술이 전 사회, 나아가 전 세계를 감동시키며 세상의 발전에 기여할 수 있다.

반면, 콜링우드는 톨스토이와 생각이 달랐다. 콜링우드는 연대감이나 형제애를 사회에 전달하는 예술이 부작용을 초래할 수 있다고 보았다. 전체주의적 대규모 집회에서 드러나듯 예술적 효과를 통한 연대감의 전달은 때론 비합리적 선동을 강화하는 결과를 낳는다. 톨스토이식으로 예술과 감정을 연관시키는 것은 예술에 대한 앞서의 비판에서 벗어나기 힘들다. 따라서 콜링우드는 감정의 전달이라는 외적 측면보다는 감정의 정리라는 내적 측면에 관심을 둔다.

콜링우드에 따르면, 언어가 한 개인의 생각을 정리하는 수단이듯이 예술은 한 개인의 감정을 정리하는 수단이다. 우리의 생각을 정리하는 훈련이 필요하듯이 우리의 감정도 그러하다. 일상사에서 벌컥 화를 내거나 하염없이 눈물을 흘리다 보면 감정을 지나치게 드러낸 듯하여 쑥스러운 경우가 종종 있다. 그런데 분노나 슬픔은 공책을 펴 놓고 논리적으로 곰곰이 추론한다고 정리되는 것이 아니다. 생각은 염주 알처럼 진행되지만, 감정은 불쑥 솟구쳐 오르거나 안개처럼 스멀스멀 밀려오기 때문이다. 이러한 인간의 감정은 그와 생김새가 유사한 예술을 통해 정리되는 것이 바람직하다. 베토벤이 인생의 파란만장한 곡절을 〈운명〉 교향악을 통해 때론 용솟음치며 때론 진저리치며 굽이굽이 정리했듯이, 우리는 자기 나름의 적절한 예술적 방식을 통해 그렇게 할 수 있다. 그리고 예술을 통해 우리의 감정이 정리되었으면 굳이 타인에게 전달하지 않더라도 예술은 그 소임을 충분히 완성한 것이다.

톨스토이와 콜링우드 양자의 입장은 차이가 나지만, 양자 모두 예술과 감정의 긍정적 연관성에 주목하면서 예술의 가치를 옹호하였으며, 이들의 이론은 특히 질풍처럼 몰아치고 노도처럼 격동했던 낭만주의 예술을 이해하는 데 기여하였다.

보기

■ 예시답안

톨스토이와 콜링우드는 예술과 감정의 연관을 긍정적으로 해석하려 하였다는 점은 같지만 그 견해에는 다소 차이가 있다. ______________________________

____

____

⇨

감점 줄이는! 예시답안&해설

02

| 예시답안 | 톨스토이와 콜링우드는 예술과 감정의 연관을 긍정적으로 해석하려 하였다는 점은 같지만 그 견해에는 다소 차이가 있다. 톨스토이는 예술을 통해 연대감이나 형제애를 타인에게 표현해야 하며 이를 통해 그 사회를 좋은 방향으로 이끌고자 했다. 반면 콜링우드는 톨스토이가 주장한 연대감이나 형제애는 때로는 전체주의와 같은 비합리적 선동을 강화할 수 있으므로 부작용을 초래한다고 판단했다. 콜링우드는 인간의 감정이 예술과 유사하다고 판단하여 예술을 통해 우리의 감정이 정리되는 것만으로도 그 예술은 소임을 완성한 것이라고 주장하였다.

| 해설 | 예술과 감정의 긍정적인 관계에 대해 서술하고 있는 글이다. 톨스토이와 콜링우드의 공통점은 〈보기〉에 제시되어 있으므로 각각의 차이점을 순차적으로 비교하여 서술해 나가면 쉽게 요약할 수 있는 글이다.

| 지문출처 | 「예술과 감정의 관계」

02 도표 분석

대표유형 1 도표(그래프)와 통계 자료 분석

■ 다음 자료를 분석하여 '남성 육아 휴직의 실태와 한계'에 대해 서술하시오. [100점]

조건 1. 〈자료 1〉과 〈자료 2〉를 반드시 활용하여 쓸 것.
2. 답안을 두 단락 이상으로 구성하고, 450자 내외(띄어쓰기 포함)로 완성할 것.

자료 1

(1) 전체 육아 휴직자 중 남성 비율(%)

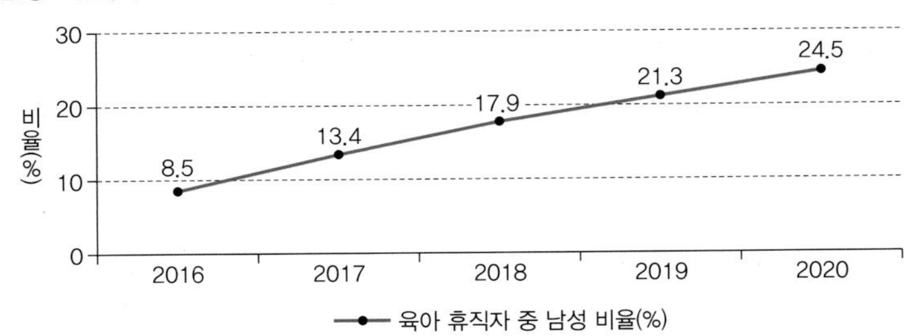

(2) 연도별 남성 육아 휴직자 수

2016년	2017년	2018년	2019년	2020년
7,616명	12,042명	17,662명	22,297명	27,423명

자료 2

(1) 기업 규모별 남성 육아 휴직자, 전년 대비 증가율(%)

기업 규모	2019년	2020년	증가율
30인 이상 100인 미만 기업	2,426명	3,184명	31.2% 증가
300인 이상 기업	13,503명	14,035명	3.9% 증가

(2) 2020년 전체 남성 육아 휴직자 중 300인 이상 기업의 남성 육아 휴직자가 차지하는 비율: 51.1%

(3) 남녀 육아 휴직 기간 평균

	우리나라	선진 10개국 평균
남성	198일	377일
여성	303일	456일

※ 제시된 자료 수치는 실제를 기반으로 하였으나, 문제의 완성도를 위해 재가공한 것임

⇨

예시답안 2020년 남성 육아 휴직자의 수는 27,423명으로 전년보다 23%(5,126명) 증가하였다. 2016년 7천 명대로 전체 대비 10%대에도 못 미치던 남성 육아 휴직 비율은 1년 뒤 1만 명대로 진입하여 10%대를 넘어섰다. 이후 꾸준히 상승하여 2020년 전체 육아 휴직자 4명 중 1명은 남성인 것으로 조사되었다.

기업 규모별 남성 육아 휴직자를 살펴볼 때 30인 이상 100인 미만 기업에서는 전년 대비 31.2%의 증가가 있었다. 하지만 전체 남성 육아 휴직자의 절반 이상을 차지하는 300인 이상 기업의 전년 대비 증가율은 3.9%에 그쳤다. 선진 10개국의 육아 휴직 기간 평균은 여성이 456일, 남성은 377일로 조사된 반면, 우리나라는 여성은 303일, 남성은 198일로 집계되었다. 여성 대비 남성의 육아 휴직 일수가 선진 10개국은 80%를 넘지만 우리나라는 아직 60%대에 머물러 있다.

감점기준표 **〈조건〉을 충족시켜 감점을 최소화해야 한다!**

항목	감점 요인	
1	〈자료 1〉과 〈자료 2〉의 내용이나 항목을 한 단락에 썼을 경우	−30점
	〈자료 1〉 내 항목 (1), (2)와 〈자료 2〉 내 항목 (1), (2), (3)을 쪼개어 각각 단락으로 구성할 경우	내용상 오류가 없다면 감점 없음
	6개 이상 단락을 쓸 경우	−30점
2	제시된 수치를 인용하는 데 오류가 있는 경우	각 −5점
3	문장 성분 간 호응이 안 된 경우	각 −3점
4	맞춤법이나 띄어쓰기가 틀렸을 경우	2회당 −1점
5	분량이 조건에 맞지 않을 경우	1글자당 −1점

감점 없이 잘 쓰는 법!

실용글쓰기 주관식 공략 포인트

실용글쓰기 시험의 주관식에 각종 그래프나 그림, 통계 자료 등이 나오면 일단 겁부터 먹는 것이 수험생의 심리이다. 앞에서도 여러 번 강조했듯이, 자료는 많이 나오면 나올수록 수험생에게는 더 유리하다. 그만큼 글을 쓸 자료와 힌트가 많아지기 때문이다. 먼저 위의 그래프와 통계 자료를 바탕으로 하여 문장으로 표현하는 연습부터 시작해 보도록 하자.

일단 〈조건〉에서 〈자료 1〉과 〈자료 2〉를 반드시 이용해야 한다고 제시하고 있으므로 '육아 휴직의 실태와 한계'를 나타내기 위해 자료들을 어떻게 활용할지를 고민해야 한다. 〈자료 1〉은 남성 육아 휴직자가 늘어나고 있다는 실태를 보여 주는 자료이며, 〈자료 2〉는 아직까지도 여성에 비해 낮다는 한계를 나타내는 자료이다. 따라서 실태와 한계를 각각 〈자료 1〉과 〈자료 2〉를 활용하여 두 단락으로 구분하면 문제의 조건을 충족시킬 수 있다.

문제의 〈조건〉이 두 단락 이상이므로 굳이 두 단락으로 구성하지 않아도 된다. 특히 〈자료 2〉 항목들의 경우는 실제 서술할 때는 글자 수가 늘어날 수 있으므로 따로 단락을 구성해도 무방하다. 하지만 단락 구성의 원칙에 맞게 반드시 그 단락에는 그에 해당하는 항목 내용만 넣어야 한다는 것을 잊지 말자.

뼈를 만들었으니 이제 살만 붙이면 된다. 각각 단락에서 수치를 나열하면 되는데, 절대 수치의 오류가 있어서는 안 된다. 그래프 도표 문제는 수치 자체로 객관성을 담보하므로 수치의 오류는 글의 객관성에 큰 타격을 입힌다. 예시답안처럼 수치를 2차 가공하여 서술하는 것도 좋은 방법이기는 하나, 수치에 자신이 없다면 정확하게 나열해 주는 것만으로도 충분하다.

대표유형 2 통계 자료 분석

■ '고령층(55~79세)의 경제 활동'에 관한 설문 조사 결과의 일부이다. 자료를 분석한 내용을 〈조건〉에 따라 서술하시오. [100점]

조건
1. 두 연도의 수치를 3회 이상 비교할 것.
2. 자료로 추론할 수 있는 '고령층의 경제 활동' 경향을 간단히 서술할 것.
3. 분량은 250~300자로 서술할 것.

자료

고령층 향후 근로 의사 및 근로 희망 동기

(단위: 천 명, %, %p)

구분		2015년 5월		2020년 5월		
		55~79세 인구	구성 비율(%)	55~79세 인구	구성 비율(%)	2015년 대비 증감 비율(%p)
〈전체〉		9,381	100.0	13,843	100.0	-
향후 근로를 원하지 않음		4,221	45.0	4,864	35.1	-9.9
향후 근로를 원함		5,160	55.0	8,979	64.9	9.9
근로 희망 동기	일하는 즐거움	1,876	36.4	2,949	32.8	-3.6
	생활비에 보탬	2,815	54.6	5,403	60.2	5.6
	사회가 필요로 함	131	2.5	178	2.0	-0.5
	건강 유지	122	2.4	157	1.7	-0.7
	무료해서	197	3.8	288	3.2	-0.6
	기타	19	0.4	4	0.0	-0.4

※ 근로 희망 동기의 구성 비율은 '향후 근로 원함'을 기준으로 산출했음

⇨

예시답안 고령층(55~79세)의 향후 근로 의사 및 근로 희망 동기에 대한 설문 조사 결과를 보면 향후 근로를 원한다는 비율이 2015년 55%에서 2020년 64.9%로 9.9%p 상승하였다. 근로 희망 동기는 2015년과 비교했을 때 2020년은 생활비에 보탬이 60.2%로 5.6%p 상승하였고 일하는 즐거움은 32.8%로 3.6%p 감소하였다. 이는 5년간 전체 고령층 인구가 9,381천 명에서 13,843천 명으로 47.6% 늘어남에 따라 생계를 위해 근로를 희망하는 고령층도 같이 늘고 있는 경향을 보여 준다.

감점기준표 **수치를 정확하게 기입해야 한다!**

항목	감점 요인	
1	'향후 근로를 원함'에 대한 수치 비교가 누락될 경우	−20점
2	5년간 고령층 인구 변화(증가) 수치가 누락될 경우	−10점
3	수치 비교에서 '생활비에 보탬'이나 '일하는 즐거움'이 빠졌을 경우	각 −10점
4	수치 비교에 오류를 범했을 경우	각 −10점
5	분량이 조건에 맞지 않을 경우	1글자당 −1점
6	맞춤법이나 띄어쓰기가 틀렸을 경우	2회당 −1점

감점 없이 잘 쓰는 법!

실용글쓰기 주관식 공략 포인트

도표 분석 문제나 통계 자료 분석 문제는 제목을 활용하면 쉽게 첫 문장을 쓸 수 있다. 좋은 답안은 답안만으로도 역으로 그래프나 도표의 유형과 수치를 떠올릴 수 있게 해 준다. 예시답안처럼 '고령층(55~79세)의 향후 근로 의사 및 근로 희망 동기에 대한 설문 결과를 보면'으로 첫 문장을 시작한다면, 차후 글의 방향 전개를 쉽게 알 수 있고, 그래프나 도표의 유형이나 수치도 어느 정도 유추할 수 있다.

문제 시작에서 '고령층'이라는 단어의 범위를 명확하게 제시하고 있으므로 이를 답안에도 그대로 활용해 주는 것이 좋다. 문제 특성상 '고령층'이라는 단어가 여러 번 등장할 수 있으므로 예시답안처럼 맨 처음 한 번만 범위를 설정해 주면 경제적인 답안을 쓸 수 있다.

두 항목을 비교하는 통계 분석의 핵심은 가장 변동이 큰 데이터가 무엇이냐는 것이다. 데이터의 변화를 바탕으로 원인을 찾아내고, 그것이 불러올 결과를 예측하여 대응을 마련하는 것이 이러한 통계 조사의 목적이다. 다시 말해 가장 변동 폭이 큰 항목이 무엇인지를 파악하는 것이 핵심이다. 위 문제에서 변동 폭이 가장 큰 항목은 '향후 근로를 원함' 항목과 그 원인 항목인 '생활비에 보탬'이라고 볼 수 있으며, 이 두 내용은 반드시 답안에 서술해야 한다. 이 두 내용을 정리해서 서술하면 문제의 두 번째 조건인 '고령층의 경제 활동 경향'도 자연스럽게 풀어낼 수 있다.

이 외에도 크게 변한 항목이 있는데 바로 '고령층' 인구다. 〈자료〉에서 증감 비율로 나타나지는 않았지만, 2015년 9,381,000명에서 2020년 13,843,000명으로 무려 47.6%가 증가한 항목이다. 굳이 '47.6%'라고 2차 가공할 필요는 없더라도 답안에 제시해 준다면 마찬가지로 '고령층 경제 활동 경향'에 대한 서술을 쉽게 풀어낼 수 있다.

유형 싱크로율 100%! 기출변형 문제

01 ○○ 여행사 전팔도 씨는 다음 자료를 프레젠테이션에 활용하려고 한다. 자료를 〈조건〉에 맞게 분석하여 쓰시오. [100점]

조건
1. 2018년과 2021년을 비교할 것.
2. 300자 이내(띄어쓰기 포함)로 작성할 것.

자료

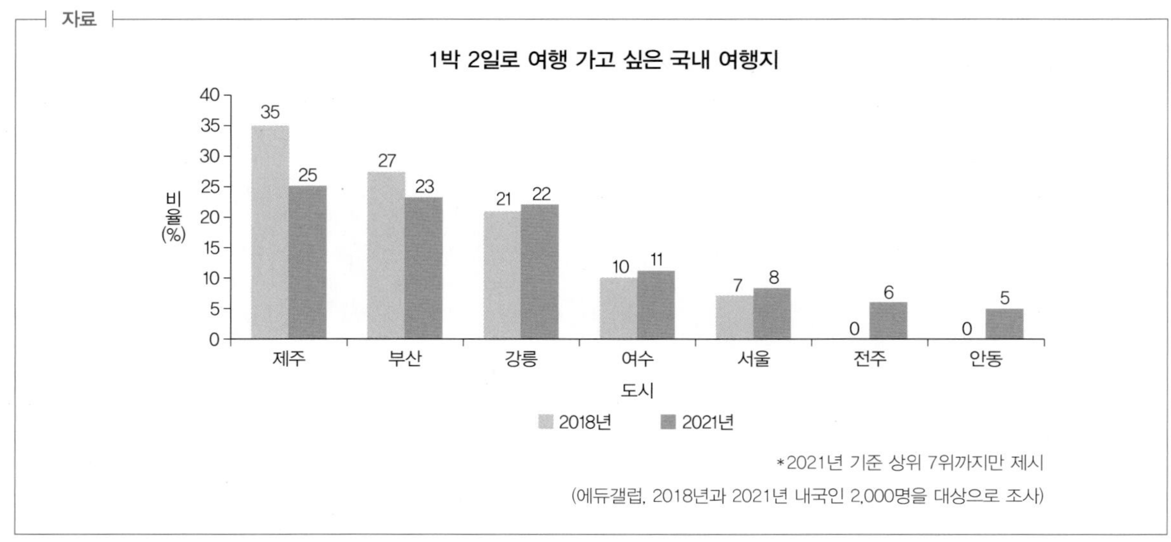

⇨

02 다음 도표를 〈조건〉에 맞게 분석하여 쓰시오. [100점]

조건
1. 남성과 여성을 비교할 것.
2. 300자 내외(띄어쓰기 포함)로 서술할 것.

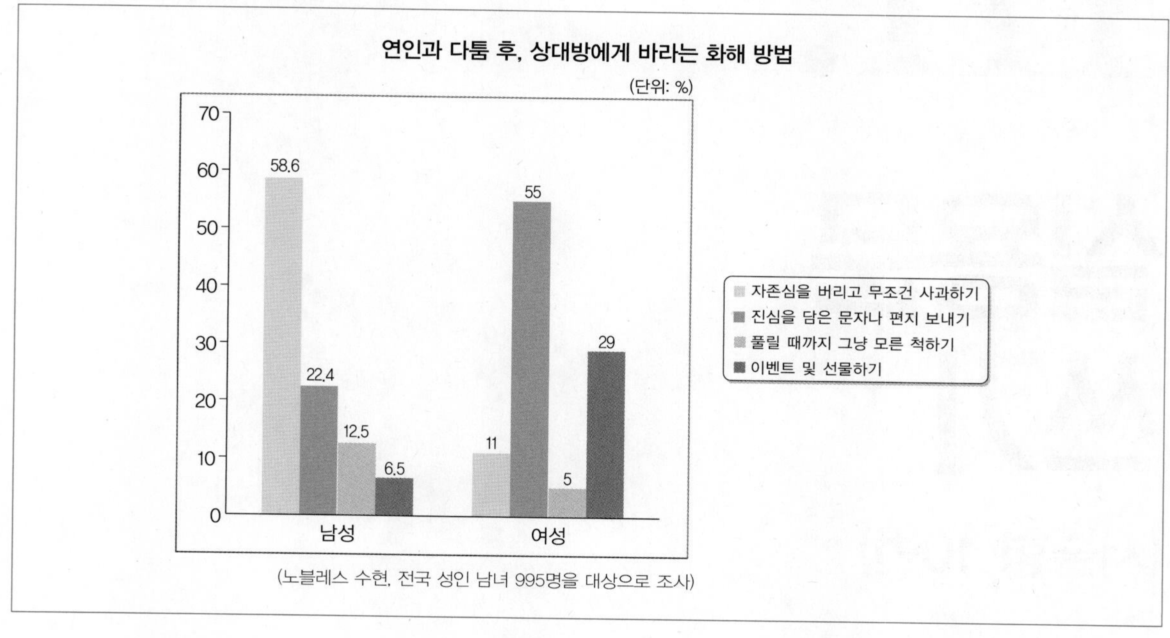

⇨

감점 줄이는! 예시답안&해설

01

| 예시답안 | 2018년과 2021년 내국인 2,000명을 대상으로 '1박 2일로 여행 가고 싶은 국내 여행지'에 대해 조사한 결과이다. 지난 3년간 10%p 하락했지만 25%로 제주가 1위, 4%p 하락한 부산이 23%로 2위, 1%p 상승한 강릉이 22%로 3위를 차지하였다. 여수는 1%p 상승하여 11%로 4위를, 서울 역시 1%p 상승하여 5위를 기록했다. 반면 전주와 안동은 2018년 당시에 순위권 밖이었지만 2021년에는 각각 6%와 5%를 기록하며 6위와 7위를 차지했다.

| 해설 | 아주 기본적인 도표 분석 문제이다. 〈조건〉에 제시된 '비교'를 잊지 말고 서술하되 300자 제한은 되도록 맞춰 쓰는 것이 좋다. 〈조건〉에서 300자 '이내'라고 할 경우는 270～300자 안에 글을 완성해야 하며 '내외'라고 할 경우는 270～330자 사이로 글자 수를 맞추면 된다.

02

| 예시답안 | 전국 성인 남녀 995명을 대상으로 '연인과 다툼 후, 상대방에게 바라는 화해 방법'에 대한 조사를 실시하였다. 여성의 경우 '진심을 담은 문자나 편지 보내기'가 55%로 가장 많았으며 다음으로는 이벤트 및 선물하기(29%), 자존심을 버리고 무조건 사과하기(11%), 풀릴 때까지 그냥 모른 척하기(5%) 순으로 대답하였다. 반면 남성의 경우는 '자존심을 버리고 무조건 사과하기(58.6%)'를 1순위로 꼽았으며, 진심을 담은 문자나 편지 보내기(22.4%), 풀릴 때까지 그냥 모른 척하기(12.5%), 이벤트 및 선물하기(6.5%) 순으로 대답하였다.

| 해설 | 〈조건〉에서 남성과 여성을 비교하라고 하였지만 이미 조사 결과에서 차이가 나기 때문에 도표 수치를 정확하게 해석하는 것만으로도 남성과 여성을 비교할 수 있다. 글자 수의 여유가 있다면 항목 중에서 성별 차이가 가장 많이 나는 부분에 대해서 부연 설명을 하는 것도 완성도를 높이는 좋은 방법이다.

III.

실용문 쓰기

(서술형 10번)

출제경향 & 학습전략

주관식 영역 10번 실용문 작성 문제는 실용글쓰기 시험의 정체성을 보여 주는 전형적인 서술형 문제이다. 200점으로 배점도 높아 전체 시험에서 무려 20%의 비중을 차지하고 있다. 일반적으로는 600~800자의 실용문을 완성하는 문제가 나온다. 여러 종류의 자료가 제시되기 때문에 다양한 문제 형태가 출제되는 것처럼 보이지만 조금만 심도 있게 문제를 분석해 보면 8번, 9번의 서술형 문제가 하나로 합쳐진 형태임을 알 수 있다. 즉, 전혀 다른 형태의 새로운 문제가 아닌, 기존 문제들을 하나의 문제로 합쳐 놓은 종합 서술형 문제인 것이다.

또한 최근 실용글쓰기 시험의 서술형 10번 문제는 '실용문'의 콘셉트에 제일 가깝고, 객관적이면서도 합리적으로 답안을 채점할 수 있도록 출제된다. 특히 텍스트 자료와 그래프, 그림, 도표 등의 복합적인 자료를 종합적으로 분석하고 개요에 맞게 분류하여 쓰기를 완성할 수 있는 문제가 주류를 이룬다. 그동안 자주 출제된 서술형 10번의 유형을 분석해 보고 최근 자주 출제되는 형식을 꼼꼼하게 연습해 둔다면 200점을 완벽하게 내 것으로 만들 수 있을 것이다.

01 종합 자료 해석형

대표유형 1 종합 자료 해석

■ ○○ 기업 환경안전부에서 일하는 김 사원은 미세 먼지의 실태에 대한 보고서를 작성하려고 한다. 다음 자료를 바탕으로 〈조건〉을 준수하여 보고서를 작성하시오. [200점]

서술형 10번 직접 써 보기 ▶ 맨 뒷장에서 잘라 쓰세요!

조건

1. 〈자료〉를 바탕으로 '미세 먼지의 실태와 원인, 대응 방안'에 관련된 글을 쓸 것.
2. 3단락으로 구성하고 실태, 원인, 대응 방안 순으로 구성할 것.
3. 〈자료〉 안에 소항목인 (가), (나), (다), (라)는 모두 사용할 것(소항목 내 자료나 수치는 필요한 것만 골라 사용해도 무방함).
4. 〈자료〉 1~3 외 다른 자료는 사용하지 말 것.
5. 1,000자~1,200자 사이(띄어쓰기 포함)로 쓸 것.

자료 1

(가) A기관이 조사한 미세 먼지의 원인(%)

사업장	건설기계·선박	가정 난방	경유차	기타
39	20	19	13	9

(나) B기관이 조사한 미세 먼지의 원인(%)

산업용 미세 먼지		가정 배출	기타
중국 발생 55	국내 발생 20	22	3

(다) C기관이 조사한 미세 먼지의 원인(%)

중국 발생	사업장	건설기계·선박	발전소	기타
70	18	7	4	1

(라) 각 기관에서 자체 조사한, 국내 미세 먼지 중국 영향 비중(%)

환경부		미국 항공우주국	서울시	일부 환경 전문가
평상시 30~50	고농도 시 60~80	48	55	60~70

*미세 먼지 농도는 대기 환경과 조사 장비에 따라 결과의 편차가 높음.

자료 2

(가) 연도별 미세 먼지 농도(수치가 높을수록 나쁨)

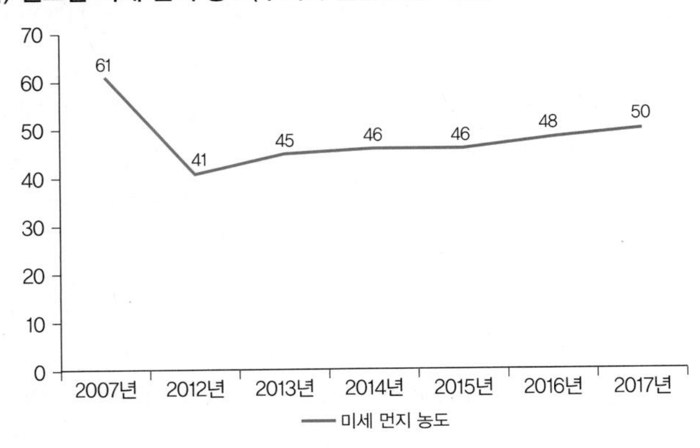

(나) 미세 먼지의 피해

- 초미세 먼지의 경우 석면, 벤젠 등과 같은 1급 발암 물질로 분류
- 각종 호흡기 질환의 직접적인 원인이 되고 초미세 먼지의 경우 혈액에 흡수될 수 있어 더욱 위험
- 야외 활동이 위축되며, 개인 건강과 경제 활동에 큰 지장 초래
- 한번 높아진 미세 먼지 농도를 정상 수준으로 개선하려면 오랜 기간과 높은 비용이 소요

자료 3

(가) 미세 먼지에 대한 정부의 대응 방안

- 오염도 높은 지역 중점 관리 – 수도권 · 대도시 중심, 노후 산업 시설 및 차량 교체 지원
- 국제 협력을 통한 공동 노력 강화 – 중국과 협력을 통해 미세 먼지 공동 대응
- 미세 먼지 등급 상향 조정
- 과학 기반의 미세 먼지 대응 역량 제고 – 미세 먼지 측정 · 절감 기술 집중 육성
- 미세 먼지 관련 법령 제정

(나) 나라별 (초)미세 먼지 등급 비교

주요 국가의 미세 먼지 환경 기준

(단위: ㎍, m²)

구분	미세 먼지(PM 10)		초미세 먼지(PM 2.5)	
	24시간	연간	24시간	연간
WHO	50	20	25	10
한국	100	50	50	25
EU	50	40		25
독일	50	40		25
영국	50	40		25
호주	50		25	8
일본	100		35	15

(다) 선진국의 미세 먼지 대응 사례

산업화가 일찍 진행된 서구에서는 미세 먼지와 대기 오염에 대한 문제가 일찍 제기되었다. 미세 먼지 · 대기 오염에 관한 법령이 오래전에 제정되었고, 장기적인 플랜으로 환경 문제에 접근하고 관리를 해 오고 있다. 일본은 2013년부터 미세 먼지 측정 · 경보 장치를 위해 2천억 엔의 예산을 투입하였다.

(라) 한 · 중 공조를 통한 미세 먼지 대책

- 현재 중국과는 한국의 3개 도시와 중국 35개 도시의 대기질 관측 자료를 공유하는 협정을 맺고 있지만 향후 대상 도시를 60개 이상 추가할 예정이다.
- 추후 대기 오염 물질 원인 규명에 대한 공동 조사와 대응 방안 마련도 필요한 실정이다.

예시답안 2007년 이후로 지속적으로 감소하던 미세 먼지 수치가 2012년을 기점으로 다시 상승하기 시작했다. 초미세 먼지의 경우 석면, 벤젠 등과 같이 1급 발암 물질로 분류되며 각종 호흡기 질환의 직접적인 원인이 되고, 혈액에 흡수될 수 있어 위험하다. 또한 미세 먼지 농도가 높아지면 야외 활동이 위축되며 개인 건강과 경제 활동에 큰 지장을 초래하게 된다. 높아진 미세 먼지 농도를 정상치로 개선하기 위해서는 오랜 기간과 높은 비용이 소요된다.

각 기관에서 조사한 미세 먼지의 원인을 살펴보면 A기관의 경우 사업장이 39%, 건설기계·선박이 20%, 가정 난방이 19%, 경유차가 13% 순으로 나왔고, B기관의 조사에 따르면 중국발 산업용 미세 먼지가 55%를 차지했고 가정 배출이 22%, 국내 발생 산업용 미세 먼지가 20%를 차지했다. C기관이 조사한 미세 먼지의 원인은 중국 미세 먼지가 70%, 사업장이 18%, 건설기계·선박이 7%, 발전소가 4%를 차지하였다. 각 기관에서 자체 조사한 국내 미세 먼지에 대한 중국의 영향이 얼마나 되는지 알아본 조사에서는 일부 환경 전문가는 60~70%, 서울시는 55%, 미국 항공우주국은 48%, 환경부의 경우 평상시는 30~50%, 고농도 시는 60~80%로 나타났다. 미세 먼지는 대기 환경과 조사 장비에 따라 결과의 편차가 높으나 세 기관의 결과를 종합하면 대체적으로 중국의 영향이 크다는 것을 알 수 있다.

미세 먼지 문제에 대응한 정부의 방향은 다음과 같다. 당장에 오염도가 높은 지역의 중점 관리가 필요하므로, 수도권·대도시를 중심으로 노후 차량이나 산업 시설을 교체하도록 지원해야 한다. 다음으로 미세 먼지 등급을 WHO 기준이나 주요 선진국 수준으로 상향하며, 그에 관련한 법령을 제정하여 장기적인 안목을 가지고 미세 먼지 문제에 접근하고 관리하는 방법이 필요하다. 또한 과학 기반의 미세 먼지 대응 역량을 제고하여, 미세 먼지 측정·절감 기술을 집중 육성시켜야 한다. 일본의 경우 2013년부터 미세 먼지 측정·경보 장치에 2천억 엔의 예산을 투입하였다. 마지막으로 국제 협력 특히 중국과 협력을 통해 미세 먼지에 공동 대응하는 자세가 필요하다. 대기질 관측 자료 공유 협정을 추가하고, 나아가 대기 오염 물질 원인 규명에 대한 공동 조사와 대응 방안 마련이 필요한 시점이다.

감점기준표 **단락별 적절한 자료를 활용하여 글을 써야 한다!**

항목	감점 요인		
1	1단락	'실태'에서는 〈자료 2〉를 인용할 것. 다른 자료를 사용했을 경우	1개당 −10점
		도표 분석 부분에서 모든 수치가 들어가지 않아도 무방하나 2012년(2013년)을 기점으로 미세 먼지 농도가 상승했다는 의미는 반드시 들어가야 됨. 누락되었을 경우	−20점
		소항목 (가), (나)는 반드시 언급할 것. 누락되었을 경우	1개당 −10점
2	2단락	'원인'은 〈자료 1〉을 인용할 것. 다른 자료를 사용했을 경우	1개당 −10점
		도표 분석 부분에서 모든 수치가 들어가지 않아도 무방하나 '미세 먼지의 원인이 중국과 관련이 깊다'는 의미가 반드시 들어가야 됨. 누락되었을 경우	−30점
		소항목 (가)~(라)는 반드시 언급할 것. 누락되었을 경우	1개당 −10점
3	3단락	'대응 방안'에는 〈자료 3〉을 인용할 것. 다른 자료를 사용했을 경우	1개당 −10점
		'대응 방안'은 〈자료 3〉을 이용하여 반드시 세 가지 이상의 대응 방안을 작성할 것. 대응 방안이 세 가지 미만일 경우	−30점
		소항목 (가)~(라)는 반드시 사용할 것. 누락되었을 경우	1개당 −10점
4	맞춤법이나 띄어쓰기가 틀렸을 경우		3회당 −1점
5	1,000자 ~ 1,200자 사이가 아니거나 초과했을 경우		1글자당 −1점

감점 없이 잘 쓰는 법!

실용글쓰기 주관식 공략 포인트

주관식 영역 10번은 배점이 200점이고 써야 하는 글자 수도 많기 때문에 자칫하면 겁을 먹을 수 있다. 그러나 앞서 충분히 연습한 8~9번의 문제가 하나로 합쳐진 형태라고 보면 되므로, 앞서 연습한 그대로 제시된 자료를 분석하여 답안을 작성하면 된다.

'실용문 쓰기'에서 완성도 높은 글을 쓰기 위해서는 문제와 제시된 조건을 잘 활용해야 한다. 〈조건〉 1~2에 있는 내용을 바탕으로 '미세 먼지의 실태', '원인', '대응 방안'을 개요로 활용할 수 있다. 이들을 각각 한 단락으로 구성하여 세 개의 단락으로 글 전체를 구성한다.

먼저 첫째 단락에서는 '미세 먼지의 실태'에 대한 내용을 밝혀야 하므로, 〈자료 2〉를 활용하여 구성한다. 이렇게 구성한 첫째 단락은 미세 먼지의 농도가 높아짐에 따라 나타나는 피해와 문제점에 대한 내용이다. 첫째 단락의 주안점이 '실태'인 만큼 다양한 자료를 수치와 함께 제시하여 시선을 끄는 것이 중요하다.

둘째 단락에는 첫째 단락에서 보여 준 실태의 원인을 분석하는 내용이 들어가야 하므로, 〈자료 1〉을 이용하여 단락을 구성해야 한다. 특히 '중국에서 발생한 미세 먼지'가 미세 먼지 원인의 큰 비율을 차지하므로 반드시 언급해야 한다.

이어서 셋째 단락은 대응 방안을 제시하는 단락이다. 미세 먼지에 대한 정부의 대응 방향과 대응 사례 등이 제시된 〈자료 3〉을 활용하여 '수도권·대도시를 중심으로 노후 차량이나 산업 시설을 교체', '미세 먼지 측정·절감 기술 집중 육성', '대기 오염 물질 원인 규명에 대한 공동 조사' 등 세 가지 이상의 대응 방안을 작성하는 것이 적절하다.

유형 싱크로율 100%! 기출변형 문제

01 한국기업 이 사원은 '행복 지수'와 관련된 보고서를 작성하기 위한 자료를 다음과 같이 수정하였다. 다음 자료를 분석하여 '행복 지수'와 관련된 통계 보고서를 작성하시오. [200점]

서술형 10번 직접 써 보기 ▶ 맨 뒷장에서 잘라 쓰세요!

조건
1. 〈자료 1~3〉의 모든 자료를 활용하고, 〈자료 4〉는 필요한 것만 골라 활용할 것.
2. 〈자료 4〉의 문장은 자유롭게 활용하되, 의미의 변형은 감점 요인이 될 수 있음.
3. 첫째 문장은 '행복 지수에 대한 통계 분석이다.'로 시작할 것.
4. 3단락으로 구성하고, 1,200자 이하(띄어쓰기 포함)로 작성할 것.

자료 1

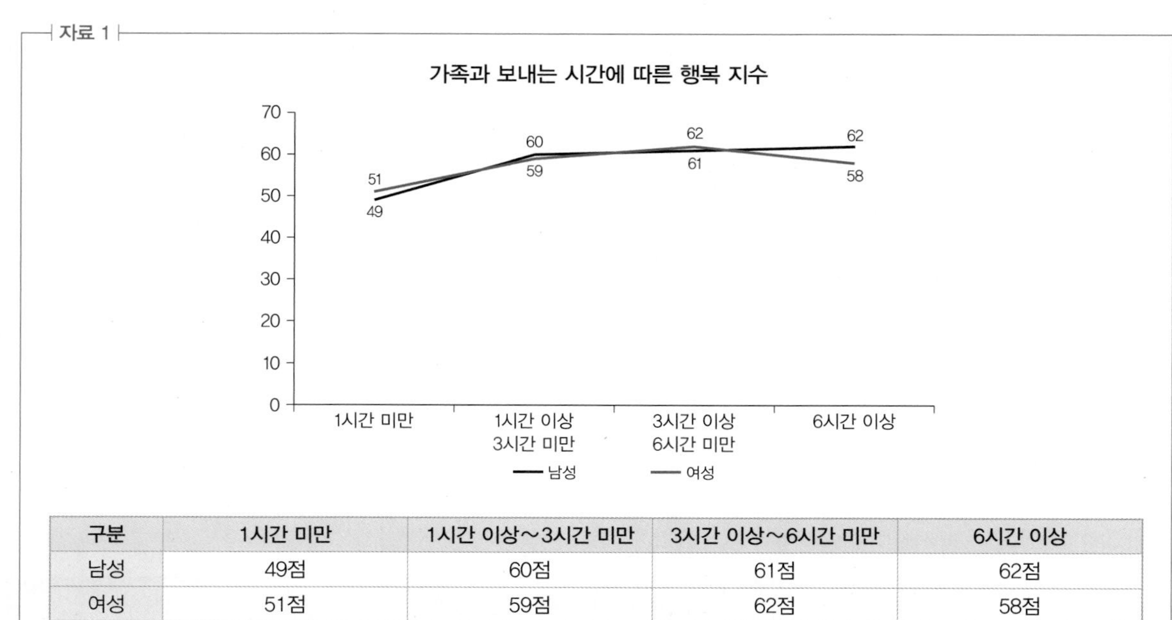

구분	1시간 미만	1시간 이상~3시간 미만	3시간 이상~6시간 미만	6시간 이상
남성	49점	60점	61점	62점
여성	51점	59점	62점	58점

자료 2

■ 좋은 일을 누구와 공유했을 때 행복 지수가 가장 큰가?

직장 동료	가족	친구	연인
62점	59점	60점	57점

■ 힘든 일을 누구와 공유했을 때 행복 지수가 가장 큰가?

직장 동료	가족	친구	연인
63점	57점	60점	57점

자료 3

■ 스마트폰 사용 빈도에 따른 행복 지수(스마트폰을 사용하고 다음 사용할 때까지 걸리는 시간에 따라 구분)

1분 이상~10분 미만	10분 이상~30분 미만	30분 이상~1시간 미만
45점	51점	61점

■ 행복 지수에 따른 스마트폰 앱 사용 동향

행복 지수가 높은 사람	사진과 관련된 앱을 많이 사용
행복 지수가 낮은 사람	동영상이나 모바일 게임과 관련된 앱을 많이 사용

자료 4

ⓐ 직장에서 많은 시간을 보낼수록 행복 지수가 높아진다.
ⓑ 사회심리학자들은 한국에서 가족은 급속한 산업화로 인해 가부장적인 질서가 파괴되어 가족 구성원이 동등하며 친구처럼 편안하게 감정을 공유한다고 보고 있다.
ⓒ 힘든 현실을 기피하고 싶은 이유로 모바일 게임 앱이나 동영상 관련 앱을 찾게 된다.
ⓓ 직장 동료와 많은 시간을 보내는 만큼 직장 내 소통도 행복감과 직결된다.
ⓔ 스마트폰 사용 시간과 행복 지수는 비례함을 알 수 있다.
ⓕ IT업계에 근무하는 홍길동 씨는 사적인 시간만큼은 전문 용어가 아닌 일상 언어를 사용하며 보내기를 원한다.
ⓖ 자신의 행복을 과시하고 더 크게 하는 수단으로 사진과 관련된 앱을 활용한다.
ⓗ 전문가들은 스마트폰을 자주 사용할수록 강박 관념이 심해지고, 주변 사람과의 관계가 소홀해질 확률이 높은 것으로 진단하고 있다.
ⓘ 여성에게는 자기만을 위한 시간이 필요하다는 의미로 풀이할 수 있다.
ⓙ 사회심리학자들은 힘든 것을 가정에 보여 주고 싶어 하지 않는 '가부장적인 사고'가 직장 내 소통을 가정 내 소통보다 더 중시하는 결과로 이어졌다고 보고 있다.

감점 줄이는! 예시답안&해설

01

| 예시답안 | 행복 지수에 대한 통계 분석이다. 〈자료 1〉은 가족과 보내는 시간에 따른 행복 지수를 나타낸 결과이다. 남성은 1시간 미만일 경우 49점, 1시간 이상 3시간 미만일 경우 60점, 3시간 이상 6시간 미만일 경우 61점, 6시간 이상일 경우 62점으로 가정에서 보내는 시간이 길수록 행복 지수가 높은 것으로 나타났다. 여성의 경우는 1시간 미만 51점, 1시간 이상 3시간 미만일 경우 59점, 3시간 이상 6시간 미만일 경우 62점, 6시간 이상일 경우 58점으로 나타났다. 여성에게는 자기만을 위한 시간이 필요하다는 의미로 풀이할 수 있는 결과이다.
〈자료 2〉는 감정의 공유와 행복 지수의 상관관계를 보여 준다. '좋은 일을 누구와 공유했을 때 행복 지수가 가장 큰가?'라는 질문에 직장 동료가 62점, 친구가 60점, 가족이 59점, 연인이 57점 순이었다. '힘든 일을 누구와 공유했을 때 행복 지수가 가장 큰가?'라는 질문에는 직장 동료가 63점, 친구가 60점, 가족과 연인이 모두 57점으로 조사됐다. 이는 직장 동료와 많은 시간을 보내는 만큼 직장 내 소통도 행복감과 직결됨을 보여 주는 결과이다. 또한 사회심리학자들은 힘든 것을 가정에 보여 주고 싶어 하지 않는 '가부장적인 사고'가 직장 내 소통을 가정 내 소통보다 더 중시하는 결과로 이어졌다고 보고 있다.
〈자료 3〉은 스마트폰 사용과 행복 지수의 관계를 보여 주는 결과이다. 스마트폰을 1분에서 10분 사이에 한 번씩 사용한다고 밝힌 집단에서는 행복 지수가 45점, 10분에서 30분에 한 번은 51점, 30분에서 1시간 사이에 한 번씩 사용한다고 밝힌 집단에서는 행복 지수가 61점으로 조사되었다. 행복 지수에 따른 스마트폰 앱 사용 동향을 살펴본 결과, 행복 지수가 높은 사람은 사진과 관련된 앱을 많이 사용하고 행복 지수가 낮은 사람은 동영상이나 모바일 게임과 관련된 앱을 많이 사용하는 것으로 조사되었다. 전문가들은 스마트폰을 자주 사용할수록 강박 관념이 심해지고, 주변 사람과의 관계가 소홀해질 확률이 높은 것으로 진단하고 있다. 그리고 행복 지수가 높은 사람은 자신의 행복을 과시하고 더 크게 하는 수단으로 사진과 관련된 앱을 활용하며, 행복 지수가 상대적으로 낮은 사람은 힘든 현실을 기피하고 싶은 이유로 모바일 게임 앱이나 동영상 앱을 찾게 된다고 설명하고 있다.
| 해설 | 첫째 단락은 〈자료 1〉을, 둘째 단락은 〈자료 2〉를, 셋째 단락은 〈자료 3〉을 활용해서 작성하면 된다. 각 단락의 내용을 보완하기 위한 자료로 〈자료 4〉를 적절히 활용할 수 있다.

02 **다음은 최근 논란이 되고 있는 차량 공유 서비스의 등장으로 인한 택시업계의 반발에 대한 쟁점 자료들을 모아 놓은 것이다. 〈조건〉에 맞게 설명하는 글을 완성하시오. [200점]** 서술형 10번 직접 써 보기 ▶ 맨 뒷장에서 잘라 쓰세요!

1. [자료 1]의 보도 자료를 적재적소에 활용할 것.
2. [자료 2]의 개요를 바탕으로 글을 구성할 것.
3. 1,200자 내외(띄어쓰기 포함)로 완성할 것.

[자료 1] 보도 자료

ⓐ 출퇴근 시간이나 번화가에서 승차 거부 택시가 부지기수이며, 외곽 지역이나 시골 오지에서 택시를 잡는 것은 하늘의 별 따기와 같으므로 이러한 틈새 시장을 노려 왔다는 것이 타다 측 입장

ⓑ 택시업계는 현재 타다가 설립 취지와는 멀어져 무분별하게 대형 밴을 이용한 운송 영업을 하고 있다는 주장

ⓒ 택시업계가 불황인 것은 이전 정부에서 무분별하게 조합을 허가해 영업 택시가 이미 포화를 넘은 상태에서 기인

ⓓ 위치 기반 공유 경제의 큰 물결을 거스를 수 없다면 신생 업체와 정부가 기존 택시업계를 품고 가야 한다는 것이 전문가들의 조언

ⓔ 타다는 원래 렌터카 업체로 차량 공유 서비스를 시작한 배경에는 관광을 활성화하자는 명목, 11인승에서 15인승까지 차량에 한해 렌터카 업체가 기사를 알선할 수 있다는 예외 조항으로 시작하게 된 것

ⓕ 주무 부처인 국토교통부와 기획재정부는 논의에서 한 걸음 물러나, 정부는 지속적으로 4차 산업혁명과 공유 경제를 이야기하지만 막상 규모가 큰 택시업계와 갈등에 우왕좌왕. 금융위원장과 타다 대표의 설전으로 공방만 가열되는 양상

ⓖ 신생 공유 서비스업체가 기존 택시 영업권을 존중하여 번호판을 사거나, 인력을 충원하여 택시업계의 복지에 공헌하는 방향

ⓗ 택시업계는 출퇴근 시간 영업은 택시 기사들의 주 수입원이라며 카카오 카풀의 서비스는 사실상 불법 영업이라고 규정, 시범 서비스가 시작된 지 사흘 뒤 택시 기사 한 명이 분신, 반발이 지속. 카카오 카풀 서비스 잠정 중단, 택시와 카카오의 합의 두 달 만에 자동차 공유 서비스 '타다'와 택시업계의 충돌은 다시 시작

ⓘ 타다는 불법을 저지르지 않았으며, 4차 산업혁명 시대에 공유 경제 시스템을 한 발짝 앞당기고 있음

ⓙ 타다는 권리금 한 푼 내지도 않고 여객 운송업에 무혈입성한 격이므로 불공정한 사업자

ⓚ 기존 택시업계의 반발, 2018년 12월 카카오 카풀 시범 서비스가 시작, IT 기술을 기반으로 하여 가까운 거리에 있는 회원끼리 출퇴근길 차량 운행을 공유하자는 것이 이 서비스의 취지

ⓛ 개인택시의 경우 자영업자의 권리금에 해당하는 수천만 원대 가격의 번호판을 사야 여객 운송 사업 가능

ⓜ 렌터카 업체는 고객에게 직접 운임을 받는 영업 행위는 할 수 없어

ⓝ 택시업계와 타다 측 모두 정부가 조율 원해

[자료 2] 개요

1. 차량 공유 서비스 등장
2. 택시업계의 주장
3. 공유 서비스업계의 주장
4. 갈등 해결을 위한 방안

감점 줄이는! 예시답안&해설

02

| 예시답안 | 택시업계의 반발에도 불구하고 2018년 12월 카카오 카풀 시범 서비스가 시작됐다. IT 기술을 기반으로 하여 가까운 거리에 있는 회원끼리 출퇴근길 차량 운행을 공유하자는 것이 이 서비스의 취지였다. 하지만 택시업계는 출퇴근 시간 영업은 택시 기사들의 주 수입원이라며 카카오 카풀의 서비스는 사실상 불법 영업이라고 규정지었다. 시범 서비스가 시작된 지 사흘 뒤 택시 기사 한 명이 분신하는 등의 택시업계의 극렬한 반발이 지속되자 결국 카카오는 카풀 서비스를 잠정 중단하게 되었다. 택시와 카카오의 합의 두 달 만에 자동차 공유 서비스 '타다'와 택시업계의 충돌은 다시 시작되었다.

기본적으로 렌터카업체는 고객에게 직접 운임을 받는 영업 행위는 할 수 없다. 렌터카업체였던 타다가 차량 공유 서비스를 시작한 배경에는 관광을 활성화하자는 명목이었다. 11인승에서 15인승까지 차량에 한해 렌터카업체가 기사를 알선할 수 있다는 예외 조항으로 시작하게 된 것이다. 택시업계는 현재 타다가 설립 취지와는 멀어져 무분별하게 대형 밴을 이용한 운송 영업을 하고 있다는 주장이다. 개인택시의 경우 자영업자의 권리금에 해당하는 수천만 원대 가격의 번호판을 사야 여객운송사업에 뛰어들 수 있다. 택시업계에서 보면 타다는 권리금 한 푼 내지도 않고 여객운송업에 무혈입성한 격이므로 불공정한 사업자로밖에 볼 수 없는 것이다.

한편 타다의 입장은 분명하다. '타다는 불법을 저지르지 않았으며, 4차 산업혁명 시대에 공유 경제 시스템을 한 발짝 앞당기고 있다'는 것이다. 택시업계가 불황인 것은 이전 정부에서 무분별하게 조합을 허가해 영업 택시가 이미 포화를 넘은 상태에서 기인하므로 우리와는 상관없다고 주장하고 있다. 출퇴근 시간이나 번화가에서 승차 거부 택시가 부지기수이며, 외곽 지역이나 시골 오지에서 택시를 잡는 것은 하늘의 별 따기와 같으므로 이러한 틈새 시장을 노려 왔다는 것이 타다 측 입장이다.

택시업계와 타다 측 모두 정부가 조율해 주기를 원하고 있다. 하지만 주무 부처인 국토교통부와 기획재정부는 논의에서 한 걸음 물러나 있다. 오히려 금융위원장과 타다 대표의 설전으로 공방만 가열되는 양상이다. 정부는 지속적으로 4차 산업혁명과 공유 경제를 이야기하지만 막상 규모가 큰 택시업계와 갈등이 벌어지니 이러지도 저러지도 못하는 실정이다. 어차피 위치 기반 공유 경제의 큰 물결을 거스를 수 없다면 신생 업체와 정부가 기존 택시업계를 품고 가야 한다는 것이 전문가들의 조언이다. 신생 공유 서비스 업체가 기존 택시 영업권을 존중하여 번호판을 사거나, 인력을 충원하여 택시업계의 복지에 공헌하는 방향이다.

| 해설 | 개요를 바탕으로 글을 구성하고 [자료 1]의 내용을 적재적소에 분류하는 것이 이 문제의 핵심이다. [자료 2]의 개요대로 4단락으로 구성한다. 1단락에는 차량 공유 서비스 등장으로 인한 갈등과 실태에 관한 내용으로 ⓗ와 ⓚ 자료를 바탕으로 단락을 구성한다. 2단락은 갈등 양상에 따른 택시업계의 주장을 나타내고 있다. ⓑ, ⓔ, ⓙ, ⓛ, ⓜ을 이용하여 단락을 구성한다. 3단락은 타다 측의 반론으로 ⓐ, ⓒ, ⓘ를 이용해 단락을 구성한다. 마지막 단락은 갈등 조정 실태와 방안으로 ⓓ, ⓕ, ⓖ, ⓝ을 이용하여 단락을 구성한다.

03 다음 자료를 바탕으로 〈조건〉에 맞게 두 단락으로 서술하시오. [200점]

서술형 10번 직접 써 보기 ▶ 맨 뒷장에서 잘라 쓰세요!

조건
1. 우리나라 가구 구성원 수의 추이와 이에 따른 사회 현상을 설명하고, 이러한 현상이 나타나게 된 원인을 두 가지 이상 밝혀 쓸 것.
2. 문장의 어미는 '~다.'로 할 것.
3. 500자 내외(띄어쓰기 포함)로 작성할 것.

[자료 1]

우리나라 연도별 1인 가구 비율(%)

비율 (%)
30
25
20
15
10
5
0
4.8
6.9
9
12.7
15.5
20
23.9
27.1
1985
1990
1995
2000
2005
2010
2015
2019
연도

자료: 통계청, 「인구주택총조사」

[자료 2]

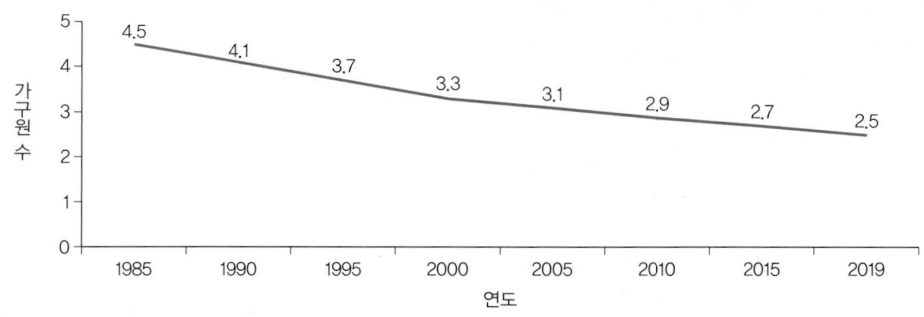

자료: 통계청, 「인구주택총조사」

[자료 3]

최근 3년간, 편의점 간편식품은 전체 매출 가운데 7~8%에 불과했던 샌드위치류의 비중이 현재 15%까지 껑충 뛰었다. 또한 생수와 도시락의 매출도 해마다 20% 이상 성장하고 있다.

– 데일리××신문, 2019. 12. 16.

[자료 4]

- 취업 컨설팅업체에서 조사한 바에 따르면 올해 채용하겠다고 밝힌 사업장의 70%는 경제 불황으로 인해 전년보다 신입 사원 채용 수를 줄이겠다고 밝혔으며, 전년 수준을 유지하겠다고 밝힌 사업장은 25%, 늘리겠다고 한 기업은 5%였다. 한편 조사한 사업장의 신입 평균 연봉은 2,850만 원 수준이며, 입사 3년 차부터 8년 차까지 평균 연봉은 4,250만 원이었다.

- 웨딩 컨설팅업체의 2020년 조사 결과에 따르면 예비 부부의 결혼 자금은 평균 2억 7천만 원으로 집계되었으며 이 가운데 집값의 비율이 약 70%에 달했다. 한편 수도권 22평 아파트의 매매가는 5억 2천만 원이며 전국 평균은 3억 8천만 원으로 나타났다.
- 직장인 여성의 70%가 출산 이후 직장 생활에 부담을 느끼는 것으로 조사되었다. 이 중 대부분은 출산 이후에도 직장 생활을 계속 하기를 원했지만, 이미 다른 사람으로 인력이 대체되거나 직장 상사들의 눈치로 인해 직장으로의 복귀가 부담스럽다고 밝혔다.
- 통계청에서 맞벌이 부부들을 상대로 조사한 결과 여성은 평균 2시간 이상을 가사 노동에 할애하는 반면, 남성은 30분여 정도를 가사 노동에 할애하는 것으로 나타났다.
- 2~5년 차 부부들을 상대로 둘째 아이를 가지지 않는 이유를 복수 응답으로 조사한 결과, '경제적인 이유로 자녀 양육 비용이 부담돼서'라는 응답이 가장 많았다. 참고로 한 아이를 대학 교육까지 시킬 경우 들어가는 비용은 평균 2억 6천만 원 선으로 나타났다.

감점 줄이는! 예시답안&해설

03

| 예시답안 | 우리나라의 가구 구성원 수는 1985년 4.5명이었던 것이 2000년까지 해마다 약 0.4명씩 감소하여 3.3명이 되었으며, 2005년에는 3.1명, 2010년에는 2.9명, 2015년에는 2.7명, 2019년에는 2.5명을 기록하였다. 이는 1인 가구의 증가와도 무관하지 않다. 1985년에 4.8%에 불과했던 1인 가구의 비율은 2000년 12.7%로 상승하였고, 2010년에는 20%대를 기록하였다. 2019년에는 27.1%로, 같은 추세로 증가한다면 3년 안에 30%대를 넘어설 전망이다. 이와 같이 가구 구성원 수가 줄어들고 상대적으로 1인 가구 수가 증가하면서 편의점에서 간편식품과 도시락, 생수 등의 매출이 동반하여 상승하였다.
이처럼 가구 구성원 수가 줄어들게 된 가장 큰 이유는 결혼하는 예비 부부의 감소와 출산율 저하를 들 수 있다. 경기 침체로 양질의 일자리가 적어지면서 경제적인 이유로 결혼이 줄어들고, 소득에 비해 비싼 주거 비용과 높은 자녀 양육비로 인해 출산율이 낮아지고 있기 때문이다.

| 해설 | 제시된 자료를 바탕으로 점점 줄어드는 가구 구성원 수에 대한 사회 현상을 설명하고 이에 대한 원인을 밝혀내는 문제이다. 통계 자료의 수치를 정확하게 문장으로 표현해야 하며, 제시된 자료를 활용하여 〈조건〉에 맞게 논리적인 글을 완성해야 한다.

내가 꿈을 이루면
나는 누군가의 꿈이 된다.

– 이도준

여러분의 작은 소리
에듀윌은 크게 듣겠습니다.

본 교재에 대한 여러분의 목소리를 들려주세요.
공부하시면서 어려웠던 점, 궁금한 점,
칭찬하고 싶은 점, 개선할 점, 어떤 것이라도 좋습니다.

에듀윌은 여러분께서 나누어 주신 의견을
통해 끊임없이 발전하고 있습니다.

에듀윌 도서몰 book.eduwill.net

- 부가학습자료 및 정오표: 에듀윌 도서몰 → 도서자료실
- 교재 문의: 에듀윌 도서몰 → 문의하기 → 교재(내용, 출간) / 주문 및 배송

한국실용글쓰기 2주끝장

발 행 일 2022년 1월 2일 초판 | 2023년 7월 6일 6쇄
편 저 자 정문
펴 낸 이 김재환
펴 낸 곳 (주)에듀윌
등록번호 제25100-2002-000052호
주 소 08378 서울특별시 구로구 디지털로34길 55
코오롱싸이언스밸리 2차 3층

www.eduwill.net
대표전화 1600-6700

서술형 10번 직접 써 보기

서술형 10번 직접 써 보기

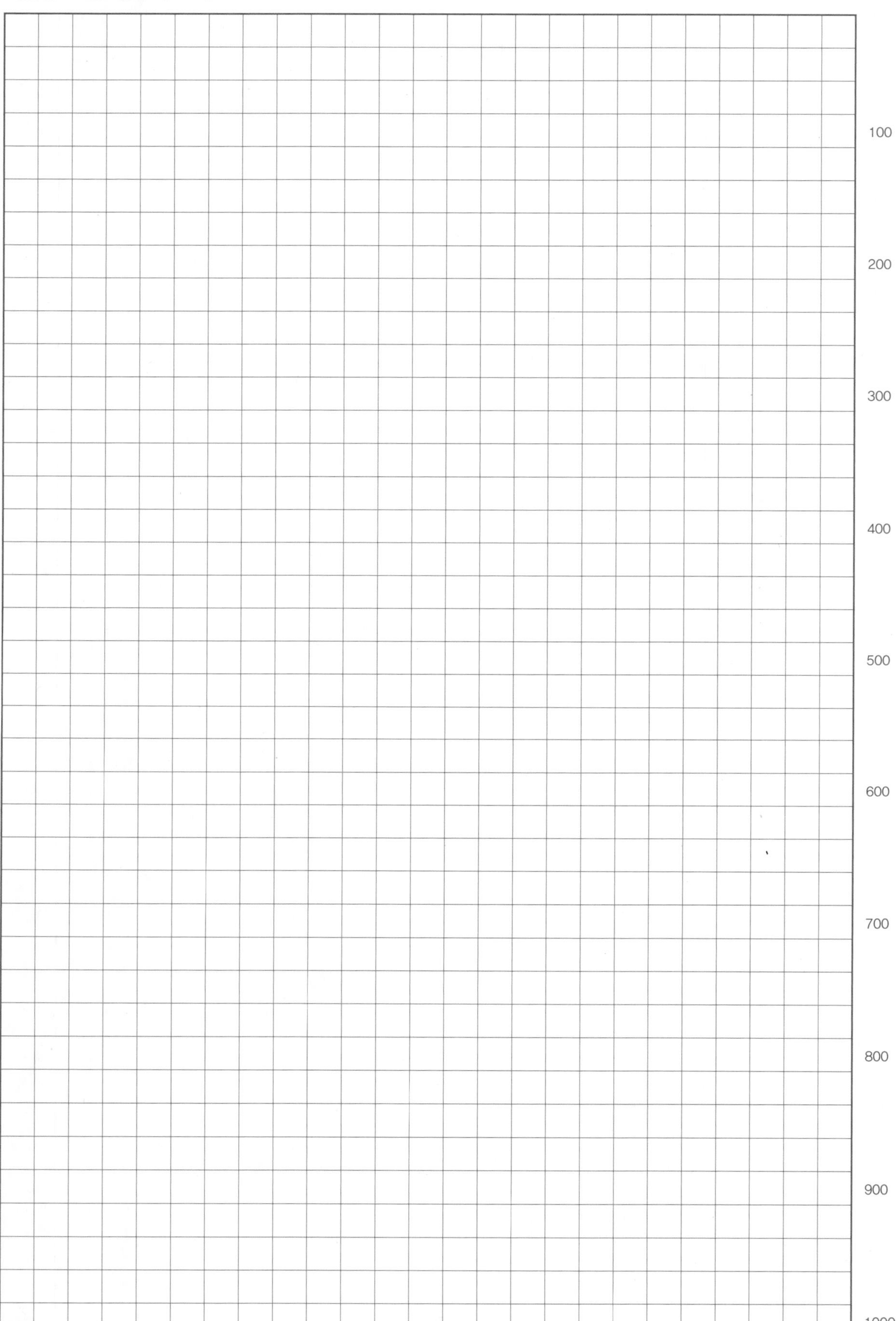

절취선

서술형 10번 직접 써 보기

서술형 10번 직접 써 보기

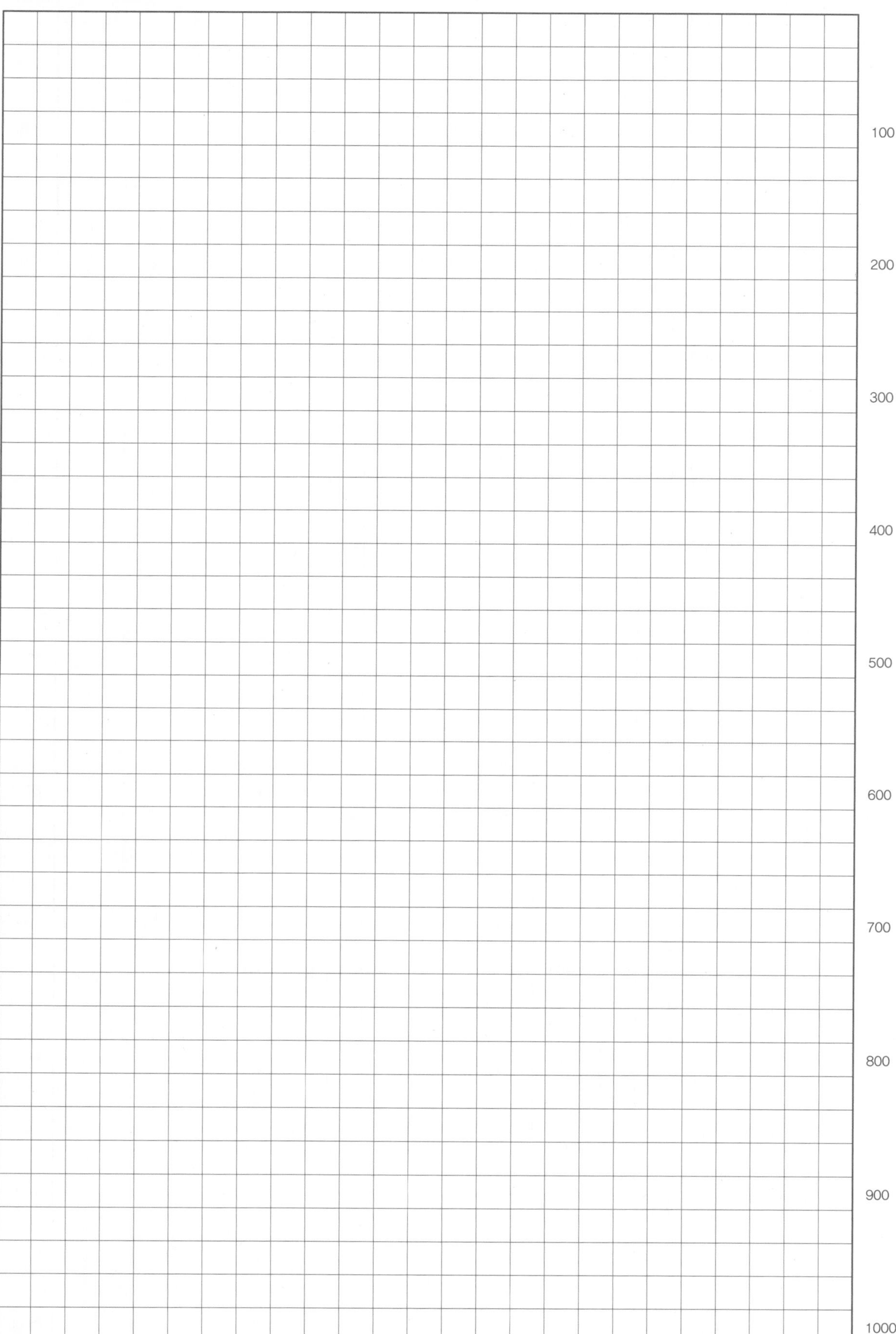

✂ 절취선

서술형 10번 직접 써 보기

서술형 10번 직접 써 보기

100

200

300

400

500

600

700

800

900

1000

절취선

절취선

서술형 10번 직접 써 보기

서술형 10번 직접 써 보기

절취선

수강생 1,837% 폭발적 증가! 매년 놀라운 성장!

한국어 시험도 에듀윌인 이유
수많은 수험생의 선택이 증명합니다

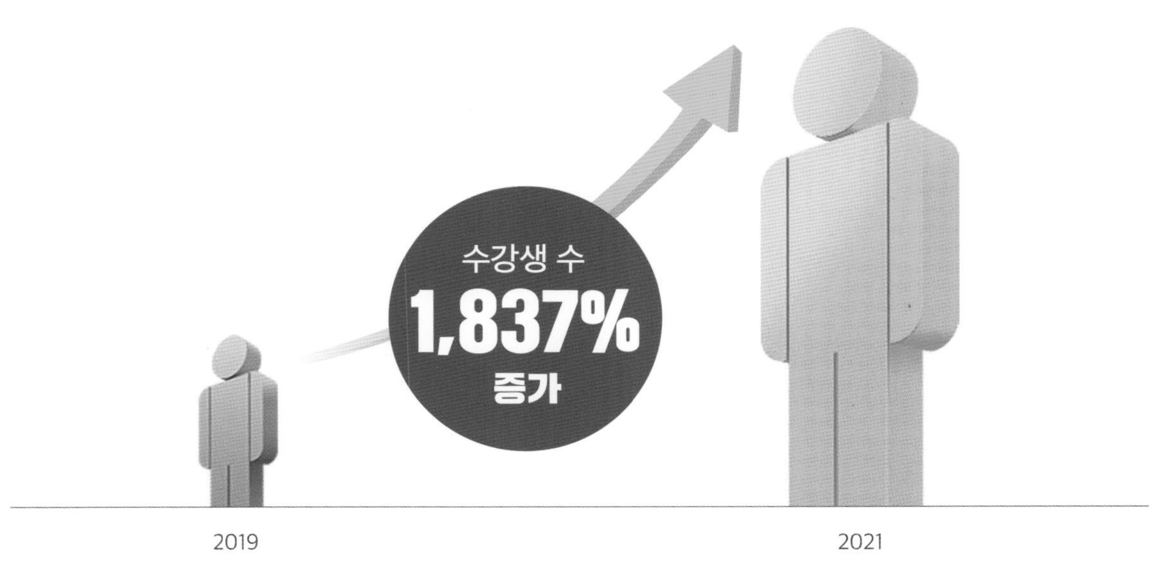

폭발적인 수강생 수 증가의 비밀! 가산점 2주 완성반

베스트셀러 1위 교재 제공 ▶ 고득점 핵심 3종 콘텐츠 무료 제공 ▶ 1위 교수 강의 무한 수강

* 위 내용은 실용글쓰기 가산점 2주 완성반 수강 시 혜택으로, 서비스 개선을 위해 예고 없이 변경될 수 있습니다.

* 에듀윌 KBS한국어/실용글쓰기 유료 수강생 수 증가율 (2019년 5월~2021년 1월)

에듀윌 한국실용글쓰기

2주끝장

기출 완벽 재현!

최종점검
실전동형 모의고사

• 실전동형 모의고사 1회 & 정답과 해설
• OMR 카드

에듀윌 한국실용글쓰기

2주끝장

에듀윌 한국실용글쓰기

2주끝장

기출 완벽 재현!

최종점검 실전동형 모의고사

1교시 실전동형 모의고사

• 제한 시간: 90분 • 풀이 시간 ____ : ____ ~ ____ : ____ 정답과 해설 ▶ P.34

객관식 영역 (400점)

01

다음 문장을 고쳐 쓴 것 중 적절하지 <u>않은</u> 것은?

① 수험생이라면 누구나 어려움에 겪는다.
→ 수험생이라면 누구나 어려움을 겪는다.

② 광장에 모인 수많은 사람들 중에서 노란 머리 외국인이 유독 눈에 띠었다.
→ 광장에 모인 수많은 사람들 중에서 노란 머리 외국인이 유독 눈에 띄었다.

③ 혜리는 수지보다 지효를 더 좋아한다.
→ 혜리는 수지를 좋아하는 것보다는 지효를 더 좋아한다.

④ 이틀을 굶어서 짜장면 곱배기를 순식간에 해치웠다.
→ 이틀을 굶어서 짜장면 곱배기를 순식간에 해치웠다.

⑤ 벌써 몇일째 연락이 없으니, 정말 걱정인걸.
→ 벌써 며칠째 연락이 없으니, 정말 걱정인걸.

02

다음은 외래어를 한글로 표현할 때 궁금해하는 질문과 이와 관련된 외래어 표기법이다. 질문에 답하기 위해 참조해야 할 규정을 바르게 짝지은 것은?

[질문]
- 흔히 커피를 마시거나 살 수 있는 가게를 '카페'로 적어야 할까, '까페'로 적어야 할까? ······ ㉠
- 'rocket'의 발음 [t]를 받침으로 표기할 때, 'ㄷ', 'ㅅ', 'ㅌ' 중 무엇으로 적어야 할까? ······ ㉡
- 영어 [f]는 'ㅍ'과 'ㅎ'의 중간 발음이므로 이를 표기하기 위한 새로운 기호를 만들어야 하지 않을까? ··· ㉢

〈외래어 표기법〉
제1장 표기의 기본 원칙
제1항 외래어는 국어의 현용 24자모만으로 적는다.
제2항 외래어의 1음운은 원칙적으로 1기호로 적는다.
제3항 받침에는 'ㄱ, ㄴ, ㄹ, ㅁ, ㅂ, ㅅ, ㅇ'만을 쓴다.
제4항 파열음 표기에는 된소리를 쓰지 않는 것을 원칙으로 한다.
제5항 이미 굳어진 외래어는 관용을 존중하되, 그 범위와 용례는 따로 정한다.

	㉠	㉡	㉢
①	제1항	제3항	제2항
②	제1항	제4항	제5항
③	제4항	제3항	제1항
④	제4항	제5항	제2항
⑤	제5항	제4항	제3항

03

다음은 사전의 개정 내용을 정리한 자료의 일부이다. 사전 내용에 대한 설명으로 적절하지 않은 것은?

	개정 전	개정 후
가	긁다 [동] 「1」 손톱이나 뾰족한 기구 따위로 바닥이나 거죽을 문지르다. ⋮ 「9」 ……	긁다 [동] 「1」 손톱이나 뾰족한 기구 따위로 바닥이나 거죽을 문지르다. ⋮ 「9」 …… 「10」 물건 따위를 구매할 때 카드로 결제하다.
나	김-밥[김:밥] [명] ……	김-밥[김:밥/김:빱] [명] ……
다	냄새 [명] 「1」 코로 맡을 수 있는 온갖 기운. 「2」 어떤 사물이나 분위기 따위에서 느껴지는 특이한 성질이나 낌새.	냄새 [명] 「1」 코로 맡을 수 있는 온갖 기운. 「2」 어떤 사물이나 분위기 따위에서 느껴지는 특이한 성질이나 낌새.
다	내음 [명] '냄새'의 방언(경상).	내음 [명] 코로 맡을 수 있는 나쁘지 않거나 향기로운 기운. 주로 문학적 표현에 쓰인다.
라	태양-계 [명] 태양과 그것을 중심으로 공전하는 천체의 집합. 태양, 9개의 행성, ……	태양-계 [명] 태양과 그것을 중심으로 공전하는 천체의 집합. 태양, 8개의 행성, ……
마	(표제어 없음)	스마트-폰 [명] 휴대 전화에 여러 컴퓨터 지원 기능을 추가한 지능형 단말기.

※ 사전의 개정 내용은 표준어와 표준 발음의 최신 정보를 반영한 것임.

① 가: '긁다'의 의미가 확장되어 중심적인 의미가 수정되었다.
② 나: 현실적으로 많이 사용하는 발음을 복수 표준 발음으로 인정하게 되었다.
③ 다: 사투리가 표준어로 인정받았으며, 새롭게 뜻도 제시되었다.
④ 라: 최신 지식 정보를 반영하여, 기존 정보를 갱신하였다.
⑤ 마: 새로운 문물이 생겨났으므로 새로운 단어가 추가되었다.

04

다음 표를 바탕으로 한 설명 중 적절하지 않은 것은?

표기	표준 발음	올바른 로마자 표기	
가락	[가락]	garak	… ㉠
앞집	[압찝]	apjip	… ㉡
방랑	[방:낭]	Bangnang	… ㉢

① ㉠에 '가'의 'ㄱ'은 'g'로, '락'의 'ㄱ'은 'k'로 표기한 것을 보면, 같은 'ㄱ'도 다른 로마자로 표기될 수 있음을 알 수 있다.
② ㉡에 '앞'의 'ㅍ'과 '집'의 'ㅂ'을 모두 'p'로 표기한 것을 보면, '앞집'의 'ㅍ'과 'ㅂ'은 다른 자음임에도 동일한 로마자로 표기됨을 알 수 있다.
③ ㉢에 장음을 표시하는 기호인 ':'가 로마자 표기에 없는 것을 보면, 장단의 구별은 로마자 표기에 반영하지 않음을 알 수 있다.
④ ㉠에 '락'의 'ㄹ'은 'r'로, ㉢에서 '랑'의 'ㄹ'은 'n'으로 표기한 것을 보면, ㉢ '방랑'의 로마자 표기는 자음 동화를 반영하여 표기했음을 알 수 있다.
⑤ ㉡에 '집'의 'ㅈ'을 표준 발음에 따라 된소리되기를 반영하여 로마자로 표기하였다.

[05~07] 다음은 ○○ 기업의 사내 동아리 운영에 관한 토론 내용이다. 다음 토론을 바탕으로 물음에 답하시오.

> 사회자: 우리 사내 동아리 축제에서 동아리 홍보관은 신입 회원 모집을 위한 홍보 효과가 높기 때문에 동아리들에게 인기가 많습니다. (㉠) 홍보관 설치를 위한 공간이 한정되어 있어, 지금까지는 동아리 연합이 홍보관 운영 계획서를 공모하여 심사한 후 홍보관을 운영할 동아리를 선정해 왔습니다. 그런데 기존 방식인 심사 방식 대신 새로운 방식으로 추첨 방식을 요구하는 동아리들이 많이 있어, 이번 시간에는 '동아리 축제에서 홍보관을 운영할 동아리를 선정할 때 추첨 방식으로 해야 한다.'라는 논제로 토론을 하겠습니다. 찬성 측 입론해 주십시오.
>
> 찬성 1: 동아리 축제에서 홍보관을 운영할 동아리를 선정할 때 추첨 방식으로 해야 합니다. 심사 방식의 평가 기준이 타당하지 않고, 평가자 주관이 개입될 수 있어 평가의 신뢰성이 낮아 동아리 회원들의 불만이 높기 때문입니다. 반면에 추첨 방식은 선정 과정에서 평가자의 견해가 반영될 수 없습니다. (㉡) 추첨 방식으로 한다면 홍보관 운영 동아리로 선정될 수 있는 기회가 모든 동아리에 균등하게 부여될 수 있습니다. 그리고 동아리 홍보관 운영 계획서를 준비하는 과정에서 동아리들이 시간과 노력을 불필요하게 들이는 문제도 해소할 수 있습니다.
>
> 사회자: 이번에는 반대 측에서 반대 신문해 주십시오.
>
> 반대 1: <u>추첨 방식이 기회를 균등하게 부여한다고 말씀하셨는데, 그럴 경우 동아리 홍보관 운영을 더 잘 계획하고 준비한 동아리가 탈락할 수도 있죠. 준비가 덜 된 동아리가 선정된다면 동아리 홍보관 운영의 부실로 이어질 수 있지 않나요?</u> [A]
>
> 찬성 1: 그렇지 않습니다. 선정된 동아리들은 새로운 회원을 모집하기 위해 적극적으로 홍보해야 하므로, 홍보관 운영에 최선을 다할 것입니다.
>
> 사회자: 이번에는 반대 측에서 입론해 주십시오.
>
> 반대 1: 홍보관 운영 동아리 선정을 추첨 방식으로 하는 것에 반대합니다. 기존의 심사 방식은 전체 동아리 회원을 대표하는 다수의 평가자가 참여하여 평가자의 주관적 개입을 줄일 수 있고, 평가 기준 역시 매년 동아리 회원들의 의견을 수렴하여 개선해 왔기 때문에 그 타당성이 매우 높다고 할 수 있습니다. 또한 심사 방식은 모든 동아리가 홍보관 운영 계획서를 제출할 기회를 공평하게 부여하고 있습니다. (㉢) 이 계획서를 준비하는 과정에서 동아리 구성원들이 동아리 축제의 목적에 부합하는 활동을 고민하게 되므로 축제가 내실화될 수 있습니다.
>
> 사회자: 이번에는 찬성 측에서 반대 신문해 주십시오.
>
> 찬성 1: <u>홍보관 운영 계획서를 평가하는 기준이 타당하다고 하셨는데 작년 설문 조사 결과에 따르면 평가 기준 중의 일부가 특정 동아리에게 유리하게 작용한다고 응답한 회원들이 많았습니다. 이런 점에서 평가 기준이 타당하다고 보기 어렵지 않나요?</u> [B]
>
> 반대 1: 그 문제는 평가 기준의 일부를 개선하여 해결할 수 있습니다.

05

위 토론에 대한 설명으로 가장 적절한 것은?

① '찬성 1'은 기존 방식이 유지될 경우 발생하는 문제점에 대해서 방어하고 있다.

② '찬성 1'은 특정 용어의 개념을 정의한 뒤 논의의 범위를 제한하고 있다.

③ '반대 1'과 '찬성 1' 모두 기존 방식의 부정적인 측면은 인정을 하고 있다.

④ '반대 1'은 기존 방식의 긍정적 측면을 부각시켜 새로운 방식을 반대하고 있다.

⑤ '반대 1'은 새로운 방식을 도입할 경우에 생기는 긍정적인 측면에 대해서는 인정을 하고 있다.

06

밑줄 친 [A]와 [B]에 대한 설명으로 타당한 것은?

① [A]는 상대측에게 구체적인 사례를 제시할 것을 요구하고 있다.
② [A]는 직전에 상대방이 진술한 일부를 확인한 뒤 기존 방식이 가질 문제점을 제기하고 있다.
③ [B]는 상대방이 진술한 일부를 확인한 뒤 설문을 근거로 들어 평가 기준의 타당성에 의문을 제기하고 있다.
④ [B]는 상대측 주장에 대한 근거의 출처를 요구하고 있다.
⑤ [A]와 [B]는 모두 근거로 인용한 전문가의 설명이 타당한지 사실 관계를 파악하고 있다.

07

윗글의 ㉠~㉢에 쓸 접속어로 가장 적절한 것은?

	㉠	㉡	㉢
①	그리고	또한	그러나
②	그리고	이에 따라	또한
③	그래서	그런데	이에 따라
④	그러나	그런데도	또한
⑤	그러나	또한	그리고

[08~09] 다음 내용을 확인하고 물음에 답하시오.

보기 1

최근 서울을 중심으로 주택 시장이 다시 과열되는 조짐을 보이고 있습니다.

㉠과열 현상은 서울을 중심으로 과천, 세종시 등으로 확산되는 양상으로, 투기를 목적으로 하는 투자 자금이 주택 시장으로 다시 유입되면서 확산되는 분위기입니다.

이에 정부는 투기 수요가 다수 유입되는 곳을 투기 과열 지구·투기 지역으로 지정하여 부동산 시장 과열과 내 집 마련을 위한 국민들의 불안을 조기에 진화하고자 합니다.

㉡새 정부는 주택 정책을 경기 조절 수단이 아닌, 서민 주거 안정 및 실수요자 보호를 최우선의 가치로 삼아 추진할 것입니다. 집이 투자가 아닌 '거주' 대상으로 투기 수요를 철저히 차단하겠습니다.

구체적인 방법은 다음과 같습니다.

(중략)

앞서 발표한 정책의 구체적인 내용은 문서로 관계 부처(기획재정부, 국토교통부, 금융감독원, 국세청, 한국토지주택공사) 홈페이지에서 언제든지 열람할 수 있습니다. 이상으로 발표를 마치고, 기자분들의 질문을 받도록 하겠습니다.

보기 2

목차

Ⅰ. 주택 시장 동향 및 평가
  1. 최근 주택 시장 동향
  2. 시장 상황 평가

Ⅱ. 정책 대응 방향

Ⅲ. ______㉢______
  1. 과열 지역에 투기 수요 유입 차단
  2. 실수요 중심의 주택 수요 관리 강화
  3. 투기적 주택 수요에 대한 조사 강화
  4. 서민을 위한 주택 공급 확대
  5. 실수요자를 위한 청약 제도 등 정비

Ⅳ. ㉣향후 추진 일정

08

〈보기 1〉과 〈보기 2〉에 대한 설명으로 바르지 못한 것은?

① 〈보기 1〉은 여러 사람들에게 새로운 정책을 알리는 발표문이군.
② 정부는 주택에 투자하는 사람들의 형평성도 고려해서 보완된 정책을 후속으로 내놓을 거야.
③ 〈보기 1〉은 정책 발표인 만큼 (중략) 부분에는 추진 일정에 대한 부분도 반드시 들어가 있을 거야.
④ 정책을 실행하기 위해 투기 수요와 실수요자를 구분하는 장치를 마련했을 거야.
⑤ 부동산 정책은 다수의 국민이 관심을 가지는 분야인 만큼 신중하면서도 철저한 준비가 필요할 거야.

09

밑줄 친 ㉠, ㉡, ㉢, ㉣에 대한 설명으로 바르지 못한 것은?

① ㉠은 최근 주택 시장 동향에 대한 이야기이군.
② 정부의 정책 대응 방향은 ㉡과 연관 지을 수 있겠군.
③ Ⅲ은 구체적인 방법들이 제시되어 있으니 ㉢에는 '주택 시장 투기 세력 근절 방안' 정도가 들어갈 수 있겠군.
④ ㉢의 하위 항목에는 구체적인 수치를 표현해야 하는 부분도 있을 거야, 이때는 도표나 그래프를 활용하면 효과적이겠지.
⑤ 이러한 종류의 담화문은 ㉢과 ㉣이 가장 중요한 정보라고 할 수 있지.

10

다음 중 어법에 맞고 자연스러운 문장은?

① 한번 붕괴된 생태계를 회복시키려면 많은 비용과 긴 시간이 걸린다.
② 김 대리가 회의에 지각한 이유는 집중 호우로 대중교통이 마비되었다.
③ 비록 날씨가 좋지 않으면 소풍을 가지 않을 것이다.
④ 동계 올림픽 개최를 기원하는 촛불 집회가 부산역 전 앞에서 이루어졌다.
⑤ 지진 관측소가 생긴 이래 가장 강력한 지진이 일어났다.

11

다음 문서에 대한 설명으로 바르지 못한 것은?

〈36회 금산인삼축제 홍보 리플릿 초안 1p〉

생명의 뿌리 금산인삼

하늘이 내린 선물 '천삼'
제36회 금산인삼축제

일시: 201□. 9. 24.부터 201□. 10. 3.까지
장소: 금산인삼관, 인삼약초거리 일원
입장: 무료
문의: 금산군청 경제진흥과
전화번호 ×××)123-1234~1236
홈페이지 www.금산군청.×××

① 여러 번의 검토를 통해 내용상 오류가 없도록 해야 해.
② 일시는 같은 연도가 두 번 나오니 번거롭고 비효율적이야. 뒤 연도는 빼도 되겠어.
③ 타지에서 오는 관광객들을 배려해 다른 페이지에서라도 장소 간략 지도를 추가하면 좋을 것 같아.
④ 행사 프로그램은 무엇이 있는지 1p에서 간략하게라도 알려야 될 것 같아.
⑤ '금산'이라는 단어가 많이 들어가니까, 행사 주최는 생략해도 되겠어.

12

효과적인 프레젠테이션을 위한 설명 중 바르지 못한 것은?

① 한 페이지에 너무 많은 정보를 담지 않는다.
② 강렬한 인상을 위해 5가지 이상의 여러 색상을 활용하여 시각적 효과를 증대시킨다.
③ 발표 시간에 따라 슬라이드의 개수도 고려해야 한다.
④ 청자의 이목을 끌기 위한 과도한 치장이나 옷차림은 피해야 한다.
⑤ 업적을 부각시키기 위한 발표에는 전후를 비교한 수치를 활용하는 것이 효과적이다.

[13~15] 다음은 문화센터 강좌의 대본이다. 글을 읽고 물음에 답하시오.

(화자 인사) 안녕하세요. 지난주 ㉠'베트남의 길거리 음식'에 이어 오늘은 ㉡세계의 음식 문화 그 세 번째 시간, 조선의 궁중 음식, 그중에서도 수라상에 대해 말씀드리겠습니다. 먼저 수라상의 어원과 상차림, 왕의 식사 횟수와 식사 장면, 집에서 따라 할 수 있는 간단한 궁중 음식 레시피 그리고 수라상을 포함한 조선의 궁중 음식이 지닌 의의 순으로 진행하도록 하겠습니다.

우선 '수라'는 말이죠. 고려 말에 몽골의 영향으로 생겨난 단어로 몽골에서 음식을 뜻하는 '슐라'에서 유래되었다고 하는데요. 조선으로 넘어오면서 왕에게 올리는 밥을 높여 '수라'라고 이르게 되었습니다. 지금 보시는 화면이 수라상 사진인데요. 세 개의 상과 화로를 한눈에 볼 수 있습니다. (사진을 가리키며) 왼쪽에 보이는 큰 상인 대원반에는 흰밥과 탕, 반찬들이, 오른쪽에 보이는 소원반에는 팥밥과 탕, 접시가 놓여 있습니다. 왕이 고를 수 있게 밥과 탕을 두 가지씩 준비한 거죠. 소원반 옆에 놓은 화로는 전골 요리에 썼다고 하네요. 『조선 왕조 궁중 음식』이라는 책에 따르면 왕은 이러한 수라상을 아침과 저녁에 받았다고 합니다.

왕이 하루에 식사를 두 번만 한 것은 아니었습니다. 두 번째 화면을 봐 주세요. 이것은 수라상 외에 왕이 받은 초조반상, 낮것상, 야참의 사진입니다. 초조반상과 낮것상은 주로 죽으로, 야참은, 면, 식혜 등을 간단히 차린 걸 볼 수 있죠. 야참을 식사로 본다면 왕은 하루에 몇 번이나 식사를 했을까요? (청중의 대답을 듣고) 예, 다섯 번입니다. 아침, 저녁의 수라상까지 합해 왕은 하루에 다섯 번 식사를 한 셈입니다.

다음 화면에서 보실 것은 왕의 식사 장면을 재현한 동영상입니다. (동영상을 보여 준 후) 어떤 상궁은 왕보다 먼저 음식을 먹어 보아 독의 유무를 확인하고, 다른 상궁은 왕에게 생선을 발라 드리는 모습을 보셨죠? 이렇게 왕은 상궁들의 시중을 받으며 식사를 했어요.

– 중략 1 –

수라상의 음식을 포함해서 조선의 궁중 음식은 우리 전통 음식을 대표한다고 해도 과언이 아닌데요. 이는 궁중과 민간의 교류를 통해 조선의 궁중 음식이 민간의 음식뿐만 아니라 민간의 뛰어난 조리 기술까지 받아들여 우리 음식 전반을 아울렀기 때문이지요. 이러한 의의가 인정되어 조선의 궁중 음식은 무형 문화재로 지정되기까지 했는데요. 수라상에 대해 제가 참고한 기록은 대한 제국 시기에 상궁들의 구술을 토대로 한 것들입니다.

– 중략 2 –

이번 시간을 계기로 '조선의 궁중 음식 수라상'에 대해 이해가 되셨기를 바라며, 이상으로 오늘의 강좌를 마치도록 하고, 다음 주 이 시간에 다시 뵙겠습니다. (화자 인사)

13

위 대본에 대한 설명으로 적절하지 않은 것은?

① 강연 목차를 서두에 제시해서 청자가 강연 내용을 예측하며 들을 수 있게 구성했군.
② 시청각 자료를 적절하게 이용해서 청자의 이해도를 높이고 있군.
③ 강연 순서를 참고한다면 '궁중 음식 레시피'는 '중략 2'에 들어가겠군.
④ 강연 중간에 청자에게 질문을 통해 내용의 이해를 높이고 있군.
⑤ 강연에 대한 질문과 답변이 들어간다면 '중략 2' 부분이 되겠군.

14

발표자가 자료를 활용한 방식에 대한 설명 중 적절한 것은?

① 소원반과 화로 사진을 통해 전골 요리 과정을 설명하고 있다.
② 왕의 식사 시간 확인을 위해 수라상 사진을 제시하였다.
③ 동영상을 통해 왕의 식사 횟수를 확인할 수 있다.
④ 자료의 출처를 밝히며 정보의 신뢰성을 높이고 있다.
⑤『조선의 궁중 음식』이라는 책의 사진을 제시하였다.

15

㉠과 ㉡에 관한 설명으로 바르지 못한 것은?

① ㉠과 ㉡을 참고할 때, 다음 주 이 시간 강연의 제목으로 '일본의 사찰 음식'도 어울리겠군.
② ㉠은 ㉡의 하위 개념으로 볼 수 있어.
③ ㉠과 ㉡을 참고할 때, 다음 주 이 시간 강연의 제목으로 '조선의 궁중 음악, 아악'도 어울리겠군.
④ ㉠과 ㉡을 참고할 때, 다음 주 이 시간 강연의 제목으로 '이슬람 국가의 음식'도 어울리겠군.
⑤ ㉠과 ㉡은 대등한 관계로는 볼 수 없군.

[16~18] 다음 글을 읽고 물음에 답하시오.

식사 후 속쓰림이 역류성 식도염의 대표적인 증상이다. 강한 산성의 위산이 위벽을 타고 목구멍이나 식도로 올라와 칼로 쑤시는 듯한 통증 혹은 불타는 듯한 속쓰림의 고통은 이루 말할 수 없다. 병원에 가면 대부분의 의사는 일관되게 위산 억제제나 위산 중화제를 처방한다. 매번 위내시경을 할 수도 없고 아픔을 호소하는 환자를 그냥 둘 수도 없으니 손쉽게 처방되는 것이다.

위산을 억제하거나 중화시키는 처방은 근본적이지 못하다. 위산이 역류하는 증상은 특정한 약물이나 물리적인 치료가 불가능하기 때문이다. 처방과는 상관없이 역류성 식도염을 진단받은 환자들은 식생활에 주의를 기울이게 되고 이전보다 소식을 하게 되며 자극적인 음식을 피하게 된다. (　가　) 위산의 분비가 줄어들게 되고 역류성 식도염 증상은 사라지거나 환자가 인식하지 못할 정도로 증상이 완화된다. 하지만 자극적인 음식들을 과식하게 되면 역류성 식도염은 어김없이 재발한다.

어차피 약물이나 물리적인 의학적 치료가 불가능하다면 왜 역류성 식도염이 생기는지에 대한 원인은 탐구해 볼 가치는 있다. 원인을 공부하다 보면 근본적으로 예방을 할 수도 있지 않을까? 역류성 식도염이 생기는 근본적인 원인은 바로 위산의 산성 농도가 정상보다 낮기 때문이다. (　나　) 위산이 정상 농도 이하로 옅어지면 소화력이 떨어져 가스트린이라는 물질이 계속 멈추지 않고 분비된다. 문제는 여기서 생긴다. 위산이 적정 농도를 유지하면 가스트린의 분비가 멈춰서 위와 식도 사이에 괄약근이 닫히고 본격적인 소화가 진행되는데, 위산의 농도가 약하다 보니 가스트린의 분비가 멈추지 않아 괄약근이 열린 상태로 위산이 계속 분비되는 것이다. (　다　) 분비량은 점점 차오르고 괄약근은 열려 있어서 위액(위산과 가스트린, 펩신 등을 통틀어)이 식도, 목구멍까지 타고 넘어오게 되면 속이 메스껍고, 식도가 쓰리며, 목구멍이 타는 증상이 나타난다. 역류성 식도염이다.

그렇다면 역류성 식도염의 근본적인 해법은 위산의 농도를 정상치로 만드는 데 있다. 정확히 말하면 위산의 산성도를 높이는 것이다. 위산의 산성도를 유지하기 위해서는 소화에 관계되는 호르몬이 정상적으로 분비가 되어야 한다. 인위적으로 이 호르몬을 조절하는 것은 아직까지 불가능하다. 애석하게도 우리 몸은 노화가 진행되면서 자연스럽게 소화 호르몬의 분비가 줄어들게 되며 위산의 농도가 점차 옅어진다. (라) 중년 이후에는 청년 시절과 같은 소화력을 기대할 수 없으니 알아서 식습관을 조절하라는 이야기이다.

전문가들은 역류성 식도염을 예방하려면 우리 몸의 호르몬이 정상적으로 분비될 수 있는 환경을 만들어 주라고 이야기한다. (마) 규칙적인 생활과 적당한 운동, 자기 전에 과식을 삼가고, 호르몬이 집중 분비되는 밤 10시부터 새벽 2시 사이에는 꼭 잠들어 있는 것이 그나마 위산의 농도를 덜 낮추는 방법이다.

16

윗글에 대한 내용 중 적절하지 못한 것은?

① 많은 역류성 식도염 환자들이 일시적인 처방을 받고 있다.
② 평소보다 절제된 식생활을 하면 역류성 식도염 증상을 완화시킬 수 있다.
③ 적정 시점에 가스트린 분비가 멈춰야 활발한 소화를 할 수 있다.
④ 위산 농도와 식도 괄약근은 연관이 없다.
⑤ 절제되고 규칙적인 생활 습관은 역류성 식도염 예방에 도움이 된다.

17

윗글에서 다음 문장을 쓸 곳으로 가장 적절한 것은?

이러한 위산의 농도는 소화력과도 큰 연관이 있다. 음식물이 위로 들어가면 위산(염산, 펩시노겐, 펩신)과 함께 가스트린이라는 호르몬이 분비된다.

① (가) ② (나) ③ (다)
④ (라) ⑤ (마)

18

위 내용을 바탕으로 강연을 구성한다고 할 때 강연 제목으로 적절하지 못한 것은?

① 역류성 식도염의 획기적 치료법
② 역류성 식도염의 원인과 예방
③ 역류성 식도염, 위액을 강하게!
④ 역류성 식도염, 생활을 바꿔라!
⑤ 규칙적인 생활! 내 위를 튼튼하게.

[19~21] 다음 글을 읽고 물음에 답하시오.

접미사는 어근에 붙어 새로운 단어를 형성하는 문법적 특징을 지니고 있다. 그 특징은 다음과 같다.

먼저, 접미사는 동사와 형용사에 붙어 새로운 어간을 형성한다. 예를 들면, '속다'의 어근 '속-'에 접미사 '-이-'가 붙어 새로운 어간 '속이-'가 형성된다. 이렇게 만들어진 '속이다'의 어간 '속이-'는 '속다'의 어간 '속-'과 구별된다. 둘째로, 접미사는 동사와 형용사의 어근에 붙어 품사를 바꾸기도 한다. 예를 들면, 명사 '길이'나 '깊이'는 각각 용언의 어근에 접미사 '-이'가 붙어 형성된 단어이다. 이때 '길이'와 '깊이'의 '길-'과 '깊-'은 서술어로 기능하지 못한다. 다음으로, ㉠ <u>접미사는 동사와 형용사에 붙어 사동의 의미를 더하기도 한다.</u> 예를 들면, 동사 '입다'와 '먹다'의 어근에 각각 접미사 '-히-'와 '-이-'가 붙어 형성된 '입히다'와 '먹이다'는 '아이에게 옷을 입히다.'와 '자식에게 밥을 먹이다.'에서와 같이 사동의 의미를 가진다. 넷째로, ㉡ <u>접미사는 타동사에 붙어 피동의 의미를 더하기도 한다.</u> 예를 들면, '찢다'의 어근 '찢-'에 접미사 '-기-'가 붙어 형성된 '찢기다'는 '일본군에게 독립운동 깃발을 찢기다.'와 같이 피동의 의미를 가진다. 이때 피동을 나타내는 접미사는 '눕다', '식다'와 같은 자동사에는 결합하지 않는다.

그런데, 하나의 접미사가 모든 동사나 형용사에 자유롭게 결합하는 것은 아니다. 예를 들면, 접미사 '-히-'는 '밝다'의 어근 '밝-'에 붙어 '밝히다'를 만들 수 있지만, '알다'의 어근 '알-'에는 붙지 못한다. 어근 '알-'에는 접미사 '-리-'가 붙어 '알리다'가 형성된다. 또한 어근과 접미사 사이에는 다른 형태소가 끼어들 수 없다. 가령, 어근 '읽-'과 접미사 '-히-' 사이에 '-시-'와 같은 선어말 어미가 끼어든 '읽시히-'와 같은 것은 만들어지지 않는다.

19

윗글을 바탕으로 〈보기〉의 가~마를 이해한 내용으로 적절한 것은?

> 보기
>
> 가. 잠시 후 합류할 팀원을 위해 자리를 <u>비워</u> 놓았다.
> 나. 고층 빌딩이 <u>높이</u> 올라갈수록 건설 비용은 가파르게 상승한다.
> 다. 폐쇄된 기차역을 <u>놀이</u> 공간으로 바꾸었다.
> 라. 수술한 아버지의 회복을 위해 소고기국을 <u>끓였다</u>.
> 마. 산골 마을이라 선생님이 <u>오시기</u> 번거로울 수도 있다.

① '가'에서 '비워'의 어간은 '시간이 빈다.'에서 '비다'의 어간과 같다.
② '나'에서 '높이'는 형용사 '높다'의 어근 '높-'에 접미사 '-이'가 붙어 형성된 명사이다.
③ '다'에서 '놀이'는 명사이므로 '놀이' 속의 '놀-'은 서술어로 기능하지 못한다.
④ '라'에서 '끓였다'의 어근에 붙은 접미사 '-이-'는 모든 동사에 자유롭게 결합한다.
⑤ '마'에서 '오시기'는 '오-'와 '-기' 사이에 다른 형태소가 끼어든 것이므로 명사이다.

20

윗글의 밑줄 친 ㉠, ㉡에 해당하는 예로 적절한 것은?

① ㉠: 엄마가 아이를 울렸다.
㉡: 친구가 손가락 위로 농구공을 돌렸다.
② ㉠: 과제를 미리 하니 마음이 놓인다.
㉡: 배가 불러 도시락을 남겼다.
③ ㉠: 공책이 가방에 눌렸다.
㉡: 체육복이 나뭇가지에 걸려 찢겼다.
④ ㉠: 창고 안에 도망자를 숨겼다.
㉡: 일 때문에 잠을 못 자서 눈이 자꾸 감겼다.
⑤ ㉠: 직접 만든 방패연을 하늘 위로 날렸다.
㉡: 유비가 조자룡에게 첫째 아들을 맡겼다.

21

윗글의 서술 방식에 대한 설명 중 적절하지 못한 것은?

① '접미사의 문법적 특징'을 차례대로 나열하며 풀어 나가고 있군.
② 둘째 단락에서 나열된 각각의 정보는 대등한 관계를 이루고 있군.
③ 마지막 단락은 앞 내용을 요약하면서 정리하고 있군.
④ 둘째 단락과 셋째 단락은 대등한 관계이기는 하지만 그 성격은 다르군.
⑤ 예시를 제시하며 이해도를 높이고 있군.

[22~23] 다음 글을 읽고 물음에 답하시오.

영화라는 장르는 신기한 눈요깃거리에서 출발하여 다양한 예술적 가능성과 함께 발전해 왔다. 그 과정에서 많은 미학적 논쟁과 실천이 반복되었다. 그중에서도 리얼리즘 미학의 확립에 큰 역할을 한 인물이 '프랑스의 바쟁'이다.

바쟁은 영화 비평가로 '미라 콤플렉스'와 관련시켜 조형 예술의 역사를 설명한다. 수천 년 전에 만들어진 미라에는 죽음을 극복하여 생명을 유지하고자 하는 욕망이 깃들어 있고, 이러한 '복제의 욕망'은 회화와 조형 예술에 강력한 원동력으로 작용해 왔다고 한다. 그 욕망은 르네상스 이전까지 작가의 자기표현 의지와 일정한 균형을 이루어 왔다. 하지만 원근법이 등장하여 대상의 사실적인 재현에 더욱 다가가면서 회화의 포커스는 복제의 욕망 쪽으로 향하게 되었다. 그런데 이러한 상황은 사진이 발명되면서 또 한 번 크게 바뀌었다. 휴머니즘적 주관을 배제한 채로 대상을 기계적으로 재현하는 사진의 사실성은 회화에 비할 것이 아니었다. 사진의 등장으로 회화 예술과 조형 예술은 복제의 욕망으로부터 벗어나게 되었다.

예술에서 대상의 재현은 영화가 등장하면서 또 다른 획을 긋게 된다. 바쟁은 영화를, 사진의 객관성을 시간 속에 완성함으로써 대상의 ㉠살아 숨 쉬는 재현을 가능케 한 진보한 예술로 봤다. 그 결과 ㉡더욱 닮은 지문(指紋) 같은 현실을 제공하게 되었다. 바쟁에 의하면 영화는 현실은 본질적으로 친화력을 지니고, 영화는 현실을 시간적으로 구현한다는 점에서 ㉢현실의 연장이며, 현실의 숨은 의미를 드러내고 현실에 밀도를 제공한다는 점에서 현실의 정수이다. 이러한 리얼리즘적 본질은 그 자체로 심리적, 기술적, 미학적으로 완전하다는 것이 그의 시각이다.

바쟁은 형식적 기교가 현실을 침해하여 왜곡할 수 있다고 본다. 그는 ㉣현실의 참모습을 변조하는 과도한 편집 기법보다는 단일한 숏*을 길게 촬영하는 롱테이크 기법을 선호한다. 그것이 공간적 단일성을 존중하고 ㉤현실적 사건으로서의 가치를 보장하기 때문이다. 또한 전경에서 배경까지 아우르는 공간적 깊이를 제공하는 촬영을 선호한다. 화면 속에서 여러 층을 형성하여 모든 요소를 균등하게 드러냄으로써 현실을 진실하게 반영할 수 있고, 관객의 시선에도 자유를 제공할 수 있다는 것이다.

영화는 현실을 겸손하게 따라가며 개방적인 해석을 담보해야 된다는 믿음이 바쟁 영화관의 핵심이다. 이러한 관점은 수많은 형식적 기교가 발달한 지금에도 꿋꿋한 지지를 받으며 영화적 실천의 한 축을 이루고 있다.

* 숏: 카메라가 한 번 촬영하기 시작해서 끝날 때까지의 연속된 한 화면 단위.

22

바쟁의 관점으로 제작된 영화를 관람한 관객의 소감으로 적절하지 않은 것은?

① 주인공의 생활이 마치 내 일상을 보는 것처럼 동질감이 느껴졌어.
② 다른 영화에 비해서 장면 장면이 길어서 다소 지루하게 느껴졌어.
③ 영화 줄거리와는 상관없는 지나가는 행인들의 대화 소리나, 자동차 소리 등이 여과되지 않고 나와서 현실감이 느껴졌어.
④ 인물들의 대화에서도 대본을 연기하는 것이 아니라 즉흥적으로 대화하는 것처럼 느껴졌어.
⑤ 화면 전환이 빨라서 박진감을 주고, 주인공의 불안한 심리에 몰입이 돼.

23

밑줄 친 ㉠~㉤ 중 문맥상 의미가 다른 것은?

① ㉠ ② ㉡ ③ ㉢
④ ㉣ ⑤ ㉤

24

○○ 기업 연수원에 근무하고 있는 박 팀장은 신입 사원 연수 자료를 준비하고 있다. 다음 (가)에 쓸 내용으로 적절하지 않은 것은?

■ 전화 걸기

(가)

■ 전화 받기

전화벨이 3~4번 울리기 전에 전화를 받고, 자신이 누구인지 즉시 말한다. 명확하게 예의를 갖추고 말해야 하며, 언제나 펜과 메모지를 곁에 두고 메시지를 받아 적을 수 있도록 한다.

① 전화는 직접 걸도록 한다.
② 전화를 건 이유를 숙지한 후 이와 관련한 대화를 나눌 수 있도록 준비한다.
③ 원하는 상대와 통화할 수 없을 경우에는 비서나 다른 사람에게 메시지를 남길 수 있도록 준비한다.
④ 전화를 해 달라는 메시지를 받았다면 가능한 한 48시간 안에 답해 줄 수 있도록 한다.
⑤ 용건이 준비되면 근무 시간에 관계없이 바로 걸도록 한다.

[25~27] 다음 글을 읽고 물음에 답하시오.

〈어느 소비자 단체의 작문 계획〉

예상 독자: 소비자들
주제: 새로운 상업 광고 기법에 대한 이해와 비판적 인식 촉구
글의 구성
– 1문단: 새로운 상업 광고 기법의 등장 배경을 제시해야겠어.
– 2문단: 검색 광고에 대해 살펴야겠어.
– 3문단: 기사형 광고에 대해 살펴야겠어.
– 4문단: 새로운 상업 광고 기법의 문제점을 언급하고, 이 광고 기법에 대한 소비자들의 비판적 인식을 촉구해야겠어.

〈초고〉

[1문단] 소비자들은 인터넷, 신문, 잡지 등의 다양한 매체를 이용하면서 수많은 상업 광고에 노출된다. 이러한 ㉠광고는 다양한 매체에서 여러 ㉡유형으로 나타나는데, 이는 매체 발달에 따라 매체별 상업 광고 기법도 다양해졌기 때문이다. 하지만 소비자들은 이러한 광고를 불필요한 정보로 판단해 ㉢회피하는 경향이 있다. 이에 대응하여 매체 이용자들이 거부감 없이 광고를 수용하도록 하는 새로운 광고 기법이 등장하고 있다.

[2문단] 인터넷에서 이용자들의 눈길을 끄는 광고 ㉣기법으로 검색 광고를 들 수 있다. 검색 광고는 검색창에 검색어를 입력하면 검색 결과와 함께 검색어와 관련된 다양한 광고가 노출되도록 하는 광고이다. 검색 광고는 불특정 다수에게 노출되는 기존 광고와 달리 특정 대상에게만 ㉤노출되지만, 검색 결과와 비슷한 형태로 제시되므로 이용자들에게 마치 유용한 정보인 것 같은 착각을 일으킨다.

[3문단] 신문이나 잡지 등에서 새롭게 사용되고 있는 광고 기법으로 기사형 광고를 들 수 있다. 형식이나 내용이 기사와 확연히 구분되었던 기존 광고와 달리 기사형 광고는 기사처럼 보이는 광고를 말한다. 기사형 광고는 기사처럼 보이기 위해 제목에서 특정 제품명을 드러내지 않으며, 전문가 인터뷰나 연구 자료 인용

을 통해 유용한 정보를 제공하는 것처럼 꾸며 독자의 관심을 끈다. 그러면서 가격, 출시일 등의 제품 정보를 삽입하여 독자들이 기사형 광고를 기사로 오인할 수 있으므로 '특집', '기획' 등의 표지를 사용하는 것이 제한되어 있다. 또한 기자가 작성한 글로 착각하지 않도록 글 말미에 '글 ○○○ 기자'와 같은 표현도 사용하지 못하도록 되어 있다.

[4문단] 광고를 접할 때 매체 이용자들은 이러한 광고 기법들의 문제점을 정확히 인식할 필요가 있다. 검색 광고와 기사형 광고는 모두…….

– 미완 –

25

[3문단]의 내용을 바탕으로 아래 기사형 광고를 설명한 것 중 적절하지 <u>않은</u> 것은?

××신문

불포화 지방 많은 산양고기, 건강의 비결

최근 구제역과 조류 독감의 여파로 대체재인 산양고기에 대한 관심이 높아지고 있다. ×× 축산가공연구소에서는 최근 국산 산양고기와 체내 콜레스테롤의 관계를 밝힌 연구 논문을 발표했다. 이 논문에 따르면 국내산 ×× 지역 토종 산양고기는 수입산 A등급 양고기와 비교해 몸에 좋은 항산화 성분 함유량이 2배가량 높고, 체내 나쁜 콜레스테롤의 지수도 절반 이하로 낮은 것으로 나타났다. 국산 돼지고기와 소고기, 닭고기와 비교한 실험에서도 인체에 좋은 불포화 지방산의 함유량이 높은 것으로 나타났다. 특히 산양의 유제품을 섭취할 때는 그 효과가 더욱 증폭된다고 밝혔다. ×× 지역 토종 산양고기는 상품화되어 3월 3일에 출시된다.

밀봉 산양육 1팩(250g) 19,000원

① 독자들이 기사문으로 착각하지 않게 기자는 밝히지 않았군.

② 관심을 끌고 신뢰감을 얻기 위해 연구 논문을 인용했군.

③ '특집', '기획' 등의 표지는 제한되므로 사용하지 않았어.

④ '×× 지역 토종 산양고기'를 직접적으로 제목에 사용하지 않은 것은 기사로 오인할 소지를 방지하기 위해서야.

⑤ 출시일과 가격 정보를 명시해 놓은 것은 소비 심리와 궁금증을 자극하는 광고 기법이라고 볼 수 있어.

26

작문 계획을 바탕으로 [4문단]을 완성하고자 할 때 필요 <u>없는</u> 문장은?

①기존 광고들보다 거부감이 낮아 소비자들이 쉽게 접하게 된다. ②마치 유용한 정보인 것처럼 오인하게 만들어 소비자들의 착각을 유도한다. ③이는 불필요한 소비를 촉진할 수 있고, 그 부담은 고스란히 소비자가 떠안게 된다. ④이제는 기업이 먼저 나서서 소비자를 현혹하는 광고를 자기 점검해야 할 때다. ⑤따라서 소비자들은 필요한 정보와 상업 광고를 구분할 수 있는 안목을 기를 필요가 있다.

27

밑줄 친 어휘 ㉠~㉤에 대한 설명으로 적절하지 <u>않은</u> 것은?

① ㉠의 사전적인 의미는 '상품이나 서비스에 대한 정보를 여러 가지 매체를 통하여 소비자에게 널리 알리는 의도적인 활동'이다.

② ㉡은 '종류'나 '패턴'으로 바꾸어도 문맥상 의미가 통한다.

③ ㉢은 '기피'로 바꾸어도 문맥상 의미가 통한다.

④ ㉣의 발음은 [김뻡]이다.

⑤ ㉤의 반대말로는 '차단', '엄폐' 등이 있다.

28

〈보기 1〉과 같은 제품 사용 설명서를 작성하기 위한 〈보기 2〉의 작성 원칙 중 적절하지 않은 것은?

보기 1

▲ 스마트폰 통신사 정보 카드 삽입법

1. 제품의 옆면에 약 1mm 지름의 작은 구멍을 확인하세요.
2. 제품 박스 안에 동봉된 핀을 구멍 안으로 집어넣습니다.
3. 딸각거리는 소리가 날 때까지 핀을 밀어 넣으면, 통신사 정보 카드를 장착할 수 있는 트레이가 노출됩니다.
4. 통신사 로고가 스마트폰 화면 쪽을 향하게 카드를 트레이 위에 놓아 주세요.
5. 트레이를 다시 딸각 소리가 날 때까지 스마트폰 본체 안으로 밀어 넣습니다.
6. 스마트폰의 전원을 켜 주세요.

보기 2

㉠ 작성자의 주관이 반드시 나타나야 한다.
㉡ 시각 정보를 활용하면 효과적이다.
㉢ 구매 욕구를 자극할 수 있게 장점을 최대한 부각시켜 작성한다.
㉣ 정보의 전달이 가장 중요하므로 쉬운 언어로 구성해야 한다.

① ㉠, ㉡ ② ㉠, ㉢ ③ ㉡, ㉢
④ ㉡, ㉣ ⑤ ㉢, ㉣

[29~30] 다음 문서를 보고 물음에 답하시오.

제목 : ______________________

1. 관련 : 중앙선거관리위원회－0054(2021. 8. 13.)
2. 위 호와 관련하여 개정된 공직선거법과 공직자윤리법의 시행에 관한 중앙선거관리위원회 규칙에 대한 세미나가 개최될 예정이니 희망자가 참석할 수 있도록 안내하여 주시기 바랍니다.
   가. 일시 : 21. 9. 23.(목) 14:00－16:00
   나. 장소 : 중앙선거관리위원회 15층 대강당(과천시)
   다. 주제 : 개정 선거법과 중앙선관위 규칙
   라. 참석자 : 행정안전부 관계자, 중앙선관위 관계자, 국회 관계자 등
   마. 참석 명단 제출 : 21. 9. 10.(금)까지(붙임 참조)

붙임 개정 선거법과 선관위 규칙에 관한 세미나 개최 계획안 1부. 끝.

29

위 공문의 제목으로 가장 적절한 것은?

① 중앙선관위 안내 공문
② 중앙선관위 15층 대강당 개최 안내문
③ 행정안전부와 국회를 위한 세미나 안내문
④ 개정 선거법 발송 안내문
⑤ 개정된 선거법을 위한 세미나 개최 안내

30

위 공문을 고친 것으로 적절하지 못한 것은?

① '위 호와 관련하여'는 빼도 무방하다.
② 쌍점의 왼쪽은 붙인다.
③ '붙임'에 '참석자 명단'이 빠져 있으므로 추가한다.
④ 일시에 시간은 '－' 대신 '~'로 고칠 수 있다.
⑤ 연도를 줄여 쓰면 안 되므로 '2021년'으로 고친다.

[31~32] 다음 문서를 보고 물음에 답하시오.

품의서

품의 제목	사무용 프린터 신규 구입의 건			최종 결재자	
결재 번호	KC-0180265			품의 번호	018T0012
결재일	2021년 3월 15일			품의일	2021년 3월 5일
인가	조건부 인가	보류	부결	기안자	홍길동 (인)
결재	대리		과장		부장

㉠

1. 구입 이유
   ㄱ. 올해 1월에 신입 사원이 충원되면서, 기존 프린터만으로는 업무 효율에 지장이 생겨 직원들 사이에 프린터 보충에 대한 요청이 많았음.
   ㄴ. 기존 프린터가 오래되어 권장 사용 기간인 3년이 도래하였고 잔고장이 많으며, 인쇄 속도가 제품 초기에 비해 현저하게 느려져 업무 효율이 떨어짐.
   ㄷ. 이번에 구매하게 될 프린터는 기존 프린터보다 인쇄 속도가 1.3배 빠르며 가격은 약 30% 비싸지만, 권장 사용 기간이 5년으로 기존 프린터보다 약 66% 길어 경제적임.
2. 세부 내용
   ㄱ. 교환 제품명: 레이저 복합기
   ㄴ. 구매 수량: ○대

– 이하 생략–

31

빈칸 ㉠에 들어갈 내용으로 적절한 것은?

① 프린터를 추가해 주세요.
② 오래된 프린터, 작업 능률 떨어져.
③ 사무용 비품의 경제적인 사용 제안.
④ 아래와 같은 이유로 프린터를 구입하고자 합니다.
⑤ 프린터의 과도한 사용으로 인한 업무 효율 감소.

32

위 품의를 조건부로 인가한 결정권자의 반응으로 적절한 것은?

① 1월에 같은 기종을 이미 구입한 것으로 알고 있는데, 사실 관계를 확인하겠네.
② 이번 분기 예산이 부족하니 일부만 구입하도록 하지.
③ 경제적이고 업무 효율까지 증대시킬 수 있으니 지금 바로 집행하도록 하게.
④ 필요성에는 공감하지만, 3가지 이상의 기종을 비교했으면 하네.
⑤ 예산이 한정되어 당분간은 좀 버텨 보게.

[33~34] 다음은 사내 제안서의 일부이다. 물음에 답하시오.

〈슬라이드 8번〉

타 회사의 우수 복지 사례 및 효과

■ P물산, 사내 동호회 육성·지원

1) 임직원 70% 이상이 동호회 가입, 5개 동호회 운영 → 3개 동호회 추가 증설 예정
2) 동호회 운영 예산: 회사(70%)의 지원금과 회원(30%)의 회비로 운영
3) 사내 동호회 운영 이후 P물산 사원들의 근무 만족도가 지속적으로 상승
4) 2년 연속 복지 우수 회사로 산업자원부의 상 수상, 회사 이미지 제고

■ D상사, 각 층 셀프 카페테리아

1) 오전, 오후 40분씩 커피 브레이크 타임을 신설
2) 회사 부담으로 커피 전문점 수준의 설비 갖춤, 사원들에 대한 커피 장비 교육
3) 전액 회사의 복지 예산으로 운영
4) 회사 밖이나 사내 커피숍까지 이동하는 시간을 단축, 업무 효율 증대
5) 3년 연속, 설문 조사에서 업무 스트레스 적은 회사 1위에 선정

33

위 내용에 대한 설명으로 적절하지 않은 것은?

① 여러 사람에게 발표하는 형식이군.
② 슬라이드 초반에 목차가 있었을 거야.
③ 복지 환경의 개선을 목적으로 할 거야.
④ 다른 회사의 선례를 들어 타당성을 높이고 있어.
⑤ 예시 자료를 활용해 외부 회사에서 수행한 업무의 성과를 발표하고 있어.

34

위 제안서의 제목으로 적절한 것은?

① 사내 위생 환경 개선 제안
② 업무 스트레스 근절 방안
③ 사내 동호회 활성화 방안
④ 휴식·다과 시간 활용 방안
⑤ 사내 복지 환경 제고 방안

[35~36] 다음 보고서의 내용을 확인한 후 물음에 답하시오.

○월 실적 보고서

20□□년 □월 5일
영업 2팀 홍길동

홈시어터 시공 계약 실적

목표 5건	실적 6건	달성률 120%	전월 대비 150%

활동 내용

1. 교통량 많은 사거리 위주로 현수막 설치
2. 홈시어터 제품 대리점 내 판촉물 배포
3. 인터넷 블로그 홍보

소감

홈시어터 특성상 계약 금액대가 높아서, 전화로 오는 문의에 비해 실제 계약 성공 건수가 낮은 편이다. 인터넷 블로그 홍보는 장기간 꾸준히 해야 성과가 나타나므로 이번 달 중순을 기점으로 그 효과를 기대해 보겠다. 판촉물은 단가에 비해 홍보 효과가 적은 듯하여 다음 달부터는 직접 전단을 나누어 주는 방법을 시도해야겠다.

다음 달 목표

6건

주요 활동 계획

• 현수막 설치 및 인터넷 블로그 홍보
• (㉠)

35

위와 같은 문서에 대한 설명 중 적절하지 않은 것은?

① 수치 부분은 오차 없이 정확하게 기입되어야 한다.
② 연간 실적을 확인할 때 위 문서의 데이터를 모아서 활용한다.
③ 항목이 많을 경우는 읽는 사람이 혼동하지 않게 주의하여 작성한다.
④ 실적을 되도록 높게 보일 수 있게 편집한다.
⑤ 우수한 실적을 기록한 보고서를 보면, 실적에 참고가 될 수도 있다.

36

위 문서를 이해한 내용 중 적절하지 못한 것은?

① 이전 달의 실적은 4건임을 알 수 있어.
② ㉠에 새로운 홍보 방법이 추가되어야겠지.
③ 다음 달 목표는 이번 달 목표보다 20% 상향되었군.
④ ㉠에는 전단지 배포에 대한 내용이 들어가겠군.
⑤ 다음 달에는 판촉물 홍보가 더 강화되겠군.

[37~39] 다음은 NCS에 바탕을 둔 직업기초능력을 알아보기 위한 자기소개서의 일부이다. 다음 내용을 확인하고 물음에 답하시오.

> ㉠: 어려움에 빠진 친구나 동료의 고민을 들어 주고, 힘이 되는 조언을 해 준 경험을 기술하시오.
> 답변: ____________________
>
> ㉡: 문제 상황이 생겼을 때, 그것을 이성적으로 극복했던 경험을 기술하시오.
> 답변: ____________________
>
> ㉢: (자원관리능력에 대한 질문)
> 답변: ____________________
>
> ㉣: 친한 상사가 윤리적으로나 법적으로 위반의 소지가 있는 업무를 시킨다면 어떻게 대처하겠습니까?
> 답변: ____________________
>
> ㉤: 통계나 확률에 근거한 도표와 그래프를 분석하고 직접 작성해 본 경험을 기술하시오.
> 답변: ____________________

37

위 내용에 대한 설명으로 바르지 못한 것은?

① ㉠을 통해 의사소통능력이나 대인관계능력을 평가하려고 하는군.
② ㉡은 조직이해능력과 관련된 질문이야.
③ ㉡은 업무를 수행함에 있어 문제 상황이 발생하였을 경우, 창조적이고 논리적인 사고를 통하여 이를 올바르게 인식하고 적절히 해결하는 능력과 관련이 깊어.
④ ㉣은 직업 윤리와 연관이 있겠군.
⑤ ㉤은 업무를 수행함에 있어 사칙 연산, 통계, 확률의 의미를 정확하게 이해하고, 이를 업무에 적용하는 능력을 알아보기 위한 질문이군.

38

ⓔ에 들어갈 질문으로 적절하지 못한 것은?

① 학창 시절에 방학 시간표를 만들고 실천했던 경험을 기술하시오.
② 급여나 용돈을 장부를 만들어서 기입했던 경험을 기술하시오.
③ 동아리나 모임 활동 전에 예산을 기획하고 집행했던 경험을 기술하시오.
④ 팀장이나 프로젝트의 책임자가 되어 팀원을 꾸리고 적재적소에 배치한 경험을 기술하시오.
⑤ 탄소 에너지를 대체할 새로운 에너지에 대한 전망을 간략하게 기술하시오.

39

다음은 위 ㉠~㉤ 질문에 대한 답변 중 하나이다. 다음 〈보기〉와 같은 답변이 나올 질문으로 가장 적절한 것은?

보기

먼저 상사가 시킨 그 업무가 윤리적으로나 법적으로 타당한 일인지 철저하게 사실 여부를 조사하는 것이 우선이라고 생각합니다. 제가 판단하기 어렵다면 상사의 신분이 노출되지 않게 다른 동료나 선배에게 조언을 구해 그 일이 타당한 일인지 확인하겠습니다. 만일 그것이 윤리적 · 법적으로…….

– 이하 생략–

① ㉠
② ㉡
③ ㉢
④ ㉣
⑤ ㉤

[40~41] 다음 설문을 바탕으로 물음에 답하시오.

주말 여가 시간을 어떻게 보내십니까?
(복수 응답, 무응답 포함)

구분	집에서 (수면, TV 시청)	운동 (특정 운동)	영화 관람	여행 (등산 포함)	음주 (가족 외식 포함)
20대	41%	26%	30%	18%	25%
30대	45%	11%	28%	25%	33%
40대	44%	17%	30%	38%	35%
50대	41%	15%	34%	41%	32%
60대	31%	11%	23%	35%	31%

※ 성인 500명을 대상으로 조사

■ 응답자 연령 비율

20대	30대	40대	50대	60대
10%	20%	25%	25%	20%

40

위 설문의 수치에 대한 분석으로 적절하지 못한 것은?

① 설문 대상 중 40대와 50대가 절반을 차지한다.
② 주말에 운동으로 여가를 보낸다는 20대가 60대보다 많다.
③ 40대 중 운동이라고 답한 사람이 30대 여행이라고 답한 사람보다 많다.
④ 20대 중 영화 관람 · 여행이라고 답한 인원이 40대 중 영화 관람이라고 대답한 사람보다 적다.
⑤ 50대 중 영화 관람이라고 답한 인원이 60대 중 여행이라고 답한 인원보다 많다.

41

위 설문을 분석한 내용으로 적절하지 못한 것은?

① 연령대별 응답 차이가 가장 적은 것은 음주(가족 외식)이군.
② 응답한 사람들의 결과만 보면 40대에서 여가 활동이 가장 활발하군.
③ TV 시청과 수면이 주말 여가 생활에 큰 비중을 차지하는군.
④ 연령대별 응답 차이가 가장 큰 것은 운동이군.
⑤ 30대에 비해 40대에 운동이 큰 폭으로 증가한 것을 보면 40대에 들어서면서 건강에 대한 관심이 커진다고 유추해도 되지 않을까?

[42~43] 다음 기획서를 읽고 물음에 답하시오.

> **신제품 발표 행사 기획서**
>
> 20▲▲년 6월 10일 출시 예정인 가정용 무선 청소기 ○○에 대한 기자 발표회를 기획하였습니다.
>
> 1. 기간 및 장소
>   - 기간: 20▲▲년 5월 22일, 10:00∼16:00(중식 제공)
>   - 장소: ××전자 컨벤션 홀 제2 강당
> 2. 대상
>   국내외 주요 일간지 · 주간지 · 월간지 · 인터넷 언론사 기자 약 300명
> 3. 발표 제품
>   신제품 ○○을 포함한 당사 4종의 신상품
> 4. 발표 형태
>   주력 제품인 ○○의 발표를 시작으로, 기존 타사 제품들과 성능 비교를 위한 제품 체험 부스를 운영, 타사 제품 대비 우월한 성능과 디자인을 강조. 지난 20년 동안 시장을 선도한 브랜드임을 강조한 홍보 영상과 리플릿을 통해 발표
> 5. 예상 경비 및 홍보 효과
>   *별지: '신제품 발표 행사 견적서' 및 '기대 효과 분석' 참조

42

위 문서를 읽고 난 반응으로 적절하지 못한 것은?

① 총 4종의 신상품을 발표하는 행사 기획서이군.
② 대상의 직업이 한정되어 있군.
③ 프레젠테이션도 포함이 되겠군.
④ 체험 부스를 운영하려면, 체험 도우미도 반드시 있어야 해.
⑤ 체험 부스는 특히 아이들이나 학생들에게 인기가 많을 거야.

43

위와 같은 형태의 문서에 대한 설명으로 적절하지 못한 것은?

① 구분이 쉽지 않아 계획서와 혼동하여 쓰이기도 한다.
② 의도와 효과가 반영되어야 한다.
③ 일반 문서 중에서 형식이 가장 다양하며 제약이 적다.
④ 대부분의 기획이 실행되기 위해서는 예산이 필요하다.
⑤ 일시, 장소, 참석 인원이 반드시 포함되어야 한다.

[44~46] 다음은 한 시민이 ○○구에서 발행하는 신문 편집부로 보낸 기사 요청서와 개요, 기사 초고이다. 내용을 확인하고 물음에 답하시오.

⊙ 기사 요청서

우리 ○○구의 역사적·관광적 상징물인 야자나무들이 옮겨져 '하와이길'이 조성되기까지의 과정과 그 의의를 중심 내용으로 하는 특집 기사를 작성해 주세요. 예상 독자는 ○○구민입니다.

⊙ 본문의 개요

Ⅰ: 하와이길 개방 행사 안내

Ⅱ: 실내 체육관 신축으로 인한 야자나무 처리 문제 발생 ……… ㉠

Ⅲ: 야자나무 처리 문제에 주민들의 우려 ……… ㉡

Ⅳ: 야자나무 기증을 통한 나무 처리 문제의 해결 … ㉢

Ⅴ: '하와이길'로 이름을 붙이게 된 계기 ……… ㉣

Ⅵ: 야자나무 기증의 의의와 하와이길에 거는 기대 ……… ㉤

⊙ 기사 초고

○○구의 역사적 상징물, '하와이길'로 부활

부제

〈전문〉

○○구의 역사적·관광적 특산물인 야자나무의 기증으로 조성된 하와이길이 이번 주 금요일부터 일반 시민에게 개방된다.

〈본문〉

우리 지역의 관광 특산물로 오랜 역사를 가진 야자나무로 조성된 '하와이길'을 축하하는 행사가 금요일 오후 5시부터 해변관광단지에 위치한 '하와이길' 특설 행사 무대에서 열린다. 이번 행사에는 야자나무에 깊은 애정을 가지고 있는 지역 주민들과 주변 상인들이 ⓐ참석하였다.

○○구와 역사를 함께해 온 야자나무들로 '하와이길'이 조성되기까지 우여곡절이 있었다. 지난해 3월, ○○구는 구민 건강 증진과 복지 증진을 위한 실내 체육관을 ⓑ새로 신축하기로 결정하였다. 그런데 체육관을 지을 터에 이미 자리 잡은 야자나무들을 옮길 만한 마땅한 장소가 없어 베어 버려야 할 상황에 처했다.

이 소식을 접한 해당 지역 주민들은 야자나무들을 베어 버리는 것에 우려를 표시했고, 오랜 역사를 상징하고 관광자원으로도 쓸 수 있는 야자나무들을 당장 베어 버리기보다는 몇 달만이라도 대안을 모색해 보기로 ○○구와 ⓒ합의했다.

구청에서는 여러 대안을 모색하던 중 해변관광단지에 기증하자는 의견을 제시하였다. ⓓ비단 관광단지 측에서도 야자나무 산책길을 조성할 야자나무가 필요하다며 야자나무 기증 의사를 반겼고, 터가 정리되는 대로 야자나무길을 조성하겠다고 답변했다. 결국 시민들과 지자체가 논의를 거쳐 지난해 9월 야자나무들을 관광단지에 기증하였다.

현재 기존 야자나무들은 새 보금자리인 해변관광단지에서 시민들을 맞이할 준비를 하고 있다. 야자나무를 관리하고 있는 전문가의 말에 따르면, 야자나무들이 새 터에 잘 적응하고 있으며, 오히려 이전 터보다 환경이 좋아 건강한 상태라고 한다. 이런 이유로 ○○구와 해변관광단지에서는 예정보다 빨리 '하와이길'을 시민들에게 개방하기로 결정하였다.

이처럼 우리 고장의 특산물과 관련된 하와이길 조성은 도심의 야자나무 처리 문제가 지역 사회와의 협조를 통해 슬기롭게 ⓔ해결되어졌다는 점에서 의미가 있다. 구청장은 "기존 나무 터에 있는 지역 주민들은 야자나무와 이별하는 것을 매우 아쉬워했습니다. 하지만 야자나무 기증을 통해 '나눔'과 '협력'을 실천할 수 있었다는 점에 공감하게 되었고 이번 기증으로 지역민들과 관광객들을 위한 쉼터가 마련되었다는 것에 큰 자긍심을 가지게 되었습니다."라고 말했다. 앞으로 ○○구의 특산물인 야자나무들이 지역 사회의 유명한 상징물로 거듭나기를 기대한다.

44

개요에 나타난 ㉠~㉤ 중 기사 초고에 반영되지 않은 것은?

① ㉠ ② ㉡ ③ ㉢ ④ ㉣ ⑤ ㉤

45

〈보기〉의 조건을 참고하여 기사 초고의 '부제'로 가장 적절한 것은?

> 보기
>
> 야자나무 기증에 대한 의의가 잘 전달되도록 부제를 작성

① ○○구 야자나무로 조성된 '하와이길' 드디어 개방!
② 지역 사회에 휴식 공간 제공, 야자나무 기증이 나눔과 협력의 정신 일깨워
③ 특산물을 활용한 지역 경기 활성화 기대
④ 실내 체육관과 맞바꾼 야자나무, 득과 실 따져 봐야
⑤ '하와이길' 조성을 계기로 해안 생태계 복원 문제에 관심 가져야

46

밑줄 친 ⓐ~ⓔ를 고쳐 쓴 것으로 적절하지 못한 것은?

① ⓐ: 참석할 예정이다.
② ⓑ: 뒤에 '신축'과 중복되므로 뺀다.
③ ⓒ: 주어가 없으므로 '관광단지 측은'을 주어로 넣는다.
④ ⓓ: 때마침
⑤ ⓔ: 해결되었다는

[47~48] 다음 문서를 보고 물음에 답하시오.

20××-034호

20××년 ○○시 전통 공예 예술문화관 기간제 근로자 채용 공고

○○시 전통 공예 예술문화관에서는 예술문화관의 지역 문화 정체성을 확립하고 공예 문화 산업과 문화 예술 대중화에 기여할 열정 있고 유능한 인재를 공개 채용하고자 합니다.

20××년 ×월 ×일
○○시 전통 공예 예술문화관장 (인)

1. 채용 분야 및 인원

구분	예정 인원	계약 기간	월 급여	소속 및 근무지
교육 담당	3명	계약일로부터 2년	2,300,000원	○○시 전통 공예 예술 문화관
숍 관리자	1명	계약일로부터 2년	2,800,000원	

2. 자격 조건

구분	자격 조건
교육 담당	문화, 예술, 교육 관련 학과 졸업자 또는 졸업 예정자
숍 관리자	• 매장 관리, 마케팅에 관심이 있는 자 • 컴퓨터 활용 가능자
필수 사항	• 지방공무원법 결격 사유에 해당하지 않는 자 • 남자의 경우 병역을 필하였거나, 면제된 자
우대 사항	• 문화 예술 관련 기관이나 사기업의 근무 경험이 있었던 자 • 외국어 능력 우수자 • 공예 관련 자격증 소지자 및 대회 입상자 • 문화 예술 관련 사업 경험이 있는 자

3. 채용 서류 접수 문의
- 전통 공예 예술문화관 인사팀: ☎ 000)000-000
- 홈페이지: www.oooooooooo.or.kr

47

위 내용에 대한 설명 중 적절하지 못한 것은?

① 채용 공고만 보면 나이 제한은 없는 듯하군.
② 교육 담당자의 월 급여가 숍 관리자보다 적군.
③ 구체적인 전형 방식은 문서에 없어.
④ 우대 사항을 참고하면 경력자를 선호함을 알 수 있군.
⑤ 기간제 근로자의 급여가 인상되었음을 알리는 공고문이군.

48

위와 같은 형식의 문서에 대한 일반적인 설명으로 적절하지 못한 것은?

① 고시문과 내용과 형식 등이 비슷하다.
② 고시문과 굳이 엄격하게 차이를 찾자면, 고시문은 폐지나 개정이 되지 않는 이상 효력이 계속 발생하는 경우가 많고, 위와 같은 형식은 효력의 발생 기간이 한정된 경우가 많다.
③ 일련번호를 부여한다.
④ 대중에게 널리 알린다는 점에서 고시문과 비슷하다.
⑤ 법률적 효력을 가지므로 반드시 관할 구청이나 법원 게시판에도 게재해야 된다.

[49~50] 다음 자료들을 확인하고 물음에 답하시오.

보기 1

연도별 국내 거주 외국인 등록 인구

(단위: 만 명)

2002년	2004년	2006년	2008년	2010년
19	17	23	31	52
2012년	**2014년**	**2016년**	**2018년**	**2020년**
66	90	105	99	136

보기 2

해외여행 경비 비중

(단위: %)

교통비	여행지 내 교통비	유흥비	쇼핑	외식비	숙박비
32	8	10	12	16	22

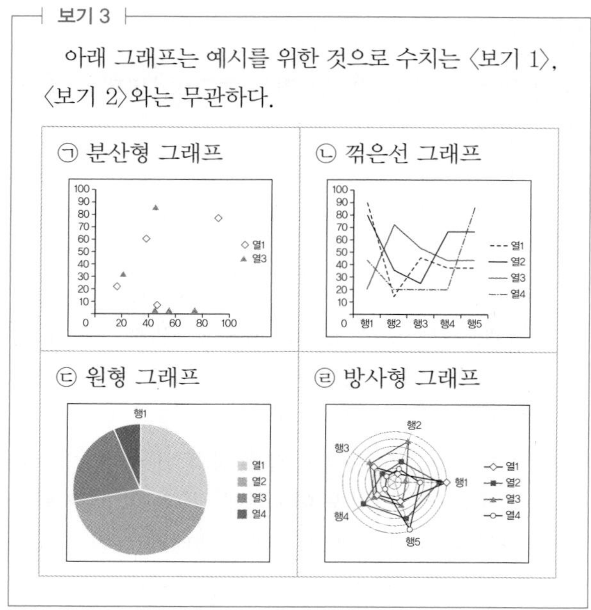

49

〈보기 1〉과 〈보기 2〉에 대한 설명으로 적절하지 못한 것은?

① 2002년부터 18년 동안 국내에 거주하는 외국인 수가 6배 이상 늘었다.
② 2002년～2004년, 2016년～2018년에는 외국인 수가 감소했다.
③ 해외여행에 교통·숙박비 비중이 절반을 넘는다.
④ 유흥비, 쇼핑, 외식비를 더해도 총교통비에는 못 미친다.
⑤ 2018년에서 2020년 사이의 국내 거주 외국인 상승 비율이 가장 높다.

50

다음 〈보기 1〉과 〈보기 2〉의 자료를 가장 적절하게 반영할 수 있는 그래프끼리 짝지어진 것을 〈보기 3〉에서 고르면?

① ㉠－㉢ ② ㉡－㉢ ③ ㉢－㉣
④ ㉠－㉣ ⑤ ㉡－㉣

실기(서술형) 영역 (100점)

※ 서술형 답안 작성 시 유의 사항

1. 문제에 대한 답안은 반드시 해당 답란에만 작성하시오.
   (서술형 2～5번 답안을 서술형 1번 답란에 모두 작성한 경우, 서술형 1번 답안만 채점하고, 서술형 2～5번 답안은 채점하지 않음. 서술형 2～5번을 0점 처리함.)
2. 답란 밖에 작성한 내용은 채점할 수 없으므로 해당 답란 안에만 작성하시오.
3. 문제마다 주어진 조건을 준수하지 않은 경우 감점합니다.
4. 논제와 관련 없는 내용을 장황하게 작성한 답안의 경우 감점합니다.
5. '감사합니다', ' 잘 부탁합니다'와 같은 답안과 관련 없는 내용을 작성할 경우 0점 처리합니다.
6. 개인 신상을 드러낸 내용이 있는 답안의 경우, 0점 처리합니다.

※ 다음 문제를 읽고 OMR 용지에 답을 쓰시오. (1～5번)

01 주관식

행사 기획서의 일부인 〈보기 1〉을 작성하고 있는 신입 사원 정 씨는 상사에게 문장의 서술어를 명사형으로 바꿀 것을 지적받았다. 상사의 조언대로 밑줄 친 부분을 〈보기 2〉를 참고하여 고쳐 쓰시오. [20점]

조건 1. '㉠: ～' 형식으로 작성할 것.

보기 1

■ 기획 의도

가) 지역 주민이 참여하는 화합의 장을 ㉠<u>만든다</u>.
나) 지역 사회에 이바지한다는 이미지를 ㉡<u>심어준다</u>.
다) 체험 부스를 활용하여 신제품을 홍보하는 효과를 ㉢<u>가진다</u>.
라) 행사 자체가 가지는 홍보 효과가 커서 언론에 노출 빈도를 ㉣<u>높인다</u>.

보기 2

용언과 서술격 조사 '-이다'는 우리말에서 서술어 역할을 한다. 명사형은 용언이 명사와 같은 구실을 하게 하는 활용형을 일컫는다. 용언의 어간에 '-ㅁ', '-음', '-기' 따위가 붙어서 이루어진다. '놀람', '먹음', '읽기' 따위가 있다.

02 주관식

〈보기 2〉의 두 문장을 〈보기 1〉을 참고하여 고쳐 쓰시오. [20점]

조건 1. (1)과 (2) 각각 한 문장으로 쓸 것.
2. 종결 어미 '~다.'로 문장을 마무리할 것.

보기 1

■ 중의적 표현

'철수는 영미와 미영이를 좋아한다.'에서는 문장의 구조 때문에 철수가 혼자서 영미와 미영이 둘을 좋아하는 것인지, 아니면 철수와 영미 둘이서 미영이를 좋아하는 것인지 확실하지 않다. 정확한 표현을 위해서는 다음과 같이 문장의 구조를 바꾸거나, 쉼표(,)를 추가해서 좋아하는 주체를 명확하게 구분해야 한다.

- 철수와 영미는 미영이를 좋아한다.
- 철수는, 영미와 미영이를 좋아한다.

'아이들이 아빠보다 스마트폰을 더 좋아한다.'의 경우는 비교 대상이 아이와 아빠인지, 아빠와 스마트폰인지 명확하지 않다. 문장의 구조를 바꾸거나 쉼표를 첨가해도 중의성이 해소되지 않는다. 정확한 표현을 위해서는 세부 정보를 추가하여 비교 대상을 명확히 한정할 필요가 있다.

보기 2

(1) 나는 혜리와 세정이를 기다렸다.
(2) 남자 친구는 나보다 드라마를 더 좋아한다.

03 주관식

〈보기〉의 글을 참고하여 마지막 문장을 완성하시오. [20점]

조건
1. 〈보기〉의 내용을 반드시 참고할 것.
2. '엔진은~'과 '~차가 전진한다.'를 넣어서 완결된 문장으로 쓸 것.
3. 30음절 이내로 쓸 것.

보기

먼저 '앞 엔진', '앞 구동' 방식이다. 'Front'의 철자를 따 일명 'FF' 방식이라고 불린다. 철자대로, 엔진이 차의 앞쪽에 있고 그 동력으로 앞바퀴를 굴려서 차가 전진한다. 제작 단가가 타 방식에 비해 경제적이고, 동력 구조가 앞쪽에 집중되어 비교적 넓은 실내 공간을 확보할 수 있는 장점이 있다. 반대로 '뒤 엔진', '뒤 구동'의 방식을 가지는 'RR' 방식도 있다. 뒤를 나타내는 'Rear'에서 철자를 따왔으며 엔진이 차의 뒤쪽에 있고, 그 동력으로 뒷바퀴를 굴려서 차가 전진한다. 'FF' 차량에 비해 제작 단가는 비싸지만 앞부분이 가벼워 방향 전환의 이점이 있으며 구조적으로 무게 배분이 좋아 스포츠카나 고성능 자동차에 많이 쓰이는 구조다. 이 두 구조의 장점을 조합한 'FR' 방식도 존재한다. 'Front'와 'Rear'에서 따온 철자를 보면 잘 알 수 있듯이, 엔진은 ________________________________

________________________________ 차가 전진한다.

04 주관식

다음 글을 바탕으로 빈칸에 들어갈 문장을 완성하시오. [20점]

1. 두 가지 방향을 모두 제시하되, 완결된 한 문장으로 쓸 것.
2. 30음절 이내로 쓸 것.

유교 사상이 지배하던 조선 시대를 살았던 선비들의 생활 세계에는 두 가지 방향으로 뻗어 있는 길이 있었다.
( )
'벼슬로 나가는 길'은 곧 서울로 나아가는 길이요, 세상에 나가 출세하고 성공하는 화려한 길이며, 동시에 시끄럽고 티끌 자욱한 세속으로 들어가는 길이다. 이에 비해 '산으로 나가는 길'은 고향으로 돌아오는 길이요, 숲이 우거진 산골의 초야에 묻혀 사는 한가로운 길이며, 동시에 맑은 생각을 가다듬고 밝은 지혜를 기르는 학문으로 들어가는 길이다.

05 주관식

다음 자료를 해석한 사람 중 적절하게 해석하지 않은 사람을 고르고, 그 이유를 한 문장으로 쓰시오. [20점]

조건
1. 이름을 반드시 넣을 것.
2. 구체적인 근거는 반드시 자료를 통해 찾아 넣을 것.
예 ~므로, ○○의 해석은 적절하지 못하다.

자료

■ 연령별 미래에 살고 싶은 주거 형태(연령별 설문 응답자 수 동일)

구분	전원주택	멀티해비테이션*	셰어 하우스*	주거공동체*	노인집합주택*	도심형주택*
20대	11.7%	33.0%	6.4%	4.2%	1.1%	43.6%
30대	16.0%	34.9%	8.7%	7.6%	0.8%	32.0%
40대	19.9%	26.9%	5.8%	8.8%	1.8%	36.8%
50대	27.8%	31.5%	7.3%	5.6%	대답 없음	27.8%
60대	83.4%	대답 없음			8.3%	8.3%

※ 응답자 671명, 주택저널 리서치

* **멀티해비테이션**: 도시주택과 전원주택을 오가는 두 집 주거 형태.
* **셰어 하우스**: 거주자들이 일정의 거주 공간을 공유하여 쓰는 주거 형태. 국내에 선례가 많지 않음.
* **주거공동체**: 뜻이 맞는 사람들이 조합을 결성하여 집을 짓는 형태. 공동 정원이나 마당을 가지는 형태로 국내에 선례가 많지 않음.
* **노인집합주택**: 노인들을 위한 집합주택.
* **도심형주택**: 도심 내부에 있는 주택.

- 정현: 전반적으로 연령대가 낮을수록 도심형주택을 선호하는 편이군.
- 수지: 연령대가 높아질수록 전원주택을 선호하고 있어.
- 태곤: 셰어 하우스나 주거공동체는 특정한 공간을 공유한다는 공통점이 있군.
- 보미: 50대에서 60대로 넘어가면서 전원주택에 살고자 하는 비율이 급격하게 상승하는 이유를 살펴봐야겠어.
- 솔빈: 가장 많은 사람들이 살고 싶어 하는 주거 형태는 도심형주택이군.

수고하셨습니다.
쉬는 시간 후 2교시 시험이 시작됩니다.

2교시 실전동형 모의고사

• 제한 시간: 90분 • 풀이 시간 ___:___ ~ ___:___

정답과 해설 ▶ P.39

실기(문단형, 완성형) 영역 (500점)

※ 서술형 답안 작성 시 유의 사항

1. 문제에 대한 답안은 반드시 해당 답란에만 작성하시오.
   (서술형 7~10번 답안을 서술형 6번 답란에 모두 작성한 경우, 서술형 6번 답안만 채점하고, 서술형 7~10번 답안은 채점하지 않음. 서술형 7~10번을 0점 처리함.)
2. 답란 밖에 작성한 내용은 채점할 수 없으므로 해당 답란 안에만 작성하시오.
3. 문제마다 주어진 조건을 준수하지 않은 경우 감점합니다.
4. 논제와 관련 없는 내용을 장황하게 작성한 답안의 경우 감점합니다.
5. '감사합니다', ' 잘 부탁합니다'와 같은 답안과 관련 없는 내용을 작성할 경우 0점 처리합니다.
6. 개인 신상을 드러낸 내용이 있는 답안의 경우, 0점 처리합니다.

※ 다음 문제를 읽고 OMR 용지에 답을 쓰시오. (6~10번)

06 주관식

다음 〈자료 1〉을 바탕으로 〈자료 2〉의 안내문을 완성하시오. [50점]

조건
1. 안내문에 〈자료 1〉의 내용 외에 다른 것을 쓰지 말 것.
2. '㉠: ~' 형식으로 ㉠~㉤의 내용만 쓸 것.

자료 1

이번 달 6월 28일, 수요일 오후 3시부터 5시까지 ○○빌딩 11층 대강당에서 ○○대학병원 피부과 백옥당 교수의 「여름철 피부 관리법」에 대한 강좌를 개최한다. 참가 비용은 무료이며 신청자 순으로 300명에 한한다. 수강 희망자는 이번 달 20일까지 접수처인 ○○빌딩 행사 안내소로 유선(123-1234)으로 신청하면 된다.

자료 2

안내문

백옥당 교수가 알려 주는 여름철 피부 관리법!

일시: ㉠ __________ 장소: ㉡ __________ 강사: ○○대학병원 피부과 백옥당 교수 내용: ㉢ __________

㉣______: 무료, 300명 신청자 순 신청 기한: 6월 20일까지 강좌 신청: ㉤ __________

07 주관식

○○ 기업 김 대리는 보고서를 작성하려고 한다. 다음 〈자료〉를 보고 〈보기〉의 보고서 초안을 고쳐 쓰시오. [50점]

조건 1. 보고서 초안을 토대로 작성할 것.
2. 보고서 초안에 '올해 매출 상승이 전망되는 이유'에 해당하는 문장을 마지막 문장으로 추가하여 총 3문장으로 작성할 것.

자료

- 재작년 매출액: 100억 원
- 작년 매출액: 122억 원
- 올해 매출 상승 기대 비율: 35%
- 올해 매출 상승이 전망되는 이유: 올해 초 중국 시장 거래가 성사되어 신규 거래 물량 증가

보기

〈보고서 초안〉

작년의 매출은 제법 괜찮은 편이었다. 재작년보다 약 20%나 상승했다. 이런 상승세가 계속된다면 올해는 매출이 확실히 35% 정도 상승할 것으로 전망되어진다.

〈보고서 작성 시 주의할 점〉

- 불필요한 수식어는 사용하지 않는다.
- 구체적인 숫자로 표현한다.
- 숫자는 정확하게 쓴다.
- 감정이 개입된 표현은 하지 않는다.
- 이중 피동 표현은 사용하지 않는다.

08 주관식

박 과장은 〈자료 1〉, 〈자료 2〉를 참고하여 보고서를 작성하려고 한다. 〈조건〉에 맞게 보고서를 작성하시오. [100점]

조건
1. 첫째 문장으로 〈자료 1〉의 전반적인 동향을 '2012년부터 2020년까지 8년 동안'과 '격차'를 사용하여 작성할 것.
2. 둘째 문장에는 2012년과 2016년, 2020년 국산차 연도별 그래프 동향을 설명할 것.
3. 셋째 문장에는 2012년과 2016년, 2020년 수입차 연도별 그래프 동향을 설명할 것.
4. 마지막 문장은 〈자료 2〉를 참고하여 작성할 것.
5. 250자 내외(띄어쓰기 포함)로 쓸 것.

자료 1

■ 연도별 국내 시장 자동차 점유율(%)

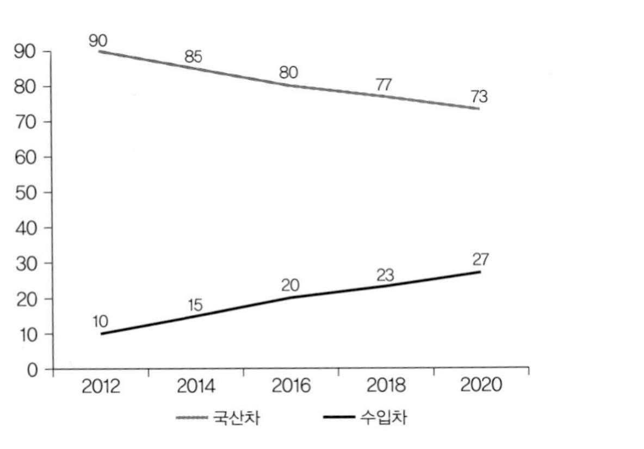

자료 2

■ 수입차를 선호하는 이유
(1) 수입 자동차 가격 하락
(2) 국산 자동차 가격 상승
(3) 품질과 안전의 신뢰

09 주관식

다음 '제품 개발 기획서' ㉠~㉢에 들어갈 내용을 〈보기 2〉를 활용하여 〈조건〉에 맞게 쓰시오. [100점]

조건
1. ㉠, ㉡, ㉢ 기호를 쓴 후 답안을 작성할 것.
2. 〈보기 2〉의 각 항목을 모두 활용하여 작성할 것.
3. 〈보기 1〉과 〈보기 2〉 외 다른 내용은 쓰지 말 것.

보기 1

제품 개발 기획서

작성일: 20○○년 1월 23일
작성자: 스마트 개발팀 홍길동 사원

제품명	가정용 무선 청소기 신바람(가칭), 모델명: HWLVC-250
제품 기획 의도	최근 가정 내 무선 진공청소기 시장이 급성장하는 추세입니다. 이미 업계 1위로 시장을 선점하는 영국 기업을 필두로 국내 다국적 기업 두 곳도 경쟁에 뛰어들었습니다. 무선의 장점으로 청소가 편하지만 동일한 성능의 유선 청소기보다 적게는 3배 많게는 8배 이상의 높은 가격으로 1인, 2인 소규모 가구에는 보급이 제한적인 것이 현실입니다. 이러한 점에 착안하여 (㉠)
제품 장점	기존 타 회사 제품들과 비교한다면, 흡입 성능의 개선보다는 저렴한 가격 정책, 그리고 기존 무선 진공청소기들이 무거워 청소가 불편하다는 의견이 있어 제품의 무게와 부피를 줄이는 데 주안점을 두었습니다. 1인 내지는 소규모 가구에서는 기존 3·4인 가구만큼의 성능이 필요한 것은 아닙니다. (㉡)
제품 구조	도면 참조
개발 비용	개발 견적서 참조
시장성	첨부한 '가정용 청소기 만족도' 설문과 '1인 가구 청소 실태 조사'에 제시된 바와 같이 기존 무선 청소기보다 저렴하고 전기세 부담도 덜 수 있는 가정용 무선 청소기에 대한 수요는 꾸준히 증가하고 있습니다.
문제점	타사 프리미엄 제품들과 비교해서 제품 겉면에 흠집이 잘 나고 소재가 고급스럽지 못해, 제품 겉면의 소재는 비용을 들이더라도 개선이 필요합니다. (㉢)
개발 기간 및 출시 시기	개발 기간은 50일 정도 소요될 것이며, 출시 시기는 본격적인 미세 먼지와 황사가 시작되기 전인 3월 초순이 적당합니다.

보기 2

ⓐ: 기존 제품들보다 출력은 30% 낮췄지만 소규모 가구 청소에 충분함. 제품 단가, 전기 요금을 낮출 수 있음.
ⓑ: 보급형 무선 진공청소기 개발 기획
ⓒ: 부피와 무게가 타사 제품보다 20% 줄어, 청소 시 불편함 해결
ⓓ: 출력과 크기 작아진 만큼 배터리 역시 작아져 청소기의 가동 시간 줄어, 제품 디자인 재설계를 통한 배터리 용량 확보

10 주관식

다음은 '저출산 · 고령화 시대의 문제와 대응 방안'을 주제로 글을 쓰기 위해 수집한 자료이다. 〈자료〉와 〈조건〉을 바탕으로 1,200자 내외의 완성된 글을 작성하시오. [200점]

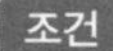

1. 〈자료 1〉과 같은 구성의 4단락으로 쓸 것.
2. 〈자료 2〉의 내용은 모두 인용해도 무관하나, 저출산 · 고령화의 실태를 보여 줄 정도로만 효율적으로 인용할 것(모두 인용할 경우 글자 수에 유의).
3. 〈자료 3〉과 〈자료 4〉의 자료를 모두 답안에 반영할 것.
4. 〈자료 3〉과 〈자료 4〉 내용을 부연 서술하는 것은 무관하나, 그 외 〈보기〉에 없는 내용은 서술하지 말 것(부연 서술할 경우 글자 수에 유의).

자료 1

〈개요〉

1. 저출산 · 고령화 실태
2. 저출산 · 고령화 원인과 문제점
   가. 저출산 원인
   나. 고령화 문제점
3. 저출산 · 고령화 대응 방안

자료 2

1. 주요국 합계 출산율(명) 순위(2017년 224개국 기준 추정치)

순위	국가	합계 출산율*
1	니베르	6.49
127	북한	1.95
143	미국	1.87
182	중국	1.60
190	일본	1.42
219	한국	1.21

* **합계 출산율**: 여성이 일생 동안 낳을 자녀의 수

2. 주요 국가별 인구 고령화 속도

나라	고령화 사회*	초고령 사회*	고령화 → 초고령 걸린 시간
한국	2000년	2026년	26년
일본	1970년	2006년	36년
프랑스	1864년	2018년	154년
독일	1932년	2009년	77년
이탈리아	1927년	2006년	79년
미국	1942년	2036년	94년

* **고령화 사회**: 65세 이상 인구 비율이 7% 이상인 사회
* **초고령 사회**: 65세 이상 인구 비율이 20% 이상인 사회

자료 3

1. 출산을 기피하는 이유

이유	비율
자녀 양육 · 교육의 부담	46%
불안정한 직업, 일자리 부족	21%
경제 활동 · 육아 양립의 어려움	15%
주거비 부담	13%
초혼 연령 상승	4%
기타	1%

2. 보건복지부 통계에 따르면, 현재 대한민국의 출산율 수준을 유지한다 하더라도 2028년부터는 사망자가 많아져 인구가 감소하게 되고, 2750년에는 인구 0명이 된다. 저출산 · 고령화는 국가의 존망과 직결되는 것이다.
3. 고령화 시대의 문제점
   ① 경제 활동 인구 감소가 생산과 소비 하락으로 이어져 장기적 경기 침체로 연결됨.
   ② 초고령화 사회가 될 경우 현재보다 세금 및 복지 부담률이 5배 이상 높아짐.
   ③ 한국은 고령화 사회에서 초고령화 사회 진입 기간이 OECD 국가들보다 빨라, 초고령화 사회에 대한 대응책 마련이 미흡함.
4. 정부는 지난 10년간, 저출산 문제를 해결하기 위해 80조 원이 넘는 비용을 투입했으나 효과 없어 정책 실패. 단순 육아 보조금이나 출산 장려금 지급에 그쳐, 만족도 낮음.

자료 4

1. 저출산 · 고령화 문제는 현재 당면한 과제인 만큼 바로 효과를 볼 수 있는 단기적인 처방과 근본적으로 문제를 해결하기 위한 장기적 처방책이 병행되어야 한다.
2. 현행 육아 보조금 · 출산 장려금 지급 제도를 수정 보완하고 정책 만족도를 높여야 한다.
3. 저출산을 극복한 나라들의 선례를 참고해야 한다. 스웨덴과 프랑스의 경우 질 높은 공교육으로 교육에 대한 부담을 덜고 육아까지 국가가 부담한다.
4. 경제적 안정이 출산과 양육에 큰 영향을 준다. OECD 선진국들의 통계를 보면 여성의 경제 활동 참가율과 출산율이 비례한다.
5. 경력 단절 여성을 최소화하고 육아에 대한 가부장적 인식을 전환해야 한다.

수고하셨습니다.

실전동형 모의고사
정답과 해설

점수	/1,000점	
등급	□ 1급: 870점 이상	□ 2급: 790점 이상
	□ 준2급: 710점 이상	□ 3급: 630점 이상
	□ 준3급: 550점 이상	

1교시 모의고사 P.2

01	④	02	③	03	①	04	⑤	05	④
06	③	07	⑤	08	②	09	③	10	⑤
11	⑤	12	②	13	③	14	④	15	③
16	④	17	②	18	①	19	③	20	④
21	③	22	⑤	23	④	24	⑤	25	④
26	④	27	④	28	②	29	⑤	30	⑤
31	④	32	②	33	⑤	34	⑤	35	④
36	⑤	37	②	38	⑤	39	④	40	③
41	④	42	⑤	43	⑤	44	④	45	②
46	③	47	⑤	48	⑤	49	⑤	50	②
주관식 01	예시답안 참조			주관식 02	예시답안 참조				
주관식 03	예시답안 참조			주관식 04	예시답안 참조				
주관식 05	예시답안 참조								

01 ①

| 정답해설 | 곱배기 → 곱빼기

02 ③

| 정답해설 | ㉠ 파열음 표기에는 된소리를 쓰지 않으므로 '카페'로 써야 한다.

㉡ 받침에는 'ㄱ, ㄴ, ㄹ, ㅁ, ㅂ, ㅅ, ㅇ'만을 쓰므로 '로켓'으로 써야 한다.

㉢ 국어와 발음이 같지 않다고 해서 새로운 글자나 기호를 만든다면, 언어마다 새로 만들어야 할 것이 너무 많아진다. 따라서 현용 24자모만으로 적는다.

03 ①

| 정답해설 | 뜻풀이가 추가되어 다의어가 추가되었지만 '긁다'의 중심적인 의미가 수정되지는 않았다. 중심적인 의미가 수정되면 '다의어'가 아닌 '동음이의어'가 되며, 단어 끝 상단에 숫자로 표시한다.

04 ⑤

| 정답해설 | 표준 발음은 [찝]이지만 로마자 표기는 jip[집]으로, 된소리되기가 반영되지 않았다.

[05~07]

05 ④

| 오답해설 | ① '찬성 1'은 기존 방식의 문제점에 대해 공세적 입장을 취하며 새로운 방식을 지지한다.

② 용어 개념에 대한 정의는 나타나지 않는다.

③ '반대 1'은 기존 방식의 부정적인 측면을 인정하지 않는다.

⑤ '찬성 1'의 입장이다.

06 ③

| 정답해설 | [B]에서 '찬성 1'은 '반대 1'이 운영 계획서를 평가하는 기준이 타당하다고 한 점을 확인한 뒤에 작년 설문 조사 결과를 근거로 평가 기준의 타당성에 의문을 제기하고 있다.

07 ⑤

| 정답해설 | ㉠~㉢이 유기적으로 연결되기 위해서는 적절한 접속사가 사용되어야 한다. ㉠에는 앞의 내용과 뒤의 내용이 상반될 때 쓰는 '그러나', ㉡에는 어떤 것을 전제로 그 위에 더를 의미하는 '또한', ㉢에는 문장을 병렬적으로 연결하는 접속사 '그리고'를 쓰는 것이 적절하다.

[08~09]

08 ②

| 정답해설 | 주택을 투자의 수단으로 보는 것은 정부의 가치에 반하므로, 잘못된 설명이다.

09 ③

| 정답해설 | ㉢의 하위 항목에는 투기 세력 근절에 관한 내용 외에 서민을 위한 주택 공급 방안이나 실수요자를 위한 청약 제도 정비 등에 대한 내용도 있다. 이를 모두 포괄하기 위해서는 ㉢에는 '주택 시장 안정화 방안' 정도가 들어갈 수 있다.

10 ⑤

| 오답해설 | ① '비용'에 호응하는 서술어가 빠져 있다.

→ 한번 붕괴된 생태계를 회복시키려면 많은 비용이 소요되며 긴 시간이 걸린다.

② '~ 한 이유는'과 호응하는 서술어 '~ 때문이다.'로 바꾸어

준다.

→ 김 대리가 회의에 지각한 이유는 집중 호우로 대중교통이 마비되었기 때문이다.

③ '비록 ~ 할지라도' 뒤에는 부정문이, '비록 ~ 아닐지라도' 뒤에는 긍정문이 와야 한다.

→ 비록 날씨가 좋지 않아도, 소풍은 갈 것이다.

→ 비록 날씨가 좋다고 해도, 소풍을 가지 않을 것이다.

④ '-전' 과 '앞'이 중복되므로 둘 중 하나를 빼면 자연스러운 문장이 된다.

→ 동계 올림픽 개최를 기원하는 촛불 집회가 부산역 앞에서 이루어졌다.

11 ⑤

| 정답해설 | 행사를 알리는 홍보 포스터나 리플릿에는 반드시 '주최'나 '주관'이 들어가야 된다. 일반적으로 '주최'는 행사 개최와 비용에 대한 총괄적인 책임을 가지는 것을 의미하며, '주관'은 행사 집행 및 진행의 주체를 의미한다.

12 ②

| 정답해설 | 색상을 5가지 이상 사용하면 시각적인 안정성이 오히려 떨어지고, 중요 포인트가 분산되어 산만해질 수 있으므로 주의해야 한다. 3가지 이하의 색을 사용하는 것이 보다 효과적이다.

[13~15]

13 ③

| 정답해설 | 서두에서 밝힌 순서를 참고하면 '궁중 음식 레시피'는 '중략 1'에 들어가야 된다.

14 ④

| 정답해설 | 『조선 왕조 궁중 음식』이라는 책과 '상궁들의 구술'을 토대로 내용을 작성했다는 점을 밝히며 신뢰성을 높이고 있다.

15 ③

| 정답해설 | '조선의 궁중 음식', '베트남 길거리 음식', '이슬람 국가의 음식'은 '세계 음식 문화'의 하위 개념으로 볼 수 있으며 하위 개념은 상위 개념에 종속되어 있다. 하지만 '조선의 궁중 음악, 아악'은 다음 주 강연 주제로 어울리지 않는다.

[16~18]

16 ④

| 정답해설 | 위산 농도가 낮으면 가스트린이 계속 분비되어 괄약근이 계속 열려 있게 된다는 것을 셋째 단락을 통해 알 수 있다.

17 ②

| 정답해설 | 주어진 문장의 '이러한 위산의 농도는~'에 따라 앞 문장에는 '위산의 농도'에 대한 내용이 나와야 한다. (나)의 앞뒤 내용에 비추어 봤을 때 (나)에 들어가는 것이 가장 적절하다.

18 ①

| 정답해설 | 둘째 단락에서 역류성 식도염은 아직까지 의학적 치료가 불가능하다고 말하고 있다.

[19~21]

19 ③

| 오답해설 | ① '비워'는 기본형이 '비우다'로 '비우-'가 어간이다. '비다'의 어간은 '비-'이므로 잘못된 설명이다.

② '높이'는 부사로 쓰였다.

④ 접미사 '-이-'는 동사의 어근에 한정적으로 결합한다. 하나의 접미사가 모든 동사나 형용사에 자유롭게 결합하는 것은 아니다.

⑤ '오시기'는 동사로 기본형 '오다'의 어간 '오-'에 높임을 나타내는 선어말 어미 '-시'와 어미 '-기'가 연결된 활용형이다.

20 ④

| 오답해설 | ① '돌렸다'는 피동의 의미가 아니다.

② '남기다'는 피동의 의미가 아닌 사동의 의미이다.

③ '눌리다'는 사동의 의미가 아닌 피동의 의미이다.

⑤ '맡겼다'는 사동의 의미이다.

21 ③

| 정답해설 | 마지막 단락에서 앞 내용을 요약하고 있지는 않다.

[22~23]

| 지문출처 | 「영화의 리얼리즘 미학에 관한 바쟁의 영화관」

22 ⑤

| 정답해설 | 넷째 단락에서 바쟁이 선호하는 영화는 롱테이크 기법에 의한 리얼리즘 영화라는 것을 알 수 있다. 따라서 화면 전환이 빠른 영화는 바쟁이 선호하는 영화관과 거리가 멀다.

23 ④

| 정답해설 | ㉣을 제외한 나머지가 '영화로 재구성된 현실'이라면, ㉣은 실제 존재하는 '현실' 그 자체를 가리킨다.

24 ⑤

| 정답해설 | 전화는 정상적인 업무가 이루어지고 있는 근무 시간에 걸어야 한다.

[25~27]

25 ④

| 정답해설 | 기사처럼 보이기 위해서 상품에 관한 직접적인 제목을 달지 않았다.

26 ④

| 정답해설 | 글의 대상이 소비자이고, 4문단의 구성을 참고하면 '소비자에 대한 비판적 인식'을 촉구하고 있다는 것을 알 수 있다. 기업의 자기 점검에 대한 내용은 불필요하다.

27 ④

| 정답해설 | '기법'은 [기뻡]으로 발음한다.

28 ②

| 정답해설 | 〈보기 1〉은 제품 사용 설명서이다.

㉠ 논설문에 대한 설명이다.

㉢ 광고문에 대한 설명이다.

[29~30]

29 ⑤

| 정답해설 | 제시된 공문은 개정된 법을 알리기 위한 세미나 개최를 안내하는 것이다.

30 ⑤

| 정답해설 | 문서 내에서 연도가 바뀌지 않으며 문서의 효력이 발생할 경우는 줄여 써도 무방하다.

| 오답해설 | ② 쌍점(:)은 왼쪽에 붙이고 오른쪽은 한 칸을 띄우는 형태가 되도록 해야 한다.

[31~32]

31 ④

| 오답해설 | ② 기사문의 제목으로 어울린다.

③ 제안서의 제목 형식이며, 품의 내용과는 맞지 않는다.

32 ②

| 정답해설 | 일부만 구입을 허가하였으므로, 조건부로 인가한 것이다.

| 오답해설 | ① 보류, ③ 인가, ④ 부결, 보류, ⑤ 부결

[33~34]

33 ⑤

| 정답해설 | ⑤는 성과 발표에 관한 것으로, 제시된 사내 제안서와는 관련이 없다.

34 ⑤

| 정답해설 | 다른 회사의 우수 사례를 바탕으로 사내 복지를 증대시킬 방안을 제안하는 제안서이므로, ⑤가 가장 타당하다.

[35~36]

35 ④

| 정답해설 | 이미 정해진 결과를 왜곡해서는 안 된다.

36 ⑤

| 정답해설 | '소감' 부분을 참고하면, 다음 달에 판촉물 홍보는 강화하지 않을 것임을 알 수 있다.

[37~39]

37 ②

| 정답해설 | ㉡은 문제해결능력과 관련이 있다.

38 ⑤

| 정답해설 | 업무를 수행하는 데 필요한 시간, 자본, 재료, 시설, 인적 자원에 관한 질문이 들어가야 하므로, 탄소 에너지와 대체 에너지의 전망에 대한 질문은 적절하지 않다.

39 ④

| 정답해설 | 업무에 관한 일이 윤리적으로나 법적으로 허용되는 부분인지 갈등하고 있는 상황이므로 직업 윤리와 관련이 있다.

[40~41]

40 ③

| 정답해설 | 40대 중 운동이라고 답한 사람은 500×0.25×0.17=21.25(명)이고, 30대 중 여행이라고 답한 사람은 500×0.20×0.25=25(명)이다.

| 오답해설 | ① 40대, 50대를 합하면 50%이다.

② 주말에 운동으로 여가를 보내는 20대는 500×0.10×0.26=13(명)이고, 60대는 500×0.20×0.11=11(명)이다.

④ 20대 중 영화 관람·여행이라고 답한 사람은 (500×0.10×0.30)+(500×0.10×0.18)=24(명)이고, 40대 중 영화 관람이라고 답한 사람은 500×0.25×0.30=37.5(명)이다.

⑤ 50대 중 영화 관람이라고 답한 사람은 500×0.25×0.34=42.5(명)이고, 60대 중 여행이라고 답한 사람은 500×0.20×0.35=35(명)이다.

41 ④

| 정답해설 | 연령대별 응답 차이가 가장 큰 것은 50대 41%−20대 18%=23%로 '여행'이다.

| 오답해설 | ① 연령대별 응답 차이가 가장 적은 것은 40대 35%− 20대 25%=10%인 '음주'이다.

② 복수 응답임을 고려하여야 한다. 연령대별 여가 활동의 합이 164%로 가장 큰 40대를 답으로 고르면 된다.

③ TV 시청과 수면은 각 연령별로 여가 생활에 큰 비중을 차지하고 있다.

⑤ 30대 11%에서 40대 17%로 운동에 관한 여가 시간이 늘어난 것을 확인할 수 있다.

[42~43]

42 ⑤

| 정답해설 | 제시된 기획서의 행사는 국내외 기자들을 초청한 행사임을 기억해야 한다.

43 ⑤

| 정답해설 | ⑤는 '행사 안내문', '참가 요청서'에 관한 설명이다. 위와 같은 형태의 문서는 행사를 위한 '기획서'이므로 행사 안내문, 참가 요청서 등과 혼동해서는 안 된다.

[44~46]

44 ④

| 정답해설 | '하와이길'로 이름을 붙이게 된 계기에 대한 내용은 기사 초고에 나오지 않는다.

45 ②

| 정답해설 | 야자나무 기증에 대한 의의는 마지막 단락에 나타난 구청장의 말을 통해 알 수 있다.

46 ③

| 정답해설 | '합의했다'의 주어는 '지역 주민들'이다. 이어진 문장이어서 같은 주어가 반복되면 어색해지므로 생략된 것이다.

[47~48]

47 ⑤

| 정답해설 | 기간제 근로자를 새로 채용할 것임을 알리고, 지원을 독려하는 공고문이다.

48 ⑤

| 정답해설 | 모든 공고문이 법률적 효력을 가지는 것은 아니다. 법률적 효력이 없는 공고는, 불법적인 수단이 아니라면 어디에든 게재가 가능하다.

[49~50]

49 ⑤

| 정답해설 | 2018년에서 2020년 사이에는 약 37.3% 정도 외국인 비율이 상승했지만 2008년에서 2010년 사이에는 약 67.7%로 상승 비율이 더 높다.

50 ②

| 정답해설 | 원형 그래프와 방사 그래프의 특징이 비슷하기는 하나 '원형 그래프'는 하나의 항목에 대한 구성 요소의 비율을 나타낼 때 쓰이며, '방사형 그래프'는 다양한 항목의 구성 비율 차이를 비교·분석할 때 쓰인다.

주관식 01

| 예시답안 | ㉠: 만듦, ㉡: 심어줌, ㉢: 가짐, ㉣: 높임

감점기준표 예시답안과 똑같이 써야 정답으로 인정된다!

항목	감점 요인	
1	각 답안이 정답과 다를 경우	각 −5점
2	㉡의 답을 '심어 줌'으로 쓸 경우*	−3점
3	'㉠: ~'의 형식을 지키지 않았을 경우	−5점

* ㉡ '심어줌'은 '심어 줌'으로 쓴다고 해서 틀리지는 않으나, 〈보기 1〉에서 '심어주다'라고 제시되었으므로, 3점이 감점된다(원칙: 심어 주다, 허용: 심어주다).

주관식 02

| 예시답안 | (1) • 나와 혜리는 세정이를 기다렸다.
• 혜리와 나는 세정이를 기다렸다.
• 나는, 혜리와 세정이를 기다렸다.
(2) • 남자 친구는 내가 드라마를 좋아하는 것보다 더 드라마를 좋아한다.
• 남자 친구는 나와 드라마 중에서 드라마를 더 좋아한다.

감점기준표 각 문제당 10점씩 배점!

항목	감점 요인	
(1)	한 문장으로 쓰지 않은 경우	−5점
	종결 어미 '~다'를 쓰지 않은 경우	−5점
	'나와 혜리가~', '혜리와 내가~', '내가~' 등으로 조사를 바꾸어도 중의성이 해소되었다면 정답으로 인정	−
(2)	한 문장으로 쓰지 않은 경우	−5점
	종결 어미 '~다'를 쓰지 않은 경우	−5점
	예시답안 이외 다른 어휘를 이용하여도 비교 대상이 명확할 경우는 정답으로 인정. 단, 중의성이 해소되지 않은 경우	−10점

주관식 03

| 예시답안 | 엔진은 차의 앞쪽에 있고, 그 동력으로 뒷바퀴를 굴려서 차가 전진한다.

감점기준표 감점이 많이 되는 요인을 기억하자!

항목	감점 요인	
1	'차' 대신 '차량'으로 썼을 경우	−1점
	'차' 대신 '자동차'를 썼을 경우	−2점
2	지시 대명사 '그'가 빠졌을 경우	−3점
	'그' 대신 '그것의'를 썼을 경우	−2점
3	'동력으로' 대신 '힘으로'나 '출력으로'를 썼을 경우	−2점
4	'뒷바퀴'의 맞춤법이 틀렸을 경우	−3점
5	'굴려서' 대신 '굴려'를 썼을 경우	−0점
	'굴려서' 대신 바퀴를 굴린다는 의미의 다른 어휘를 썼을 경우	−2점
	'굴려서' 대신 '돌려서', '돌려'를 썼을 경우	−2점
6	엔진의 위치가 틀릴 경우	−9점
7	굴러가는 바퀴의 위치가 틀릴 경우	−9점
8	30음절을 넘은 경우	1음절당 −1점
9	맞춤법이나 띄어쓰기가 틀렸을 경우	2회당 −1점

주관식 04

| 예시답안 | • 벼슬로 나가는 길과 산으로 나가는 길의 두 방향이 그것이다.
• 하나는 벼슬로 나가는 길이고 다른 하나는 산으로 나가는 길이다.

| 해설 | 빈칸 앞 문장에서 '두 가지 방향으로 뻗어 있는 길이 있었다.'고 언급하고, 빈칸 뒤 문장에서 두 가지의 길에 대해 제시하고 있음을 통해 빈칸의 내용을 완성할 수 있다.

감점기준표 누락된 내용이 없는지 확인해야 한다!

항목	감점 요인	
1	'벼슬로 나가는 길'과 '산으로 나가는 길'이 누락되었을 경우	각 −10점
2	30음절을 넘은 경우	1음절당 −1점
3	맞춤법이나 띄어쓰기가 틀렸을 경우	2회당 −1점

주관식 05

| 예시답안 | • 가장 많은 사람들이 살고 싶어 하는 주거 형태는 158.8%의 전원주택으로 148.5%인 도심형주택보다 크므로, 솔빈의 해석은 적절하지 못하다.
• 가장 많은 사람들이 살고 싶어 하는 주거 형태는 148.5%인 도심형주택보다 158.8%인 전원주택이 크므로, 솔빈의 해석은 적절하지 못하다.
• 전원주택에 살고 싶어 하는 답변의 합이 158.8%로 도심형주택에 살고 싶다는 답변의 합 148.5%보다 크므로, 솔빈의 해석은 적절하지 못하다.
• 도심형주택에 살고 싶어 하는 답변의 합이 148.5%로 전원주택에 살고 싶다는 답변의 합 158.8%보다 작으므로, 솔빈의 해석은 적절하지 못하다.

| 해설 | 전원주택과 도심형주택에 살고 싶다고 답한 각각의 전 연령대의 답변을 더해 보면 가장 많은 사람들이 살고 싶은 주거 형태는 전원주택임을 알 수 있다.

감점기준표 수치가 정확해야 한다!

항목	감점 요인	
1	답안에 '솔빈'이 없을 경우	−10점
	답안에 '솔빈'이 아닌 다른 이름을 적었을 경우	−20점
2	'148.5%', '158.8%' 등 수치를 구체적으로 제시하여 근거를 들지 않은 경우	각 −5점
3	수치를 제시했지만 계산이 틀렸을 경우	각 −3점
4	이름과 수치를 들어 근거까지 작성했으나 조건에 제시된 문장 구조를 따르지 않았을 경우	어절당 −2점
5	맞춤법이나 띄어쓰기가 틀렸을 경우	2회당 −1점

2교시

모의고사 P.28

주관식 06	예시답안 참조	주관식 07	예시답안 참조
주관식 08	예시답안 참조	주관식 09	예시답안 참조
주관식 10	예시답안 참조		

주관식 06

| 예시답안 | ㉠: 6월 28일 수요일, 15:00~17:00

㉡: ○○빌딩 11층 대강당

㉢: 여름철 피부 관리(법) (강좌)

㉣: 참가 비용(비용, 강좌 비용, 참여 비용)

㉤: ○○빌딩 행사 안내소, 전화(유선/tel) 123-1234

감점기준표 각 문항당 10점 배점!

항목	감점 요인	
㉠	요일을 '(수)'로 표현해도 정답 인정이나, 괄호 없이 '수'로만 표현했을 경우	-3점
㉡	○○빌딩/11층/대강당 중 내용이 누락되었을 경우	각 -3점
㉣	'비용'이라는 단어가 누락되었을 경우	-8점
㉤	'○○빌딩 행사 안내소'가 누락되었을 경우	-3점
	전화번호가 누락되었을 경우	-10점

주관식 07

| 예시답안 | 작년 매출은 122억으로 재작년보다 22% 상승했다. 이런 상승세가 이어진다면 올해 매출은 작년보다 35% 상승할 것으로 전망된다. 그 이유는 올해 초 중국 시장 거래가 성사되어 신규 거래 물량이 증가했기 때문이다.

감점기준표 두 번째 조건을 반드시 충족시키자!

항목	감점 요인	
1	3문장을 초과했을 경우*	-15점
2	'제법'이라는 불필요한 수식어가 답안에 있을 경우	-5점
3	'괜찮은 편이었다'는 구체적인 수치 '122억 원'으로 표현할 것. 수정하지 않았을 경우	-5점
4	'약 20%'는 정확하게 '22%'로 수정할 것. 수정하지 않았을 경우	-5점
5	'20%나'에서 '-나'는 감정이 개입된 표현으로 삭제할 것. 미삭제 시	-5점
6	'전망되어진다'는 이중 피동 표현이므로 '전망된다'나 '전망한다' 혹은 '예상한다'나 '예상된다' 등으로 고쳐 쓸 것. 미수정 시	-5점
7	맞춤법이나 띄어쓰기가 틀렸을 경우	2회당 -1점

* 보고서 초안의 첫째 문장과 둘째 문장을 이어서 한 문장으로 만들어야 한다.

주관식 08

| 예시답안 | 2012년부터 2020년까지 8년 동안 국내 시장에서 국산차와 수입차의 점유율 격차가 줄어들었다. 2012년에 90%였던 국산차의 점유율은 2016년에는 80%, 2020년에는 73%로 감소하였다. 반면 수입차의 점유율은 2012년 10%였던 것이 2016년에는 20%, 2020년에는 27%로 성장하였다. 이렇게 수입차가 증가한 원인은 수입 자동차의 가격 하락과, 국산 자동차의 가격 상승뿐 아니라 수입 자동차의 품질과 안전에 대한 신뢰 때문인 것으로 나타났다.

감점기준표 조건을 반드시 지키고, 수치를 정확하게 표현하자!

항목	감점 요인	
1	'격차'라는 단어를 쓰지 않았을 경우	-10점
	'격차' 대신 의미가 비슷한 단어(차이, 간극, 범위 등)를 사용했을 경우	-5점
2	〈조건 2〉와 〈조건 3〉에 제시된 연도별 수치를 누락했을 경우*	각 -10점
3	마지막 문장에서 〈자료 2〉의 근거를 누락했을 경우	각 -10점
4	225자 미만이거나 275자 초과일 경우	1글자당 -1점
5	맞춤법이나 띄어쓰기가 틀렸을 경우	2회당 -1점

* 조건에 없는 수치를 넣어도 관계없으나 필연적으로 글자 수를 초과하게 되므로 감점 요인이 될 수 있다.

주관식 09

| 예시답안 | ㉠ 보급형 무선 진공청소기 개발을 기획하게 되었습니다.

㉡ 기존 제품들보다 출력을 30% 낮췄지만 소규모 가구 청소에는 무리가 없으며, 제품 단가와 전기 요금을 낮출 수 있어 경제적입니다. 또한 제품의 부피와 무게가 타사 제품보다 20% 줄어서 청소 시 불편했던 부분을 해결하였습니다.

㉢ 출력과 크기가 작아진 만큼 배터리도 작아져, 청소기의 가동 시간이 줄어들었습니다. 제품 디자인 재설계를 통해 배터리 공간과 용량을 확보하는 쪽으로 개선이 필요합니다.

감점기준표 내용 누락이 없어야 한다!

항목	감점 요인	
1	자료 항목을 잘못 사용한 경우('㉠-ⓑ', '㉡-ⓐ, ⓒ', '㉢-ⓓ' 외 다르게 자료를 배치했을 경우)	각 -20점
2	ⓐ의 내용 누락 시	-30점
3	ⓑ의 내용 누락 시	-20점
4	ⓒ의 내용 누락 시	-20점
5	ⓓ의 내용 누락 시	-30점

6	기획서에서 사용된 종결 어미 '~입니다, ~습니다'를 사용할 것. '~다, ~이다'로 종결했을 경우	각 −10점
7	〈보기 2〉의 자료 외 다른 내용을 썼다고 판단될 경우	어절당 −5점
8	맞춤법이나 띄어쓰기가 틀렸을 경우	2회당 −1점

주관식 10

| 예시답안 | 프랑스, 독일, 이탈리아, 미국 등의 나라들은 고령화 사회에서 초고령 사회까지 가는 데 짧게는 77년(독일)에서 길게는 154년(프랑스)이 걸렸다. 한국은 2000년에 고령화 사회로 진입했으며 2026년에 초고령 사회로 진입할 예정이다. 불과 26년 만이다. 인구 고령화는 저출산 문제와 맞닿아 있다. 2017년을 기준으로 한국의 출산율은 1.21(명)으로 세계 주요 국가 224개국 중에 219위를 차지했다. 이는 북한 1.95보다도 작은 수치이며, 중국 1.60, 일본 1.42보다도 작은 수치이다.

이처럼 한국에서 출산을 기피하는 이유를 조사해 보니, 자녀 양육·교육의 부담이 46%, 불안정한 직업·일자리 부족이 21%, 경제 활동·육아 양립의 어려움이 15% 등의 순서로 집계되었다. 정부의 정책 실패도 출산율 저하에 한몫을 담당했다. 정부는 지난 10년간 저출산 문제를 해결하기 위해 80조 원이 넘는 비용을 투입했으나 단순 육아 보조금이나 출산 장려금 지급에 머물러 만족도가 낮았고, 효과가 없었다.

저출산·고령화 문제는 단순한 정책 실패의 문제가 아니다. 고령화로 경제 활동 인구가 줄어들게 되면 생산과 소비의 하락으로 이어지고 이는 장기적인 경기 침체로 연결되며, 세금 및 복지 부담률도 현재보다 5배 이상 높아져 경기 악순환의 고리가 점점 가속화된다. 또한 한국은 고령화 사회에서 초고령화 사회로의 진입 기간이 빨라 고령화 사회에 대한 대응책 마련이 미흡한 상황이다. 무엇보다도 큰 문제는 현재 출산율을 유지한다고 가정하더라도 2028년부터는 사망자가 많아져 인구가 감소하게 되고, 2750년에는 인구 0명이 된다는 것이다. 저출산·고령화 문제는 국가의 존망이 달린 문제이다.

저출산·고령화 문제는 현재 당면한 과제인 만큼 바로 효과를 볼 수 있는 단기적인 처방과 근본적으로 문제를 해결하기 위한 장기적 처방책이 병행되어야 한다. 현행 육아 보조금·출산 장려금 지급 제도를 수정 보완하고 정책 만족도를 높여야 할 것이다. 또한 저출산을 극복한 나라들의 선례를 참고할 필요가 있다. 스웨덴과 프랑스는 질 높은 공교육으로 국민들에게 교육에 대한 부담을 덜어 주며, 육아까지 국가가 부담함으로써 출산율을 높여 나갔다. OECD 선진국들의 통계에 따르면 여성의 경제 활동 참가율과 출산율이 비례하는데, 경제적 안정이 출산과 양육에 큰 영향을 끼친다는 것을 알 수 있다. 경제 활동과 육아를 양립할 수 있는 사회적 분위기 마련과 더 이상 육아는 여성만의 것이 아니라는 인식 전환도 필요한 시점이다.

감점기준표 조건을 반드시 지키고, 수치를 정확하게 기입하자!

항목	감점 요인	
1	4단락으로 구성하지 않았을 경우	−50점
2	〈자료 1〉의 구성 순서를 지키지 않았을 경우	각 −30점
3	〈자료 3〉과 〈자료 4〉의 총 9개 항목 중 하나라도 누락했을 경우	각 −10점
4	〈자료 2〉~〈자료 4〉를 〈자료 1〉의 구성에 맞게 아래와 같이 사용하지 못한 경우 1. 저출산·고령화 실태: 〈자료 2〉 2. 저출산·고령화 원인과 문제점 가. 저출산 원인: 〈자료 3-1〉, 〈자료 3-4〉 나. 고령화 문제점: 〈자료 3-2〉, 〈자료 3-3〉 3. 저출산·고령화 대응 방안: 〈자료 4〉	각 −10점
5	맞춤법이나 띄어쓰기가 틀렸을 경우	3회당 −1점

✂ 절취선

국가공인 한국실용글쓰기검정 **1교시** 답안지

이 름	
생년월일	

수험번호							
⓪	⓪	⓪	⓪	⓪	⓪	⓪	⓪
①	①	①	①	①	①	①	①
②	②	②	②	②	②	②	②
③	③	③	③	③	③	③	③
④	④	④	④	④	④	④	④
⑤	⑤	⑤	⑤	⑤	⑤	⑤	⑤
⑥	⑥	⑥	⑥	⑥	⑥	⑥	⑥
⑦	⑦	⑦	⑦	⑦	⑦	⑦	⑦
⑧	⑧	⑧	⑧	⑧	⑧	⑧	⑧
⑨	⑨	⑨	⑨	⑨	⑨	⑨	⑨

감 독 관 확 인 란	

번호	1 ~ 10				
1	①	②	③	④	⑤
2	①	②	③	④	⑤
3	①	②	③	④	⑤
4	①	②	③	④	⑤
5	①	②	③	④	⑤
6	①	②	③	④	⑤
7	①	②	③	④	⑤
8	①	②	③	④	⑤
9	①	②	③	④	⑤
10	①	②	③	④	⑤

번호	11 ~ 20				
11	①	②	③	④	⑤
12	①	②	③	④	⑤
13	①	②	③	④	⑤
14	①	②	③	④	⑤
15	①	②	③	④	⑤
16	①	②	③	④	⑤
17	①	②	③	④	⑤
18	①	②	③	④	⑤
19	①	②	③	④	⑤
20	①	②	③	④	⑤

번호	21 ~ 30				
21	①	②	③	④	⑤
22	①	②	③	④	⑤
23	①	②	③	④	⑤
24	①	②	③	④	⑤
25	①	②	③	④	⑤
26	①	②	③	④	⑤
27	①	②	③	④	⑤
28	①	②	③	④	⑤
29	①	②	③	④	⑤
30	①	②	③	④	⑤

번호	31 ~ 40				
31	①	②	③	④	⑤
32	①	②	③	④	⑤
33	①	②	③	④	⑤
34	①	②	③	④	⑤
35	①	②	③	④	⑤
36	①	②	③	④	⑤
37	①	②	③	④	⑤
38	①	②	③	④	⑤
39	①	②	③	④	⑤
40	①	②	③	④	⑤

번호	41 ~ 50				
41	①	②	③	④	⑤
42	①	②	③	④	⑤
43	①	②	③	④	⑤
44	①	②	③	④	⑤
45	①	②	③	④	⑤
46	①	②	③	④	⑤
47	①	②	③	④	⑤
48	①	②	③	④	⑤
49	①	②	③	④	⑤
50	①	②	③	④	⑤

수 험 생 유 의 사 항

1. 이름, 생년월일, 수험번호를 검정펜으로 기재하도록 합니다.
2. 수험번호 마킹 및 객관식 마킹은 컴퓨터용 사인펜을 사용하여 다음과 같이 표기합니다.
   올바른 표기: ● 잘못된 표기: ⊘⊗⊙⊘◑
   (빨간색 등으로 중복 마킹 시 중복답안으로 0점 처리되오니 주의하기 바랍니다.)
3. 마킹하거나 기재한 답안은 수정테이프를 사용하여 수정이 가능합니다.
   (서술형 답안은 수정테이프와 수정기호 모두 사용 가능(객관식 수정은 수정테이프 사용))
4. 각 문항번호를 확인해 그 문항에 정답을 기재하시기 바랍니다.
   (서술형 문항의 경우 답안 기재 시 서술형 답안란을 벗어나지 않도록 주의바랍니다.)
5. 위의 사항을 따르지 않을 경우에는 본인의 불이익이 될 수 있습니다.

서술형 1번	

서술형 2번

서술형 3번

서술형 4번

서술형 5번

절취선

절취선

국가공인 한국실용글쓰기검정 2교시 답안지

이 름	
생 년 월 일	

수험번호

⓪	⓪	⓪	⓪	⓪	⓪	⓪	⓪
①	①	①	①	①	①	①	①
②	②	②	②	②	②	②	②
③	③	③	③	③	③	③	③
④	④	④	④	④	④	④	④
⑤	⑤	⑤	⑤	⑤	⑤	⑤	⑤
⑥	⑥	⑥	⑥	⑥	⑥	⑥	⑥
⑦	⑦	⑦	⑦	⑦	⑦	⑦	⑦
⑧	⑧	⑧	⑧	⑧	⑧	⑧	⑧
⑨	⑨	⑨	⑨	⑨	⑨	⑨	⑨

수 험 생 유 의 사 항

1. 이름, 생년월일, 수험번호를 검정펜으로 기재합니다.
2. 수험번호 마킹은 컴퓨터용 사인펜을 사용하여 다음과 같이 표기합니다.
   올바른 표기: ● 잘못된 표기: ⊘⊗⊙∅◑
   (잘못된 수험번호 마킹으로 인해 발생하는 사항은 수험생의 책임이니 주의바랍니다.)
3. 마킹한 수험번호와 기재한 답안은 수정테이프를 사용하여 수정이 가능합니다.
   (서술형 답안은 수정테이프와 수정기호 모두 사용 가능합니다.)
4. 위의 사항을 따르지 않을 경우에는 본인의 불이익이 될 수 있습니다.

수 험 생 답 안 지 작 성 요 령

1. 어법에 맞게 작성
2. 각 문제가 요구하는 조건을 모두 충족시킬 수 있도록 유의할 것.
3. 서술형은 검정색 필기구만을 사용할 것.
4. 글씨체가 채점요소는 아니지만 판독이 가능하도록 또박또박 쓸 것.
5. 각 문항번호를 확인해 그 문항에 정답을 기재할 것.
   (서술형 문항의 경우 답안 기재 시 문항의 칸을 벗어나지 않도록 주의)

감 독 관 확 인 란	

서술형 6번

서술형 7번

서술형 8번

서술형 9번

서술형 10번

절취선

최종점검
실전동형 모의고사

에듀윌 한국실용글쓰기

2주끝장

검증된 교재로
공무원/취업 가산점 단기에 취득!

고객의 꿈, 직원의 꿈, 지역사회의 꿈을 실현한다

펴낸곳 (주)에듀윌 **펴낸이** 김재환 **출판총괄** 오용철
개발책임 김기임, 박호진 **개발** 박예진, 최성혜
주소 서울시 구로구 디지털로34길 55 코오롱싸이언스밸리 2차 3층
대표번호 1600-6700 **등록번호** 제25100-2002-000052호

에듀윌 도서몰 book.eduwill.net
- 부가학습자료 및 정오표: 에듀윌 도서몰 → 도서자료실
- 교재 문의: 에듀윌 도서몰 → 문의하기 → 교재(내용, 출간) / 주문 및 배송